シリーズ・歴史から学ぶマーケティング

第 ① 巻

マーケティング史研究会 編

マーケティング研究の展開

同文舘出版

マーケティング史研究会
学説史シリーズ Ⅳ

(1) マーケティング史研究会は，マーケティング史やマーケティング学説史などマーケティングに関する歴史的研究をすすめ，その研究水準の向上と発展に寄与することを目的とする。
(2) 本巻は，当研究会の目的の1つであるマーケティング学説史に関する共同研究の成果の一部である。
(3) 本巻の執筆者は，奥付に紹介されている。

マーケティング史研究会

《マーケティング学説史シリーズ》

Ⅰ.『マーケティング学説史－アメリカ編－』1993年，（増補版）2008年。
Ⅱ.『マーケティング学説史－日本編－』1998年，（増補版）2014年。
Ⅲ.『オルダースン理論の再検討』2002年。
Ⅳ.『マーケティング研究の展開〈シリーズ・歴史から学ぶマーケティング第1巻〉』2010年。
Ⅴ.『マーケティング学説史－アメリカ編Ⅱ－』2019年。

【出版はすべて同文舘出版による】

はしがき

　1980年代以降，マーケティング研究は大きな変化のうねりの中にある。ITC革命を基礎に，マーケティング行為を含む人間行為全般が大きく変化するとともに，それを捉えるための知的革新の試みも急激に高まってきている。新たなそして多様なマーケティング現象の出現とともに，それへのアプローチも多様化を増す中で，研究の方向性を模索しているのがマーケティング研究の現状であろう。

　こうした状況の中で，目の前に現れる新たなトピックを追加しているうちに，マーケティングの全体像やマーケティング研究本来の諸問題はしだいに分かりにくくなってきているように思う。たとえば，代表的なマーケティングの教科書で，わが国でもその改訂の都度翻訳もされてきているP.Kotlerの教科書を見ていると，改訂を重ねるごとに新たな章が付け加えられ電話帳のような厚さになるとともに，逆にその体系性が崩れ，全体像がぼやけてきている。研究の現場においても，研究領域が細分化され，自分の専門以外の領域との交流は途絶えがちになり，せっかくの研究成果もきわめて狭い領域内に閉じ込められてしまう。研究の専門化と細分化が進むのは学科の成熟のしるしであり，研究が継続している以上避けられない事態ではあるが，それとともにそれら細分化された研究成果を関連づけ取りまとめるための総合化の努力として，マーケティング研究の全体像が今ほど必要とされている時はないといえる。

　以上のような認識のもとに，様々なトピックを散りばめたKotler流の教科書とは違った形で，マーケティング研究の全体像を描いてみたいとの願いを込めて企画されたのが本書である。

　社会科学の中でも比較的歴史の浅いマーケティング論ではあるが，それでもその研究の歴史は100年近いものがある。この間，膨大な量の研究が蓄積されてきているのであり，それらの研究の連携の中で今日のマーケティング研究が成立しているということは言うまでもないことであろう。しかしながら，現時点での結果のみを記述する通常の教科書では，こうした歴史的経緯は忘却される傾向にある。この点を改善すべく，本書『マーケティング研究の展開』では研究史的アプローチを強調し，マーケティング論という学科の成立から今日に至るまでの過程

を，主要な研究成果を探索し明示しながら描くことが試みられる。無論，紙面の制限から，あらゆる研究成果を網羅することは不可能であるが，現時点でのマーケティング論における主要な論点がどのように形成されてきたかという骨格だけは浮き彫りになるように努めた。

本書は，第Ⅰ部：マーケティング研究の生成の歴史から学ぶ，第Ⅱ部：ミクロ的マーケティング論の形成の歴史から学ぶ，第Ⅲ部：第2次世界大戦後の新たな研究領域の展開の歴史から学ぶ，第Ⅳ部：マーケティング研究における新たな動向の歴史から学ぶ，という4部構成になっている。各部の時代背景および各章の流れに関しては各部の概説を参照していただくとして，第Ⅰ部と第Ⅱ部が19世紀末から第2次世界大戦前まで，第Ⅲ部が第2次世界大戦後から1970年代まで，第Ⅳ部が1980年代以降の主としてアメリカの研究状況に焦点を当て，それぞれの時代に登場した各論的分野が取り上げられ，その分野のその後の研究の展開が描かれている。初学者にとっては歴史的経緯を含んだ立体的なマーケティング論の構造を得るための教科書として，研究者にとっては細分化された個別研究領域間の交流を深める基礎としての学説史的研究書として，おおいに活用されることを願っている。

＊　　＊　　＊　　＊　　＊

マーケティング史研究会は，1988年に創立し2008年に20周年を迎え，これを記念して専門書出版が企画された。薄井和夫（埼玉大学），小原 博（拓殖大学），戸田裕美子（日本大学），および堀越比呂志（慶應義塾大学）の4名からなる編集委員会で，全体の企画が練られ，最終的にメンバーへのアンケートや依頼等により執筆担当者を決定している。全3巻で46の章（研究会の歩みを含む）があり，これを40名が分担執筆している。

全3巻で構成されるうち，本書はその第1巻に当たる。第2巻は『日本企業のマーケティング』，第3巻は『海外企業のマーケティング』で，各巻とも15章からなっている。全3巻によって学説史，実践史が相関連し系統だって理解できるので，あわせて読まれることを望んでいる。なお，マーケティング史研究会の20年に及ぶ活動の歩みについては，第3巻の最後に収録しているので，これも一読願いたいと思う。

さらに，わが研究会メンバーはそれぞれの歴史研究成果をもっているが，この企画に当たって，全巻が「シリーズ・歴史から学ぶマーケティング」と冠されていることで了解されるように，その持てる力を縦横に駆使して，その本質を網羅

するように精力を傾けている。そうした内容面ばかりでなく，形式面では，各章の最終節は全巻とも「本章から学ぶこと」で統一していること，各章末には詳細な「参考文献」とともに，一層の研究・学習のために簡略な「文献案内」を付けていることが特徴でもあるので，十分利用されるように期待している。

　末筆ながら，本書の出版に際しては，長年にわたってご後援を賜ってきた同文舘出版ならびに同社・取締役編集局長の市川良之氏にひとかたならぬお世話になった。心からの御礼を申し上げたい。

　　2010年6月5日

マーケティング史研究会
（編集責任者　堀越　比呂志）

目　次

はしがき ───────────────────────── (1)

第Ⅰ部　マーケティング研究の生成の歴史から学ぶ

第Ⅰ部　概　説 ……………………………………………………… 1

第1章　マーケティング論成立の沿革 ───────────── 3

1．はじめに……………………………………………………………… 3
2．19世紀における胎動 ……………………………………………… 3
3．大学における研究の端緒 ………………………………………… 10
4　初期の研究と理論的影響の中心地……………………………… 13
5．1910年までの研究の概観………………………………………… 15
6．本章から学ぶこと ………………………………………………… 17

第2章　ミクロ的マーケティング論のパイオニア ───────── 23
　　　　　－ Shaw と Butler －

1．はじめに…………………………………………………………… 23
2．Shaw の研究……………………………………………………… 25
3．Butler の研究 …………………………………………………… 34
4．本章から学ぶこと ………………………………………………… 39

第3章　マクロ・マーケティング論と Weld ─── **43**
　　1．はじめに……………………………………………………… 43
　　2．マーケティング概念 ………………………………………… 44
　　3．マーケティング・システム ………………………………… 46
　　4．マーケティング機能 ………………………………………… 49
　　5．本章から学ぶこと …………………………………………… 52

第Ⅱ部　ミクロ的マーケティング論の形成の歴史から学ぶ

　　第Ⅱ部　概　　説 ……………………………………………… 59

第4章　広告研究の系譜 ─────────────── **61**
　　1．はじめに……………………………………………………… 61
　　2．マーケティング研究黎明期の広告およびマーケティング研究… 62
　　3．Shaw の問題状況と価格問題解決手法としての広告 ……… 65
　　4．広告研究における進化論的な問題移動 …………………… 68
　　5．本章から学ぶこと …………………………………………… 77

第5章　チャネル研究の系譜 ───────────── **81**
　　1．はじめに……………………………………………………… 81
　　2．チャネル構造の選択に関する研究…………………………… 82
　　3．チャネル管理問題に関する研究……………………………… 86
　　4．チャネル管理問題の新展開：長期協調的チャネルへの関心…… 90
　　5．本章から学ぶこと …………………………………………… 95

第6章　マーチャンダイジング論の登場と製品計画論への系譜 ― **103**
　1．はじめに……………………………………………………………103
　2．歴史的概念としてのマーチャンダイジング ……………………104
　3．1920年代におけるマーチャンダイジング論の生成 ……………106
　4．1930年代におけるマーチャンダイジング論の成熟 ……………111
　5．戦後におけるマーチャンダイジング論の消滅 …………………114
　6．本章から学ぶこと…………………………………………………115

第7章　企業的マーケティング論の統合 ─────── **121**
　1．はじめに……………………………………………………………121
　2．19世紀末から20世紀初頭のマーケティング各論の展開 ………122
　3．1920年代におけるマーケティング思想の展開 …………………125
　4．1930年代におけるマーケティング思想の新たな展開…………130
　5．本章から学ぶこと…………………………………………………135

第Ⅲ部　第2次世界大戦後の新たな研究領域の展開の歴史から学ぶ

　第Ⅲ部　概　説 ……………………………………………………………141

第8章　マーケティング研究と経営戦略論 ─────── **143**
　1．はじめに……………………………………………………………143
　2．マネジリアル・マーケティングの登場と
　　　マーケティング戦略論 …………………………………………144
　3．経営戦略論の登場と企業戦略論の確立 ………………………147
　4．事業戦略論へのシフトと競争優位論の展開 …………………149
　5．マーケティング戦略論と経営戦略論……………………………154
　6．本章から学ぶこと…………………………………………………158

第9章 消費者行動研究の系譜 — 163

1. はじめに……………………………………………………163
2. 第1期：戦後から1950年代 ………………………………164
3. 第2期：1960年代 …………………………………………164
4. 第3期：1970年代 …………………………………………166
5. 第4期：1980年代 …………………………………………168
6. 本章から学ぶこと…………………………………………171

第10章 国際マーケティング研究の系譜 — 179

1. はじめに……………………………………………………179
2. 国内マーケティングと国際マーケティング ……………181
3. 1960年代国際マーケティング成立の背景 ………………183
4. 多国籍企業とマーケティング……………………………184
5. 日本の国際マーケティング研究…………………………186
6. Kotlerを通した国際マーケティング研究の展開 ………189
7. 国際マーケティング研究の新領域………………………190
8. 本章から学ぶこと…………………………………………192

第11章 非営利組織マーケティング論の視座と意義 — 199

1. はじめに……………………………………………………199
2. マーケティング概念拡張論の提唱………………………200
3. 『非営利組織のマーケティング理論』……………………205
4. 非営利組織マーケティング論の形成と意義 ……………211
5. 本章から学ぶこと…………………………………………216

第Ⅳ部　マーケティング研究における新たな動向の歴史から学ぶ

第Ⅳ部　概　説 …………………………………………………… 221

第12章　サービス・マーケティング研究とリレーションシップ・マーケティング研究への系譜 ── 225

1．はじめに………………………………………………………… 225
2．サービス概念の検討：有形財とサービスの関係 …………… 227
3．Menger の財をめぐる関係概念による性格づけと
　　サービスの扱い ……………………………………………… 232
4．サービス・マーケティングから
　　リレーションシップ・マーケティングへ ………………… 237
5．本章から学ぶこと …………………………………………… 242

第13章　ブランド研究の系譜 ── 247

1．はじめに………………………………………………………… 247
2．前史－1980年以前 …………………………………………… 248
3．ブランド・エクイティ論の登場 …………………………… 251
4．ブランド・アイデンティティ ……………………………… 254
5．ブランド研究の広がり ……………………………………… 255
6．本章から学ぶこと …………………………………………… 258

第14章　ICT 革命とマーケティング研究 ── 264

1．はじめに………………………………………………………… 264
2．商用インターネット大衆化直後のマーケティング研究 …… 266
3．売り手の行動と消費者に関する研究の多様化 …………… 268
4．日本独特のモバイル市場に関する若干の考察 …………… 272

5．本章から学ぶこと ………………………………………… 274

第15章　マーケティング研究と経済学からの影響 ── **280**
　　1．はじめに………………………………………………………… 280
　　2．マーケティングの黎明期と経済学…………………………… 281
　　3．制度派経済学の影響 ………………………………………… 283
　　4．新制度派経済学の影響 ……………………………………… 285
　　5．本章から学ぶこと …………………………………………… 288

事項索引 ───────────────────────── **293**
人名索引 ───────────────────────── **301**

第Ⅰ部　マーケティング研究の生成の歴史から学ぶ

【第Ⅰ部概説】

　マーケティング研究がいつ頃から生じたのかということは，研究対象であるマーケティングをどのようにとらえるかによって異なってくる。そして，アメリカのマーケティング史学会においては，マーケティングおよびマーケティング研究が今世紀初頭に始まったとするBartelsの見解に否定的で，マーケティングをより広い意味に理解し，より豊富な歴史的研究成果を生み出そうとする傾向がある。しかし，マーケティング研究の発生の問題は，マーケティング研究の研究対象をどのように設定すべきかという問題とは異なる事実問題なのであり，アメリカにおいて，後年「marketing」という名称に統一されるようになる特定の研究や講座が出現しだした時期が，19世紀末から20世紀初頭であるという点に関してはある程度のコンセンサスが得られるものと考える。したがって，問題はむしろ，この時期のアメリカにおいて「marketing」という名のもとにどのような現象に関心がもたれ，どのような問題が研究されていたのかということになる。この点を明らかにするのが第Ⅰ部の目的である。

　19世紀末から20世紀初頭におけるアメリカは大きな変革の時期であった。生産セクションにおいては，製造業においても南北戦争後に資本調達能力は大きく改善されその生産能力が飛躍的に伸び，1880年代には農業生産とともに工業生産も世界一となる。さらに，1898年から1902年にかけて高まった第1次企業合併運動の結果巨大企業が出現し，いわゆる独占資本主義といわれる段階に突入するのであり，様々な新製品の登場とともに市場に出される商品の量および多様性がいよいよ増大した。流通セクションにおいては，百貨店をはじめとする大型小売業が出現し大量流通の制度的形成が進むと同時に，卸売業の無機能化が露見し始める。消費セクションにおいては，大陸横断鉄道の完成による全国的市場の形成と都市化による人口の集中化が生じていた。このような状況において，生産量の増大と大量消費を結び付ける流通セクションへの関心が，特に農産物流通において生じてくる。それは，当時高まっていた農民運動の高まりがその背景にあり，生産が増大しているにもかかわらず農民の貧困が改善されないのは，流通セクションに問題があるからではないのかという疑問に端を発していた。そして，このマクロ的な「流通（distribution）」を研究する際に，「distribution」の

経済学における意味である「分配」との混同を避けその「流通」の意味だけを指すために「marketing」という用語が使われだす。しかし，この流通への関心と微妙な関連を持ちながらも，前述の3つの経済セクションの状況から出現してきた製造業者の流通あるいは市場への直接的介入行為を意味する用語として「marketing」が用いられるという別の文脈も同時に出現していた。このように当初から，「marketing」という言葉には，マクロ的な流通と，ミクロ的な製造業者の流通あるいは市場への介入行為の2つの意味が併存していたのであり，2種類のマーケティング研究が同時に出現していたといえる。そしてこれら2つのマーケティング研究は，当時のアメリカの社会科学系の研究者の多くの留学先であったドイツにおけるドイツ歴史学派と，アメリカ独自の哲学として当時出現したプラグマティズムという2つの知的潮流の影響を受けて，主流派の経済学とは異なった，より具体的でより実践的な新たな分野として形成されていくのである。

　以上のような展開に関して，第1章では，マクロ，ミクロ双方における研究の19世紀における胎動，大学における研究の端緒とその地理的学派形成，20世紀初頭の10年間の研究の展開が描かれる。そこでは，独占資本主義段階において深刻さを増す過剰生産恐慌を契機とする市場問題の登場，そして配給（流通）セクションに携わる人口の増大と配給費の増大傾向に伴って，マクロ的な社会経済的マーケティング研究が登場し，さらにそのミクロ的技術的問題を取り扱う企業的マーケティング研究も展開されていったが，内容的には未成熟で，マーケティング論の成立は次の1910年以降まで待たねばならなかったと結論される。

　ついで第2章では，ミクロ的マーケティング研究のパイオニアとしての，A.W.Shawと R.S.Butlerの研究成果が吟味される。そこでは，どちらもが製造業者の活動としてマーケティングをとらえた上で，自己の市場の創出，維持，拡大のための活動に関する総合的な考察を行っていること，そしてそれゆえ両者の研究がそれまでの研究と比べてより成熟しており，現在におけるミクロ的マーケティング研究の原型となっていることが示される。

　最後に第3章では，マクロ的マーケティング論のパイオニアとしての，L.D.H.Weldの研究成果が吟味される。そこでは，Weldの取り上げたマーケティングの独自の効用の問題，マーケティング・システムを維持するのに必要な諸機能とその担当者の問題，その結果生じるマーケティング・コストの問題といったことが，その後のマクロ的マーケティング研究においても引き続き取り上げられていき，ミクロ的マーケティング研究が主流になった第2次大戦後においてもその火は消えていないことが示される。

第1章

マーケティング論成立の沿革*

1. はじめに

　マーケティング論の成立は20世紀初頭に求められるのが通例である。しかし，細かくみると，若干の相異が出てくる。マーケティングの成立を1900年から10年までの間に求める見解（Bartels［1962］p.41），第1次大戦後に求める見解（Leitherer［1961］S.109），さらに戦後の目ざましいマネジリアル・マーケティングの発展を重視する見解（Schwartz［1963］p.1）など，それぞれニュアンスが異なってくる。この問題の結論は暫く措き，本章ではマーケティング論の成立と発展過程の理論的分析に先立って，マーケティング論成立の沿革を，具体的，資料的に事実に内在しつつ追求しておくことにしたい。

　本章では，先ず第1節で，19世紀におけるマーケティング論の胎動を展望し，第2節においてマーケティング論成立の直接的背景をなしている大学における研究の端緒，第3節において研究初期における中心地，第4節において1910年までの文献とその背景を概観することにしたい。

2. 19世紀における胎動

　マーケティング論の成立は20世紀初頭の独占資本主義段階の成立を俟たなければならないが，その胎動を示す先駆的研究や研究者は，19世紀後半において僅かながらあらわれていたようである。

　先ず19世紀後半のアメリカにおいて，マーケティング論の胎動を示す先駆的文献を，Coolsen［1958］［1960］やConverse［1959］の研究によって窺ってみると，別記の如くである[1]。19世紀後半の数少ない研究書や手引書の著書のなかから注

目されている人々としては，次のような名前が挙げられる。Edward Atkinson（1827-1905），David A. Wells（1828-1898），Arthur B. Farquhar（1838-1925）および Henry Farquhar（1851-1925）の兄弟，Harlow Gale（1862-1945），Walter Dill Scott（1869-1955）等々である。

　これらの主要な著作者のうち，大半は，実際にビジネスに直接，間接に関係する実業人であった。大学の学者は少なかった。たとえば E. Atkinson は綿工業に関係するビジネスマンであり，実業に従事しながら 1861 年から 1905 年にわたって，絶えず多数の著作や，250 に余るパンフレット，数百の手紙を書き続けている。Wells も，United States Revenue Commission や，New York States Tax Commission の会長を勤めたり，鉄道建設の推進者として活躍していた実際家であった。Farquhar 兄弟も，兄の Arthur B. Farquhar はペンシルバニア州ヨークの農業機具製造業を営む実業人であり，弟の Henry Farquhar は海岸測量を行なったり，農業省統計官吏であったりした。彼らの関係した事業についての意欲的，研究的態度がマーケティングの諸問題についての先駆的研究や暗示を示す推進力になったようである。たとえば，Cyrus McCormick は，農業機械の販売，特に刈取機の販売にあたって，屋外実演を実施したり，月賦信用を考えたりして後の販売促進（sales promotion）の先駆をなした。また John Wanamaker は広告に信用が全くなかった当時において，真実の広告を導入しようと努力した。またお客の不満を探り，その不満を考慮して正札政策（one-price policy）を採用したり，返品制度を考え，不満足な商品は返品できるという権利をお客に与えたりした。また John Patterson は販売員の訓練に関心をもち，訓練方法を改良し，販売会話を記録した（Converse [1951] p.5）。

　以上の例は何れも，マーケティングの先駆的研究がビジネスマンを中心にして，実際界の研究や改善努力によって推進されていたことを示している。

　他方，実際界における胎動とならんで，大学のスタッフによる研究も全然ないわけではなかった。たとえば Henry C. Emery（1872-1924）は，多年にわたってエール大学のメンバーであった。彼は同大学で投機に関する研究を行ない，その研究を *Speculation on the Stock and Produce Exchanges of the United States*, 1896 として著わした。彼の理論は経済学やその後のマーケティングの講義において広く使用されていたようである（Converse [1919] p.9）[2]。次に Harlow Gale（1862-1945）はミネソタ大学で心理学を教えていた。彼は 1895 年に 200 社に対して広告についての質問状を送り，各社の広告についての意見，広告の目的，購買させる

ための効果的方法について質問を行なった。また翌年の1896年から97年にかけても，広告の注目度（attention value）を測定する研究を行ない，広告の心理学についての論文にまとめている。この Gale の研究は，広告心理学の始祖といわれる Scott にも影響を与えている。Scott もまたノースウェスタン大学の心理学研究所所長として大学に籍を置く研究者であった。以上のような大学スタッフによる研究は，20世紀初頭以後の研究に比べると極めて寥々たるものであり，19世紀後半におけるマーケティング論の胎動は，主として実業界を中心に動いていたものと考えられる。

さて，次に19世紀後半におけるマーケティング論の胎動を，その理論的内容に立ち入って窺うと，次の如くである。

先ず第1に，当時の先駆的文献において，消費と需要の分析がみられるということである。たとえば Wells の著作 *Recent Economic Changes*, 1889 によれば，1870年から90年にかけての消費者の所得と需要の増大が述べられている（Converse［1959］pp.5-7）。この間，物価が低落し[3]，生活水準が上昇したが，これは Wells によれば，市場の改善の結果であると考えられている。アメリカ労働者の購買力は1860年から1885年の25年間に4分の1以上増大し，労働者の分け前は次第に増大していることを指摘している[4]。また Wells は需要の拡大要因について，物価の低落，大衆市場の購買力の増大，欲望の発達あるいは文化の変化を挙げている。

同様に，労働者の購買力の増大については，Atkinson の *The Distribution of Products*, 1855 にも立ち入った階層分析がみられる。Atkinson は，被雇傭者層（employed persons）を購買力によって分類し，労働者層のうち10%は高い購買力をもつが，35.7%は中程度の，54.3%は低い程度の購買力しかもたないとみた。このように，需要は所得グループによって異なることを示した後，マーケティングの成功は，人口の50%以上を占める低所得グループに依存していると述べている（Converse［1959］p.5）。さらにまた Atkinson も1870年から97年にかけての価格低下について関説し，価格低下は実質賃金を引き上げるので祝福すべきことである，と述べ，今後，労働者の国民生産物の分配分は絶えず増大してゆくと，楽観論を称えている。

以上のように，所得の増大とそれに基づく需要や消費の経済学的なマクロ分析が示されているが，これは経済学一般の問題であり，必ずしもマーケティング論に大きく接近した分析であるとはいえない。しかし，注目すべき点は，消費者や

需要について，分析の具体化が行なわれていることである。Atkinson の所得階層別分析もその1つであった。しかも彼は，さらに商品種類毎に市場分析（market analysis）を行なっているようであるが，先駆的意義をもつ程度にとどまるものといわれている（Converse [1959] p.5）。また Wells は，商品種類別の1人当り消費額の見積りを，種々な食料品，タバコ，コーヒー，茶，酒などの嗜好品，衣料品，家庭用具などについて行なっている。

次に需要の弾力性についても，Wells や Farquhar 兄弟によって具体化されている。Wells は，所得の増大と消費の関係について研究し，所得が増大しても，小麦やシャツのような生活必需品の需要は無限に増大するものでないと述べ，また Farquhar 兄弟も，価格の統計的測定や，需要の弾力性について理論的に貢献している[5]。Farquhar 兄弟は，小麦の需要は，トウモロコシの需要よりも弾力的であることを発見した[6]。このような商品種類毎の具体的実証的研究は，当時の経済学の潮流，すなわち限界学派の抽象的な理論的用具を具体的な経験的実践分野に援用する役割を果したのである。

第2の問題は市場問題および配給問題の登場である。この市場問題の登場は，第1の消費と需要の分析の登場と表裏の関係にある。19世紀後半は，アメリカにおける産業資本の確立と成長の時期であった。したがって一面では，生産の拡大[7]，物価の一時的下落，賃金や所得の上昇がみられた。しかし他面では1870年代から20世紀初頭にかけて，産業資本の集中と集積が進行し，独占資本への移行がみられる独占段階への過渡期であった。したがって，資本主義の基本的矛盾の発現である周期的過剰生産恐慌は既に1857年から世界的規模においてあらわれていた。57年恐慌に続いて，66年，73年，82年，91～93年と周期的過剰生産恐慌は次第に激化していたのである（Oelßner [1952] S.229ff. 訳書 p.274 以下）。このような過剰生産恐慌は，市場問題を登場せしめ，配給問題を意識せしめる基本的な動因となった。さらに，配給問題を登場せしめた動因としては，配給費用の増大傾向と，配給人口の増大が挙げられる。以下過剰生産恐慌の問題から当時の文献に内在しつつ考察してみよう。

先ず最初の過剰生産恐慌は，1873年に極めて激烈な形で発現した。この73年と82年の恐慌は，配給問題登場の重要な契機になった。周知のように，配給問題の登場は，後に1920年代になって，Marshall [1921] によって指摘されているのであるが（p.256ff.），彼は1880年代が，生産重点時代から配給重点時代への転換期として把握し，この配給重点時代の特質は，生産力の拡大が市場の

拡大よりも一層速かなことであると考え，この事態を「商業革命」（commercial revolution）とよんでいる。この「商業革命」の背景となったのが過剰生産恐慌であり，それに基づいて市場問題が登場したのであった。

　この過剰生産恐慌の問題は，既に当時の文献にもあらわれている。たとえばFarquhar兄弟の *Economic and Industrial Delusions*, 1891において，「過剰生産は配給が悪いからにすぎない」（Converse [1959] p.8）と述べている。彼に端的にあらわれているように，過剰生産恐慌の基本的原因は，生産過程の中にあり，資本主義の機構そのものの中に深く根ざす問題であることが看過され，流通主義的把握が行なわれているのであるが，このような理解が配給問題を登場せしめる推進動機になったことは否定できない[8]。

　Atkinsonは，市場問題について，*The Industrial Progress of the Nation*, 1889の中で次のように述べている。事態を改善する最良の方法は，「生産物の量を増大させることによって，その増加分の市場を見出すことである」（Converse [1959] p.3）と，セイの販路説的楽観論を示している。また他方では，価格引き下げが消費者の生活水準を引き上げ，市場を拡大することになるだろうと考えている。では価格引き下げをいかに行なうかの問題について，彼は，配給費の問題に着目するのである。他方，市場拡大の具体的方策については，労働者層の所得の階層別分析を行ない，低所得層に関心を示すのであるが，この着眼点が既に述べた具体的な階層分析の方法を生み出し，市場調査へ発展する礎石をあたえたのである。

　次に，Wells, *Recent Economic Changes*, 1889においても周期的過剰生産恐慌に関心が示されている。しかし彼も恐慌の対策を流通主義的に理解し，流通経路の問題に着目している。彼の恐慌回避策は，生産者から小売商への直接販売（direct marketing），製造業者から小売商への直送，卸売商によりforward sellingなど，直接販売を提案し，他方では，交通通信方法の新機軸は，卸売商や小売商の在庫規模を縮小し，生産計画の改善を可能にして，恐慌の回避や緩和に役立つだろうと述べている（Converse [1959] p.7）。

　以上のように，諸研究の傾向は何れも恐慌の原因や対策を流通過程に求め，流通過程における価格引き下げ問題として配給費の問題に1つの脚光をあたえたのである。

　次に配給費の問題については，前掲のAtkinsonとWellsが関説している。配給費（cost of marketing）は市場競争の問題に対処する価格引き下げ方法として登場するのであるが，他面では，配給費そのものの増大傾向も当時の注目をひき

始めていたことを看過してはならない。

たとえば Atkinson は *The Distribution of Products*, 1885 において，1880 年当時の配給費について，農産物の生産者価格と消費者価格の開差は 33%から 40%におよぶこと，また他方，パンの価格においても，小売商は 35%のマージンを占めていることを指摘している。また 1892 年の著書 *Taxation and Work* では，1890 年の生産物総額は 125 億ドルに達するが，それらの生産物は消費者に達するまでに，1 度，2 度，3 度あるいはそれ以上も売買されるので，取引総額は 400 億ドル以上に達すると述べている[9]。

次に，配給費の引き下げ方法については，Atkinson の場合は，たとえばイギリスの協同組合のような，現金払持帰り制（cash-carry basis）による低マージンの大経営による合理化を考えていた。また Wells も Atkinson と同じように，流通費（cost of distribution）を，会社が大規模に統合することによって引き下げる方法や，また直接販売によって中間商人を排除することによって引き下げる方法を考えていたようである（Converse［1959］p.7）。

以上のような配給費の増大傾向と合理化問題は，後にみる社会経済的マーケティングの中心問題として発展する先駆をなすものである。

最後に，配給問題を重視せしめる動因となったものに，配給人口の増大傾向がある。この点の指摘は Atkinson の *Industrial Progress of the Nation*, 1889 にみられ，「我々の全人口の生活は，取引（trade）と交通に従事している 250 万人の人々に依存している」（p.3）ので，マーケティングあるいは流通（distribution）は，経済制度の中でもっとも重要な部分であると述べている[10]。

以上，第 1 に過剰生産恐慌を契機とする市場問題の登場，第 2 に配給費の増大傾向，第 3 に配給人口の増大が，当時の先駆的文献にみられる配給問題登場の推進要因であった。このような配給問題の胎動とともに，極めて部分的断片的ではあるが，マーケティング論の技術的諸問題も，次第に萌芽を示していたようである。

最後に，先駆的研究にみられる社会経済的マーケティングや企業的マーケティングの技術的諸問題の端緒を窺うと次の如くである。

先ず社会経済的マーケティングの理論的論議の中心をなす，機能論（function）の萌芽が Atkinson にみられることを看過してならない。彼は機能という言葉は使わなかったが，配給の機能として，購買（buying），販売（selling），保管（storage），標準化および格付け（standarization and grading），物的取扱い（physical handling），包装（packaging），金融（financing），危険負担（risk taking），情報蒐

集（gathering information）を考えていたようであった（Converse［1959］p.4）。次に Atkinson は効用概念を使っていたが，他方では，後のマーケティング論者にみられるように効用を生産における形態効用と，流通における効用とに区別していなかった[11]。この点はサーヴィス労働の不生産的性格を隠蔽する俗流理論の未成熟を示すものであった。

　次に企業的マーケティングの技術的問題も断片的に胎動していた。たとえば，Farquhar 兄弟によって，製品差別（product differences）や特許保護（patent protection）が行なわれ，これが彼自身や若干の他の業者を部分的に非価格競争（nonprice competition）に向わせたようである。また彼は，自らの商品をそれぞれの異なった市場に満足を与えるように作ったのであるが，これは市場細分化の先駆であるともいえるようである（Converse［1959］p.8）。

　また既に述べたように，広告については，Wanamaker や Gale などの研究が，セールスマンシップについては Patterson の研究がその他の販売促進技術としては，McCormick の実演販売と月賦販売，広告の信用性，正札政策，返品制度によるサーヴィス化などの問題や方法が実践されていた（Converse［1951］p.5)[12]。

　以上，19世紀後半におけるマーケティング論の胎動を文献を中心として展望した。その特徴を要約すれば，次の如くである。

　第1にマーケティング論の胎動は，経済学と経済学的影響の中でみられるということである。マーケティング論に影響を与えた理論は単に経済学だけにとどまらない。Converse［1951］によれば経営学をはじめ，会計学，心理学，歴史学も関係していることを指摘している（p.2）。しかし，その影響の中心は経済学であり，経済学の大きい影響の下に胎動し始めていた。

　第2に，経済学からマーケティング論への媒介項をなす問題には2つの方向がみられる。その1は，マーケティング乃至は配給あるいは市場問題の問題意識を醸成することである。その2は経済学の抽象的，一般的分析用具を，マーケティング乃至は配給問題に適する具体的・経験的分析用具に接近せしめることである。このうち前者は，周期的過剰生産恐慌を契機とする市場問題の登場，配給費用の増大傾向，配給人口の増大傾向という問題意識を媒介にして次第に成熟していたことが窺える。後者の分析用具の具体化と経験的実用化は，需要の理論，階層別所得分析，商品別消費分析などによって窺うことができた。

　第3に経済学の影響の下で若干の胎動が見られたとはいえ，マーケティング論そのものの経験的実践的性格から考えると，抽象的理論から具体的経験的現象面

への下向よりもむしろ反対に資本家的実践における経験的実務知識の胎動が大きい役割を果したものと推定される。若干の例にみられるように，19世紀の「先駆者」が多くは実務家であり，研究的意欲的な実務家の実験や実践が文献的研究の背景をなし，母胎をなしていたものと思われる。このことは，20世紀に入ってからのマーケティング論の発展が，大学を中心とするアカデミシャンの研究によって推進された事実とまさに対照的である。

3. 大学における研究の端緒

既にみたように，19世紀末，1880年代の過剰生産恐慌を契機にして，市場問題への関心が高まってきた。このような市場や商業，配給の諸問題に対する関心の昂揚は，やがて，高等教育の必要性を醸成し始めた。Converse［1951］によれば，1890年代の不況の回復とともにその関心が高まってきたとのことである（p.5）[13]。このような高等教育の要望が実現し，アメリカの大学において，マーケティング論の端緒をなす講座が開設され始めたのは20世紀初頭，特に1900年から1910年にかけてであった。先ずアメリカの主要大学における講座開設状況と開設者を列記すれば次の如くである（Bartels［1962］p.29；Hagerty［1936］p.21）。

1902年	Michigan	大学	E.D. Jones
〃	California	大学	Simon Litman
〃	Illinois	大学	George M. Fisk
〃	New York	大学[14]	
1903年	Pennsylvania	大学	W. E. Kreusi
1904年	同　　上		H. S. Person
1905年	Ohio州立大学		James E. Hagerty
1908年	Northwestern	大学	
〃	Denver	大学	
1909年	Pittsburgh	大学	
〃	Harvard	大学	P. T. Cherington
1910年	Wisconsin	大学	

講義は大学における企業家のための高等教育の必要が叫ばれ始めた19世紀末

において，既に一部では開講されていたといわれる。オハイオ大学の講座創設者 Hagerty によれば，既に 1881 年にペンシルバニア大学の Wharton School が，1898 年には，カリフォルニア大学とシカゴ大学で，Business Administration 学部が組織されていたといわれる（Hagerty [1936] p.20）。しかしながらマーケティング論に関係の深い講座の開設は，20 世紀初頭以後のことである。19 世紀末の高等教育は，現在の意味での Commerce や Business ではなく，企業家のための教育としては，経済学，政治経済学，社会学などが教えられていたにとどまるようである。

では，20 世紀初頭に各大学で次々と開かれたマーケティング論に関係のある講座は，いかなる内容をもっていたものであろうか。また，マーケティング論はいかなる経緯をたどって拡張されていったものであろうか。

先ず最初に開設されたミシガン大学では，1902 年に "Distributive and Regulative Industries of the United States" というコースが開設された。同大学の学報によれば，その内容は次の如く説明されている。「このコースは，財貨配給の種々の方法及び分類，格付け，使用されたブランド，卸取引・小売取引等の種々の方法を含むであろう。また主な関心は，上記の私的な組織に払われ，商業組合，貿易省，商業会議所などのように，産業の諸過程を指導し統制する貨幣面や銀行については関説しないであろう」（Bartels [1962] p.30）と述べられている。この内容からして，従来の商業学の内容をなす銀行，貿易などとは分離・独立した社会経済的マーケティングの原型がほぼ描き出されているとみられる。

次に同じく 1902 年に講座が開設されたイリノイ大学の学報によれば（Maynard [1942] p.158），同大学では "Institute of Commerce" という名称のコースと，"Institute of Commercial Policies" というコースと，2 つのコースが設置された。これらのコースの内容は，前者の "Institute of Commerce" では，商業の種類，商業取引の重要性と組織と管理とが論じられ，後者の "Institute of Commercial Policies" では，国内商業政策，取引規制，無際限な競争と信用の濫用との防止策について論じられていた[15]。これらのコースは 1903～4 年に再編成され，第 1 のコースは，一般，卸売業，小売業，百貨店，協同組合，会社店（company store）など，商業組織の種々の形態の比較研究に専心し，第 2 のコースは，農業生産物のマーケティングの領域を中心とするようになった（Maynard [1942] p.158）。イリノイ大学の他にも，1902 年にニューヨーク大学で開設され[16]，1908 年にはハーバード大学で，Paul T. Cherington によって "Commercial

Organization and Methods" が開設され，1909 年にはピッツバーグ大学で，"The Marketing of Products" が開設された。

以上のように各地の主要大学において，次々とマーケティング論の先駆的講座が開設されたが，その内容の発展傾向を，最も典型的な傾向を示すといわれるオハイオ州立大学の例によって窺うと，次の如くである。オハイオ大学では 1905 年に "Distribution of Products" が初めて開講された。翌年にこのコースが拡張され，"Distributive Regulative Institutions" と改称され，同時に "Commercial Credit" が追加された。また 6 年に "Distributive and Regulative Institutions" は "Mercantile Institutions" に改称された[17]。それから 4 年間を経過し，1910 年から 11 年にかけて改編され，旧来の "Commercial Credit" は廃止され，次の 2 つのコースに発展した。すなわち，国内商業を中心とする "Mercantile Institutions in Domestic Trade" と，国外商業を中心とする "Foreign Markets and the Consular System" とである。このうち国内商業を中心とする "Mercantile Institutions in Domestic Trade" が，1915 年に "Marketing" と改称されたのであった。したがってマーケティング論の母胎は国内商業論であったことがわかる。次に，国内商業の経済的分析を中心とする社会経済的マーケティングとともに，資本家的実践の実務的技術を中心とする企業的マーケティング論も発達していった。オハイオ大学においては，1911 年に，広告論が "Principles of Advertising" として開設され，数年たって 1916 年に，"Salesmanship" が追加された。また他方，社会経済的な国内商業論も，1920 年に "Wholesaling" と "Retailing" が追加されることによって次第に拡充されていったのである[18]。またウィスコンシン大学では 1910 年 5 月に，Ralph Starr Butler 教授が中心になり通信学生用のコースを創設したが，その中には，既に Advertising and Salesmanship, Advertising Campaigns, Sales and Purchases, Store Management など，広告，セールスマンシップを中心とする企業的マーケティング論の内容が含まれていた（Maynard [1942] p.159)。

以上の例の如く，1900 年から 1910 年にかけて，主な大学においてマーケティング論に関係するコースが次々に創設されていったのであるが，その発展傾向を次の如く概括することができるであろう。

第 1 に，マーケティング関係の広告や販売の教育は，既に 1890 年以前において一部の私立のビジネス・スクールや通信教育などによって行なわれていたようであるが（Converse [1959] p.21)，大学水準での教育は 1900 年以降に開始された。

それと同時に講義の必要から研究も開始され始めた。

　第2に，マーケティング関係のコースは，国内商業と国外商業の分離，商業組織論と商業政策論の分離などの形で，次第に純化されていった。しかしながら，卸売や小売などの商業組織論や機能論を中心とする社会経済的マーケティングと，広告やセールスマンシップや管理技術を中心とする企業的マーケティングとの分離は極めて不明確であったが，1910年代に入って，次第に企業的マーケティングの技術論が独立していった。

　第3にマーケティングという用語についてみると，1900年当初の頃は，研究においても，実務においても余り使用例がみられなかった。むしろTrade, Commerce, Distributionという言葉が普通に使われていた。しかし，1905年頃から講座名においてもマーケティングという用語があらわれ始めている[19]。何故にマーケティングという用語が使われ始めたかについては，必ずしも明瞭でないが，ウィスコンシン大学で"Marketing Methods"というコースを開設したButler教授は，1940年に次のような説明を行なっている。「要するに，私が取扱おうと思った題材には，製品のプロモーターが，セールスマンや広告を現実に使うことに先立って行なわなければならないすべての研究を含めるべきであった。このビジネス活動の領域に名称が必要であった。私は適当な名称を見つけるのに苦労したことを覚えている。しかし私は最後にマーケティング・メソッドという言葉に決めた」(Bartels [1962] p.32) と。このような経緯からみるとマーケティングという用語は元来企業的マーケティングを中心とする概念として成立したように思われる。しかしながら，当時の研究では，むしろ社会経済的意味で使用されている場合が多いようにみられる。

4. 初期の研究と理論的影響の中心地

　20世紀初頭，特にマーケティング論の成立過程にあって，その研究と理論的影響の中心地点をなした大学と学者を概観すれば次の如くである。

　Bartels [1962] によれば，中心地は4つに分かれる (p.34ff)。第1はウィスコンシン大学，第2はハーバード大学，第3はオハイオ州立大学，イリノイ大学，ノースウェスタン大学を中心とする中西部グループ，第4は，ニューヨーク，特にニューヨーク大学，コロンビア大学を中心とするグループである。この4つのグ

ループのうち，第1のウィスコンシン大学と，第2のハーバード大学は，Shultz [1961] によってもその顕著な貢献が認められている（p.14）。この両大学は，マーケティング論形成に大きい影響を与えた理論的源泉地（original centers）でもあった。

先ず第1のウィスコンシン大学。この大学では19世紀末から著名な魅力ある経済学者がいた。たとえば，W. A. Scott, J. R. Commons[20], R. T. Ely[21], H. C. Taylor などの経済学者がいたので，当時マーケティングの先駆的学者が謂集していたようである。ウィスコンシンで学んだ学者には，E. D. Jones, J. E. Hagerty, B. H. Hibbard, T. Macklin, P. H. Nystrom, R. S. Butler, P. D. Converse, N. H. Comish, F. L. Vaughan などの名前がみられる。また1902年からイリノイ大学の講壇にいたマーケティングの草分け教師である G.M. Fisk は，1908年にウィスコンシン大学に移ってきている。この大学で学んだ諸学者は全国的に散らばり，それぞれの貢献をなしているが，特に Paul H. Nystrom, P. D. Converse, F. L. Vaughan などはそれぞれ注目すべき研究を行なっている。同大学では，特にマーケティング概念の確立，農業生産物の共同マーケティングについてのコースを最初に設置するなどの点に特徴がみられた。

第2のハーバード大学。同大学はウィスコンシン大学と異なってマーケティング形成の初期だけでなく，長期にわたって多大の影響を与え，また理論面だけでなく，実際面の発展にも影響の中心地になっていた。ハーバードでは，F. W. Taussig[22], E. F. Gay などの経済学者がおり，そこで学んだ学徒の中からは P. T. Cherington, A. W. Shaw, M. T. Copeland, H. R. Tosdal, W. C. Weidler, H. H. Maynard, M. P. McNair, N. H. Borden, R. S. Vaile などの代表的なマーケティング学者が輩出されている。ハーバード大学を中心とするグループの理論的貢献は，市場配給の諸問題を分析する方法論，実例問題を使うマーケティング教育法[23]，広告，マーチャンダイジング，販売管理，小売，マーケティング一般の主要著作の発表などにみられる。

第3のオハイオ州立大学，イリノイ大学，ノースウェスタン大学などの中西部の諸大学を中心とするグループ。これらの大学の諸学者は，第1次大戦後の4半世紀にわたって大きい影響を与えたが，1910年頃までは，新しい概念によって研究の輪郭を描き出すことが中心となり，1920年頃までにマーケティングについての若干の諸原理が出されたといわれる。ウィスコンシン大学では，商品別研究が重視されたのに対し，これらの大学ではマーケティングの機能的側面

(functional aspect) の研究が中心になったようである。これらの大学のうち，オハイオ大学では，J. E. Hagerty が教鞭をとり，イリノイ大学には G. M. Fisk がいた上に 1908 年に S. Litman がカリフォルニア大学から移ってきた。また，これらの諸大学で活躍した学者の中には，H. H. Maynard, W. C. Weidler, T. N. Beckman, P. D. Converse, F. E. Clark などの諸学者の名前がみられた。この諸学者は，マーケティング概論やマーケティング原理など，マーケティング一般 (general marketing) の著作をあらわしたので，Bartels によって，マーケティングの総合に貢献したといわれている（Bartels [1962] p.35）。中西部のその他の大学では，エール大学の L. D. H. Weld，ネブラスカ大学の P. W. Ivey などが目立った存在であった。

第4のニューヨーク市を中心とするグループ。コロンビア大学やニューヨーク大学では，方法としては，マーケティングの制度的分析（institutional analysis）を中心とする傾向がみられ，また同時に，実務を重視する傾向もみられた。これらのニューヨークの大学では，P. H. Nystrom, H. E. Agnew, N. A. Brisco, J. W. Wingate, R. S. Alexander などの学者が活躍したようであった。

以上，Bartels の研究に基づいて，アメリカのマーケティング研究の初期における中心地を概観した。これらの諸学者の活躍は，マーケティング成立過程を終えて，1910年代以降，20年代，30年代の発展期において行なわれた。その研究内容については，あらためて考察することにしたい。

5. 1910年までの研究の概観

20世紀初頭の10年間，すなわち1900年から10年に至る間の研究と講義の状況について概観してみよう。

前節でみたように，20世紀初頭の10年間は，各大学で，マーケティング関係の講座が次々に設置され，主要な大学で次第に研究体制が確立されている時代であった。したがって講座が設けられても，当初はその講義内容に困惑する状態であった。講座の設置事情からして，自らの研究の関心の赴くところにしたがって講座を開設した場合もあるし，講座を担当するように要請されて招かれた場合もある。たとえば，カリフォルニア大学の場合は，Simon Litman が"The Technique of Trade and Commerce"を担当するように要請された。しかし彼は，

ロシア,フランス,ドイツの大陸諸国で生活し,教育されてきているので,アメリカのビジネスを余り知らなかった。そこで彼は当惑しつつも「問題や方法は国によってそれぞれ本質的に異なっているわけではなく,基本は国境を超えて同一である」(Litman [1950] p.380) と考えた。そこで講座の計画を考えるにあたって,ドイツの Cohn [1898], Grunzel [1901][24], Borght [1899][25] などの著作から材料を集め,各国の相異性よりも共通性を強調するという方法で講義を担当した。次に,オハイオ大学の場合は,J. E. Hagerty が講義の担当を要請された (Hagerty [1936] p.26)。彼は,そこで文献資料なしに教えねばならないという困難に遭遇した。"Commercial Credit" と "Advertising" の場合は多少ともテキストに恵まれたが[26],general marketing の場合は大いに当惑したようである。特に 1905 年から 12 年までの間にわたって困った。そこで 1900 年と 1902 年に発行された *Industrial commission Report* を使用している。同書は,農業生産物の配給,特に農業主が適当な市場を確保することの困難性を中心に,トラストの影響,大企業の競争,価格,産業一般についてふれていた (Hagerty [1936] p.26)。

以上のように,最初のマーケティング関係講座を担当した教授は,ほとんど研究不足や教科書不足に当惑していたようであった。このような草分けの悩みをなめた教師としては,上記の Simon Litman[27],James E. Hagerty のほかに,ミシガン大学の E. D. Jones,イリノイ大学の George M. Fisk[28],ペンシルバニア大学の H. S. Person,ハーバード大学の P. T. Cherington などがいる。

研究資料の不足は各分野にみられる共通の悩みであった。しかし 1900 年から 10 年にかけて全然研究が出なかったわけではない。Converse [1959] によれば,同時期の主要な著作として次のような著作が挙げられている (p.21)。

The Reports of the Industrial Commissions, 1900-02; Emory R. Johnson, *American Railroad Transportation*, 1903; Walter Dill Scott, *The Theory of Advertising*, 1903; The U.S. Bureau of Corporations, *Report of the Commissioner of Corporations on Beef Industry* (*Report*), 1905.

上記の他に,一般的な研究として Samuel E. Sparling, *Business Organization*, 1906.

セールスマン関係として,P. L. Easterbrook, *Science of Salesmanship*, 1904; D. Hirschler, *The Art of Retail Selling*, 1909.

信用関係として,W. A. Prendergast, *Credit and Collections*, 1906; J. J. Zimmerman, *Credits and Collection*, 1907.

広告関係として E. E. Calkins and R. Holden, *Modern Advertising*, 1905；G. H. Powell, *Powell's Practical Advertiser*, 1905；T. A. DeWeese, *The Principles of Practical Publicity*, 1908；W. D. Scott, *The Psychology of Advertising*, 1908.

　以上にみられる如く，著作は広告関係と，セールスマンシップ，信用関係に僅かにみられる程度であって，市場調査，小売，卸売，販売管理などについては全然みられなかった。マーケティング一般についてもほとんどみるべきものがなかった。全体を通じて発展史の中で重要な役割を果すものとしては，ただ僅かに広告論についての Scott の著作のみであった（たとえば，Schwartz [1963] p.3 を参照）。かかる研究や資料の欠乏のため各大学のマーケティング講座担当者は，何れも独自の研究を開始しなければならなかった。この 1900 年から 10 年までの研究の成果は，1910 年代になって陸続としてあらわれてきたのである。

6. 本章から学ぶこと

　以上，第 2 節以下においては，20 世紀初頭，特に 1900 年から 10 年に至る間の主な大学の講義の実情とマーケティング論の研究との関連を極めて表面的ではあるが資料的に展望を行なってきた。マーケティング論が，本来，資本家的実務知識であり，資本家的実践の実務的技術であるかぎり，講座設置や研究登場の背後には，資本家的実践からの要請があったはずである。特に大学における専門教育乃至職業教育は，資本主義的生産関係からの規定を受けている。職業教育は一般教育と対立し，資本家階級の要求を体現しているからである（橋本 [1950] を参照のこと）。これらの下部構造からの分析は本稿で達成されなかった。

　しかし，文献的・資料的展望において，マーケティング論成立の沿革については，次のことが概括される。

　第 1 に，19 世紀末にマーケティング論の胎動がみられ，その胎動は 70 年代からの独占資本主義への移行期における過剰生産恐慌を契機にし，配給費の増大，配給人口の増大などの問題意識によって推進されていたこと。

　第 2 に，20 世紀初頭の 10 年間は[29]，マーケティングの高等教育への要請が成熟開花し，主要な大学において逐次開講されるに至ったが，研究においてはマーケティング論の成立を云々できるまでには至らなかったこと。

＊＊＊＊＊＊＊＊＊＊

（以下編集者が追加）

　以上の2点に加えて忘れてはならない重要な点は，19世紀末から1910年までのマーケティング論の生成期においてすでに，著者のいう社会経済的マーケティング研究と企業的マーケティング研究，すなわちマクロ的マーケティング研究とミクロ的マーケティング研究が混在していたということである。本章では触れられていないが，マクロ的なマーケティング研究の中心にある流通過程への関心は，19世紀末の農民運動をその背景にもっており，本章でも述べられているように，当初「marketing」という言葉は農産物流通に関する社会経済的意味で用いられる場合が多かったのであるが，同時期の企業の大規模化に伴う市場問題の登場とともに，企業のより具体的な市場への対応の問題としてミクロ的マーケティング研究の胎動も次第に増大していくのである。そして，当時，この2つの問題関心は，ミクロ的企業活動の効率化によってマクロ的流通費の問題も解決されるという形で微妙に連結されていることが多かった。こうした短絡的な連関は，今日では通用しないが，この2つのマーケティング研究がどのように結びついていくのかという問題は，マーケティング研究における根本的問題として現在もその重要性は失われていないといえる。

【注】

＊本章は，故・橋本勲の旧稿（「マーケティング論成立の沿革」『経済論叢（京都大学）』95巻5号，1965年）を転載したものである。ただし，編集者堀越が，脚注を引用注と説明注に分け，使用されている参考文献に追加文献を補充した参考文献リストを作成した上で【文献案内】を追加し，最後の節の題を「本章から学ぶこと」に修正した上で補足説明を加えて，本書の形式に統一した。橋本は，日本におけるマーケティング学説史研究の草分であり，多くの成果を残し，2007年2月に81才で亡くなった。

1) 19世紀後半におけるマーケティング論の先駆的研究を示す文献として，次のような文献がみられる。Asa Greene, *The Perils of Pearl Street*, 1934 ; B.F. Foster, *The Merchant's Mannual*, 1837 ; Dionysius Lardner, *Railway Economy*, 1850 ; E.T. Freedly, *A Practical Treatise on Business*, 1852 ; Freeman H. Hunt, *Lives of American Merchants*, 1858 ; Stephen Colwell, *The Ways and Means of Payment*, 1859 ; J.A. Scoville, *The Old Merchants of New York City* 1863 ; Samuel H. Terry, *The Retailer's Manual* 1869 ; Benner Samuel, *Benner's Prophecies of the Future Ups and Downs of Prices; What Years to Make Money on Pig-Iron, Hogs, Corn, Provisions*, 1876 ; Edward Atkinson, *The Distribution of Products*, 1885 ; 1892 ; ditto, *The Industrial Progress of the Nation*, 1899 ; ditto, *Taxation and Work*, 1892 ; David A. Wells, *Practical Economics*, 1885 ; ditto, *Recent Economic Changes*, 1889 ; A.T. Hadley, *Railroad Transportation, Its History and Laws*, 1886 ; Arthur B. Farquhar and Henry Farquhar, *Economic and Industrial Delusions*, 1891 ; National Cash Register Co., *The Primer*, 1894 ; Charles Austin Bates, *Good Advertising*,

1896；Nathaniel C. Fowler, *Building Business*, 1892；ditto, *Publicity*, 1897；Henry C. Emery, *Speculation on the Stock and Produce Exchanges of the United States*, (Columbia University Studiesin History, Economics, and Public Law, VII, No.2,), 1896；Harry Turner Newcomb, *Railway Economics* 1898；Edward F. Adams, *The Modern Farmer*, 1899.

2) なお，Henry C. Emery は，ロンドンでも次のような研究を著わしたり，多数のパンフレットを書いていたようである。*Company Management, A Manual for the Daily Use of Directors; Secretaries and Others in the Formation and Management of Joint Stock Companies under the Companies Act*, 2nd ed. rev., 1912.

3) 物価は，1860 年から 65 年の 5 年間に 2.5 倍に上昇し，65 年（一部繊維製品では 66 年）を頂点にして漸次下降傾向を示している（U.S. Bureau of Census [1960] pp.115-117）。

4) 名目賃金の上昇については，神野・宇治田 [1948] p.140 参照。

5) Farquhar 兄弟の研究方法は後に，H. L. Moore や Henry Schultz によって継承された（Schultz [1938]）。

6) 1889 年において小麦の収穫は 88 年よりも 18％大きかったが，全価値は，11％しか大きくならなかった。1869 年以来，玉蜀黍と小麦の生産は 2 倍になったが，玉蜀黍の全価値は同じにとどまり，小麦の価値は 30％大きくなった（Converse [1959] pp.8-9）。

7) 生産の拡大については，Frickey [1947] p.54。また Mendelson [1959] 訳書，第 1 分冊，p.404 以下参照。

8) Farquhar は 1873 年 9 月の恐慌において，すべての工場が事実上閉鎖したにも拘らず，自らの工場の価格を 25％切り下げて，間もなく再開している（Converse [1959] p.8）。

9) この Atkinson の研究は，後に二十世紀財団の研究 *Does Distribution Cost Too Much*，1939 年に継承されている。(橋本 [1953] [1956] を参照のこと。)

10) サーヴィス産業の労働者数については Stigler [1956] p.6 参照。

11) 効用（utility）を 2 つに分けなかった点を Converse は未熟なためであると評している。しかし，効用を form utility と ownership utility, time utility, place utility に分けることは，流通を生産と同一視し，流通労働が不生産的労働であるという本性をますます隠蔽することになる。したがって，むしろ流通主義的フェテシズムの未成熟を示すものというべきであろう。（なおサーヴィス労働の生産的性格については，橋本 [1965] [1963] を参照のこと。）

12) なお，白髭 [1962] p.37 以下参照。

13) なお，講座開設の規定要因について，Bartels は企業の要請ではなく社会問題に対応するものであると考えているが，当時の下部構造の分析を別に行なう必要がある（Bartels [1962] p.28）。

14) New York 大学の開講については，Converse によれば，1900 年に Accounting, Finance の学部が置かれたといわれている（Converse [1959] p.20）。

15) イリノイ大学のコースは，J. E. Hagerty によれば，Domestic Commerce and Commercial Policies, Foreign Commerce and Commercial Policies, and Domestic and Foreign Markets の 3 つになっている（Hagerty [1936] p.21）。

16) ニューヨーク大学では 1902 年に，次のようなコースが設けられた。Business Organization and Practice, Raw Materials。4 年にはさらに Industrial Organization and Management が設けられた（Hagerty [1936] p.21）。

17) "Mercantile Organization" の内容は，オハイオ大学の学報によれば，次の如くである。
　(1)アメリカにおける商慣習の進化と組織の相互関係，各種商業機関の起源と発展を経済的条件との関係において展開すること，財貨を配給する各種の方法，各種配給業者，製造業者，製造業者の代理店，ブローカー，仲買人，等々の機能，広告及びその心理的法則，広告の経済的重要性と販売に与える影響。(2)会社の内部管理組織，会社の部門編成及び下部部門編成の研究，各部門の相互関係と全体に対する関係の研究，記録と記録保存のデー

タ処理システム（Hagerty [1936] p.21）。
18) オハイオ大学の 1921 年のカリキュラムは次のようなコースからできていた。Business Communications, Marketing, Marketing Problems, Wholesaling, Retailing, Credit and Collections, Salesmanship, Advertising, Advertising Practice, Exporting and Importing, Research in Marketing.

なお同大学の 1920 年以後のマーケティング関係のコースの変化を掲げれば次の如くである。1925 年 Salesmanagement が Salesmanship と結合された。1927 年 Marketing Problems が廃止。1940 年 Credit Problems が導入。1940 年 Business Research と Market Research が 2 つのコースになった。1941 年 Salesmanship と Sales Management が 2 つのコースになった（Bartels [1962] p.32）。

19) マーケティングの用語が一般化する過程を示すと，1902 年に，ミシガン大学の学報で，"various methods of marketing goods" という言葉の使い方がみられ，5 年にはペンシルバニア大学で，"The Marketing of Products" というコースが，また 9 年にもピッツバーグ大学で，同じように "Marketing of Products" というコースが設けられている。また 10 年に至って，ウィスコンシン大学で "Marketing Methods" というコースが Ralph Starr Butler によって教えられ，13 年には，同大学で "The Marketing of Farm Products" というコースが L. D. H. Weld によって教えられ始めた（Bartels [1962] p.33）。

20) Commons の思想については，荒川 [1960] p.46 以下，また人物については，小原 [1951] p.202 以下を参照。

21) R. T. Ely (1854-1943) はコロンビア大学を卒業，ハイデルベルヒで Karl Knies に学び歴史派経済学の影響を受けている。1892 年から 1922 年までウィスコンシン大学にいた。しばしば労働争議に関連し，「大学の無政府主義者」という非難を受けたといわれる（小原 [1951] p.135）。

22) Frank William Taussig (1859-1940) は，ハーバード大学を卒業後，ベルリンで学び，1886 年から終始ハーバードで経済学を講じた。

23) Marketing Problems の方法はオハイオ大学の Hagerty によっても注目されていたが，その方法は後に発展したケース・メッソード (case method) とは異なっていたようである（J. E. Hagerty [1936] p.27）。

24) 同書は国民経済的観点で書かれており，制度的記述 (Institutionenbeschreibung) の方法がとられている。

25) 同書は機能的方法を中心とする，商業の百科辞典的記述であった。

26) Hagerty は Commercial Credit の講義を 1906 年から受け持つことになり，教科書としては，*Prendergast's book, Credit and Its Uses* を用い，1913 年には Henry Holt and Company の *Mercantile Credit* を使用している。広告論の講義は 1911 年から担当することになり，Walter Dill Scott の *Psychology of Advertising* を使用している（Hagerty [1936] p.26）。

27) S. Litman は 1902 年から担当し，1908 年からはイリノイ大学に移っている。

28) G.M. Fisk は 1902 年から担当し，1908 年にウィスコンシン大学に移っている。

29) Bartels によれば 1900-1910 年はマーケティングの「発見の時代」，10-20 年は「概念化の時代」と規定されている（Bartels [1962] p.41）。

【文献案内】

Bartels [1962] は，1976 年のその第 2 版から *The History of Marketing Thought* と改題され，第 3 版が 1988 年に出版されており，邦訳もある。学説史研究における成果の乏しいマーケティング研究においてこの分野のスタートを築いた文献として必

読である。これをもとに，ミクロ的成果とマクロ的成果の区別がなされ，各論的成果の統合過程をより明確に整理した成果が，本章の論文も含んだ橋本［1975］である。そして特にマーケティングの管理論的側面に焦点をおいて生成から戦後に至るその史的形成過程を論じた成果として三浦［1971］，光澤［1987］がある。マーケティング研究の学問としての成熟度の進展を方法論的論議の変遷を中軸にして描いたものとして，堀田［2006］，堀越［2005］がある。本章にかかわるマーケティング研究の生成期に関しては，Coolsenの博士論文であるCoolsen［1958］およびそれをもとに出版されたCoolsen［1960］は貴重な成果であり，その要約を含んだConverse［1959］は邦訳もあり必読であろう。その他生成期に関しては，引用されたHagerty［1936］，Litman［1950］，Maynard［1942］とともに，Maynard［1938］［1941］，Agnew［1941］，Weld［1941］，Converse［1945］［1952］，Bartels［1951］などが歴史的証言として参考になる。第二次大戦以後のマーケティング研究の展開に関する補強としては，荒川［1978］，Sheth et al.［1988］が参考になる。

【参考文献】（＊は編者が追加）

荒川祐吉［1961］『現代配給理論』千倉書房。
＊荒川祐吉［1978］『マーケティング・サイエンスの系譜』千倉書房。
神野章一郎，宇治田富造［1948］『アメリカ資本主義の生成と発展』二木書店。
小原敬士［1951］『アメリカ経済思想の潮流』勁草書房。
白髭武［1962］『現代のマーケティング』税務経理協会。
橋本勲［1950］「職業教育の歴史的基礎」『経済論叢（香川大学）』25巻3号，4号。
橋本勲［1953］「スチュアート，デューハースト，配給費は多すぎるか」『経済論叢（香川大学）』26巻4号。
橋本勲［1956］「配給費用の増大傾向について」日本商業学会編『証券市場と商品市場』誠文堂新光社。
橋本勲［1963］「サーヴィス労働の生産的性格」『経済論叢（京都大学）』92巻4号。
橋本勲［1965］「サーヴィスと生産労働」久川教授退官記念論文集刊行委員編『久川教授退官記念論文集：保険の近代性と社会性』久川教授退官記念論文集刊行会。
＊橋本勲［1975］『マーケティング論の成立』ミネルヴァ書房。
＊堀田一善［2006］『マーケティング思想史—メタ理論の系譜—』中央経済社。
＊堀越比呂志［2005］『マーケティング・メタリサーチ—マーケティング研究の対象・方法・構造』千倉書房。
＊三浦信［1971］『マーケティングの構造』ミネルヴァ書房。
＊光澤滋朗［1987］『マーケティング管理発達史』同文舘出版。
＊Agnew, H. E.［1941］"The History of the American Marketing Association," *Journal of Marketing*, Vol. 5（April）.
＊Bartels, R.［1951］"Influences on the Development of Marketing Thought," *Journal of Marketing*, Vol. 16（July）.
Bartels, R.［1962］*The Development of Marketing Thought*（1st ed.）, Richard D. Irwin.（第2版：山中豊国訳［1979］『マーケティング理論の発展』ミネルヴァ書房；第3版：山中豊国訳［1993］『マーケティング学説の発展』ミネルヴァ書房。）

Borght, R.von.der [1899] *Handels und Handelspolitik*, C. L. Hirschfeld.
＊Converse, P. D. [1945] "Fred Clark's Bibliography as of the Early 1920's", *Journal of Marketing*, Vol.10 (July).
Converse, P. D. [1951] "Development of Marketing Theory,Fifty Years Progress," in *Changing Perspectives in Marketing*, edited by H. G. Wales, University of Illinois Press.
＊Converse, P. D. [1952] "Notes on Origin of the Anerican Marketing Association," *Journal of Marketing*, Vol. 17 (July).
Converse, P. D. [1959] *The Biginning of Marketing Thought in the United States: Reminiscences of some of the Pioneer Marketing Scholars*, University of Texas. (梶原勝美訳 [1985] 『マーケティング学説史概論』白桃書房。)
Cohn, G. [1898] *Nationalökonomie des Handels und des Verkehrswesen*, Enke.
Coolsen, F. [1958] *Marketing Ideas of Selected Empirical Liberal Economists,1870 to 1900.*
Coolsen, F. [1960] *Marketing Thought in the United States in the Late Nineteenth Century*, Texas Tech Press.
Frickey, E. [1947] *Production in the United States,1860-1914*, Harvard University Press.
Gale, H. [1900] *Psychological Studies*, Minneapolis: The Author.
Grunzel, J. [1901] *System der Handelspolitik*, Duncker & Humblot.
Hagerty, J. E. [1936] "Experiences of an Early Marketing Teacher," *Journal of Marketing*, Vol. 1 (July).
Leitherer, E. [1961] *Geschichte der handles- und Absatzwirschaftichen Literatur*, westdentscher Verlag.
Litman, S. [1950] "The Beginning of Teaching Marketing in American Universities," *Journal of Marketing*, Vol. 15 (Oct.).
Marshall, L. C. [1921] *Business Administration* The University of Chicago Press.
＊Maynard, H. H. [1938] "Training Teachers of Marketing and Research Workers," *Journal of Marketing*, Vol. 2 (April).
＊Maynard, H. H. [1941] "Marketing Courses Prior to 1910," *Journal of Marketing*, Vol. 5 (April).
Maynard, H. H. [1942] "Early Teachers of Marketing," *Journal of Marketing*, Vol. 7 (Oct.).
Mendelson, L. A. [1959] Теорияиисторияэкономическихкризисовициклов Vol. (飯田貫一他訳 [1960] 『恐慌の理論と歴史』青木書店。)
Oelßner, F. [1952] *Die Wirtschaftskrisen*, Dietz. (千葉秀雄訳 [1955] 『経済恐慌』大月書店。)
Schultz, H. [1938] *The Theory and Measurement of Demand*, University of Chicago Press.
Schultz, W. J. [1961] *American Marketing*, Wadsworth Pub.
Schwartz, G. [1963] *Development of Marketing Theory*, South-Western Publishing Company.
＊Sheth, J. N., D. M. Gardner and D. C. Garrett [1988] *Marketing Theory: Evolution and Evaluation*, John Wiley & Sons Inc. (流通科学研究会訳 [1991]『マーケティング理論への挑戦』東洋経済新報社。)
Stigler, G. J. [1956] *Trends Employment in the Service Industries*, Princeton University Press.
U.S. Bureau of Census [1960] *Historical Statistics of United States*, S. I. : s. n.
＊Weld, L. D. H. [1941] "Early Exreriences in Teaching Courses in Marketing," *Journal of Marketing*, Vol. 5 (April).

(橋本　勲)

第2章

ミクロ的マーケィング論のパイオニア

― Shaw と Butler ―

1. はじめに

　前章では，アメリカで19世紀末にマーケティング論の胎動がみられ，さらに20世紀初頭の10年間には，マーケティングについての高等教育への要請が成熟開花し，主要な大学において関連諸科目が逐次開講されるようになったことが指摘されている[1]。

　当時の時代的背景をみると，19世紀末から20世紀初頭にかけてのアメリカ経済は大きな発展の過程にあった。工業生産は急激に拡大し，人口は地方から都市へと移りつつあった。また，鉄道網と通信網の発達を基盤に，農産物も工業製品もしだいに地方市場を超えて広範囲に流通するようになり，流通過程の革新が進み，巨大な全国市場が次第に形成されつつあった。

　この段階で，個別企業の流通活動に関しても，また商品の社会的流通そのものに関しても，マーケティングという言葉が登場する。農産物，原料，工業製品など，それぞれ流通の形態は異なっていても，マーケティングが生産者から消費者までの流通過程全体を考察対象としていることは共通であり，それは，また，その過程に参加している企業にとっても，直接の取引相手を超えて，生産と消費をつなぐ流通過程全体への考慮が必要になったことを示している。

　たとえば，専門誌の論文で初めて標題にマーケティングという用語を用いたのは，F. W. Powell が1910年に *Quarterly Journal of Economics* 誌上に発表した"Co-operative Marketing of California Fresh Fruit"であるとされているが，そこで彼は農業協同組合に結集した農民たちのフレッシュ・フルーツが，どのようにして，アメリカ東部の市場にまで流通していたかを分析しているのである。

　なお，先に触れたように，当時すでにマーケティングの対象としては個別企業の流通活動を指す場合と社会経済的な流通過程の動きを指す場合とが存在してい

た（堀越［2005］pp.58-67）。しかし，本章では，前者，すなわちマーケティングのミクロ的把握に限定して検討を進める[2]。

ミクロ的にみれば，マーケティングとは市場的環境に対する企業の創造的で統合的な適応行動である。この意味でのマーケティングの担い手である企業は，当時，規模の拡大，組織の複雑化の下で，経営革新の課題と懸命に取り組んでいた。企業内部の販売関連の組織についても，従来からの販売部に加えて，広告，販売促進，市場調査などを担当する部署が，販売部の下部組織の場合が多いとはいえ，企業の組織図に登場してくる。このいわばマーケティング組織の成果は，当然，その組織を構成している人材の質と量に大きく依存している。

その際，当時の最新の知識と能力をもつ専門職を養成するために，大学や大学院の果たした役割はきわめて大きかった。そこにおける研究・教育活動の展開の中で，マーケティングについても体系的，組織的な研究が次第に進展してゆく。こうして，1910年代になるとArch Wilkinson ShawやRalph Starr Butlerらによって，マーケティングについての注目すべき成果が次々と発表された。

前者，すなわちShawはアメリカでも「マーケティング研究に対する体系的アプローチを提起したパイオニア」（Copeland［1958］p.313）と評価されており，また，わが国でも福田敬太郎が昭和初期に彼の著作を「配給問題（今日風にいえば流通問題―筆者）に対する理論的研究のアメリカにおける嚆矢（はじまり―筆者）」（福田［1929］p.87）として以来，今日までこれが定説になっている。

一方，Butlerはアメリカでも工業製品の流通に関してマーケティングという用語を使用した最初の人物とされており（Wood［1961］p.69），また，わが国でも彼は「工業製品との関連で著作の名称にマーケティングという名称を用いた最初の人であり，個別企業の視点によるマーケティング論の原型を提示した最初の研究者のひとりである」（薄井［1993］p.23）と高く評価されている。

本章では，このミクロ的マーケティング論のパイオニア2人を取り上げて，彼らの問題意識と視点，研究の内容等を検討するとともに，その今日的意義にも及ぶことにしたい。

2. Shawの研究

(1) 人と業績

　Shaw（1876-1962）は事務機製造会社の共同経営者を経て，1903年には出版社（A. W. Shaw Co.）を設立し，経営関係の書籍や雑誌を中心に成功をおさめた。なお，この会社は1928年にマグロウ・ヒル社（Magraw-Hill Book Co.）に売却された。

　このように，製造業や出版業の経営，さらには『システム』（System）や『ファクトリー』（Factory）といった経営雑誌の編集など，彼は経営全般に及ぶ広い実務経験と知識をもっていた。ことに雑誌『システム』の編集を通じては，彼は企業経営者間のアイディアの交換を熱心に促進したといわれている。

　この間，彼は1910年にはハーバード大学の講義を聴講し，また，経営大学院，すなわちハーバード・ビジネス・スクールの院長 E. F. Gay の親しい友人となり，翌11年にはこの大学院の講師および評議員（いずれも非常勤）に任命され，経営政策（Business Policy）の講義を担当することになる（Bartels [1951] p.9；Copeland [1958] p.313 など）。彼の経営政策の講義は1916年まで行なわれたが，その間に次のような業績が公刊された。

　A) "Some Problems in Market Distribution," *Quarterly Journal of Economics*, Vol.26, No.4, 1912, pp.703-785.

　B) *Some Problems in Market Distribution*, Harvard Univ. Press, 1915.

　C) *An Approach to Business Problem*, Harvard Univ. Press, 1916.

　1912年の論文が，わが国でも『市場流通の諸問題』として広く知られている，画期的な業績であり，次項で改めて検討する。B) はこの論文に経営問題に関する彼の考えを伺うに足る重要な第1章「事業活動の性質と関係」（The Nature and Relations of Business Activities）を書き加えたうえで，同じ書名の単行本として1915年に刊行された。この追加された第1章を中心に，12年の論文と併せて検討しよう。

　なお，C) の1916年刊行の『経営問題へのアプローチ』も，彼の大学院での経営政策の講義に基づいており，ここではShawは流通ないしマーケティングだけではなく，経営問題全般と取り組んでいる。同書の中で，彼は工具，店員およ

びオフィスのタイピストを例として取り上げ，企業内のすべてに共通するものとして，「動作」(motion) という概念を抽出する。次いで，この概念から出発して，それぞれの動作の目的により，生産，流通および管理（もしくは助成）の3グループに分類している。もっとも，このまったく同じ話はすでに前年刊行されたB)の第1章にもみられるが……(Shaw [1915] pp.7-8)。本書では，さらに Shaw はこれら3グループの検討を展開するのであるが，この書全体を通じて，無駄な動作の排除，有効な動作の導入，それら動作の合理的組織化といった手法が一貫して採られている。その意味で，生産から出発して流通におよび，さらに管理（もしくは助成）の問題にも触れて，経営学の研究に1つの体系を与えており，周知のごとく，今日でも復刻版が一般に市販されている。

ただ，本章では，マーケティング学説史の観点から，A)，B) を中心に考察を進める。

なお，彼はその後も政府関係の委員会の議長（たとえば，大統領諮問特別委員会議長など）や委員として，あるいは各種財団の理事として多方面にわたる活動を続け，1962年にその生涯を閉じた。

(2) Shaw の視点

上記の3業績を通じて，Shaw は常に企業経営者の視点に立って物事を観察し，課題に対処する方法を提示しようとした。とくに，流通の問題に関しては，消費財製造工業をその対象とし，企業経営者の立場からその市場の問題に対処しようとしているのである。なお，Shaw は，また，このように自主的に流通活動を展開している製造企業ないし製造業者を商人的生産者 (merchant producr) ともよんでいる[3]。

そうして，彼はこれまでなおざりにされてきた流通活動研究の必要性を次のように説明する。

Shaw [1912] によれば，科学的研究を基礎にもつ生産力の目覚ましい発展の下で，すでに現在（1910年代）の流通システムは生産システムに後れを取ってしまっている (pp.703-705)。したがって，「われわれの生産の可能性が十分利用されるためには，流通の問題が解決される必要がある。潜在的に入手可能な財貨のために市場を見付けねばならない」(p.705) と主張する。

「それゆえ，企業経営者の，今日，もっとも緊急の課題は，生産が研究されて

いるのと同様に，流通を組織的に研究することである。この重要な仕事の遂行には，経済学者や心理学者の専門的知識の助けを必要とする」(p.706) ことになる。

結局，彼は，生産効率の向上に貢献した，いわゆる科学的方法を流通の問題にも適用しようとするのである。基礎科学を工業生産に応用することにより生産効率の向上を図るのが工学であるとすれば，彼の意識はやや工学的であるともいえよう。

ただ，上記の引用文では，経済学者と並んで，心理学者にも言及しているところに，現代マーケティングの特徴の1つでもある，行動科学的アプローチの萌芽をみることができるかもしれない。

加えて，Shaw [1912] は，しばしば，より優れた流通者 (more able distributor) とか非常に優れた流通者 (exceptionally able distributor) とかいう表現を用いている (p.710, p.717 etc.)。これは単に個人の資質の問題ではなく，その当時，在来のやり方を捨てて，積極的に新たな方策によって市場の獲得，支配に挑戦しようとしていた製造企業とその経営者を意味しており，多くの大規模な消費財製造企業が含まれることになる。

(3) 需要創造活動とその構造

本節の (1) ですでに述べたように，Shaw [1915] は「動作」の目的によって企業活動全体を分類してゆく。流通活動も，その個々の「動作」の目的により，さらに細分化される。すなわち，流通活動は，まず，需要創造活動と物的供給活動に2分され，次にこの両グループが，それぞれ，施設活動と業務活動に分割される (pp.10-12)。

Shaw [1915] は各活動グループ＝各機能間の相互依存関係を強調し，「需要創造および物的供給の諸活動間の関係は，ふたたび，相互依存と均衡との2つの原則が事業経営の構造全体に根強く行き渡っていることを例証している」(p.11) と述べている。

しかし，また，彼はこの時代の状況の下での需要創造活動の重要性を強く認識し，さらに施設に関する方策は一度確立されると事実上固定化する一方，業務活動は経営者に日々新鮮な問題を提供するとして，以下 (Shaw [1915] chap. II, III & IV) ではここに検討の中心を限定している。そこで，われわれも Shaw にならって，需要創造活動中の業務活動に限って，その分類を表の形にまとめると，図表

図表2−1 需要創造の業務活動

```
     ┌ 素材（製品についてのアイディア）
     │           ┌ 販売員
     │ 販売機関 ┤ 中間商人
   ┤           └ 広　告
     │           ┌ 市場分析
     │ 組　織 ┤ 価格の設定
     └           └ 販売機関の選択，結合
```

(出所) 三浦［1971］p.33。字句若干修正。

2-1が得られる。

　なお，この図表について一言付け加えるならば，ここでの素材，販売機関，組織のそれぞれに関する活動は並列的な関係にあるわけではない。組織化は「もっとも効果的な結果が得られるように，素材と動作とを調整し，統制すること」(Shaw［1915］p.9）という彼の定義にも明らかなように，組織化の諸活動はより上位のものとなり，企業経営者的視点もここにもっともよく現れる。

(4) アメリカの市場と流通の動向の考察

　1912年論文の707ページから748ページまで，全体の67％，また，1915年刊行の『市場流通の諸問題』の45ページから99ページまで，全体の46％，内容的にはどちらも同じものであるが，そこでは流通の一般的問題，この時代の製品差別化，生産者の用いることのできる価格政策，販売の諸方法および主要な販売機関，すなわち中間商人，販売員および広告が検討されている。このような検討の必要になった理由について，Shawは「これが必要になったのは，経済学者も企業経営者もこれまでにこのような分析をしてこなかったからである」（［1912］p.747;［1915］p.96）と述べている。その意味で，企業が具体的な市場活動を開始する際の前提条件と考えることもできる。

　以下では，その要点だけを紹介し，この時代の市場と流通の状況を，彼がどのように把握していたかを確認しておこう。

① 消費市場の状況

　消費市場（consuming market）としてのアメリカの問題は複雑である。当時1

億人の人々がその広範な地域に居住し，それも過密な大都会から辺鄙な田舎にまで，非常に異なった条件の下で住んでいる。しかも，彼らのもつ購買力には極端な差異がある。加えて，彼らの欲求も，その購買力同様，千差万別である。環境，教育，社会慣習，個人の習慣，さらには心身両面の差異のすべてが人間の欲求を多様化させている。そこに生まれる各種のニーズには，満足している意識的なニーズや，購買力の限界やいっそう重要な他のニーズとの関係で，満足させられていない意識的ニーズのほかに，明確に表されてはいない，潜在意識的なニーズもある。この潜在意識的ニーズは，企業の働きかけによって，有効需要に転化することができる。現在，より進歩的な企業経営者は新製品の創造を通じてまだ形の定まっていない欲求を明確にし，満足させようとしている。また，彼はある製品の市価と，状況の異なる様々な人たちがその商品に与える，主観的価値との間に差のある場合にも，同様な機会を見出している（Shaw［1912］pp.707-709）。

② **価格政策と製品差別化**

Shaw は，企業経営者の採ることのできる価格方策を3つの類型に分けている。すなわち，市価以下販売（selling at the market minus），市価販売（selling at the market）および市価以上販売（selling at the market plus）の諸類型である。彼は，そのうち，市価以上販売の方策こそおそらく現代流通のもっとも特徴的な価格方策であると指摘する。他の2つの方策と比較した場合，その根本的な特徴は製品差別化を出発点としていることである。市価以下販売はもちろん，市価販売の方策も必ずしも製品差別化を必要とせず，そこでは企業経営者は市価を1つの固定的な条件として受け入れている。しかし，市価以上販売方策では他企業の同種の製品の市価を固定的な湯件とは認めない。基本的には他企業の製品から自社の製品を差別化するために，まず，その製品に何らかの改良や特色の付与がなされ，ついで識別のためのトレードマーク，ブランドないしトレードネームがつけられた。この時代にはまだ些細な表面的な差別化が中心ではあったが，自社の製品の品質の安定性，仕上げの精巧さ，包装の改善等々に消費者の注意をひきつけることによって，需要を刺激するのである（Shaw［1912］pp.712-721）。

③ **販売方法の歴史的発展**

産業史をみると，昔は，流通のすべての段階で，販売はすべて現品販売の形で行なわれていた。つまり買手は購入前に現品をみて決めたのである。その後，見

本販売が，ついでは説明販売（もしくは銘柄販売）が登場する。なお，銘柄とは商品ないし製品の名称のことであり，銘柄販売ないし説明販売の場合には，現品はもちろん，見本さえも必ずしも必要としない。Shawによれば，見本販売，さらには説明販売を可能にしたのは，製品の標準化の進展と商業倫理の高度化であるとされる（Shaw [1912] pp. 721-723）。広告1つを考えてもわかるように，このような販売方法の発展は，当然，流通のあり方や流通機構の形態に大きな影響を及ぼすことになる。

④ 利用可能な販売機関

製造企業の経営者が，自社の製品を消費者まで流通させるために，利用できる販売機関としては中間商人，自社の販売員（producer's salesman）および広告の3種があるとされ，それぞれの特質が検討される（Shaw [1912] pp.725-746）。Shawによれば，「企業経営者は，自社の特定の製品の需要創造と物的供給にとって，どの機関あるいはどの諸機関の組み合わせがもっとも効率的かという問題に直面している」（*ibid.,* p.724）と述べている。これは販売促進ミックスの概念につながる考え方であるが，ここでは，具体的内容としては，各機関の特質の分析だけがなされている。ただし，その特質の分析には時代的背景が十分考慮されている。中間商人については，とくにそうである。

⑤ 中間商人排除傾向の進展

Shawは中間商人は複雑な産業組織の副産物であるという立場をとり，まず，古代から現代まで，生産の発展とともに流通のあり方やそこにおける中間商人の地位がどのように変化してきたかを跡付ける。その結果，古代から資本主義経済（Shawの表現では工場制度）の成立期まではむしろ中間商人の介入傾向が続き，生産者→販売代理店→卸売商→小売商→消費者という，いわゆる正統的流通経路が成立する。これは19世紀の最初の数十年間は普遍的な経路であったが，その後，工場制度の一層の発展とともに，次第に流れは変わり，生産者と消費者との間に介入している中間商人が排除される傾向が生まれる（Shaw [1912] pp.725-731）。彼はこれについて「中間商人の数（段階数——筆者）の減少傾向は現代流通のもっとも際立った特徴の一つである」（*ibid.,* p.730）と述べている。彼の論文の図を次に再録してみよう（図表2-2）。この図からは，生産者が商人的生産者（みずから流通活動を展開している生産者）へと変化していることや製造業者の販売員や広

第2章　ミクロ的マーケィング論のパイオニア　31

図表2－2　中間商人排除傾向の進展

近　代
（工場制度）

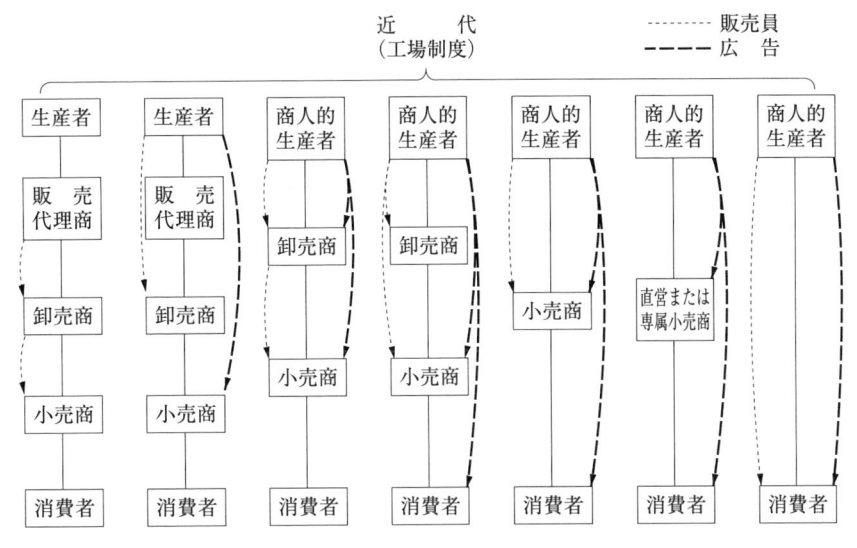

.... 販売員
──── 広　告

生産者	生産者	商人的生産者	商人的生産者	商人的生産者	商人的生産者	商人的生産者
販売代理商	販売代理商					
卸売商	卸売商	卸売商	卸売商			
小売商	小売商	小売商	小売商	小売商	直営または専属小売商	
消費者	消費者	消費者	消費者	消費者	消費者	消費者

（出所）Shaw [1915] p.74.

告の役割の増大も確認することができよう。

　この中間商人排除傾向は当時の先進的な資本主義国で広くみられ，ほぼ同じころ，ドイツでは J. F. Schär が同様な定式化を行なっている（Schär [1913] SS. 185-189)[4]。森下二次也は両者の主張を比較して，「ショーがその傾向をもっぱら生産者に発するものと考えているのに対し，シェアはそれが生産者のみならず消費者からも，あるいは商業内部からも起こりうる傾向であると考えている」（森下 [1960] p.273）と指摘している。これも Shaw が明確に製造企業の経営者の視点に立っていることを示すものであろう。

⑥　中間商人の機能

　以上のような中間商人の排除傾向の原因を，Shaw はその機能の喪失ないし低下に求めている。彼は次の5つの機能を挙げている。

　① 危険負担
　② 商品の輸送
　③ 営業のための金融

④ 販売（製品についてのアイディアの伝達）
⑤ 集荷，仕分けおよび再発送

1910年代ともなれば，輸送は運輸業，金融は金融業，危険の中でも物的危険は保険業というように，専門の企業（当時は，しばしば，functional middleman，すなわち機能的商人とよばれていた）が成立し，それぞれ，その機能を担当するようになってきた。したがって，中間商人に残された機能は次第に④と⑤とに限定されてくる（Shaw［1912］pp.731f.）。

ところが，販売機能についても，図表2-2にも明らかなように，製造企業の販売員や広告の役割が増大してくる。とくに広告は，説明販売の増大と製品差別化の進展により，製品のアイディアを消費者に伝えるもっとも経済的で効率的な手段として，流通の多くの分野で中間商人や自社の販売員に取って代わりつつあると指摘されている（*ibid.*, p.744）。

以上のように，Shawは当時のアメリカの市場と流通の動向を体系的かつ論理的に分析している。

(5) 企業の流通活動の合理化

この最後の部分はページ数こそ少ないものの（Shaw［1912］pp.749-764），Shawの本来の狙いであった製造企業の流通活動の合理化のための方法が検討されている。その論理は市場の分析→販売機関の選択を軸とし，その合理化のための手法としては流通の実験的研究（Laboratory Study of Distribution）を推奨している。

出発点である市場の分析では，消費者のもつ地理的，社会的な多様性が強調される。すなわち，市場は地理的区域によってだけではなく，経済的および社会的階層によっても分割されているのである。したがって，地域別，階層別に市場を注意深く分析するのが，企業の最初の課題となる。これは市場細分化の課題につながる。

次の販売機関の選択に当たっては，まず，訴求対象である需要に3つのクラスがあることが指摘される。すなわち，表明された意識的需要，表明されていない意識的需要および潜在的需要である。したがって，広告の効果についても，そのもたらす短期的な売上だけで比較するのでは，当然，十分ではない。

ついで，製品についてのアイディアを標的とする市場セグメント（もちろん，

Shaw はこの言葉を使ってはいない）に伝達するための販売機関の選択がなされねばならないが，Shaw によれば，当時のアメリカでは製品のアイディアそのものや自社販売員，広告，中間商人による伝達の方式が消費者の状況に不適切で，企業的にも社会的にも，巨額の無駄を生んでいたとされる。そこで，彼はその合理化，効率化のために「流通の実験的研究」を提唱する。

この論文での実験的研究は，平均の法則に基づいて，製品のアイディアや販売資料の効果についての事前の予備テストの話が中心になっている。なお，彼はさらに価格水準と有効需要の関係の決定，消費者に対して品質やサービスを構成する各要素がもつ重要度の決定などにも実験的研究を推奨している。さらに，彼の意見では，販売キャンペーン全体を実験的研究にもとづいて方向づけることができるといわれる。

最後に，Shaw はこのような研究の社会的重要性にも言及している。当時のアメリカの流通は，彼によれば，混乱状態にあった。しかし，この線に沿って組織的で広範な研究が行なわれれば，流通関係の事実や原則に関する知識体系が成立するであろうし，その知識体系に基づいて初めて，もっと効率のよい流通機構を達成することができる（*ibid.*, 763），これが Shaw の主張であり，マクロ的マーケティング研究にも貢献の意欲を示している。

(6) Shaw の研究の評価

以上ある程度細かく Shaw の所説をたどってきた。ここでその評価に移ろう。

実は彼の研究には，現代のミクロ的マーケティング論につながる重要な多くの示唆がみられる。まず，彼は，経済学のみでなく，心理学，社会学などの助けも借りて，流通の問題の解明を進めている。すなわち，流通問題への行動科学的アプローチであり，現在よりほぼ 1 世紀前の時点では画期的な研究であった。

つぎに，流通動向の把握でも流通活動の合理化でも，いずれも出発点は市場＝消費者が異質的で多様な多くの市場セグメントから構成されているという認識である。これを前提にして，製品差別化，価格方策としての市価以上販売，販売機関の選択と組み合わせの検討が展開される。さらに，実験的＝科学的市場調査が企業の流通活動全般の情報的基礎として強調されている。

このように考えると，彼の研究によってアメリカのミクロ的マーケティング論の成立が画されたとみるのが，妥当な見解であろう。その意味で，彼こそはミク

ロ的マーケティング論のパイオニアであり,彼の論文はその原型を提示したものといえる[5]。

また,彼は,先に挙げた中間商人の機能の分析によってマーケティング研究における機能的アプローチの開拓者としてもよく知られている。この点は日米双方の研究者たちによって広く認められているが,わが国では Shaw の機能の考察がミクロ,マクロ,いずれのレベルのものであるかについて論議も交わされてきた (Usui[2000]pp.132-133)。

いまここではミクロ,マクロの問題には立ち入らない。ただ,これらの機能の分類が流通過程において中間商人が社会的に発揮する機能という視点から考察されていることは明らかである。自社の販売員や広告と並んで,販売機関の1つとしての中間商人を取り上げる場合,それが流通過程で果たしている機能やその変化を明確に把握することが必要なのは当然である。しかしまた,商品の社会的流通そのものを対象とするマーケティング研究においても,Shaw の全体の理論体系の中から,中間商人に対する機能的アプローチの部分が抽出され,さらに一層の発展をみせることになる。これはマクロ的マーケティング論に対する Shaw の貢献である。

なお,付言すれば,Shaw は distribution を主として使用し,時折 marketing という言葉も使用してはいるが,とくに定義的な叙述は見られない[6]。この2つの言葉は互換性のあるものとして扱われているように見受けられる。

3. Butler の研究

(1) 人と業績

Ralph Starr Butler (1882-1971) は 1910 年に,それまで勤めていた Procter & Gamble 社から,経営学 (Business Administration) の助教授としてウィスコンシン大学に移った。ここから彼の大学研究者としての活動が始まる。しかし,優れた業績を残しながらも,16 年にはニューヨーク大学へと移動し,翌 17 年には US Rubber 社の商業調査部長に転出し,やがて広告部長も務める。彼の著書 *Marketing and Merchandising* の改訂版[1925]での肩書は広告部長となっている。

その後，1926年には広告部長として Postum 社（現 General Foods Corporation）に移り，29年には広告担当副社長になった。要するに，彼は，大学在勤の前後，いずれも当時の代表的な大企業に勤務していたのである。

教育研究と企業経営との両面で活躍した彼は，消費財である工業製品の流通に関して，マーケティングという言葉を使用した最初の人物であるとともに，また，雑誌 *Look* では1948年に「現代広告の傑出したパイオニアの一人」と評されているのである（Wood [1961] p.69）。

したがって，Butler の大学研究者としての活動は10年足らずであるが，彼のマーケティング論の著作の刊行もほぼこの間に集中している。

次に，彼の著作のうち，1914年以降に刊行されたものに限って挙げてみる。それ以前のものは「後年の著作への萌芽を宿す初期的な著であり，1914年以降のものが Butler 独自のマーケティング概念が登場する本格的な著作である」（薄井 [1993] p.25）からである。

A) *Marketing Methods and Salesmanship*, with H.F.DeBower and J.G.Jones, Alexander Hamilton Institute, 1914.
B) *Marketing Methods*, Alexander Hamilton Institute, 1917.
C) *Marketing and Merchandising*, revisional ed., Alexander Hamilton Institute, 1925.

(2) Butler の視点

彼は一貫して企業経営者の視点に立っている。しかも，その視点は企業経営者一般のそれではなく，取引経路を選択・構成する力をもつような，大企業の経営者の視点であった。

当時のアメリカでは，彼自身の勤務していた Procter & Gamble 社も含めて，消費財産業の多くの分野で大企業の成立がみられた。そこで彼は，大企業間の市場獲得競争と大企業による中小企業の市場の奪取との双方を視野に入れて，その研究を展開する。

なお，彼の著作はいずれもその叙述がきわめて具体的・実務的で，読者に経営実務的な指針を与えることを目的としていた。Butler も Shaw も，プラグマティズムの主張どおり，研究の実践的帰結を尊重する点では同じであるが，Shaw の方が論議の抽象のレベルが高い。

(3) マーケティングの概念とその展開

まず，Butler のマーケティングの概念を確かめてみよう。彼の論議は，まず，「販売」から出発する。彼によれば，販売の方法は 2 つしかない。すなわち，個人に訴求する販売員活動とマスに訴求する広告である。いずれも，Butler の表現では販売アイディアを，個人であれマスであれ，市場に伝達するのである。ところが，販売員の効果的なセールス・トークや広告物の力強いメッセージの背後には，計画，調査および思想の世界があり，それなしにはどのような販売の試みも成功はおろかスタートさえもできないと，彼は主張する。販売員の雇用や広告物の制作の前に，販売計画を作成しなければならないのである。こうして，Butler によれば，マーケティングは販売技術ではなく販売政策を扱わねばならず，販売業務の現実の作業よりも戦略と計画にかかわるものであるとされる（Butler [1925] pp.1-3)。つまり，彼の場合には，管理と作業は明確に分離されており，マーケティングは，販売計画の例示にもみられるように，管理機能のレベルで把握されているのである。

ただし，販売計画は Butler のマーケティングの全部ではない。そこで，Butler によるマーケティングの概念の具体的な展開を眺めてみよう。上記の 1914 年以降刊行の 3 著作においては，マーケティング管理の 3 本の柱として，つねに，「製品の研究」，「市場の研究」および「市場への到達」が立てられる（Butler [1914] pp.147-195；[1917] pp.225-275；[1925] pp.128-204)。彼は売られる製品，その製品の市場およびその市場への到達方法を「キャンペーンを支える計画」または「マーケティング」の不可欠の要素と考えたのである。これらの内容について，薄井は今日でいえば製品政策，市場調査および経路政策に当たるとしている（Usui [2008] p.16)。

また，R. Bartels によれば，Butler がマーケティングとよんでいるのは諸要素の結合であり，単なる取引経路選択，広告あるいは卸売店や小売店の運営以上のものであるとされる。マーケティングの役目は調整や計画であり，キャンペーン策定前に考慮すべき，種々の取引関連要素間の複雑な関係の管理もマーケティングの仕事とされるのである（Bartels [1976] p.143)。

なお，Butler のマーケティングの概念とその内容の独自性という点では，とくに彼の「製品の研究」が注目される。企業規模の拡大とともに，管理機能は過程的にも分化し，生産管理と販売管理が併存する形になる。ところが，「製品の

研究」は生産管理と販売管理を調整する働きをもち，彼の所説は現代の製品計画の萌芽ともいえる[7]。

(4) 流通過程とマーケティング管理

まず，彼の著書に手掛かりを求めてみよう。*Marketing Methods and Salesmanship* はすでに示したように共著で，Butler は第 1 部「マーケティングの諸方法」(Marketing Methods) のみを担当執筆している。第 2 部「販売」(Selling) と第 3 部「販売管理」(Sales Management) の執筆者は H. F. DeBower と J. G. Jones で共に Alexander Hamilton Institute のメンバーで，当時前者は副社長，後者は販売部長であった。したがって，以下では第 1 部だけに限って検討する。

図表 2 − 3　Butlar, et al.［1914］Part I の章別構成

第 I 部「マーケティングの諸方法」	Ⅶ「ジョバーのサービス」
序章「マーケティングの諸方法の意味」	Ⅷ「ジョバーの状況」
Ⅰ「取引の要素と取引経路」	Ⅸ「プライベート・ブランド問題」
Ⅱ「小売販売」	Ⅹ「製造業者のキャンペーン―製品研究」
Ⅲ「小売競争」	Ⅺ「製造業者のキャンペーン―市場研究」
Ⅳ「チェーンストア」	Ⅻ「製造業者のキャンペーン―市場到達」
Ⅴ「通信販売」	ⅩⅢ「製造業者の信用の保護」
Ⅵ「小売業者と全国広告」	ⅩⅣ「競争的販売のコスト」

（出所）同書の目次より作成。

最初に第 1 部の章別構成を図表 2-3 に掲げる。Ⅰ章では取引に関連する諸要素がマーケティングという機械装置の歯車であり，現実の販売キャンペーンの前によく検討される必要があるとされる。なお，これらの諸要素は，前項で述べたとおり，売られる製品，その製品の市場およびその市場への到達方法の 3 グループに分けられる[8]。なお，市場への到達方法は製品と市場との実態把握を前提として決定される。この当時，中間商人を通ずる取引以外にも，いくつもの新しい動きがみられた。たとえば，加算機の製造業者は消費者直売を進め，農村居住の消費者を主要市場とする，通信販売業者の主要メディアは農家向け新聞である等々である（pp.5-8）。

なお，取引経路に関しては，長年安定的に機能していた，製造業者→代理店→ジョバー→卸売商→小売商→消費者という伝統的な経路が，消費者への広告，新しいスタイルを求める消費者需要の増大，高速輸送手段の発達による地方倉庫の不必要化等々のため，多くの産業において崩れ，食料雑貨，金物類などでは，製造業者→ジョバー→小売商→消費者が標準的な経路となっていると指摘されている（pp.8-11）。そのあと消費者や各種中間商人のその当時，すなわち1910年代の状況が簡潔に検討される（pp.12-18）。

これがⅠ章で提示された枠組みであるが，次のⅡ章からⅨ章までの考察の対象は流通機構とそこにおける小売業および卸売業の各業態の特性や動向である。Ⅳ章では，当時巨大な勢力となりつつあった，チェーンストアが取り上げられる。ただ，そこで検討されているテーマはチェーンストアの勃興，チェーンストア活動の規模，繊維製品分野のチェーンストア，大規模チェーン成功の要因など，すべてが，経営管理論ではなく，流通経済論である。他の諸章も同様で，この8つの章だけを抽出すれば，社会経済的研究ないしマクロ的マーケティング研究である。

Ⅹ章以下の3章は，マーケティング・キャンペーンを支える計画の問題と取り組んでいる。しかし，製品，市場，経路，いずれの問題も全体としての流通機構，その構成要素，さらにはそこに作用する諸勢力，それらを理解することなしには政策の決定を下すことはほとんど不可能である。その意味でⅠ章からⅨ章までの社会経済的研究ないし情報は，マーケティング管理のための不可欠の前提となっている。

最後に，Butlerにとっての中心的課題である，マーケティング・キャンペーンの計画のステップの要約を示しておく。本書および *Marketing Methods* でのステップの紹介はすでになされているので（薄井［1993］p.36），多少修正された *Marketing and Merchandising* のものを提示する（Butler［1925］pp.203-204）。それは製品の研究，販売アピールの選択，市場の研究，販売政策の決定，マーケティング行動の組織化となる。さらに，販売政策の項目的内容としては，取引経路，買手への訴求の方法—販売員か郵便か—，価格，ばら荷かコンテナーか，商標と包装，広告の使用とその目的，専属代理店 vs. 一般的流通，クレジット，保証，サービスがあり，マーケティング行動の組織化には，マーケティング・コストのチャート化，販売員の組織化，広告の組織化，生産と人的販売活動と広告との調整，流通の確保，ディーラーの協力の獲得，マーケティング記録の維持の諸項目

が入る。

(5) Butler の研究の評価

彼が想定している典型的な主体は，大量生産方式をとる，大企業である。そのような企業の販売問題が出発点となる。

彼の研究の特異点としては，まず，管理と作業との分化と管理の重要性を説き，マーケティングを管理の問題として捉えているところにある。さらに管理の過程的分化は，通常，財務，生産，販売，労務という形態をとるが，Butler の場合，「製品の研究」を通じて，部門別管理を超えた，生産と販売の調整の問題にも取り組んでいる。この「製品の研究」では，製造の諸条件として，原料，工場の能力，労働力，製造原価も綿密に検討されるのである（Butler［1917］pp.231-234）。その意味でも，すでに指摘されているように（薄井［1993］pp.23-38；Usui［2008］pp.16-30），販売管理の枠を超えたマーケティング管理論の原型を示すものとして評価することができる。これは，市場志向的な企業経営という，現代のミクロ的マーケティング論への第一歩とみることもできる。

4. 本章から学ぶこと

マーケティングという言葉が生まれたのが 20 世紀初頭のアメリカであることを見ても，それが1つの歴史的概念であることが分かる。当時のアメリカの市場がいかに広大だったとはいえ，企業規模の拡大に支えられた生産技術の発展，大量生産体制の確立は，生産力の飛躍的拡大を通じて，企業間の市場争奪競争を次第に激化させた。当時のアメリカの代表的な経営学者の1人であるシカゴ大学のL.C.Marshall の指摘どおり，この時代には，「生産者は全国広告により，独占に依り，価格維持により，自社の支店を設置することにより，消費者向け通信販売により，──つまり，何としてでも自己の市場を獲得し，保持」（Marshall［1921］p.259）しようと努めていたのである。こうして，各企業はそれまで経験的，断片的にしか革新が行なわれてこなかった販売の問題と組織的に取り組まねばならなくなった。そこで要請されたのは自己の市場の創出，維持，拡大のための新しい考え方と行動指針であった。

ShawもButlerも，当時の経済的・社会的状況を踏まえて，消費財製造工業の経営者の立場からこの課題に挑戦したのである。

両者とも基本的な体系としては，商標品を前提として，換言すれば製品差別化を前提として，中間商人に依存していた在来型の市場への到達方法に加えて，自社の販売員や広告による情報伝達機能と市場調査による情報収集機能が重視されている。

なお，Shawにおいては，アメリカ市場＝消費者の地域的・社会階層的な多様性が，考察の面でも市場分析の面でも，出発点になっている。すなわち，異質的な市場セグメントが十分考慮され，明示的ではないが，市場標的の問題につながっている。

一方，Butlerの場合は，執筆の狙いが企業経営者への実務的指針であるため，叙述がより具体的（抽象のレベルが低い）である。たとえば，Shawは中間商人排除傾向を提示しているが，Butlerはそのような傾向の存在をある程度認めながらも（「流通過程とマーケティング管理」の項参照），伝統的な流通経路の存在に対し，「現代の流通には典型的な経路はない」（Butler［1917］p.32）と述べており，現実の経路の多様性を認めている。

このような両者の違いはあるにしても，前節までの検討により，Shawがミクロ的マーケティング論の創始者であり，Butlerがマーケティング管理（論）の原型の開発者であったことは明らかである。

そこには，今日の高度で精緻な企業的マーケティング論につながる数々の萌芽も認められるのではなかろうか。

最後に付言すると，既にみたように，ShawもButlerも生粋の研究者ではない。彼らのビジネス界その他での豊富な経験と，そこから得られた，問題意識とが彼らの理論の背景にあることは明らかである。彼らにとっては，まさに「理論は実践の一環」であった。

【注】
1）これ以前より，アメリカでは経済の発展，企業規模の拡大，企業組織の複雑化が急速に進み，いまだ経験したことのない経営革新の時代に突入していた。そこでは，ミドル・マネジメントやスタッフを，時にはトップ・マネジメントさえも社内や自己の組織内で養成することは極めて困難になった。この人材の供給に，1908年創設のハーバード・ビジネス・スクールなど，経営関係の高等教育機関の果たした役割はきわめて大きい。マーケティングに関連する諸科目の開講も，このような経営教育の一環であった。
2）昭和初期，谷口吉彦はアメリカではマーケティングという言葉は，論者によって，社会

経済的にも個別経済的にも用いられていることを指摘し，本章の対象である Shaw は後者に，また，次章の対象である Weld は前者に分類している（谷口 [1931] pp.52-54)。
3) Shaw は distributor という用語も，しばしば，用いている。たとえば，1915年の単行本の刊行に際して，第1章を書き下ろして追加したほかに，もともと章別構成のなかった12年の既発論文の内容を3つの章に分割している。その第2章の標題は〈PROBLEMS OF THE DISTRIBUTOR〉である。わが国では流通業者と訳されている場合もあるが，卸売商や小売商のことではなく，自ら流通活動を展開している製造業者を意味している。
4) Schär の主著の1つ *Handelsbetriebslehre*（商業経営学）の初版は，1911年に刊行されている。そこにこの論議と図表が掲載されているが，今回筆者はそれをみることができなかったため，手許にある1913年発行の第2版（増補版）に依って掲載のページを表示した。
5) ヨーロッパで刊行されたマーケティング論の歴史に関する書籍の中で，R. Bubik は Shaw の業績を次のように評価している。「80年以上も前に書かれた Shaw の論文は現代の（ビジネス）マーケティングの「原典」(Urtext) とみなすことができる」(Bubik [1996] S.50)。
6) 丹下博文によれば，Shaw は1915年刊行の単行本では8ヶ所でマーケティングという言葉を使用している。その内，4ヶ所は新しく追加された第1章にある。なお，丹下は「こうしてみると定義のあるなしにかかわらず，ショーの頭の中でマーケティングという概念がかなりはっきりとイメージされていたと考えるのが妥当ではないだろうか」[(丹下訳・解説) [2006] p.110] と述べている。
7) この点については，すでに薄井和夫の指摘がある（薄井 [1993] pp.31-32 ; Usui [2008] p.18)。
8) Butler は，これらの販売要素（製品，市場および市場への到達方法）のそれぞれについて，研究，調査，分析すべき項目とその説明をしている。その項目については，たとえば，光澤（[1987] pp.48-49）を参照されたい。

【文献案内】
　生成期のミクロ的マーケティング論を知るためには，Shaw と Butler の原典を読むのがもっとも望ましい。とくに Shaw [1915] が，まず，推奨に値する。100年近く前の著作ではあるが，簡明な英文で今日でも復刻版が容易に入手できる。これには翻訳も複数あり，丹下 [2006] のものには25ページほどの解説も付いている。
　Butler については，[1914] を勧めたい。翻訳はないが，復刻版が入手できる。記念碑的著作ではあるが，人に依っては，叙述が具体的すぎて煩雑と感じるかもしれない。

【参考文献】
薄井和夫 [1993]「R. S. バトラー―忘れられた先駆者―」マーケティング史研究会編『マーケティング学説史―アメリカ編―』同文舘出版，第2章所収。
薄井和夫 [1999]『アメリカマーケティング史研究―マーケティング管理論の形成基盤―』大月書店。
小原博 [1991]『マーケティング生成史論』税務経理協会。
近藤文男 [1988]『成立期マーケティングの研究』中央経済社。
谷口吉彦 [1931]『商業組織の特殊研究―米の配給組織に関する研究―』日本評論社。
福田敬太郎 [1929]「アメリカにおける配給論の発達」『国民経済雑誌』第47巻，第5号，pp.85-112。
堀越比呂志 [2005]『マーケティング・メタリサーチ―マーケティング研究の対象・方法・構造―』千倉書房。
三浦信 [1971]『マーケティングの構造』ミネルヴァ書房。

三浦信［1993］『A.W. ショー――マーケティング論のパイオニア―」マーケティング史研究会編『マーケティング学説史―アメリカ編―』同文舘出版, 第1章所収。
光澤滋朗［1987］『マーケティング管理発展史』同文舘出版。
光澤滋朗［1990］『マーケティング論の源流』千倉書房。
森下二次也［1960］『現代商業経済論』有斐閣。
Bartels, R. [1951] "Influences on the Development of Marketing Thought 1900-1923", *Journal of Marketing*, Vol.16, No.1, pp.1-17.
Bartels, R. [1976] *The History of Marketing Thought*, 2nd ed., Publishing Horizons.（山中豊國訳［1993］『マーケティング学説の発展』ミネルヴァ書房―1988年刊行の原書第3版の訳―。）
Bubik, R. [1996] *Geschichte der Marketing-Theorie:Historische Einführung in die Marketing-Lehre*, Peter Lang.
Butler, R. S., et al. [1914] *Marketing Methods and Salesmanship*, Alexander Hamilton Institute.
Butler, R. S. [1917] *Marketing Methods*, Alexander Hamilton Institute.
Butler, R. S. [1925] *Marketing and Merchandising*, revisional ed., Alexander Hamilton Institute.
Copeland, M. T. [1958] "Arch W. Shaw," *Journal of Marketing*, Vol.22, No.3, pp.313-315.
Marshall, L. C. [1921] *Business Administration*, Univ. of Chicago Press.
Powell, F. W. [1910] "Co-operativ Marketing of California Fresh Fruit," *Quarterly Journal of Economics*, Vol.24, No.2, pp.392-419.
Schär, F. J. [1913] *Handelsbetriebslehre*, zweite Auflage, Verlag von G.A.Gloeckner.
Shaw, A.W. [1912] "Some Problems in Market Distribution," *Quarterly Journal of Economics*, Vol.26, No.4, pp.703-785.
Shaw, A. W. [1915] *Some Problems in Market Distribution*, Harvard Univ. Press.（伊藤康雄・水野裕正訳［1975］『市場配給の若干の問題点』文眞堂；丹下博文訳・解説［2006］『市場流通に関する諸問題』新版, 白桃書房。）
Shaw, A. W. [1916] *An Approach to Business Problem*, Harvard Univ. Press.
Usui, K. [2000] "The Interpretation of Arch Wilkinson Shaw's Thought by Japanese Scholars," *Journal of Macromarketing*, Vol.20, No.2, pp.128-136.
Usui, K. [2008] *The Development of Marketing Management : The Case of the USA c. 1910-1940*, Ashgate.
Wood, J. P. [1961] "Ralph Starr Butler," *Journal of Marketing*, Vol.25, No.4, pp.69-71.

（三浦　信）

第3章
マクロ・マーケティング論 と Weld

1. はじめに

　マクロ・マーケティングは，ミクロ・マーケティングと対比される。ミクロ・マーケティングは個別企業を活動主体とするマーケティングであるが，マクロ・マーケティングはその総体としてのマーケティングである。

　マクロ・マーケティングの内容は，時代とともに変化してきた。かつてはマーケティング・システム（流通経路あるいは流通機構といってもよい）の構造や機能を問うものとして使用されたが，今日ではそれ以外にも多様な意味で使用される。AMA（アメリカ・マーケティング協会）は，マクロ・マーケティングを以下のように定義している。「マクロ・マーケティングとは，マーケティング過程，活動，機関，成果を国全体のような広い見地から研究することである。ここでは，経済的な相互作用と同時に，文化的，政治的，社会的な相互作用も検討される。それは1企業より広い文脈でのマーケティングの研究である」(Bennett [1995]) と。またマクロ・マーケティングの研究に長らく携わってきたS. D. Huntは，より具体的に，「マクロ・マーケティングは，①マーケティング・システム，②マーケティング・システムが社会に与える影響と結果，③社会がマーケティング・システムに与える影響と結果の研究にかかわる多次元的構成物である」(Hunt [1981]) と指摘している。このうち，マーケティング・システムの構造や機能の研究はマーケティング論誕生以来の伝統的な研究分野であるが，マーケティング・システムと社会との相互作用に関する研究は，1960年代以降に登場した比較的新しい分野である。たとえば，ソーシャル・マーケティング論，マーケティング環境論，消費者のQOL（生活の質）論，消費文化論，「マーケティングと社会」論，「マーケティングと経済発展」論などがそれである。

　ただし，マクロ・マーケティングの生成期を対象とする本章では，伝統的な意

味でのマクロ・マーケティング論に限定し，とくにその生成の背景や理論的特徴について検討することにしたい。

2. マーケティング概念

　伝統的な意味でのマクロ・マーケティング論を開拓したのは，Weldである[1]。彼の初期の関心は農産物のマーケティング問題にあり，1915年に農産物の流通実態に関する書物の出版に次いで，1916年に主著『農産物のマーケティング』を著している。

(1) 生産としてのマーケティング

　「マーケティングは生産の一部である。それは時間効用（time utility），場所効用（place utility）および所有効用（possession utility）を創造する」というのがWeldの辿りついた結論である（Weld [1915a] p.125；[1916] pp.3-6）。
　彼によれば，マーケティングは名実ともに経済活動であるにも関わらず，経済学では一般に無視されている。経済学者によるマーケティングの無視は彼らによる経済活動の分類，すなわち彼らは経済活動を富の生産（production），富の分配（distribution），富の消費（consumption）の3者に分類することに端的に表明されている。この分類法にしたがえば，経済活動としてのマーケティングは「分配」や「消費」でなく「生産」に帰属させる以外にないとして，マーケティングを生産の一部に位置づける（Weld [1916] pp.3-5）。さらに，経済学者がいう「生産」を調べると，彼らは「生産」を何らかの有用な物を作ること，農業経済学者であれば農作物を栽培・収穫することと考えている。つまり彼らは生産を何らかの生産物を作るという「製造」（manufacturing）の意味で捉えている。それはよいとしても，製造されたものは何らかの形で処分されなければならないが，彼らは「製造」以後の活動については明示していない（ibid., p.3）という。この製造事後的活動こそ，Weldがいう「マーケティング」（marketing）に他ならない。マーケティングは「製造過程が終了する時点で始まる。つまり商品が工場から出荷された後とか，農場で農作物が収穫された後にマーケティング過程が始まる」（ibid., p.6）と。したがってまた，彼によれば製造に続いてマーケティングが行なわれなければ，

生産が完了したことにはならないことになる。もっとも現実の生産過程では，製造とマーケティングは複雑に交錯する。たとえば，「飼育された羊から刈り取られた羊毛が工場に運ばれ，そこで服地が製造され，次にそれが別の工場に運ばれ衣服が製造され，その衣服が最終的に消費者に販売される」(*ibid.*,p.6) がごとくである。これらの活動をすべて1企業が実行するのでないかぎり，そこには当然のことながら生産物の「持ち手の交替」が必要になる。またこの持ち手の交替は製造後に不可欠であるとともに，マーケティングに深く関わる活動でもある。このように，生産は製造とマーケティングの2大活動からなり，マーケティングは生産の一部として認識されるというのが Weld の考えである[2]。

(2) マーケティング効用

しかしマーケティングを生産の一部と位置づけるためには，マーケティングによっていかなる効用が創造されるかが問われねばならない。というのは，当時のアメリカの主流の経済学では，生産を「物の創造」ではなく「効用の創造」と定義していたからである。たとえば，「アメリカ近代経済学の祖」とされる J.B.Clark は，生産が創造する効用として，①基本 (elementary) 効用，②形態効用，②場所効用，④時間効用を挙げている。①は鉱業や農林漁業など自然に働きかけ作られた生産物によって創造され，②は製造業などが原料を加工したり，他の原料と結合することによって造られた新生産物によって創造され，③は物がより有用となる場所に運ばれることによって創造され，④はそれが必要とされる時に用意することによって創造されるとする (Clark [1885] p.182-183 ; [1907] p.11-13)。なお，以後の多くの論者は①と②を1つにまとめている。その名称は「形態効用」(form utility) が多いが，「物質効用」(material utility)，その他もみられる。

しかし Weld のように生産を製造とマーケティングに二分した場合，この3種の効用の割り振りが問題となろう。3効用のうち形態効用が製造に帰属することは明らかであるとしても，製造された物を買い手が欲する時と場所で利用できるようにすることは，したがってまた物の製造には何ら関与しない時間効用と場所効用は，製造ではなくマーケティングに帰属するとみる方が自然である。さらに現実の生産過程では上にもみるように生産物の「持ち手の交替」が不可欠となるが，その効用をいかに捉えるかという問題もある。この点は，Taussig の考えが参考になる。かれは生産活動の1つとして商人の活動を捉えている。彼によれば，「生

産の本質は満足または効用を作り出すところにあるから，効用を創造する労働はすべて生産的である。効用または満足を創造する方法は多数あり，植物の栽培や石炭・鉄・銅の採掘のみではなく，これらの原料を遠方に輸送することや商人がこれらを売買することなどがある。輸送や売買取引に従事する業者は，造形には従事しないが『場所効用』という有用性を創造する」(Taussig [1911] p.18) といい，商人による売買・取引を輸送とともに場所効用を創造するものと捉えている[3]。Taussig は物の持ち手交替には特に触れていないが，物の持ち手交替には時間効用や場所効用とは異なる新たな効用が創造されるのではないかと Weld は考え，物の持ち手の交替によって創造される効用を「所有効用」(possession utility) と名づける (Weld [1916] p.5)。「所有効用とは，商品がある人の手から他の人の手に交換されることによって創造される」(Weld [1916] p.5) と。この点はたとえば，I. Fisher の生産活動の定義に近似する。Fisher は生産活動を①変換，②輸送，③交換の 3 種に分け，①は富の形態の変化，②は富の位置の変化，③は富の所有権の変化を意味するとしている。ここには，所有権の変化が明示されるとともに，等しく生産活動であるとしても，①と②③は性質を異にすると指摘している (Fisher [1912] pp.78-79)。

　Weld はマーケティング効用の典拠を明らかにしていないが，当時の経済学者による「生産と効用」論議を参考にしながら，マーケティングを生産の一部として捉えるとともに，時間効用，場所効用および所有効用をマーケティングによって創造される効用と定義したのではないかと考えられる。この「マーケティングの 3 効用」はその後，多くのマーケティング論者に踏襲され今日にいたるが，それは取りも直さず Weld の開拓的努力による[4]。

3. マーケティング・システム

　以上のマーケティング概念を手がかりとして，Weld は農産物のマーケティング・システムを分析する。Weld が農産物のマーケティングを取り上げた背景には，日常の教育上の必要性（ミネソタ大学で講義「農産物マーケティング論」を担当していたこと）以外にも，自らもいうように，1900 年以後の異常な物価上昇にある (Weld [1916] p.1)。またこのような異常な物価高はその原因としてマーケティング・コストや農家の受取価格と消費者の支払価格との開き（一般に「開差」

spreadとよばれる）など，マーケティング問題に大衆の関心を向けさせることになったが，農家は長らくの間この種の問題と格闘してきたという。1870年代以降のいわゆる農民運動がそれである（*ibid.*, p.2）。しかるに他方，巷間では大きなマーケティング・コストや開差は現行マーケティング・システムの欠陥，とりわけ中間商人の過多に由来するという「増幅された誤った説明」が流布しており，素人は措くとしても，研究者ですらこれに加担する者すらみられるという（*ibid.*, p.125）。この問題に正しく対処するためには，推測や憶測によるのではなく，先ずマーケティング・システムを科学的に解明しなければならない，という。

(1) マーケティング・システムの分析

Weldはこの問題に経済学の原理，「分業または専門化の原理」をもって対処する（Weld [1915b] pp.1-2；[1916] pp.16-17）。彼によれば，マーケティングにおける専門化には2種類のものが識別される。①商品別専門化，②機能別専門化がそれである。前者は取扱い商品別の専門化であり，後者はマーケティング機能または活動別の専門化である。また一般に前者はよく知られているが，後者はあまり理解されておらず，その結果，マーケティング段階の多段階性や中間商人の過多について見当違いの批判がしばしばみられるという（Weld [1916] pp.13-14, p.128など）。

以下では，マーケティング・システムの本質を明らかにする上で参考になる機能別専門化の観点から以下4つの継起的段階に分け（Weld [1916] p.16），各段階の特徴と問題点を指摘する。

① 産地出荷段階

産地農家から集荷された農産物が中央市場に出荷される段階である。この段階には小規模出荷業者が多数存在することを特徴とする。この段階における問題点として，以下項目のみ列挙すれば，①生産品種，分化・格付け，品質に対する注意不足，②包装上の不注意と包装規格の不統一，③農家の市況や価格についての知識不足，④産地集荷業者の過多，⑤単一集荷業者の場合の独占力の濫用や少数業者の場合の価格協定，⑥産地集荷業者，産地店舗，農協における不適切な経営管理，⑦農家，産地集荷業者の道徳の欠如，⑧農場から産地出荷点までの悪路などが指摘される。

② 輸送段階

輸送はマーケティング・システムの各段階や段階間で生じるが，とりわけ重要なのは産地・中央市場間である。ここでは古くから各種の問題が生じており，農民運動の発火点でもあった。この段階における問題点として，①輸送の遅れ（生鮮品では重大問題），②鉄道終着駅における生鮮品用冷凍施設の不備，③地域間，商品間運賃の不統一，④荷役上の注意不足，⑤大量輸送期における貨車手配の不足，⑥損害賠償基準の不統一と支払の遅延，⑦不公正な氷料金，⑧電気鉄道サービス開発のための注意不足などがみられる。

③ 卸売段階

収集された農産物がジョバーまたは小売商に販売される段階であり，代理商，ブローカー，問屋などの代理卸売商やジョバーや移出・輸出商など商人卸売商など多種類の卸売商が存在するが，それぞれ独自の機能を果たしている（cf. Weld [1917b]）。なお，標準化された農産物を扱う農産物取引所は流通における最高度の能率機関であるとして高く評価している（Weld [1916] ch.13：小原 [1991] pp.119-123）という。この段階における問題点として，①欺瞞的，狡猾的な実践の機会（代理商・顧客間の原則の侵害を含む），②適切な検査システムの欠如，③卸売市場地区の過密と不便な立地，④適正な相場システムの欠如，⑤作柄や市場に関する情報収集・伝達手段の不十分さ，⑥地域間における方法，習慣，格付け，包装，取引条件の不統一，⑦取引業者による競売会社の支配などが挙げられる。

④ 小売段階

ジョバーから購入された農産物が最終消費者に販売される段階であり，マーケティングにおいてもっとも費用のかかる段階である（概算では，産地業者，鉄道会社，卸売業者のマージンを合計したものと同額のマージンがこの段階で費消される [Weld [1916] p.426]）。その理由として，無数の，より困難な機能を行なわざるを得ないこと，さらにその背因として消費者の1回当りの購入量が少なく，信用供与や配送などの特別サービスを要求するところにある（Weld [1916] p.426 ; Converse [1959] 訳書，p.78）。この段階における問題点として，①量目不足・品質の虚偽表示，②衛生条件の不備，③販売前に品質低下をもたらす過剰在庫，④消費者への無制限な信用供与，⑤卸売商への支払の遅れ，⑥配達や他の設備・サービスの重複，⑦経営管理の不適切さなどがあるという（Weld [1916] pp.446-448）。

(2) マーケティング・コスト

　以上が Weld のマーケティング・システムの各段階の概要であるが[5]，同時に，彼はマーケティング・システム全体に関わる問題としてマーケティング・コスト（または開差）の問題を取り上げる。マーケティングは3効用をもたらすとはいえ，これをいかに低コストで実現するかは社会的に大きな課題であり，また世間では既述のとおりマーケティング・コストの過多が物価高の原因と考えられており，これにいかに答えるかという問題もある。

　マーケティング・コスト過多の原因は中間商人の過多によるというのが世間一般の見方である。そこで彼は中間商人の過多問題をまず取り上げる（Weld [1916] p.21）。彼によれば，中間商人の過多には①マーケティング・システムにおける段階数の過多，②同一マーケティング段階における商人数の過多という2種類の問題があり，両者は一般に混同されることが多いが，前者は「分業あるいは専門化」に関わり，後者は「大規模生産あるいは適正規模」に関わる別種の問題であると指摘している（ibid., p.22）。ここでは機能別専門化の観点からする段階別の実態調査（上述）が大いに参考になる。

　他面，マーケティング・コストの過多は商品の性質にも依存する。たとえば，商品の①日限性，②減耗・廃棄処分，③供給の規則性，④取扱数量の大小，⑤標準化の可能度，⑥嵩と価値との関係，⑦包装の必要度，⑧その他，輸送距離などは，マーケティング・コストの大小に大きく作用するという（Weld [1916] pp.178-189）。ここでは商品別のマーケティング・コストの実態調査が不可欠であるとする（cf. Weld [1915]）。

　その他，農産物マーケティング・システムにはコスト問題以外にも各種の問題がみられるが，とくに①農家による協同化，②中間商人による組織的努力，③大衆の教育，④的確な政府規制などは大幅に立ち遅れており，早急な改善策が求められるという（Weld [1916] pp. 448ff.）。

4. マーケティング機能

　Weld は，マーケティング機能についても貴重な提言を行なっている。彼はShaw による「中間商人の機能」（Shaw [1915]）を受け継ぎ，これに若干の修正

を加えた上で，広く全体としてのマーケティング・システムに拡張した。その理由を説明して彼はいう。「商品を生産者から消費者にもたらすさいに遂行されなければならないサービスは，通常，『中間商人の機能』と呼ばれているが，それは必ずしも中間商人のみが担当するのではなく，多かれ少なかれ生産者自身によって遂行され，……さらには消費者によっても遂行される」(Weld [1917] p.306)としてShawの「中間商人の機能」を批判し，新たに7つの機能から成る「マーケティング機能」を提示する。いまWeldの「マーケティング機能」とShawの「中間商人の機能」を対比すれば，図表3-1のとおりである。

図表3-1　ShawとWeldの機能比較

A.W.Shaw 「中間商人の機能」	L.D.H.Weld 「マーケティング機能」
①危険負担	①収　　集
②商品運送	②保　　管
③事業金融	③危険負担
④販売（商品観念の伝達）	④金　　融
⑤収集・取揃え・再発送	⑤再　整　理
	⑥販　　売
	⑦運　　送

（出所）Shaw [1915] p.76 ; Weld [1917a]pp.304-314.

ShawとWeldの機能表を比較すると，数こそ違え類似の項目が目立つ。そのことからまた以下のような見解を生むに至った。たとえば，Vanderblue [1921]はWeldの機能分類は農産物流通との関連で「購買（収集）」と「保管」が重視されているといい (p.678)，またわが国でも福田 [1930] はShawの「収集・取揃え・再発送」がWeldの「収集」「保管」「再整理」に3分割されたといい (p.100)，また桐田 [1951] は「収集・取揃え・再発送」はWeldの「収集」と「再整理」に2分され「保管」は新たに追加されたという (p.50)。しかしWeld [1917a] が「中間商人の機能」を批判して新たに「マーケティング機能」を提示した経緯から考えると，両者の機能表を単に表面的に比較するのは適切ではない。この点ではむしろ，Weldが「マーケティング機能」をもち出すに際して「それ（機能）をマーケティング過程における実際の組織と関連付けて記述することが重要である」(p.306) と指摘していたことに注目したい。Weldがいうマーケティング機能とその担当者との関連は，図表3-2のとおりである。

図表3－2　マーケティング機能とその担当者

	内　　容	担　当　者
①収　　集	購買に伴う諸業務	商的中間商（卸売商，小売商，輸入商など）や代理中間商（問屋，代理商，仲立商など）
②保　　管	生産物の期間的保持	倉庫会社，多くの商的中間商，生産者，消費者
③危険負担	商品化に伴う危険負担	保険会社，多くの商的中間商，生産者，消費者
④金　　融	流通に必要な資金や信用供与	銀行，多くの商的中間商，一部の代理中間商，生産者
⑤再　整　理	生産物の分類・格付・分割・包装	生産者，多くの商的中間商
⑥販　　売	需要創造，注文獲得	生産者，広告代理店，すべての中間商
⑦運　　送	生産物の場所的移転	運送会社，多くの中間商，生産者，消費者

（出所）Weld [1917a] pp.304-314.

　つまり，マーケティング・システムには中間商人以外にも各種の機能担当者が存在し，これら各種の機能担当者が遂行する機能の総体として「マーケティング機能」が捉えられている。なお，彼が「中間商人の排除はマーケティング機能の排除を意味しない。マーケティング機能は依然として他の誰かによって遂行されねばならない」（Weld [1917a] p.306）として，中間商人が排除されてもその機能は必ず他の誰かによって遂行されねばならない（つまり，マーケティング機能は流通過程における機能担当者とは無関係に普遍的に存在する）と指摘していることは，個別機関の機能総体としてのマーケティング機能を裏付けるものである。

　以上にみるように，ShawとWeldの機能に対する考え方の相違は，Weldが生産者から消費者にいたる全体としての流通過程の観点から機能をみるのに対し，Shawがマーケティング過程における中間商人という特定の機能主体の観点からそれをみるという視点の相違にある。つまり，「Shawの機能論は中間商人を主体としていたが，Weldの機能論では中間商人のほかに生産者や消費者も流通活動の一端を担当するといい，中間商人のみならず生産者をも含めた流通過程全体が機能主体になっている」（橋本 [1975] p.78）のである。したがって，たとえばいま個別企業主体の観点からするマーケティング機能を「ミクロ・マーケティング機能」，流通過程全体の観点からするマーケティング機能を「マクロ・マーケティ

ング機能」とよぶならば，Shaw は前者の分類を提示したのに対し，Weld は後者のそれを目指したということができるのである。

5. 本章から学ぶこと

　以上が，Weld のマーケティング論の要点である。以上からもすでに Weld が，何を意図し何を主張したかについて学ぶことができるであろう。

(1) マーケティングの3効用

　まず Weld は「マーケティングの3効用」（時間効用，場所効用および所有効用)，すなわち経済学が生産の効用とみる時間効用と場所効用に所有効用という新たな効用カテゴリーを加えて，この3効用をマーケティングが創造する効用とした。それはまたマーケティング論が経済学とは異なる現象を対象とする特殊の問題領域であることを明示し，またこのことによって，マーケティング論を経済学から独立させることを意図するものであった。

　マーケティングの3効用はその後，多くの論者に受け継がれ，今日ではすでに学界の共有財産となるにいたっている。ただし以後の論者がこの3効用をそのまま踏襲してきたという意味では毛頭ない。論者によってはこの伝統的な3効用に新たな効用を追加してきた。たとえば，「形態効用」の必要性は当初から指摘されていた。形態効用は通常，製造が創造する効用であるが，製造後も商品を消費者ニーズに合わせて修正・加工したり，商人が仕入れた商品を買い手のニーズに合わせて小口で分割販売するなどは「形態効用」に該当する（Shaw [1994] p.50）とされてきた。またそれ以外でも「情報効用」や「価値効用」の重要性が指摘されたり，中には「イメージ効用」「確信効用」「促進効用」「受注効用」などの提案もみられた（Ellis and Jakobs [1977]）。時の経過とともに，Weld が当初意図した全体としての需給を接合する社会経済的な次元での「マクロ効用」とは異なり，個別企業のマネジリアルな観点からする「ミクロ効用」への傾斜がみられることに注意しなければならないが，いずれも Weld が提示した3効用を議論のベースとしている。

　しかし，Alderson が提案した「品揃え物効用」(assortment utility) は一般に

はあまり取り上げ吟味されることはないが，効用論議に新風を吹き込むものである（風呂 [1988]；マーケティング史研究会編 [2002]）。いわく，「これまでマーケティングの効用として形態効用，時間効用，場所効用，所有効用が挙げられてきたが，効用はただ１つ，生産物が品揃え物の潜勢力に貢献するという意味での効用においてのみ存在する」（Alderson [1957] 訳書，p.227）と。確かにこれまでの効用論議では新種の効用が次々と追加され，また中には社会経済的なマクロ効用とマネジリアルなミクロ効用との混同がみられるにつれて，マーケティング効用とは一体，何かということが問題となり，さらにはマーケティングにおける効用そのものの存在意義すら疑われることになったが，その点，Alderson が「重要なことは，マーケティングが創造する効用の解釈ではなく，効用を創造する全過程のマーケティング的解釈である」（同上，p.76）と指摘したことは正鵠を射ている。ただ Alderson にならって伝統的な 3 効用を「品揃え物効用」に統合するのがよいのかどうか，とくに取引流通と物的流通との質的相違，つまり純粋マーケティング過程とマーケティング過程に延長された生産過程の相違を不問に付すという点で，なおも慎重に検討される必要があるのではないかと考える。

(2) 社会的マーケティング・コスト

　社会的マーケティング・コストまたは開差は物価高の大きな原因であり，その削減は社会的な要請である。Weld がマーケティング・コストの削減を課題とし，マーケティング・システムの分析に乗り出したのもそのためであったし，その意義は今日でも失われていない。彼はこれを「分業・専門化」の観点から分析し，マーケティングの各段階における無駄や浪費を発見し，全体としてのマーケティング・システムの効率化を意図するものであった。ここでは，マーケティングの社会的成果＝マーケティング・コストとして捉えられているが，このような考え方はその後，多くの論者に継承され，『原理』『基本』と銘打つ当時のマーケティング論のテキストでは必ずその巻末にマーケティング・コストとその効率を論じるというのが定番となっていた。また 20 世紀財団のマーケティング・コスト調査（Stewart, et al. [1939]）がマーケティング・コストの社会的重要性を決定づけることになったことは周知のところである。

　しかし Weld のように社会的マーケティング・コストを開差（＝消費者購買価格－生産者販売価格）とすることについては，その後，多くの議論がみられる。

開差は中間商人の営業費および利益を社会的マーケティング・コストと措定するものであり，中間商人のグロス・マージンを集計したものがほぼこれに該当するが，「生産者のマーケティング・コストや利益」や「消費者のマーケティング・コスト」が含まれていないという意味で社会的マーケティング・コストは当然，過小となる[6]。ここには，「生産者の利益や一般管理費および販売費」をどの程度マーケティングに配賦するかという問題や「消費者のマーケティング・コスト負担額」をいかに計測するかという問題があり，社会的マーケティング・コストの測定には今日でもなお未解決の問題が多い。

なお以上ではマーケティングの社会的成果はコストであるとされているが，この点については，後にBeckmanが痛烈に批判したことでも知られている。いわく「製造業をはじめとする経済の諸部門が付加価値をもってその成果が測定されているというのに，マーケティングは何故にコストで測定されなければならないか」(Beckman [1954] [1957]) と。確かにこれまではマーケティングの社会的成果としてコストが取り上げられ，コストの削減が社会的には解決されるべき最重要の課題とされてきた。この点，コストから価値へというBeckamanの指摘はきわめて斬新なものであった。しかし問題はマーケティングでは一体どのような価値が付加されるのか，つまりいうところの付加価値の内容こそ明らかにすべきであり，単にコストを付加価値と言い換えただけでは問題の解決にはならないこともまた自明である[7]。

(3) マクロ・マーケティング機能

WeldはShawの中間商人の機能に代えてマーケティング機能を提唱した。Shawはミクロ・マーケティング機能を，Weldはマクロ・マーケティング機能を提唱したといってもよい。もちろんWeldが提唱したマーケティング機能はCheringtonやClarkによる機能分類[8]ほど整序的ではないが，マクロ・マーケティング機能の提示によってマーケティングが社会的に果たすべき役割を初めて明らかにしたといえる。

その後，マクロ・マーケティング機能は多くの論者に継承され，また多種多様な機能表が提示されることになった (橋本 [1975] 第4章)。たとえばRyan [1935] は，120にも及ぶマーケティング機能を提示している。しかしいずれもWeldが提示したマクロ・マーケティング機能がそのベースとなっている。

ただWeldによる機能分類の問題点としては，彼にあっては，また以後の多くの論者も，マクロ・マーケティング機能は各種のマーケティング機関が果たすミクロ・マーケティング機能の総体として捉えられているが，全体は個の算術的総和ではないとする全体論（holism）の観点からすれば，マクロ・マーケティング機能もその機能主体（ここでは全体としてのマーケティング・システムが措定される）に照らして新たに識別される必要があるのではないか。したがってまたその機能としては，取引連鎖による社会経済的な次元での需給の接合が考えられる。

(4) マクロ・マーケティング論の発展

Weld以後，マクロ・マーケティング論は伝統的な3研究方法（商品別研究，機関別研究，機能別研究）によって体系化され，20・30年代に大いに発展することになった。またこの期にはBartels［1962］（p.167）がいうClark-Converse-Maynardタイプの書物が続出した[9]。これに対して，ミクロ・マーケティング論全盛の時代を迎えた第2次大戦後は，マクロ・マーケティング論は残念ながら戦前に見られた華々しさこそ影を潜めるが，以下の分野では地道な研究がみられ，また学界にとっても貴重な研究成果が蓄積されてきた。ここでは紙幅との関係で詳説しえないが，たとえばマーケティング構造の分野ではDuddy and Revzan［1947］やVail, et al.［1952］のマーケティング調整・統制論やCox［1957］やFisk［1967］のマーケティング・フロー論，またマーケティング行動の分野ではAlderson［1957］の組織型行動システム論やPalamountain［1955］やAssael［1967］のマーケティング・ポリティクス論，さらにマーケティング成果の分野ではCox［1965］の市場付加価値論やGrether［1967］の公共政策論，さらにまたマーケティング方法論の分野ではBagotti［1980］その他によるマーケティング交換論などがそれである。Weldが蒔いたマクロ・マーケティング論の種が発芽・成長し，見事に開花したというべきかも知れない。

【注】

1）Weldの人と思想については小原氏の研究（小原［2008］）が詳しい。WeldはまたAMA（アメリカ・マーケティング学会）の前身である「マーケティング教師協会」の生みの親であることもよく知られている。
2）Weldは生産を製造とマーケティングに分け，マーケティングを生産の一部として位置づけたが，「製造は生産であるとしてもマーケティングは生産ではない」としてマーケティングを生産から分離・独立せしめたのはClarkである（cf. Clark［1922］pp.7-8）。

3） Weld は Taussig から「大規模生産の原理」(今日的な用語法では「規模の経済」) を初め多くのアイデアを得ていたように思われる。
4） Weld は 3 種の効用を等置しているが，所有効用は純粋マーケティング過程に発する効用であるのに対し，時間効用と場所効用はマーケティング過程に延長された生産過程に発する効用であり，この三者は本来，質的に相違する。Weld による 3 効用の同列的な取り扱いはその後，マーケティングでは所有効用が主であり時間・場所効用は従であるとか，あるいはその逆であるとか，さらに主従の区別をする必要はないとする論者が現れるなど，多くの論争と混乱をもたらすことになった。
5） しかし彼の段階分化には大きな混乱がみられるように思われる。段階分化は，一般に，①垂直的分化（商品の流れに即した機能の分類，たとえば卸・小売機能，または収集・中継・分散機能など），②水平的分化（個別マーケティング担当者の機能の分類，たとえば売買・物流・補助機能―さらに物流であれば運送・保管・荷役・包装などの細分類機能がある―）に大別される。しかし Weld の場合，その両者が混在している。たとえば，①の産地出荷段階はもし「収集段階」であるとすれば，垂直的分化の 1 駒である卸売段階と重複する。またそれが「購買段階」であれば，水平的分化の 1 駒であり，垂直的分化と同列視し得ない。また②の輸送段階は水平的分化に属し，卸・小売段階の垂直的分化と同列視できない。
6）「生産者のマーケティング・コスト」について，たとえば Breyer［1934］(訳書 p.166) は最終消費者購買価格の平均 6.5% と見積もり，また Cox［1965］（付録 C）では純販売額の 8.23% を計上している。しかしあくまで概算であることに変りはない。
7） その後，彼は付加価値概念のマーケティング全体への適用を断念し，卸・小売業など流通機関の生産性分析に転じている（Beckman［1957］）。しかし「マーケティングの社会的価値」はなおも追究するだけの価値があるのではないかと考えている。
8） Cherington の機能分類（Cherington［1920］pp.6-18, pp.25-27）は，A 本質的活動―①取引気運の醸成，②接触，B 副次的活動―①商品機能，②補助機能，③販売機能，また Clark の機能分類（Clark［1922］p.11）は，A 交換機能―①需要創造（販売）②収集（購買），B 物の供給機能―③運送，④保管，C 補助的・助成的機能―⑤金融，⑥危険負担，⑦標準化であり，いずれも総括分類法を採用し，また機能間の軽重を論じている。
9） ただし，30 年代半ばに全体論の観点からする特異なマーケティング論（Breyer［1934］) が登場していることを見落としてはならない（光澤［2008］）。

【文献案内】
（1） マクロ・マーケティング論については以下が参考になる。① Shapiro, et al.［2009］は，マクロ・マーケティングに関する既刊論文を網羅している。② *Journal of Macromarketing*（1981 年創刊）は，マクロ・マーケティングに関する専門誌であり，その時々の話題を掲載している。

（2） L. D. H. Weld のマーケティング論については，以下が参考になる。① Weld ［1915a］は Weld が 1912-14 年ごろ大学院生とともにミネソタの農産物（家畜，馬鈴薯，家禽，牛乳，穀物）と公設市場を実態調査したものであり，Weld の処女作。序章にマーケティング方法論がみられる。② Weld［1916］は Weld の主著であり，本章で多用したもの。③ Clark and Weld［1932］は，農産物マーケティングを Clark と共に体系的に記述している。

【参考文献】

桐田尚作 [1951]『商業学概論』千倉書房。
小原博 [2008]「L. D. H. Weld」マーケティング史研究会編『マーケティング学説史（増補版）』同文舘出版, pp.125-148。
橋本勲 [1975]『マーケティング論の成立』ミネルヴァ書房。
福田敬太郎 [1930]『市場論』千倉書房。
風呂勉 [1987]「所有効用の概念」『国民経済雑誌』(11月), pp.19-38。
マーケティング史研究会編 [2002]『オルダースン理論の再検討』同文舘出版。
光澤滋朗 [1990]『マーケティング論の源流』千倉書房。
光澤滋朗 [2008]「R・F・ブレイヤー」マーケティング史研究会編『マーケティング学説史（増補版）』同文舘出版, pp.169-190。
Alderson,W. [1957] *Marketing Behavior and Executive Action*, Richard D. Irvin Inc.（石原武政ほか訳 [1984]『マーケティング行動と経営者行為』千倉書房。）
Assael, H. [1967] *The Politics of Distributive Trade Association*, Hofsta University Press.
Bagotti, R. P. [1970] "Marketing as Exchange," *Journal of Marketing*, (October), pp.32-39.
Bartels, R. [1962] *The Development of Marketing Thought*, Richard D.Irwine.（山中豊国訳 [1979]『マーケティング理論の発展』ミネルヴァ書房。）
Beckman,T. N. [1954] "Value Added Concept as Applied to Marketing and Its Implications," A. L. Seely ed., [1958] *Marketing in Transstion*, Harper and Brothers, pp.236-249.
Beckman,T. N. [1957] "Value Added Concept as a Measurement of Output," *Advanced Management* (April), pp.6-9.
Bennett, P. D. ed. [1995] *Dictionary of Marketing Terms* (2nd ed.), NTC Business Books.
Breyer, R. F.[1934]*The Marketing Institution*, MaGrow-Hill Book Co. Inc.（光澤滋朗訳[1986]『マーケティング制度論』同文舘出版。）
Cherington, P. T. [1920] *The Elements of Marketing*, Macmilllan Co.
Clark, F. E. [1922] *Principles of Marketing*, Macmilllan Co.
Clark, F. E. and L. D. H. Weld [1932] *Marketing Agricultulal Product*, Macmillan Co.
Clark, J. B. [1885] *The Philosophy of Wealth*, Ginn & Co.
Clark, J. B. [1907] *Essentials of Economics*, Macmillan Co.
Converse, P. D. [1930] *Elements of Marketing*, Prentice-Hall,Inc.
Converse, P. D. [1959] *The Begginings of Marketing Thought in the United States*, The University of Texas.（梶原勝美訳 [1986]『マーケティング学説史概論』白桃書房。）
Cox, R. and C. S. Goodman [1957] "Marketing of Housebuilding Materials," *Journal of Marketing* (July), pp.36-61.
Cox, R. and C. S. Goodman [1965] *Distribution in a High-Level Economy*, Prentice-Hall,Inc.（阿部真也ほか訳 [1971]『高度経済下の流通問題』中央経済社。）
Duddy, E. A.and D. A. Revzan [1947] *Marketing: An Institutional Approach*, McGrow-Hill Book Co.
Ellis, D. S. and L. W. Jacobs [1977] "Marketing Utilities: A New Look," *Journal of The Academy of Marketing Science* (Winter), pp.21-26.
Fisher, 1. [1910] *Elementary Principles of Economics*, Macmillan Co.
Fisk, G. [1967] *Marketing System*, Harper & Row, Publishers.
Grether, E. T. [1967] *Marketing and Public Policy*, Prentice-Hall,Inc.
Hunt, S. [1981] "Macromarketing as a Multidimensional Concept," *Journal of*

Macromarketing (Spring), pp.7-8.
Maynard, H. H., T. N. Beckman and W. C. Weidler [1927] *Princples of Marketing*, Ronald Press.
Palamountain, J. C., Jr [1955] The Politics of Distribution, Harvard University Press. (マーケティング史研究会訳 [1993] 『流通のポリティクス』白桃書房。)
Ryan, F. W. [1936] "Functinal Elements of Market Distribution," *Harvard Business Review* (Jan.), pp.204-224.
Say, J. B. [1803] *Le Traité D'économie Politique*, Wells and Lilly : (英訳) Princep, C. R. [1821], *A Treatise on Political Economy or the Production, Distribution, Consumption*, Claxton Remsen & Haffelfinger.
Shapiro, S. J., M. Tadajewski and C. J. Shults II eds. [2009] *Macromarketing*, 3 vols., Sage Publications Ltd.
Shaw, A. W. [1915] *Some Problems in Market Distribution*, Harvard University Press.
Shaw, E. [1994] "The Utilitiy of The Four Utilities Concepts," in R. A. Fullerton ed., *Research in Marketing*, Supplement 6, pp.47-66.
Stewart, P. W., J. F. Dewhurst and L. Field [1939] *Does Distribution Cost Too Much?*, The Twentieth Century Fund.
Taussig, F. W. [1911] *Principles of Economics*, Macmillan Co.
Vail, R. S., E. T. Grether and R. Cox [1952] *Marketing in the American Economy*, The Ronald Press Co.
Vanderblue, H. B. [1921] "The Functional Approach to the Study of Marketing," *Journal of Political Economy* (October), pp.676-683.
Weld, L. D. H. [1915a] "Market Distribution," *American Economic Review* (March), pp.125-139.
Weld, L. D. H. [1915b] *Studies in the Marketing of Farm Products*, Bulletin of the University of Minesota.
Weld, L. D. H. [1916] *The Marketing of Farm Products*, Macmillan Co.
Weld, L. D. H. [1917a] "Marketing Functions and Marcantile Organization," *American Economic Review* (June), pp.306-318.
Weld, L. D. H. [1917b] "Marketing Agencies Between Manufacturer and Jobber," *Quaterly Journal of Economics* (August), pp.571-599.

(光澤　滋朗)

第Ⅱ部　ミクロ的マーケティング論の形成の歴史から学ぶ

【第Ⅱ部概説】

　第Ⅱ部以降は，ミクロ的マーケティング研究の展開に焦点が絞られるが，第Ⅱ部においては，第2次世界大戦前までに登場したミクロ的マーケティング研究における伝統的な各論的分野の研究の展開が示されるとともに，それらがマーケティング論として統合されていく過程が示される。

　第Ⅰ部で明らかにされたように，過剰生産傾向から生じた市場問題を前に，それを解決するべく製造業者は自ら積極的に流通あるいは市場に向かって活動を開始するようになる。これら一連の行為をマーケティングと呼び，その体系的な構造を示そうとしたのが，ミクロ的マーケティング論のパイオニアとされているShowとButlerであった。しかし，この体系がすぐさま浸透し企業に実践されていったわけではない。様々な行為の関連性を実現するためには大幅な組織改革が必要とされるが，現実にはそれをすぐには行えないからである。自己の市場の創出，維持，拡大のための企業行為は，既存の組織を所与とした上で行い易い行為から実践され，新たな行為がそこに加わりそれらの関係に不都合が生じ，組織が次第に改革されていくことによって，諸行為の統合としてのマーケティングが実践されることとなる。

　この諸行為の統合としてのマーケティングの実施は，第2次世界大戦後に，マーケティング諸行為の類型としての「4P」とその統合を示す「マーケティング・ミックス」という2つの用語によって端的に示されるようになり，Bartelsの影響もあって，統合的なマーケティングの実施とその管理という研究体系も，戦後に急に登場したという見解が長い間支持されていた。しかしながら，わが国の研究者の地道な歴史研究の結果，実践においても研究においても，販売員の管理を中心とする販売管理の領域を越えて，4Pを要素とするマーケティング・ミックスを内容としたマーケティング管理は，第2次世界大戦前のアメリカにおいて一般的に成立していたということが明らかになってきた。企業実践においては，企業内の販売員，企業と市場の接点の広告，企業外の流通チャネルという風に，企業における管理問題が企業外へ拡大していくとともに，これらの関連性の問題が浮上してくる。その結果，販売部門の組織形態が変わり，マーケティング部門へと名

称も変わるとともに，さらには「マーチャンダイジング」という考えの下マーケティング部門と製造部門の調停が試みられるようになり，4Pを要素としたマーケティング・ミックス的考えは，1930年代にほぼ一般的に浸透し確立されたのである。マーケティング研究もこの流れに沿うように，販売管理論，広告論，チャネル論，市場調査論，マーチャンダイジング論といった各論的研究の進展ののち，それらが，マーケティング論の名のもとに統合されていき，同じく1930年代にはそうした体系を持った総論的文献が一般的に出現するようになる。

　以上のような展開に関して，第4章では，マーケティング研究における伝統的な各論的分野である広告研究の系譜が示される。そこでは，広告実践に関連した極めて技術論的な多数の研究，そして少なくともそのレベルを超えてその技法の理論的根拠づけを目指した主流の心理学的研究に関してはその概略の解説にとどめられ，Shawに始まった広告への問題関心が経済学的枠組みの中でどのように理論的進化を深めていったかという経緯に焦点があてられている。現在の主流的研究における技術論的偏重，実証主義的記述における混迷に対する批判と進むべき研究方向の示唆を考えさせる論文といえよう。

　第5章においては，同様に伝統的な各論分野である，チャネル研究の系譜が示される。そこでは，チャネル構造選択論からその選択が決まった後のチャネル管理論への問題関心のシフト，さらにチャネル管理論内におけるパワー・コンフリクト論から協調的関係論へのパラダイムシフトという最近の動向までが時系列的に描かれ，チャネル構造選択論とチャネル管理論の統合の必要性と，パワー・コンフリクト論の再評価という課題が示唆される。

　第6章では，もともと小売業における商品化という文脈で使われていた「マーチャンダイジング」という用語の下で，製品に関する決定が，生産過程の一部としてではなく，マーケティングにおいて不可欠の一部として位置づけられていく過程が描かれる。こうした考えは，1930年代の大恐慌による販売の困難性とインダストリアル・デザインの登場によって広範に普及したとされ，第2次世界大戦後に，マーケティングの中心にある消費者志向という理念が企業全体の理念となるとともに「マーチャンダイジング」という概念の役割は終焉し，製品計画論の名のもとに研究が展開されていったと結論される。

　第7章では，以上のような各論的研究が進展していくとともに，それらがマーケティング管理論として統合されていく過程が文献内在的に描かれ，4Pの統合的管理という構造が第2次世界大戦前にすでに成立していたことが示される。特に，説得型消費者志向から適応型消費者志向への理念的変化がこの構造を完成させたという指摘は，マーケティング思想史上きわめて意義深いものである。

第4章

広告研究の系譜

1. はじめに

　学説史研究と一般的によばれる分野にも，いくつかの方法とスタイルがある（堀田［2003］pp.27-42）。その中でも，学説史研究の方法・スタイルとして多くの人々が直ちに連想するのは，恐らく，編年史的に諸説を網羅するスタイルや本質主義的なそれ，あるいは歴史相対的な研究スタイルであろう。

　編年史的研究の特徴は，当の学科分野および下位分野の通史を網羅的・包括的に概説する点にあり，時系列の流れを知るには便利である。

　また，第2の本質主義的な学説史研究の典型例は，素朴な自然主義的決定論と一体化した全体論的認識を標榜する歴史法則主義に立脚する研究である。この立場は，問題を構成する出来事の背後に厳然と存在する不変の本質の世界，他の何物にも依存しない究極的性質の世界の把握に訴えることによって，現象の多様性や錯綜性を克服することを主張し，明示的にあるいは非明示的に措定されている基準となる本質的理論に照らして，諸理論の前進性や後進性が判断され秩序づけがなされるという形式が採用される。しかし，この種の研究では，本質的理論の絶対的性格が前提とされ，それに対して批判的討論の矢を向けることはドグマ的に禁止されているから，知識のフロンティアの前進の問題を正面から取り扱う道は閉ざされており，ただ基準理論との整合性ないし近似性にのみ論点が矮小化されてしまうことになる。

　学説史研究の第3の類型としての歴史相対的研究は，時代の経過に伴って展開されてきた諸理論の意義や価値を，それぞれの時代の具体的な経験世界の歴史的状況に基礎づけながら，その対応関係の解明を通して評価し判定しようとするものである。したがって，この立場からは，時代を追って提案される諸理論間の論理的な関係や普遍性の面での前進は，特に問題とはされない。

しかし，ある学科分野の認識進歩は，新旧の諸理論の間にみられる普遍性の増大や理論の深みあるいは導出可能性等の論点を抜きにしては語ることができない。

こうした観点から試みられる学説史研究は，進化論的学説史研究（堀田［2003］第4章）とよぶことができるであろう。本章で採用される立場がこれである。

2. マーケティング研究黎明期の広告およびマーケティング研究

周知のように，19世紀以降，体系的な広告研究が逸早く展開された国の1つはアメリカであった。日本の国土のおよそ33倍の広さを有し，当時，人口の大部分が農業地帯である相対的に孤立化した局地的市場圏で生活することを余儀なくされていたアメリカでは，他の国に先駆けて地域的な新聞や雑誌が普及していた（cf. Norris［1990］chap.2）。農村部の多くの家庭婦人にとっては，特に雑誌に掲載されるトピックスや小説あるいはハウス・マネジメントに関する記事は，地域外の事情や出来事や生活改善のための情報，娯楽のためのほとんど唯一の情報源であった。これら雑誌出版社は，当初，その収入を基本的に読者の購読料に依存していたが，読者獲得を巡る競争を克服するために雑誌内容の質の向上とそれに伴うコストの高騰を抑えてシェアを伸ばす手法として，次第に広告料収入に多くを頼るものが現れるようになった。

雑誌出版事業安定のための手法として広告掲載が一般的になっていくにつれて，広告の仕方や，メッセージ内容，レイアウト，キャッチ・コピーの在り方等の実践技法が進展すると共に，その種の実用的知識を推奨する論説やパンフレットの類もあらわれるようになった。1860年代までには，こうした問題を扱う論考やパンフレットの類は，既にかなりの数に上っていたと思われ，それらの一部が編集されて『広告する人々—成功する広告の理由と広告手法のヒント—』[1]が出版されていた。

もちろん，この時代の広告は，その大半が流通業者によるものであったが，1880年代には諸産業における競争の激化を反映して，多くの製造企業による広告活動が一般化していった（堀田［2003］chap. 7）。こうして，広告活動がかつての局地的かつ小規模であった時代から，今や全国的規模にまたがる大量現象となるに至って，社会的にも文化的にも価値関係上の意義を増大させて次第に人々の知的関心が惹きつけられていった。

当初，人々が抱いた関心は，広告とはどのような機能を果たすものであり，どのような広告が効果的でありうるのかといった実践的な観点や，広告はいかにあるべきかといった規範的な観点に導かれたものが多かった。しかし，広告が実践的に有用でありうることを理解し論証するためには，その機能とそれがもたらす結果の関係を因果的に分析することが必要であるから，やがて理論的な因果連関の解明へと向かう兆しが芽生えることになった。

ところで，19世紀の70年代以降のアメリカでは，社会諸科学や人文諸科学の分野はドイツ後期歴史学派の思潮の強い影響の下に置かれていた。この学派の特徴は，帰納的推論方法に圧倒的な信頼を寄せ，歴史分析と統計的データによる裏打ちによって歴史的な発展段階を規定し，これによって特定の歴史的事態を理念的状態に近接させる条件を探索するというものであった。したがって，研究関心は自ずから個別性や特異性に向かうことにならざるを得なかった。経済学の分野では，主流派の古典派経済学と鋭く対峙して一世を風靡した，アメリカ国民経済学派がこの立場を強く推奨したのであった。黎明期のマーケティング研究が商品的アプローチや制度的（機関的）アプローチとして立ち現われたのも，かかる知的背景があったからである[2]。

当時，国民経済学的観点に立つ歴史的あるいは規範的研究の中心にいたのは，ジョンズ・ホプキンス大学を経てウィスコンシン大学に拠点を置いていたRichard T. Elyであった。彼は自らが指導する学生に対し，経済社会が直面しているさまざまな問題についての課題を与え取り組むことを求めたが，その中にはたとえば「流行の変化がもたらす経済的効果」や「経済学的観点からみた広告の考察」，さらには「広告競争と商標」といったテーマが含まれていた（Jones and Monieson [1990] p.104.）。Elyの下を巣立って，やがて経営・経済学的なマーケティングや広告研究のパイオニアとなっていった人々の中には，Ralph. S. Butler, Paul D. Converse, James Hagerty, M. B. Hammond, B. M. Hibbard, E. D. Jones, David Kinley, Theodore Macklin, Paul Nystrom, Samuel Sparling, H. C. Taylor 等がいた。

しかしながら，これらの人々による広告やマーケティング研究は，どちらかといえば個性的な歴史的要因の解明という研究方法の所為もあって，普遍的な説明原理の探究という方向とは殆ど無縁であったといってよいであろう。彼らの後に続いた当時の広告研究も，基本的には同様で，その時々の事態によく対応すると思料された実践的なアイディアや手法に焦点を当てたものが多かった。その中

で，理論的関心に導かれた仮説的理論の構築を目指す研究が逸早く現われたのは，心理学の分野であった。

彼らもまた，広告のもつ社会的文化的な価値関係上の意義の圧倒的な増大に惹きつけられて，広告が人々の心的過程に与える影響と態度形成や行為コース選択との関連を明らかにすることに興味を抱いたのであった。中でも，ノースウェスタン大学心理学研究所のディレクターをしていた Scott [1903]，コロンビア大学心理学担当講師 Hollingworth [1913]，ミシガン大学心理学担当教授 Adams [1916] 等の研究を通じて提案された諸概念，たとえば，注意 (attention)，観念連合 (association of ideas)，暗示 (suggestion)，融合 (fusion)，知覚 (perception)，統覚 (apperception)，錯覚 (illusion)，心象 (mental imagery) といった諸概念の意味内容は，広告制作実務にとって重要な含意をもつものとして注目された。

心理学分野で展開された知見が実務界の関心を惹きつけ，実際にも広告を通じて成功的な販売成果を挙げる企業が現われ，販売問題にとって広告が殊の外重視されるようになるにつれて，企業の意思決定問題としてのマーケティングに関心を寄せてきた人々の間でもこの問題の取り扱いが重視されるようになった。Bartels [1976] も指摘するように，20世紀の初頭のマーケティング思想の黎明期に中核的な問題状況の１つを構成したのは，広告に関する正しい考察であったといえるであろう (p.35)。

実際，1910年代には，後の広告思想やマーケティング思想に大きな影響を与えた，広告研究の古典ともよぶべき多くの著作が公にされた。それら研究者の中には，ビジネスの黄金時代とよばれ高圧的なマーケティングが盛んに展開された1920年代までに限ってみても，次のような人々が含まれていた。

Paul T. Cherington [1913], H. W. Hess [1915], S. R. Hall [1921], Lloyd D. Herrold [1923], Daniel Starch [1927], A. J. Brewster [1924], Otto Kleppner [1925], George H. Sheldon [1925], H. E. Agnew [1926], Neil H. Borden [1927], R. S. Vaile [1927], F. L. Vaughan [1928], F. S. Presbery [1929]。

これらの諸研究は，Cherington や Vaile のような経済学の枠組みによって展開されたものを一部含んでいたとはいえ，その大半は，基本的に心理学の分野からもたらされた人間行動に動機づけを与え影響力を行使する手法についての研究成果に触発され，市場問題にも適用可能であるとしてそれぞれの関心に導かれて展開された個別領域的な研究であった。その意味では，全体的な経営意思決定問題との関係づけという意識は希薄であった。しかし，黎明期のマーケティング研

究の中には，既にこの種の問題を体系的に扱った著作がみられたのであり，後日，広告を巡る理論的な問題移動に明確に結び付いていくことになる研究成果が現われていた。それが，Shaw［1912］［1915］の著作であった。

3. Shaw の問題状況と価格問題解決手法としての広告

　周知のように，A. W. Shaw の論考は，後に Vanderblue［1921］等によって「マーケティング問題についての科学的分析の実質的な始まり」[3]と高く評価されたが，マーケティング研究の歴史の中では永らく非正統的な研究と位置づけられてきた。その主たる理由は，Shaw が自らの研究を推し進めるにあたって摘出した伝統的な「中間商業者の機能」を，Weld［1917］が『マーケティング機能』とよぶことを提唱し（p.306），以後この Weld の提案に多くの研究者が同調していったからである[4]。

　Shaw 自身は，当初の著作の中で「マーケティング」概念を無定義語として使用していたが，後年，Converse 宛ての私信の中で「私は３つのタイプの経営活動のうちの１つに……マーケティング［という名辞］を当てたのである」[5]と述べて，個別経済的な概念，個別経済主体の行動様式の一側面を表象する概念であることを主張したのであった。

　ところで，Shaw が流通諸問題を含めた企業経営についての体系的研究に着手するに際して，「動作」（motion）概念を手掛かりにしてビジネスにおける３つの動作，つまり素材の形態の変化を目的とする動作（生産），素材の場所的変化を目的とする動作（流通・販売），およびこれら二者を助成促進する動作（管理）を識別し，これらの相互依存性を強調して，企業経営が合理的かつ効率的であるためには均衡が取れていなければならないであろうと主張したのであった。

　しかし，Shaw のみる事実的世界の状態は，消費市場における実質的購買力の低下と極端な所得格差に伴うピラミッド型の構造を示す需要サイド，それに対して 1870 年代以降の周期的な恐慌や不況の過程で生産効率の臨界点を求めて発展し，既存の流通システムの能力を凌駕してしまった供給サイドの間にみられた齟齬を典型的に示していた（堀田［2003］pp.186-188）。

　こうして彼はまず流通システムの発展と中間商人排除傾向進展を示す歴史的経緯の分析（図表 4-1 および第 2 章の図表 2-2），流通機能（中間商業者の機能）の分

図表 4－1　中間商人の発展

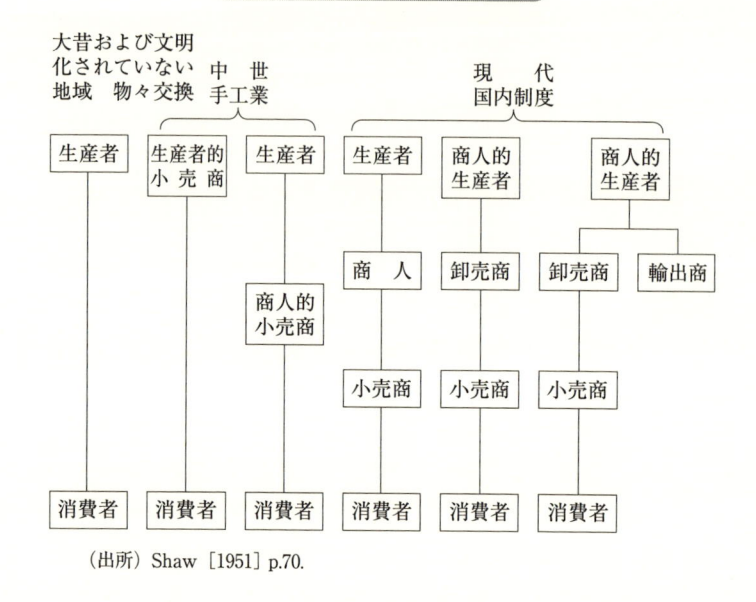

```
大昔および文明
化されていない        中　世              現　　代
地域　物々交換      手工業               国内制度

┌─────┐ ┌─────┐┌─────┐ ┌─────┐┌─────┐ ┌─────┐
│生産者│ │生産者的││生産者│ │生産者││商人的││商人的│
│     │ │小売商 ││     │ │     ││生産者││生産者│
└──┬──┘ └──┬──┘└──┬──┘ └──┬──┘└──┬──┘└──┬──┘
                  │              │      │    ┌─┴─┐
                ┌─┴─┐          ┌─┴─┐  ┌─┴─┐┌─┴─┐┌──┐
                │商人│         │商人││卸売商││卸売商││輸出商│
                │   │          │的 ││    ││    ││    │
                └─┬─┘          │小売│└─┬──┘└─┬──┘└──┘
                              │商 │   │     │
                              └─┬─┘ ┌─┴─┐ ┌─┴─┐
                                │   │小売商││小売商│
                                │   └─┬──┘└─┬──┘
┌─────┐┌─────┐┌─────┐┌─────┐┌─────┐┌─────┐
│消費者││消費者││消費者││消費者││消費者││消費者│
└─────┘└─────┘└─────┘└─────┘└─────┘└─────┘
```

（出所）Shaw［1951］p.70.

析，および販売方法の進化の描写を通して，従前，専ら中間商業者に委ねられてきた機能の一部が，「市場の集約的な耕作」（Shaw［1915］pp.42-43）の必要に迫られた製造企業によって引き受けられてきていることに着目したのであった。

彼は，このような製造企業を「一層進歩的な実業家」あるいは「商人的生産者」とよんでいるが，それは物理的流通機能と需要創造機能の分割可能なことに気づき，後者を自らの手で行使する企業のことである。これらの企業は，Shaw によって，製品差別化を基礎とする全国的な広告を通じて人間の欲望のフロンティアを切り拓く調整活動の担い手として，そして旧弊に捉われて非効率的な流通組織の基礎を削り去ると共に新しい価格政策，つまり「市場価格以上での販売」（selling at the market plus）を展望する能力を体現するものとして極めて重視され，高く評価されたのであった（Shaw［1915］pp.45-47, p.49, pp.51-59）。

狭隘化した市場で「市場価格以上での販売」を実現するという Shaw の主張は，図表4-2で展開されている。この図表[6]によって彼が示唆しようとしたことは，製品に差別性を付与し全国的広告を通じて集約的な市場耕作に成功する「進歩的な実業家」ないし「商人的生産者」の前には，当の企業が直面すると推定される

図表 4－2　市場価格以上での販売

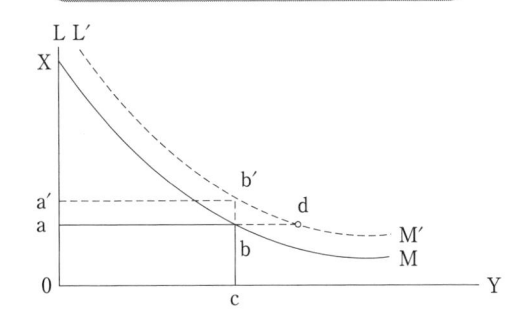

(出所) Shaw [1951] p.59. ただし, 点 d は引用者が追加したもの。

個別需要曲線 (LM) を右上方へシフトさせ，その結果として，これまでと同量の生産物 (Oc) を平均的な市場価格よりも高い価格で販売する機会が拓かれるであろうというものであった。

この図表のもつ学説史上の意義は，未だ個別企業の行動や消費者行動を扱うミクロ理論が確立していなかった当時にあって，市場に独占的要素ないし不完全な要素が混入している状況を含意する右下がりの個別需要曲線を想定していたこと，そして広告には需要創造効果があることを明示的に示してみせたことであろう。

しかし，Shaw の理論のもつ意義はこれだけに止まるものではない。むしろ，逆説的ではあるが，彼の理論がもっていた大きな欠陥そのものこそ，後の研究のための問題とその解決の営みへの道筋に光を当てる契機となったという意味で，最大の貢献をしたという点であった。

図表 4-2 が示しているように，Shaw にあっては，広告が需要創造効果を通じて個別需要曲線の位置を変化させ，その結果として「市場価格以上での販売」が実現されるという彼の主張は，それまでの生産数量 (Oc) と新しい価格 (a′) との交点 b′ で一義的に決まるとされている。だが，生産の側面がもし収穫逓増の局面にあるならば，「市場価格以上での販売」は，Shaw の言うような一義的な価格と数量の組み合わせではなく，筆者によって彼の図に追加されたように，b′ と d（但し，点 d は含まない）の間の組み合わせでなければならないであろう。このことは，Shaw の説明が需要サイドにのみ着目したものであることを示しており，生産サイドとの関係が無視されていること，つまり費用サイドの考察が欠

落していることを表している。したがって，彼のいう「市場価格以上での販売」には，広告活動によって発生する費用問題および広告活動に伴う数量（Q）と生産費の変化（$\delta Q/\delta A$ および $\delta C/\delta Q$）という，企業経営における重要な意思決定問題である費用・収入の調整の観点が欠落しているから，最適解の導出には失敗していたことを示している。

4. 広告研究における進化論的な問題移動

Shaw の研究には，上に述べたような大きな問題が含まれていたが，しかし，その故をもって彼の研究の価値と意義が低められたり失われたりする訳ではない。理論の学説史的評価は，その理論が何をどのように解いたかということにのみ依存するのではなく，その理論の批判的検討を経て解くべき新たな問題を生み出すことに結び付いていったか否かに，より大きく依存する。その意味で，Shaw の理論は，この分野における理論的に前進的な問題移動にとっての重要な契機となったのであった。

(1) Chamberlin の独占的競争

Shaw の理論のもつ意義を高く評価し，彼に対して謝辞を述べながらも（Chamberlin [1933][1962]，訳書，第6章脚注8），その理論的欠陥を指摘して「販売費（広告）」を手掛かりに独占的競争市場における広告競争の帰結を分析したのは Chamberlin であった。

E. H. Chamberlin は，当時の完全競争の理論と（完全）独占の理論のうち，前者に依拠して構成概念である『独占的競争市場』を定式化したのであった。そこでは，売り手も買い手もそれぞれ小規模で多数存在するが，売り手による働きかけが買い手にとっての客観的あるいは主観的手掛かりとなって生産物に質的な分化が生み出され，個別的な需給の間に差別的な組み合わせが形成されると考えられている。

Chamberlin は，Shaw が扱わなかった費用の問題を自らのモデルに組み込んで，まず，販売費（広告）を支出する個別企業にとっての最適問題（個別均衡）から取り組んだのであった。それを示すのが図表4-3である。ここでは，企業にとっ

図表 4-3　個別均衡

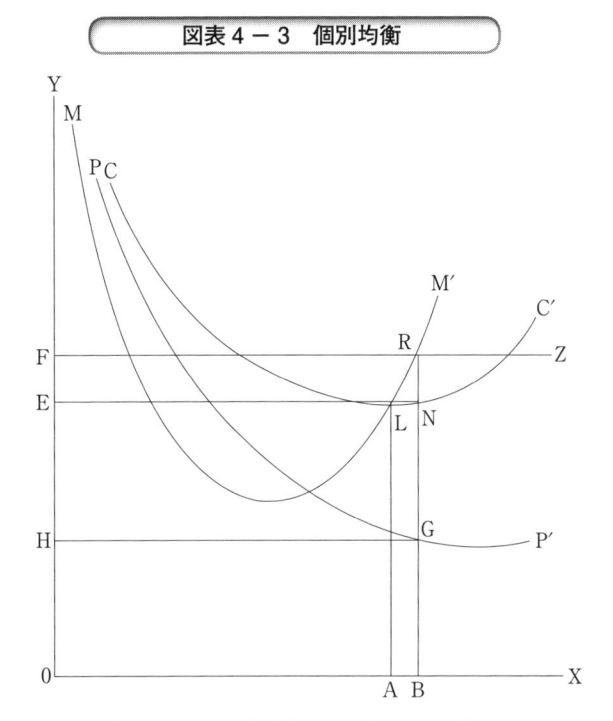

(出所) Chamberlin (訳書) p.178. 但し，一部修正。

て生産関数は所与，平均生産費用の下降局面（収穫逓増局面）での生産活動を余儀なくされてきたこと，価格や製品の品質等の他のマーケティング変数はすでに決定済みで，当面の意思決定変数は所与の販売費（広告）だけであり，生産費プラス販売費（広告）からなる結合費用の下での最適産出量の決定が問題とされていること，販売費（広告）もその他の経営諸資源と同様に，当初の収穫逓増からやがて収穫逓減の局面に移行することが仮定されている。

以上の仮定の下で，このモデルは，多数の小規模企業によって構成されている競争市場では，競争の圧力によってすべての企業が価格線FZと平均生産費PP′の交点で価格と生産量を調整せざるを得ない状況に置かれているという初期状態から始まる。そこでは，超過利潤は消滅してしまうが，市場を構成する多くの企業のうち自らが収穫逓増の局面で生産していること，そして何らかの努力を追加すれば平均生産費の一層の低下を実現でき，超過利潤獲得の期待が生まれることに気づく企業が現われるとする。そうした企業が行なう努力が，ここでは販売費

図表4-4 広告活動の一般化

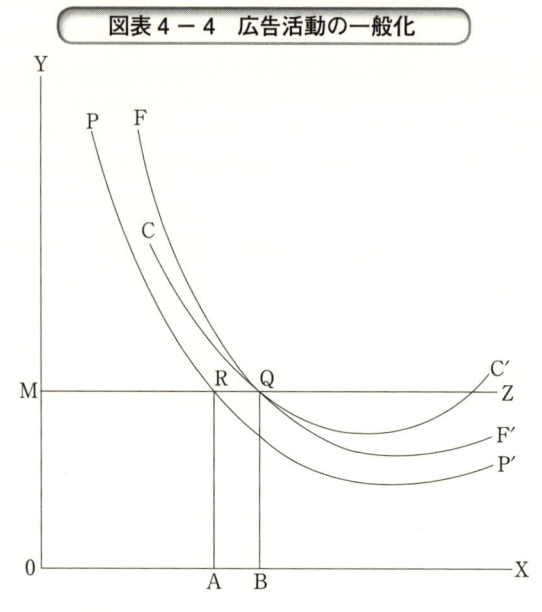

（出所）Chamberlin（訳書）p.198.

（広告）の支出である。当の企業にとっては，他の企業と異なって生産費に加えて販売費（広告）が追加的に支出されるから，図中にCC′で示される結合費用の下で最適な調整が行なわれることになる。その最適解を表しているのが結合費用に対応する限界費用MM′と価格線FZの交点で決まる生産量OBである。その結果，この企業は平均生産費BGに平均販売費（広告）NGを加えても尚，平均超過利潤NRを手にすることになる。これが，Chamberlinの個別均衡である。

多くの企業が超過利潤ゼロの状態を甘受せざるを得ない中で，先行する1企業がある努力の結果として超過利潤の実現に成功したという事態は，やがて同業他社の知るところとなり，多くの企業に同様のやり方が広まっていくことになる。

もちろん，個々の企業の費用構造にはそれぞれ違いがあるが，ここでは単純化のために，先行企業以外の諸企業の結合費用構造は，同じタイプとして理解されているという意味で，FF′として示されている。図表4-4において，PP′はこの市場に参加しているすべての企業にとってのタイプとしての平均生産費曲線，FF′は販売費（広告）支出が一般化した状態での，先行企業以外の諸企業の結合費用曲線を表している。そして，販売費（広告）の支出が一般化したとはいえ，

図表4－5　集団均衡

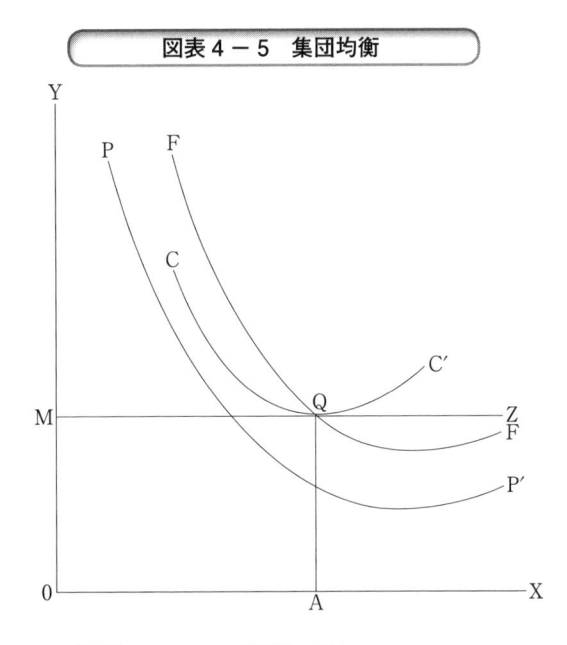

（出所）Chamberlin（訳書）p.199.

　他企業と同等の平均的な支出をしている限りでは，生産・販売数量はOAからOBに増大するにしても，費用水準が上昇することによって超過利潤を手にすることができないと仮定されている。しかし，先行企業がより大きな生産・販売数量と超過利潤を求めて他企業以上に販売費（広告）を追加的に支出するとすれば，当の企業の結合費用曲線はCC'の形状を示すであろう。

　こうして，この市場においては販売費（広告）の支出水準が次第に上昇していき，遂には先行企業にとっても，またこの集団に帰属するいずれの企業にとっても，これ以上販売費（広告）の支出水準を伸ばすインセンティヴが消滅すると共に，超過利潤も結合費用水準の上昇によって失われてしまう点，つまり集団均衡（図表4-5中の点Q）の状態に達することが導き出されたのであった。価格競争にあっては価格の低下が超過利潤の消失をもたらすのに対し，製品の質的分化（差別化）を訴える非価格競争の場にあっては，費用の上昇によって超過利潤が消滅するとChamberlinは主張したのである（Chamberlin［1933］［1962］，訳書，第7章）。

　Chamberlinは，広告は競争相手から需要を奪いかつ競争相手に需要を与えるとして，Shawによって提起された広告の需要創造効果を基本的に認めながらも，

生産費および販売費（広告）をモデルに組み込んで一義的な均衡解を示すと共に，併せて，広告の需要創造効果が無限に続く訳ではなく，広告の働きにもやがて収穫逓減が作用し，それ以上の広告の追加的投入へのインセンティヴが消滅する集団均衡の状態に至って安定することを示唆したのであった。

（2）Buchanan 型価格―広告同時決定モデル

Shaw から Chamberlin へと問題移動に伴って受け継がれた広告の経済学的研究は，さらに Buchanan 型モデルへと進展をみせた。このモデルの問題関心は，Shaw や Chamberlin のモデルにおける広告のみを唯一の意思決定変数とする状況に，価格変数をも加えて現実の企業の意思決定状況に近付けて統一的な説明を試みようというものである。

Buchanan 型モデルを支えている仮定は，以下の通りである。(1) 企業の目的は利潤極大化である。(2) 製品のタイプおよび品質は予め決定済みである。(3) 平均生産費は U 字型の形状を示す。(4) 広告には需要創造効果があり，個別需要曲線を右上方にシフトさせる。(5) 所与の広告費には所与の需要曲線が対応する。(6) 当該市場の需要は，その市場に属するすべての企業の同時的広告によって拡張される。(7) 市場における企業数は，価格・広告の同時的変化によって生み出される超過利潤を排除してしまうほどには多くない。(8) 超過利潤が発生しても，短期的には新規参入は起きない。(9) 諸企業は原子のように振る舞い，独立に意思決定する。

Buchanan 型モデルの初期状態は，図表 4-6 に埋め込まれている。つまり，平均生産費（APC），限界費用（MC），右下がりの個別需要線（d_0）とそれに対応する限界収入線（MR_0）によって表される価格（P_0）と産出量（X_0）の組み合わせがそれである。この場合，図表に見るように，平均生産費は A，平均収入は B であるから，この企業は費用が収入を上回る状態にある。企業の目的は利潤の極大化であるから，こうした事態を克服するために支出されるのが「所与の」広告費である。これが第 2 段階である。

第 2 段階は，図表 4-6 で原点に対して凸の平均広告費曲線（S_1）で示される広告費の支出による需要創造効果の結果，個別需要線は d_0 から d_1 にシフトし，それに対応して限界収入曲線も MR_0 から MR_1 へ，さらに平均生産費に平均広告費を上乗せした平均総費用（ATC_1）が導かれる。かくして，新しい個別均衡の

図表4－6

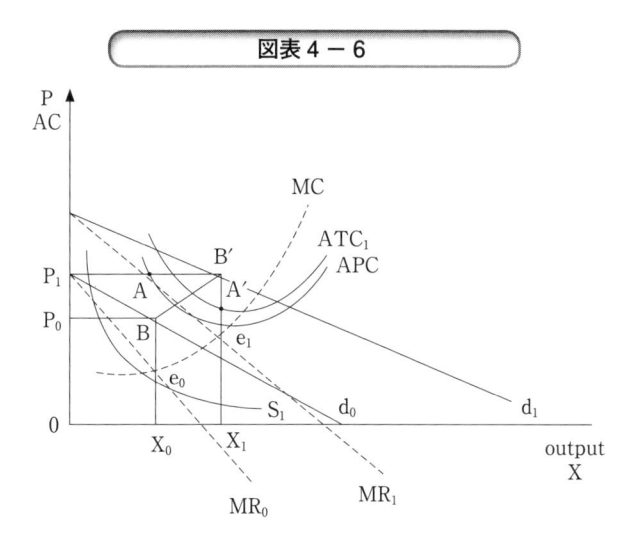

(出所) Koutsoyiannis [1982] p.69.

下では，均衡点（e_1）に対応する価格 P_1 と産出量 X_1 の組み合わせが実現されて，$B'A'$ の平均利潤がもたらされることになる。ここには，かつて Shaw が指摘した新しい価格政策の下での「市場価格以上での販売」が含意されていることを知ることができる。また，同図における $A \rightarrow A'$ および $B \rightarrow B'$ は，平均広告費 S_1 で示される『所与の』広告費水準を選択したことによる，均衡解に対応する平均費用と平均収入の軌跡である。

続く図表4-7は，広告の需要創造効果を期待してさらに高レヴェルの広告費を支出した場合を示したものである。考え方の手順は第2段階と同様で，下付き数字2の対応関係を辿ればよい。図にみるように，広告が行なわれていなかった初期状態からある「所与の」広告水準を選択した場合，そしてさらに高次の広告水準を選択した場合に，合理的な均衡解に対応する平均（総）費用がどのような軌跡を辿るかが示されている（$A \rightarrow A' \rightarrow A''$）。ここでは図の煩雑さを避けるために，費用の軌跡だけしか示されていないが，この費用に対応する平均収入の軌跡も同様に描くことができる。広告費のレヴェルを順次高めていった場合の平均（総）費用の軌跡 AAOC（広告レヴェル選択別平均費用の軌跡）と平均収入の軌跡 AAOR（広告レヴェル選択別平均収入の軌跡）を取り出したのが，図表4-8である。ここで，AAOC が初め低下した後，次第に上昇に転じるのは，広告の

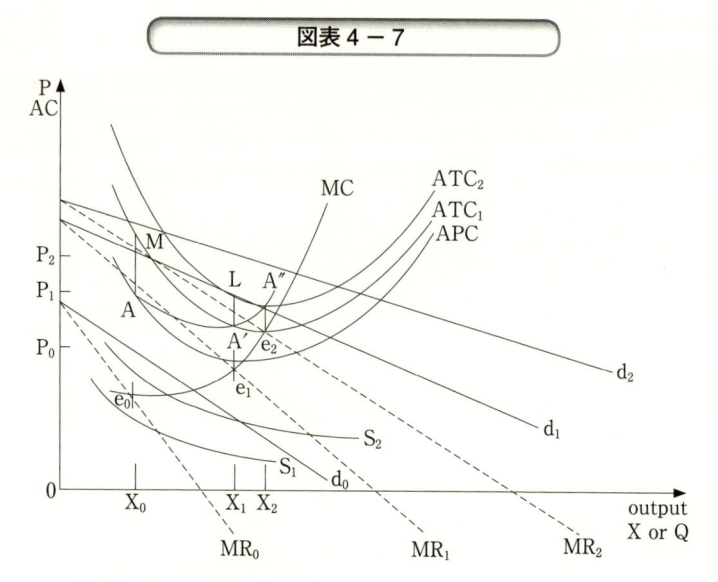

74　第Ⅱ部　ミクロ的マーケティング論の形成の歴史から学ぶ

図表4−7

（出所）Koutsoyiannis [1982] p.72.

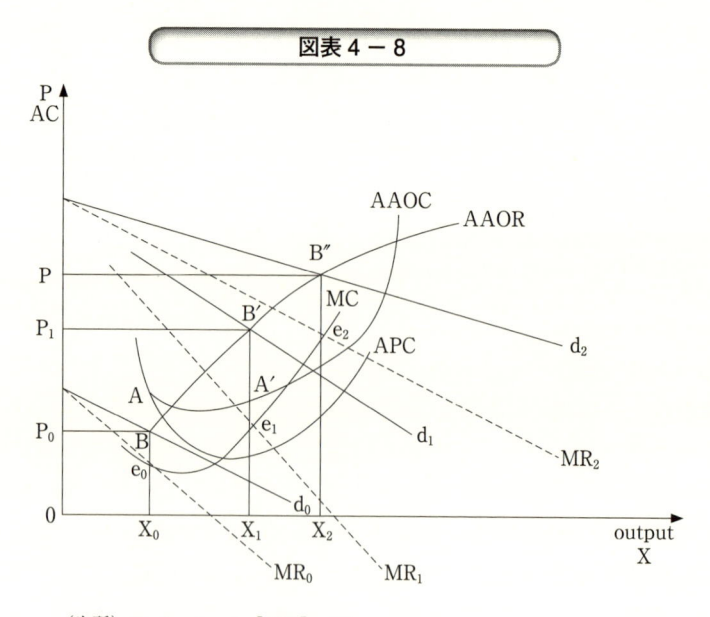

図表4−8

（出所）Koutsoyiannis [1982] p.70.

働きも収穫逓減の法則に従うと考えられているからである。また，需要線の傾きが次第に緩やかになっているのは，広告によって吸引される顧客が外延的に拡大していくにつれて，忠誠度が弱くブランド・スウィッチに対する抵抗が低くなっていくと考えられているからである。こうして，広告強度が増大していくにも拘わらず，平均収入の伸びは次第に鈍化し，逆に平均費用の上昇する割合が次第に大きくなって，遂には AAOC と AAOR が交叉する点に到達して，それ以上に高次の広告支出レヴェルを選択しようとするインセンティヴが消滅する。

　この Buchanan 型のモデルは個別企業についてのものであるが，しかし，図表4-6 から 4-8 に至る状態は，原則的に，当の競争市場に存在するすべての企業（つまり集団）に当てはまる「タイプとしての説明モデル」である。このモデルによって，(1) A.W.Shaw が取り扱った「市場価格以上での販売」を含め，(2) E.H. Chamberlin が個別均衡と集団均衡を別々に取り扱い，先行企業の結合費用曲線から残余の企業の結合費用曲線（FF'）を，いわばマーシャル流の代表的企業のそれとして分離して表現し込み入った説明を展開したのに対し，単一の個別均衡モデルで集団均衡（AAOC と AAOR の交叉する点）が同時に説明されたのであった。

(3) Dorfman=Steiner 型最適広告費決定モデル

　以上にみてきたように，Shaw によって「一層進歩的な実業家」あるいは「商人的生産者」の革新的な行動様式の 1 つとして描写された，製品差別化とそれを基礎とする全国的な広告に関する理論的な分析は，Chamberlin を経て Buchanan に引き継がれ，前 2 者の理論が生み出した新たな問題を解決する統一的理論へ向かって進化してきた。

　しかし，いずれの理論も，企業にとっての最適な広告費がどのように決定され，そこではどのような変数や条件によって支えられているのかについての言及はなかった。Shaw にあっては，既にみたように，全国的な広告展開という表現はみられても，費用問題に関する考察が欠落していた。また，Chamberlin と Buchanan のモデルでは，所与の販売費（広告）あるいは所与の広告費水準という表現で示されるに過ぎなかった。この問題に答えようとしたのが Dorfman=Steiner 型の最適広告費決定モデルである。

　彼らは，基本的には，Chamberlin や Buchanan と同様の公理系を立てて，単

純な利潤関数の下で広告のみを戦略変数とする場合の最適広告費決定モデルを展開した。

　利潤関数　　$\pi = R - C - A$

　ここで、π は利潤、R は総収入（価格 P × 数量 Q）、C は総生産費、A は総広告費である。モデルにおいては、価格と数量の関係は $\delta Q / \delta P < 0$、つまり市場には独占的ないし不完全な要素が混入しており、したがって需要曲線は右下がりの形状を示す。また、数量と広告の関係は $\delta Q / \delta A > 0$、つまり広告には需要創造効果がある。さらに、価格と広告の関係は、価格がすでに決定済みとされているから、$\delta P / \delta A = 0$ である。

　以上を勘案して利潤関数の構成変数間の関係をみると、数量 Q は価格と広告の関数であるから、$Q = f(P, A)$ あるいは簡単に Q (P, A)、そして生産費は一義的には数量の関数であるが、その数量はまた価格と広告の関数であるから、$C = g(Q) = g\{f(P, A)\}$ あるいは簡単に C [Q (P, A)] と表すことができる。しかし、生産費の形状を規定するのは生産関数である。したがって、$\delta C / \delta A = 0$ である。つまり、広告を通じて数量が変化するとしても、それは所定の費用関数に沿って変化するのであって、生産費曲線の位置や形状に影響を与えるものではない。生産費の位置や形状は広告の関数ではない。

　かくして、利潤関数は次のように書き替えることができる。

　$\pi = P [Q (P, A)] - C [Q (P, A)] - A$

　広告を唯一の戦略変数とする利潤極大化の条件は、

　$\delta \pi / \delta A = (P \cdot \delta Q / \delta A) - (\delta C / \delta Q \cdot \delta Q / \delta A) - \delta A / \delta A = 0$

　この式から、$P \cdot \delta Q / \delta A = (\delta C / \delta Q \cdot \delta Q / \delta A) + 1$

　上の式の右辺第 1 項の中、$\delta C / \delta Q$ は限界生産費（MC）であるから、両辺に A / Q を掛けて整理すると、

　$P (\delta Q / \delta A \cdot A / Q) = MC (\delta Q / \delta A \cdot A / Q) + A / Q$

　上式の左辺および右辺のカッコの中は需要の広告弾力性であるから、それを ηa と表示し代入して整理すれば、

　$\eta a = (MC / P) \eta a + A / PQ$

　ここで、PQ = R だから、代入して整理すると、

　$A / R = \eta a [(P - MC) / P]$ となる。

　そして、同式の右辺のカギカッコ内はラーナーの独占度の指標であり、それは需要の価格弾力性 ηp の逆数に等しいから、利潤極大化を実現する均衡式は

$A / R = \eta a / \eta p$　したがって，最適広告費 A は，　$A = (\eta a / \eta p) \cdot R$ となる。

　この式は，総収入 R の前につく係数を一定とする周知の売上高比例法による広告費の決定と酷似している。もちろん，この係数一定には合理的な根拠はない。

　通常は，企業内の慣行であったりあるいは恣意的に決められる性質のものである。というのも，実際の企業活動に際して，需要の価格弾力性はテスト・マーケティングや市場調査を通じてある程度正確に計測できるのに対し，広告弾力性の計測は現段階では困難であるからである。換言すれば，人々の実際の態度決定や購買意思決定には広告以外の様々な情報，たとえば，いわゆる口コミや他者の所有や使用状況についての伝聞や推奨なども影響することが多く，広告情報の純粋な影響を切り離して計測することができないからである。

　その意味で，ここに示したモデルは，合理性の原理に導かれて論理的に構成された一種の理念型の役割を果たしているのであって，上述の技術的な限界の中で近似的モデルとして売上高比例法が用いられていると解釈することができるであろう。

5.　本章から学ぶこと

　本章は，広告分野の研究が初期の時代からどのような経緯を辿って今日に至っているのかを明らかにすることを試みたものであるが，みてわかるように，この分野の研究成果を余すところなく網羅した編年史的研究ではない。実際の研究成果は，理論的な研究もあれば，規範的あるいは実用主義的な技術論的な研究も多い。

　もちろん，これら規範的ないし技術論的研究成果も，主観的な価値を共有する人々の間であるいは実務的な状況特定的関心に導かれた人々の間で，一定の意味をもっていることは否定しないが，理論的研究成果の客観的意義を探究する学説史研究の目的は，こうしたすべての研究成果を余すところなくリストアップすることだけにあるのではないし，ましてや主観的価値の共有を確認したり実務的に有用な手法や指針あるいは考え方の提供にあるのではない。その目的は，むしろ現在のリーディング・セオリーが，過去の古い諸理論によって生み出された理論的あるいは経験的な問題をどのように克服してきたのか，その内的関連を明らかにして，問うに値する客観的な問題に光を当てることにある。

こうした問題移動の歴史は，通説的に流布している広告論の議論を単なる個人的好みや感情移入に基礎づけて容認したり排除したりすることによっては，全く取り扱えない。このような態度からは，不連続で非合理的なパラダイム・シフト，つまり群衆心理に流された流行への加担しか期待できないであろう。しかし，アカデミックな科学的探究は，真理概念を規制観念とした理論の客観性と普遍性の探究である。それは，われわれの理性的営みが生み出す理解や説明の体系を巡る批判的討論を通じて初めて実現される，認識進歩を指向する積極的な関与と問題解決の試みである。

本章を通じて，理論的研究の世界が，問題→推測→誤り排除→新たな問題へという一連の努力によって支えられてきたものであることを，改めて確認してもらえれば幸いである。広告研究の分野がさらなる進歩のプロセスを辿るためにも，本章で扱った認識進歩史観を改めてみつめ直してみることが重要であろう。

【注】
1) *The Men Who Advertise : An Account of Successful Advertises, together with Hints on the Method of Advertising*, published for the George P.Rowell & Co., by Nelson Chesman, 1870, reprinted by the Arno Press, Inc., 1978.
2) この点に関する詳細については，以下を参照されたい。
Dorfman [1955]; Jones and Monieson [1990]; Webb and Shawver [1993]; 古屋 [1932]; 堀田 [2003] 第8章。
3) Vanderblue [1921] p. 676; Fullbrook [1940] pp. 229–230.
4) 堀田 [1991] 特に p.30 以降を参照。当時の研究者集団における「マーケティング」概念の内包の変化を筆者は W-トゥイストとよび，後にこの研究分野が「マーケティング」概念を巡る不毛な定義論争に陥る切っ掛けとなったばかりか，いわゆる「2つのマーケティン論」を生みだす契機になった出来事と考えている。
5) A Letter of January 25, 1956 from Arch W. Shaw to Paul D. Converse, in Paul D. Converse, *The Beginning of Marketing Thought in the United States : with Reminiscences of Some of the Pioneer Marketing Scholars*, Bureau of Business Research, The University of Texas, 1959 p. 39.
6) 但し，図中のシフト後の個別需要曲線（L' M'）上に示されている白抜きの点 d は堀田が付加したものであり，もともとの図表には含まれていない。

【文献案内】
アメリカにおけるマーケティングや広告活動展開の社会的・経済的背景については Bartels [1976]，堀田 [2003] および Norris [1990] が詳しい。心理学的な広告研究の基礎を築いた Scott [1903]，初期マーケティング研究の分野では Shaw [1912] [1915] [1951] による経営経済学的研究，規範的ではあるが当時の広告を巡る諸論点を包括的に扱った Cherington [1913] は，広告研究を志す人にとって必読の書であろう。他方，

> 第2次世界大戦に至る間の広告実践の手法や考え方に関心を持つ者にとっては，Agnew [1926]，Hall [1921]，Hollingworth [1913]，Kleppner [1925]，Presbery [1929]，Sheldon [1925]，Starch [1927] が適当であろう。また本章で扱った理論的に前進的な問題移動という進化論的な観点からの学説研究に関心を持つ者にとっては，何よりも Shaw [1912] [1915] [1951]，Chamberlin [1933] [1962]，Buchanan [1942]，Dorfman and Steiner [1954] に見られる論理的な問題探究の経緯を知ることが必須である。これらの議論を通じて浮き彫りになってきた広告と独占の進展，あるいは広告と競争促進といった新たな論点に関しては，Borden [1942]，Bain [1962]，Backman [1967]，Comanor and Wilson [1967]，Simon [1970] 等に接することが必要である。同時に，広告を巡る経済学的議論の全体像を俯瞰するためには，さしあたり Ferguson [1974] および Albion and Farris [1981] が便利であろう。
>
> 広告は独占の原因か，それとも競争を促進するのか，といった問題に結びついて今日に至っているのであり，決して古い時代の議論ではないことにも留意することが重要である。

【参考文献】

古屋美貞 [1932]『米国経済学の史的展開』内外出版印刷。
堀田一善 [2003]『マーケティング思想史の中の広告研究』日本経済新聞社。
堀田一善編著 [1991]『マーケティング研究の方法論』中央経済社。
Adams, Henry F. [1913] *Advertising and Its Mental Laws*, Macmillan Co.
Agnew, H. E. [1926] *Cooperative Advertising by Competitors*, Harper & Bros.
Agnew, H. E. and G. B. Hotchkiss [1927] *Advertising Principles*, Alexander Hamilton Institute.
Albion, Mark S. and Paul W. Farris [1981] *The Advertising Controversy : Evidence on the Economic Effects of Advertising*, Auburn House Publishing Company.
Backman, Jules. [1967] *Advertising and Competition*, New York University Press.
Bain, Joe S. [1962] *Barriers to New Competition*, Harvard University Press.
Bartels, Robert. [1976] *The History of Marketing Thought*, 2nd ed., Grid Inc.
Borden, Neil H. [1927] *Problems in Advertising*, A. W. Shaw Co.
Borden, Neil H. [1942] *Economic Effects of Advertising*, Richard D. Irwin, Co.
Brewster, A. J. and H. H. Palmer [1924] *Introduction to Advertising*, A. W. Shaw Co.
Buchanan, N.S.[1942]"Advertising Expenditures," *Journal of Political Economy*, Vol. L, No. 4.
Chamberlin, E. H. [1933] [1962] *The Theory of Monopolistic Competition : A Reorientation of the Theory of Value*, Harvard University Press. (青山秀夫訳 [1966]『独占的競争の理論―価値論の新しい方向―』至誠堂。)
Cherington, Paul T. [1913] *Advertising as a Business Force*, Doubleday, Page & Co.
Comanor, William S. and Thomas A. Wilson [1967] *Advertising and Market Power*, Harvard University Press.
Converse, Paul D. [1959] *The Beginning of Marketing Thought in the United States : with Reminiscences of Some of the Pioneer Marketing Scholars*, Bureau of Business Research, The University of Texas.
Dorfman, R. and P. O. Steiner [1954] "Optimal Advertising and Optimal Quality," *American*

Economic Review, Vol. XLIV, No. 5.
Dorfman, Joseph. [1955] "The Role of the German Historical School in American Economic Thought," *American Economic Review*, Vol. XLV, No.2.
Ferguson, James M. [1974] *Advertising and Competition : Theory, Measurement, Fact*, Ballinger Publishing Company.
Fullbrook, Earl S.[1940]"The Functional Concept in Marketing," *Journal of Marketing*, Vol. 4, No. 3.
Hall, S. R. [1921] *The Advertising Handbook*, MacGraw-Hill Book Co., Inc.
Herrold, L. D. [1923] *Advertising for the Retailer*, D. Appleton-Century Co., Inc.
Hess, H. W. [1915] *Productive Advertising*, J. B. Lippincott.
Hollingworth, Harry L. [1913] *Advertising and Selling*, D. Appleton-Century Co., Inc.
Jones Brian, D. G. and David Monieson [1990] "Early Development of the Philosophy of Marketing Thought," *Journal of Marketing*, Vol. 54, No.1.
Kleppner, Otto. [1925] *Advertising Procedure*, Prentice-Hall, Inc.
Koutsoyiannis, A. [1982] *Non-Price Decisions : The Firm in a Modern Context*, The Macmillan Press, Ltd.
Norris, James D. [1990] *Advertising and the Transformation of American Society : 1865-1920*, Greenwood Press.
Presbery, F. S. [1929] *The History and Development of Advertising*, Double- day, Doran & Co.
Scott, Walter D. [1903] *The Theory of Advertising*, Small, Maynard & Co.
Shaw, Arch W. [1912] [1915] [1951] "Some Problems in Market Distribution," *Quarterly Journal of Economics*, Vol. 26, No. 4 ; ditto., *Some Problems in Market Distribution : Illustrating the Application of A Basic Philosophy of Business*, Harvard University Press.
Sheldon, George H. [1925] *Advertising : Elements and Principles*, Har court, Brace & Co.
Simon, Julian L. [1970] *Issues in the Economics of Advertising*, University of Illinois Press.
Starch, Daniel [1927] *Principles of Advertising*, A. W. Shaw Co.
Starch, Daniel [1927] *Advertising Principles*, A. W. Shaw Co.
Vaile, R. S. [1927] *Economics of Advertising*, Ronald Press Co.
Vanderblue, Homer B. [1921] "The Functional Approach to the Study of Marketing," *Journal of Political Economy*, Vol. 29, No. 8.
Vaughan, F. L. [1928] *Marketing and Advertising*, Princeton University Press.
Webb, Don R. and Donald Shawver [1993] "A Critical Examination of the Influence of Institutional Economics on the Development of Early Marketing Thought," Stanley C. Hollander & Kathleen M. Rassuli (eds.) *Marketing*, Vol. I , The International Library of Critical Writings in Business History, 6, Edward Elgar Publishing Limited.
Weld, L. D. H. [1917] "Marketing Functions and Mercantile Organizations," *American Economic Review*, Vol. 7, No. 2.
The Men Who Advertise : An Account of Succesful Advertises, together with Hints on the Method of Advertising, published for the George P. Rowell & Co., by Nelson Chesman, 1870 reprinted by the Arno Press, Inc., 1978.

(堀田　一善)

第5章

チャネル研究の系譜

1. はじめに

　企業のマーケティング活動は，最終顧客に対する販売を通じて初めて一応の完成をみる。そのために，最終顧客に至るまでに自社製品がどのようなルートを辿るのか，最終顧客に対する流通・販売活動を自ら行なうべきか否か，などの問題は重要な意思決定事項である。これらの問題を取り扱った領域は，一般的にチャネル構造選択論とよばれる。

　一方，チャネルの構造（形）が決まったところで，他のチャネル・メンバーをどのように統制し，自社のマーケティング目的を最大化するためにいかに動機付ければよいのかという別の問題が浮上する。チャネルの特定の参加者が自らの目的を達成するために，他のメンバーの行動様式や意思決定に何らかの影響力を行使しようとする際に発生するこれらの問題を主に探求してきた分野をチャネル管理論とよぶことができよう[1]。

　チャネル研究はこれまで，製品の流通に関する以上のような現実的な問題意識を反映した形で，チャネル構造選択論とチャネル管理論という両軸を中心に発展してきた[2] (Coughland, et al. [2007]；陶山・高橋 [1990]；Duncan [1954])。草創期のチャネル研究においてはチャネル構造選択論が主流を占めていたが，次第にチャネル研究の中心は管理問題を扱う領域に移ってきた。

　本章では，チャネル研究のこれまでの軌跡をチャネル構造選択論とチャネル管理論に大別して整理していく。これら2つの研究領域の中で圧倒的に研究の蓄積が厚いのは後者であり，特にこの分野ではこれまで幾度のパラダイム変化を経験してきた。本章ではまずチャネルの構造選択に関する主な研究をレビューした後，チャネル管理論における主要な研究を各パラダイム別に時系列的にまとめていく。その過程でこれまでのチャネル研究がどのような問題を解決し，また，依然とし

てどのような問題が未解決のまま残っているのかを眺望することを目的とする。

2. チャネル構造の選択に関する研究

チャネルの形（構造）を設計するという問題は，さらに詳しくいえば，次の2つの局面を含んでいる。第1には，最終顧客に至るまでのチャネルの長さはどれくらいにするかという局面である。この問題は換言すれば，チャネルの段階数を決めることを意味しており，製造業者がどの流通段階に販売するかを決めることにもなる。第2は，チャネルの密度（intensity）を選択することである。つまり，製造業者が自社製品の流通を託す中間業者の数をどれくらい設定するかという問題である[3]。

(1) 環境要因とチャネル構造の適合性に注目した初期のチャネル構造選択論

チャネルの長さ，つまり段階数の決定に関する議論は20世紀初頭アメリカで顕著化していた中間商人の排除傾向という現実問題に端を発する[4]。社会現象としての中間商人の排除傾向はあくまでもチャネルのマクロ問題であるが，それを個々の製造業者の視点から捉え直すとチャネルの長さを選択するという議論に発展するのである（尾崎［1990］10項）。

この問題に最初に着目したのは，Butler［1917］であった。そこでは消費者への直販，小売への直販，卸への直販，特別代理商への販売という4タイプのチャネル類型が提示され，製品の特性（最寄品か買回品か）や取引慣行の違いによって最適なチャネルのタイプは異なるという分析がなされている。たとえば，買回品の場合には百貨店や特約店など限られた小売店に対する直販が望ましいが（つまり短いチャネル），最寄品の場合には卸を媒介し広範囲な小売店に流通することが一般的とされている（長いチャネル）。

この問題をより精緻化しているのはDuncan［1920］とConverse［1921］である。Duncan［1920］は，チャネルタイプを選択する際には，製品特性だけではなく，取引量，市場の規模と性格，金融条件，消費者へのサービス問題，信用を考慮すべきとした。Converse［1921］は，チャネルの長さとその選択に影響する要因との明確な関連づけを行ない，製品が大きい場合，買い手が少ない場合，製品ライ

ンがフルラインの場合，製品スタイルの変化が速い場合，売り手が大規模の場合には短いチャネルが，その逆の場合には長いチャネルが選択されると述べた。

近年サプライチェーン・マネジメントや製販統合の議論が活発化するにつれ新たに注目を浴びている延期－投機理論も，元来はチャネルの段階数選択のための分析フレームワークに他ならない。

Bucklin［1965］は，Alderson［1957］によって提唱された「延期の経済合理性」に加え，製品の形態確定と在庫形成の意思決定を投機する場合にも「投機の経済合理性」が存在するとした。そしてチャネルが意思決定を延期する場合と投機する場合，どれが効率的であるかは顧客が許容する配送時間（delivery time）によって規定されるというモデルを提案している。

つまり，顧客が長い配送時間を許容する場合（需要の即時性が低い場合）に，チャネルは製品の形態確定と在庫形成に関する意思決定を事前に投機する必要がなく，需要が明らかになった時点まで引き延ばすことによって延期のメリットを享受できる。逆に，顧客が長い配送時間を許さない場合（需要の即時性が高い場合）に，チャネルは意思決定を投機し，顧客の近くで前もって在庫を形成しておくことが，相対的に低いコストで即時的な需要に対応できる方法だという。

ここで Bucklin［1965］は投機システムに間接チャネルを，延期システムに直接チャネルを対応させている。すなわち，投機システムは意思決定を事前に完了した上で需要に素早く対応することが費用優位的になるために，顧客の近くに既に在庫を用意している間接チャネルが，延期システムは需要を見極めながら意思決定をすることによって効率性を享受できるやり方であるために，中間業者を挟まない直接チャネルが，それぞれ対応するという主張なのである。しかし，Bucklin のモデルでは，間接チャネルにおける中間段階の流通を生産者自身が担うのか，それとも外部から調達するのかについては言及していない点に注意が必要である。

以上チャネルの長さに関する主な研究を検討したが，チャネル構造選択論で検討されるもう1つの局面は，チャネルの密度（広さ）である。チャネル密度とは，「所与の商圏内でどれくらいの販売窓口を設ければいいか」という問題に他ならない（Coughland, et al.［2007］）。

この問題を体系的に論じた最初の研究は，Copeland［1923］［1924］である。Copeland 理論の特徴は，商品の特性の違い（最寄品，買回品，専門品）によって消費者の購買習慣に差が出るために，その結果，最適な店舗の密度（および店

舗タイプ)が規定されるとした点である。たとえば、最寄品は製品単価が安く、ルーチンに購買される上に即時的な消費が求められる製品カテゴリであるために、顧客の近くに販売窓口を設けておく必要があり、その結果として高密度のチャネルが選択されるという具合である。

さらに Copeland は、チャネル密度がチャネルの長短をも左右すると主張している。つまり、高密度のチャネル(すなわち、多数の販売窓口)を構築するには製造業者自身の販売組織よりは卸を通じての流通が望ましいが、買回品や専門品の場合は相対的に低密度のチャネルから販売するのが適しているので小売への直接販売が行なわれるのが一般的であるという主張をしているのである[5]。

Duncan [1954] は、チャネル密度の問題について3つのチャネル類型を提示した。できる限り多くの販売窓口を設定する広範囲流通 (extensive distribution)、製造業者が定める一定の条件に沿って販売窓口を制限する選択的流通 (selective distribution)、特定地域で単一の販売窓口に一手販売権(あるいは独占販売権)を認める排他的代理店 (exclusive agency) がそれらである。しかし、彼はチャネル密度のタイプ選択を規定する要因については必ずしも明示的な見解を提示せず、選択的流通の狙いと排他的代理店の利点を列挙するに留まっている。

(2) 初期の構造選択論の問題とチャネル構造選択論の発展

これまでチャネル構造選択に関する初期の議論を整理したが、そこから次のような限界点を指摘することができる。

第1に、初期研究の基本的な考え方には、製品の特性や顧客の購買習慣など環境諸要因とチャネル構造との間に一種の整合的な関係が存在するという前提が置かれていた(石井[1983];高嶋[1994])。しかし、製造業者によって操作不可能な外生的要因のみがチャネルの構造を規定するという論理では、たとえば、同様の製品カテゴリにおいても企業間に相異なるチャネル構造がみられるという現象を説明できなくなる。

第2に、Copeland や Butler の主張が代表するように、密度の問題と長さの問題を必ずしも明確に区分して議論していない点である。つまり、広く長いチャネルと狭く短いチャネルという単純な二分法が使われていることは、密度が決まれば自然に長さが規定されるという理解に基づいている。しかしながら、小売段階では類似なチャネル密度を保ちながら、卸段階を所有権的に統合している企業も

存在すれば，外部の卸を利用して製品を流通する場合も存在する．密度と長さを厳密に区分しない議論の下ではこのような違いを説明することはできなくなる．

1つ目の問題に関連した近年の研究が，Frazier and Lassar [1996] および Fein and Anderson [1997] である．前者は，チャネル密度の規定因として製造業者のブランド戦略（ポジショニングの仕方とターゲット市場の範囲）とチャネル行動（調整努力とサポート・プログラム）など，企業の主体的要因を取り上げた．分析の結果，高品質というポジショニング，ニッチ市場へのターゲティングおよび高い調整努力はチャネル密度と負の関係をもつことが明らかになった．しかしその際にも，小売業者が，拘束力のある契約に同意する，または，特定的な投資を行なうことを通じて，コミットメント（credible commitments）を示す場合は，チャネル密度を高めてもよいという，興味深い結果が発見されている．

一方，Fein and Anderson [1997] は，製造業者のチャネル密度と，流通業者のブランド選択度（brand selectivity）との関係を分析した．ブランド選択度とは，流通業者が品揃えの際に特定製品カテゴリ内のブランド数を決定することを意味する．製造業者が低い密度のチャネルを選択することは，特定地域でのブランド内競争を排除することによって流通業者の助けになる．同様に，流通業者が特定製品カテゴリ内のブランド数を制限することは，店舗内でのブランド間競争を排除することによって製造業者を助ける．このような行動は相手に対するコミットメントを表しており，一方のコミットメントはさらに相手のコミットメントを促す好循環に導くことが，分析の結果明らかになった[6]．つまり，流通業者がブランド選択度を高めれば製造業者のチャネル密度も低くなり，その逆も同様のことが発生するのである．

これらの研究はいずれも，チャネル構造（密度）を規定する要因として，初期の研究が注目した環境要因ではなく，戦略の違いや相手の行動などチャネルの主体的な要因に目を向けることによって，同じ製品カテゴリにおいても，なぜ企業間に相異なるチャネル構造がみられるのかという疑問に対して，説明の切り口を提供してくれる．

次はチャネルの長さの問題である．初期の構造選択論で密度と長さの問題は必ずしも区分されていなかった．そのために，密度が類似していても長さが異なるチャネルが企業間でみられることを説明することができなかった．この問題と関連して1つの知見を提供してくれたのが，取引コスト論を応用したチャネル研究である．取引コスト論は，後述する長期協調的関係論の発展に多大な影響を与

えるが，最初にチャネル研究で注目されたのは，「市場か組織か」という制度選択の問題と関連していた。つまり，「市場か組織か」という取引コスト論の初期の問題意識をチャネル問題に応用すると，特定の流通サービス（たとえば，卸サービス）を製造業者自らが行なうのか，外部の流通業者から調達するのかという，前方統合（forward integration）の問題に置き換わるのである（Anderson and Coughlan [2002] pp.226-228）。

経験的研究を通じてこの問題の解明に取り組んだ代表的研究者は Anderson である。彼女は，Anderson [1985]，Anderson and Schmittlein [1984]，Weiss and Anderson [1992] などの一連の研究から，行動的不確実性と環境不確実性，そして資産特定性（asset specificity）が高ければ高いほど，外部の流通業者を利用する（長いチャネル）よりは，製造業が自社の販売組織（短いチャネル）を利用する傾向があることを確認した。

3. チャネル管理問題に関する研究

チャネルに関わる今1つの問題は，他のチャネル・メンバーをいかに統制・管理し，彼らから望む水準の協調を引き出せるかという，チャネル管理の問題である。この問題はチャネルが所有権的に独立しているが，相互依存的な組織と組織の関係から成り立っているという事実に起因する[7]。すなわち，製造業者と流通業者は製品の販売に対しては協力すべきパートナーであると同時に，取引の条件やリスク分担など売買関係から由来する対立の余地を自ずと内包する関係でもある。そのために，自社製品のチャネルを主宰する製造業者にとって解決しなければならない重要な課題は，チャネル・メンバーとの間に起こりうる対立を最小化すると同時に，最大限の協調を引き出すよう彼らを統制し，動機づけることによって，所期のマーケティング目的を達成することである[8]。

初期のチャネル論がチャネルの構造選択問題に取り組んで以来，現在に至るまでにチャネル研究はもっぱらチャネルの管理問題に対する知見を蓄積するために発展してきたといって過言ではない。

(1) チャネル組織拡張論

 チャネル管理問題に正面から取り組んだ最初の試みは，チャネル拡張組織論とよばれる研究である。チャネルの管理問題が注目されるようになった所以は，競争単位としてチャネルが重要になってきたという事実による。つまり，当時アメリカでは，チャネルを構成するメンバー各々が自律性をもちながら自己利益を最大化するために行動する伝統的マーケティング・システムに代わり，所有権や契約または管理手法を用いて1つの調整されたシステムを構成する垂直的マーケティング・システム（VMS）が実質的な競争単位になりつつあるという認識が高まっていた（Rosenberg and Stern [1970] pp.40-41）。このような背景のもとで，チャネルをシステム全体として管理する必要性を唱える研究が登場した。

 Ridgeway [1957] は，製造業者と流通業者の活動は1つの拡張されたシステムを形成していると述べ，その関係の中に利害と相互依存の共同体が存在するとした。この共同体の中で製造業者は第一次組織として，他のメンバーを監督・指導・援助・統制するなど，システム全体として管理することによって，チャネル全体が有効に活動するよう働きかけるのである。

 Berg [1962] は，流通業者という外部組織は，製造業者の内部組織の理論的拡張であるとし，外部的流通システムに対する組織論の適用が可能であると主張した。

 Mallen [1963] は，チャネルにおけるコンフリクトと統制，そして協調の関係を考察した研究の中で，チャネルのコンフリクトと協調を調整する方法として，拡張組織という考え方の適用を試みた。彼は，チャネルにおけるメンバー間の関係は，通常対立的側面より調和的で共通の利害を追求する側面が勝るとしつつ，協調を強調することにより，内部組織の拡張としてのチャネル，つまり「組織の拡張概念」を導くことができると主張した。

 このようにチャネル拡張組織論と称される諸研究は，チャネル管理の問題を組織内部の管理問題の延長線としてみなし，経営組織論や経営管理論の論理をもって解決できるものとして捉えるという共通した特徴をもっている（石井 [1983]；高嶋 [1994]）。

 しかしながら，チャネル管理とはあくまでも外部組織とのインタフェースに関わる問題であり，内部組織の問題とは本質的に異なる側面を有している。つまり，Ridgeway [1957] でも意識されているように，チャネル・システムは内部組織

とは違い，権限の構造や資源の所有・配分様式に関して断絶が存在するのである。にも関わらず，組織間で起こりうるコンフリクトをあくまでも二次的な問題として軽視し，アプリオリに協調関係を前提した拡張組織論の短絡的な現状認識は，その後激しい批判を浴びせられることになる[9]。

(2) パワー・コンフリクト論

　チャネル問題を内部組織の問題と同一視した拡張組織論とは違い，独立した組織間のシステムとしてチャネルを捉えようとする動きがL. W. Sternの問題提起によって始まった。Stern [1969] は，チャネルが制度的に独立した複数の組織から構成されるシステムであるという基本認識から，チャネル研究に社会システム・アプローチの導入を試みた。

　チャネルは，たとえば製造業者，卸売業者，小売業者といった主体間でなされる相互作用の過程から生ずる1つの社会システムであるため，市場取引を中心とする経済システムの性格だけではなく，機能的相互依存関係を核とした社会システムとしての性格を有しているのである (Stern and Reve [1980])。Stern [1969] はこのような認識をもとに，システムの行動次元（役割・パワー・コンフリクト・コミュニケーション）がシステムの機能変数（システム・パターンの維持・目標達成・適合・統合）をいかに規定するか，を明らかにすることがチャネル研究の重点課題とするフレームワークを提起したのである。

　Stern [1969] の問題提起は，チャネルにおける行動的次元の解明を目指す経験的研究の起爆剤となった。この時期出現した経験的研究で頻繁に取り上げられたチャネルの行動的側面は，交渉，コンフリクト，協調，パワー，成果，役割，満足などであった (Hunt, Ray and Wood [1985])。中でもとりわけ研究者達の関心が集中したのは，パワーとコンフリクトであり，Gaski [1984] はこれら一連の研究をチャネルにおけるパワーとコンフリクトの理論とよぶべきとした。

　パワーとコンフリクトを鍵概念として据えた諸研究が焦点とした研究課題は，パワーの発生メカニズムの解明およびコンフリクトの抑制とパワーの関係であったと要約できる。この2点が研究課題として掲げられた理由は，システムとしてのチャネルがもともと異なる目標をもった組織から構成されているために，コンフリクトの発生は避け難いが，チャネルがシステムとして機能するためにはコンフリクトを抑制し，望ましい方向へと誘導するパワーが必要であるからである（石

井［1983］)。

　このような問題意識から行なわれた一連の経験的研究によって得られた重要な知見は次のようである。第1に組織間におけるパワーは，パワー資源（power resources）と依存の関数として説明できる（El-Ansary and Stern［1972］; El-Ansary［1975］)。

　第2に，パワー資源とパワー，依存とパワー，およびパワーとコンフリクトの因果関係に関する検証がなされたことである。たとえば，パワー資源の存在はパワーの形成に有効に働き，自身に対する相手の依存は自身のパワーを強化することが確認された（Hunt and Nevin［1974］; Etgar［1976］)。しかし，パワーがコンフリクトの抑制や満足などに与える効果は一様ではなく，相手を制裁する能力を意味する強制的パワー（coercive power）資源は，コンフリクトの抑制やチャネル・メンバーの満足度に負の影響を与えることなどが実証されている（Lusch［1976］）[10]。

　パワー・コンフリクト論は実践的インプリケーションに富む問題設定と厳密な仮説・検証をもとにした分析によってチャネル研究の発展に多大な貢献を成し遂げたにも関わらず，経済的要因の軽視や環境要因を度外視したという問題点を指摘されながら，政治経済（political economy）アプローチが出現するきっかけを提供する[11]。しかし，後に登場する長期協調的関係論との関わりでいうと，パワー・コンフリクト論はより根本的な部分で限界を露呈していることがわかる。

　第1に，駆け引きとパワー・ゲームに満ち溢れた否定的なチャネル像のみに注意を払うあまりに，結果的にチャネルが生み出す順機能的な部分を軽視する結果をもたらした。パワー・コンフリクト論が，チャネルの協調を想定するとき，それはあくまでもパワーの行使によってコンフリクトが抑制された状態を意味しているにすぎない。この点は，1980年代中頃以後の研究が，パワーとほぼ同様の意味で使いながらも，極力パワーという概念の使用を自制し，影響力という概念を持ち込んだことにも端的に表れる（Frazier and Summers［1984］; Simson and Paul［1994］; Gundlach, et al.［1994］; Boyle and Dwyer［1995］)。

　第2に，パワー・コンフリクト論の知見が意味をもち得るのは，メンバー間のパワー構造が非対称的な場合に限られるという点である。すなわち，優越なパワーを有している特定のメンバー（多くの場合，製造業者が想定される）が，他のメンバーを有効にコントロールすることが，チャネル関係の安定をもたらすとするパワー・コンフリクト論の考え方は，大－小の関係に最も有効に適用できる理論

枠組みなのである。しかしながら、流通業者の大型化に代表されるチャネル・パワーの拮抗現象によって、パワー・コンフリクト論の現実説明力はその妥当性を問われるようになる。

4. チャネル管理問題の新展開：長期協調的チャネルへの関心

　パワー・コンフリクト論が想定する対立的かつ対症療法的なチャネル管理に対する反省からチャネル研究では新たな潮流が現れ始めた。Arndt［1979］の「内部化された市場（domesticated market）」や Dwyer, et al.［1987］の「関係的交換（relational exchange）」などの概念提示に触発され台頭した、この一連の研究は、それが依拠する理論、研究の方法論、および研究対象に関しては多様性を極めているが、長期協調的な関係（long-term cooperative relationships）の構築をチャネル管理の目標としている点で共通している。すなわち、関係の時間的長期性、協調性を前面に押し出す、膨大な概念的・経験的研究が現れ始めたのである。特にこれらの研究では、チャネル主体間の（感情的・心理的側面を含む）社会的繋がりを重視するという特徴をもっている[12]。ここではこの一連の研究を長期協調的関係論と総称し[13]、その軌跡を辿ることにしよう。

　1980年代後半から現在に至るまでのチャネル研究の主要な成果のほとんどは長期協調的関係論に包摂されるといって差し支えはないと考えられる。

　長期協調的関係論の範疇に含まれるチャネル研究は、大きく2つのパターンに分類することができる。その1つは、長期協調的なチャネル関係をチャネル・メンバー間の持続的相互作用の結果として捉えようとする立場から、長期協調的関係をもたらす要因として行動的次元に注目した研究である。そこではパワーやコンフリクトまたは統制といった、ネガティブかつ対立的なイメージの概念に代わり、信頼やコミットメントなどチャネル関係のポジティブな側面が前面に出ている。

　もう1つの流れは、取引コスト論のフレームワークに依拠し、取引関係を適切にコントロールできる統御メカニズム（governance mechanism）を設計することが、結果的に長期協調的なチャネル関係に導くというスタンスをとる研究である。

(1) 長期志向性と協調を駆動する先行要因に関する研究

　ここで取り上げる諸研究は，長期協調的関係を企業間の社会的・経済的相互作用の結果とみなす視点に立ち，主にチャネル・メンバー間の行動的次元に注目している。彼らの主な関心事は，チャネル関係の長期志向性（long-term orientation）および協調（cooperation）の状態を駆動する要因を探ることであった。

　協調という構成概念を明示的に研究モデルに取り入れ経験的に分析した先駆的な研究は Anderson and Narus［1990］である。彼らは協調という概念を「相互補完関係にある企業同士が持続的な互恵性に対する期待をもち，より効果的な成果を達成するために補完的に調整された諸行動（complementary coordinated actions）をとること」であると定義した。この研究から主体間の信頼が協調に直接的な影響を与え，コミュニケーションと関係の成果は信頼を媒介して協調を促す間接的効果をもつことが明らかになった。

　この研究をきっかけに，チャネル関係の長期志向性と協調の先行要因を解明するために数多くの経験的研究がなされた。そのうち多くは，信頼やコミットメントを鍵概念としてそれらをもたらす要因を探っているが，信頼やコミットメントという状態はそれ自体がチャネル関係のゴールというよりは，長期協調的な関係をもたらす過程（つまり，媒介変数）として位置づけることが妥当だと考えられるために，直・間接的に長期協調的関係の要因を分析した研究の範疇に含めることができよう。

　図表5-1，5-2は，長期志向性と協調の先行要因に関する，主要な経験的研究の結果をまとめたものである。各研究の詳細を説明する余裕はないが，総じてこの一連の研究では，かつてのパワー・コンフリクト論が前提としていた諸要素，つまり，非対称的な依存関係，コンフリクト，強圧的パワーの行使などはすべてチャネル関係の長期性と協調性に否定的な効果をもたらし，その代わり，信頼，コミットメント，コミュニケーション，対称的な依存性などが良質なチャネル関係を象徴する要素であることが，明らかになっている。

　以上の研究は，パワーと対立の暗いイメージとしてチャネルを描いてきた，パワー・コンフリクト論から一変し，協調，長期志向性，信頼，コミットメント，などチャネル関係の明るい部分を前面に出すことで，見事にチャネル研究のパラダイム・シフトを成し遂げた。しかしながら，行動的次元に対する関心の高さの故に，長期協調的関係の構築がもたらす成果とそれに伴うコストなど，経済的

図表5-1　長期志向性の先行要因に関する経験的研究の結果

先行変数	主要な研究
信　頼	Anderson & Weitz [1989]　Young & Wilkinson [1995]*** Selnes [1998]　Ganesan [1994]　Mohr & Spekman [1994]
関係の歴史	Anderson & Weitz [1989]　Ganesan [1994]
相互依存性	Kumar et al. [1995]
非対称的依存関係*	Anderson & Weitz [1989]　Kumar, et al. [1995]
否定的評判*・評判	Anderson & Weitz [1989]　Ganesan [1994]**
協　力	Metcalf, et al. [1990]　Anderson & Weitz [1989]
取引される財・関係の重要性	Metcalf, et al. [1990]　Hallen, et al. [1991]　Wathne et al. [2001] Ganesan [1994]　Anderson & Weitz [1989]
コミュニケーション	Metcalf, et al. [1990]　Anderson & Weitz [1989]　Selnes [1998] Morgan & Hunt [1994]　Mohr & Spekman [1994]***
コミットメント	Ganesan [1994]　Morgan & Hunt [1994]　Mohr & Spekman [1994] Shamdasani et al. [1995]　Selnes [1998]
相手の能力	Shamdasani, et al. [1995]　Selnes [1998]*
一致性（価値共有）	Shamdasani, et al. [1995]　Morgan & Hunt [1994] Anderson & Weitz [1989]
満　足	Selnes [1998]　Mohr & Spekman [1994]
対境担当者の人間的関係・能力	Wathne, et al. [2001]　Metcalf, et al. [1990] Anderson & Weitz [1989]
建設的なコンフリクト解決	Selnes [1998]　Mohr & Spekman [1994]
潜在的取引先の存在*	Wathne, et al. [2001]

(注)　*ネガティブな影響を表す。
　　　**因果経路は確認されたが、統計的に有意ではなかった結果。
　　　***部分的に支持された場合。
(出所)　筆者作成。

側面への配慮に欠けているという限界点をもっている。この点と関連して，長期協調的関係を構築するコストがそのベネフィットを上回る境遇もあるというFrazier [1999] の指摘を考えると，チャネル研究で用いられている全ての行動科学的概念は売上や利益のような具体的パフォーマンスの観点から実証されるべきというSkinner, et al. [1992] の主張は注目に値する。

図表5－2　協調の先行変数に関する経験的研究の結果

先行変数	主要な研究
コミュニケーション	Metcalf, et al.［1990］　Heide & Miner［1992］ Morgan & Hunt［1994］　Anderson & Narus［1990］
個人間関係	Metcalf, et al.［1990］
コンフリクト* 強制的パワー*・非強制的パワー	Skinner, et al.［1992］
相互依存度	Skinner, et al.［1992］　Kumar, et al.［1995］
機会主義的行動*	Morgan & Hunt［1994］
関係持続への期待	Heide & Miner［1992］
信　頼	Morgan & Hunt［1994］　Young & Wilkinson［1995］***
コミットメント	Morgan & Hunt［1994］

（注）＊ネガティブな影響を表す。
　　　＊＊＊部分的に支持された場合。
（出所）筆者作成。

(2) 機会主義の防御メカニズムに関する研究

　近年のチャネル研究におけるもう1つの流れは，取引関係から不可避に発生する取引主体の機会主義を，適切な防御メカニズム（safeguarding mechanism）を用いて抑制することによって，長期協調的なチャネル関係がもたらされるという論理構造のもとで発展してきた。この研究群はWilliamson［1975］［1985］によって集大成された取引コスト論に依拠しながら，現在に至るまで膨大な研究蓄積を残すことによって一大勢力を形成している。特にこれらの研究は，取引特定的投資（または資産）(transaction-specific investments or assets) の存在を軸足に展開されているという特徴をもつ。
　要するに，ある主体が特定の取引相手に向けて，他の関係には転用することが困難な投資を行なってしまえば，投資主体はその関係に閉じ込められた状態に陥る。投資主体は，その状況を悪用しようとする取引相手の機会主義に晒されやすいため，それを抑制するための制度的・規範的措置を講じることによって，取引コストを軽減し，長期安定的なチャネル関係を維持できるというのがポイントである。
　Heide and John［1988］［1990］［1992］による一連の研究はこの分野における

経験的研究の嚆矢といえる。特定的投資を抱え機会主義の危険に晒される取引主体は，防御メカニズムを講じることによって関係の安定性を守る必要がある。彼らの研究では，取引先の顧客との絆を深める相殺投資（offset investments）を行なうこと，取引先と共同行動をとるなど親密な関係を築くこと，または関係的規範を養成することなどが，取引関係から発生する機会主義を抑制し，長期安定的なチャネル関係に導く有効な防御メカニズムとして機能することが確認された。

　これらの研究を皮切りに，適切な契約形態（Lusch and Brown［1996］；Haugland and Reve［1993］），事前のパートナー選抜（Stump and Heide［1996］），取引相手からの双方向的な取引特定的投資（Anderson and Weitz［1992］；Rokkan, et al.［2003］），関係的規範（Gundlach, et al.［1995］；Kumar, et al.［1995］）など，実に多様な防御メカニズムが提案され，検証された。この流れに沿った研究は現在まで続いており，依然としてチャネル研究の主流を成している。

　取引コスト論に依拠したチャネル研究は，チャネル研究にコストや成果等の経済的側面の分析を復活させた。そして，取引特定的投資と機会主義という概念を用いることによって，チャネルの不安定性とその統制のメカニズムを解明するために実証研究を積み重ねてきた有意義な試みであった（尾崎［1998］pp.10-12］）。にも関わらず，次のような批判が多くの研究者によって提起されている。

　1つは，チャネル関係が生み出す順機能的なダイナミズムを捨象し，機会主義で蔓延した暗鬱なイメージのチャネル像を描いてしまったことである（崔［2003］；尾崎［1998］）。この点と関連して最近には，取引特定的投資の存在が必ず取引相手の機会主義を引き起こすと考えるのは短絡的であり，関係の結束を強固にする逆の効果をももっていることが証明されている（Rokkan, et al.［2003］；崔［2009a］［2009b］）。

　もう一点は，チャネル研究に経済的側面に対する関心を復活させたとはいえ，取引コストの最小化だけに焦点を絞ることで，チャネル関係が生み出すパフォーマンスの多次元的属性を軽視しているという批判である（Noordeweier, et al.［1990］；Weitz and Jap［1995］）。チャネル研究が一層の発展を図るためには，機会主義の抑制という「ネガティブの回避者」としてではなく，「ポジティブの創出者」としてチャネルを見直すことが必要であろう（Jap［1999］）。

5. 本章から学ぶこと

　本章ではチャネル研究の長い歴史を振り返ることによって，その草創期から現在に至るまでの動向を眺めてきた。本章で明らかになったように，チャネル問題は，製品が流通される経路の形を設計する構造選択の問題と，所与のチャネル構造の中で他のメンバーをいかに統制し，動機づけるかという管理問題に区別される。これまでのチャネル研究は，中間商人排除の問題，個別企業ではなくシステムとしてのチャネルを競争単位とする認識の高まり，そして大型流通業者の台頭によるチャネル・パワーのシフト現象など，その時代毎の現実問題を素早く反映しながら発展してきた。

　初期のチャネル研究は，製品流通チャネルの広さや長さといった構造選択の問題から出発したが，次第に構造選択論は衰退し，研究者たちの関心は管理問題へと移っていった。チャネル管理の問題を内部組織の管理問題として置き換えようとした拡張組織論の安易な問題意識を批判しながら出現し，長らくチャネル研究の支配的なパラダイムを形成してきたパワー・コンフリクト論は，チャネル関係からみられる多様な側面を検証可能な変数として操作化し，経験的研究を積み重ねることによって，社会科学としてのチャネル研究の発展に大きく貢献した。特に，流通系列化に代表されるような，寡占メーカーと中小流通資本という構造が多くの産業で維持されてきた日本の状況に対して，大―小の関係を基本前提とするパワー・コンフリクト論は有用な分析ツールとして脚光を浴びた。

　しかし，流通段階における寡占化の深化に伴い，特定のチャネル・リーダーが優越なパワーをもってチャネルを統治する権威的な統制が不可能もしくは消耗的であるという認識が高まるにつれて，チャネル研究の重点は，チャネル全体の利益を最大化するためにチャネル・メンバー相互によるチャネル統治様式を解明するものへとシフトしていった（Heide［1994］；Weitz and Jap［1995］）。日本のチャネル研究においても，高嶋［1994］および渡辺［1997］などが，日本固有の問題を意識しながら，チャネル論の新たな研究潮流を踏まえた分析を行なっている。また，対立から協調へという，チャネル関係の新たな変化を「流通パートナーシップ」，「製販統合」として概念化し，事例分析を中心とする定性的研究を施した，尾崎［1998］および石原・石井編［1996］の研究も，その後のチャネル研究に大きなインパクトを与えた。

しかしながら，以上のような著しい発展にも関わらずチャネル研究には依然として数多くの課題が残っている。中でも以下の2点は今後のチャネル研究の発展のために特に重要と思われる。

第1に，これまで全く意識されていなかったとはいえないが，構造選択問題と管理問題が統合的なフレームワークの中で議論されることは稀であった。チャネルにおける構造選択の問題と管理問題は必ずしも明確に分離して議論しうる性格のものではない。広いか狭いか，または長いか短いかという，構造の問題がチャネルの管理水準を規定する（石井［1983］）ことはもちろんのこと，チャネル・リーダーによる管理の巧拙が逆にチャネル構造に影響を及ぼすというスパイラルな関係が存在する。さらにインターネットの普及により大多数の企業にとって，間接チャネルと直接チャネルの併用というマルチ・チャネルの問題が常態化している現象もこの問題と密接に関わっている。なぜならば，インターネットのような直接チャネルの比重が増えることは，間接チャネルに属する既存の流通業者との間にはコンフリクトを生む原因となりやすいため，チャネル・リーダーにとっては複数のチャネルに対していかに効率的な資源配分を行ない，バランスを維持していくかという新たな管理問題が発生するためである。そのために，構造の問題と管理問題の両側面を同時に視野に入れた，統合的な分析フレームワークを構築することは，今後のチャネル研究において挑戦的な課題の1つとなろう。

第2に，パワーという概念の再評価に関する問題である。関係の長期協調的な側面にフォーカスが当てられて以来，チャネル研究でパワーという概念は極めて否定的なイメージを与えられ，近年のチャネル研究でパワーという概念を使うことはタブー視される傾向さえあった。

しかし，流通段階の寡占化によるパワー・シフトに伴い，チャネルのパワー構造が変貌したとはいえ，チャネル関係が資本的に独立した企業間で成り立つ社会システムである限り，パワー・ゲームの要素が完全に払拭されることはあり得ない。Frazier［1999］は，相互に依存度が低い関係ではパワーも形成されず，むしろ相互依存度が高い関係では双方が高い水準のパワーをもつことになり，それが信頼やコミットメントを促進することに繋がると主張する。そのために，双方が高いパワーをもつ関係は，決して不健康かつ機能不全の関係ではないと強調しながら，パワーに対する過度な敬遠を警告している（p.227）。

チャネル関係というのはむしろ，パワー・ゲームを前提としながらも，不断なインタラクションと相互理解の結果として，長期に協調を成し遂げていくのが常

態であり，その意味で，パワーをタブー視する近年のチャネル研究はいささか行き過ぎた側面があるといわざるを得ない。そう考えると，パワー・コンフリクト論の成果を克服すべき対象としてではなく補完の準拠点として捉え，今後のチャネル研究の発展方向を模索することが，チャネルにおける取引関係のダイナミズムを立体的に理解する上で有益であると思われる。

【注】
1) 言うまでもないが，ある個別の参加者が製品の製造から流通・販売に至るまでのすべてのチャネル機能を自社組織の内部で遂行するというチャネル構造を選択した場合に（つまり，直接チャネルという形を選択した場合），チャネルの管理問題は発生しない。もちろん内部組織の管理問題は依然として残ることになる。
2) 陶山・高橋［1990］は，特定のチャネル・メンバー（たとえば，製造業者）が個別のチャネルを設計し，管理する視点をチャネル問題のミクロ視点と言い，それと区別して，個々の参加者の立場を超えた総体としてのチャネルの立場や社会経済的な観点からチャネルをみる際の視点をマクロ視点としながら，チャネル論はこれら２つの視点より展開されるべきものと主張する。欧米系の主流チャネル論は，前者，つまり，個別参加者の立場に基づくミクロ視点の研究である。本章で取り上げられるチャネル研究も，ミクロ・チャネル論がその対象になっている。
3) この他にもチャネル構造の選択に関する問題としては，最終販路の店舗タイプの問題や，流通業者に他社ブランドの取り扱いをどこまで許容するかという開閉の問題も含まれよう。風呂［1968］第6章では，チャネルの構造選択問題を，広狭基準（密度），長短基準，および開閉基準に区分して議論している。
4) 中間商人の排除傾向に関する代表的な分析として Shaw［1915］，Copeland［1928］が挙げられる。
5) Copeland の基本的な考え方は，現在に至るまでにマーケティング管理やチャネル管理に関する多くの標準的なテキストでそのまま受け継がれている。
6) 同研究では，この状況を危険露出のバランス（balancing exposures）とよんでいる。
7) 前述の取引コストアプローチの知見を借りれば，この管理問題を解決できる究極の手段は，チャネルが遂行するすべての機能を特定の参加者が所有権的に統合することによって，自ら顧客と向き合うことである。ところが，そのような選択肢は多くの場合，不可能もしくは不要であることは簡単に推測できる。
8) 風呂（［1968］197項）は，製造業者が直面する管理問題を次のように表現している。「製造業者にとっては，販売業者がかれの文字通りの「身内」であってはならないし，かといって，他方では，販売業者が文字通りの「他人」であってもならないのである。」
9) 拡張組織論の限界点を批判しながら，チャネル主体間の交渉にフォーカスを当て，独自の理論を構築したのは風呂［1968］のチャネル交渉論である。本章ではチャネル交渉論については割愛する。
10) パワーとコンフリクトに関する主要な実証研究については，Gaski［1984］のレビューが参考になる。
11) ここで政治経済アプローチに関しては取り上げないが，詳しくは Stern and Reve［1980］，Achrol, Reve and Stern［1983］などを参照されたい。
12) 交換の長期性及び社会的側面を強調する視点は，チャネル論固有のものではなく，関係的契約論（Macneil［1980］）や社会的交換論（Blau［1964］）などの隣接分野に理論的バッ

クボーンを置いている。
13) この研究群を総称する共通用語は存在せず，垂直的共同関係論（渡辺 [1997]），協調的関係論（高嶋 [1994]）など論者によって多様である。

【文献案内】

Coughlan, et al. [2007] は，チャネル分野の標準的なテキストである。本章で取り上げられた構造選択と管理問題の他にも多様なテーマが網羅されており，チャネル分野の諸問題を把握するためには最適の教材である。

石井 [1983] は，構造選択論，拡張組織論およびパワー・コンフリクト論を丹念にレビューした上で，環境の不確実性と情報処理構造がチャネル関係におけるパワー構造とコンフリクトを規定するという独自のモデルを提示している。

Frazier and Lassar [1996] は，長らく停滞していた構造選択問題に関する研究である。この研究では，チャネル密度を規定する要因として，過去の構造選択論が取り上げていた環境要因以外に，ブランド戦略のパターンや製造業者のチャネル慣行など主体的な要因に注目した分析を展開している。

Rindfleish and Heide [1997] は，近年のチャネル研究で影響力を増している取引コストアプローチを主題に，網羅的な文献レビューを行ない，取引コストアプローチへの批判に対する評価と将来の研究アジェンダを提示している。取引コストアプローチをバックグラウンドとしたチャネル研究を概観するには有用である。

渡辺 [1997] は，長期協調的チャネル関係に注目した日本の代表的研究の1つである。この研究では，製販のパワー・バランスが形成されることによって従来のパワー行使では取引相手をコントロールできないという認識の下で，チャネル関係のダイナミズムが分析されている。

【参考文献】

石井淳蔵 [1983]『流通におけるパワーと対立』千倉書房。
石原武政・石井淳蔵編 [1996]『製販統合』日本経済新聞社。
尾崎久仁博 [1990a]「中間商人の排除とチャネル・タイプの選択論」陶山・高橋編第1章，所収。
尾崎久仁博 [1990b]「チャネル・システム管理論と政治経済アプローチ」陶山・高橋編第2章，所収。
尾崎久仁博 [1998]『流通パートナーシップ論』中央経済社。
崔容熏 [2003]「マーケティング・チャネルにおける統御（governance）のメカニズム」京都大学経済学会『経済論叢』，第171巻第3号，pp.52-80。
崔容熏 [2006]「マーケティング・チャネル研究の回顧と批判的検討：文献レビューを通じて」福井県立大学『経済経営研究』第17号，pp.51-69。
崔容熏 [2009a]「マーケティング・チャネルにおける取引特定的投資が防御メカニズムの選択に及ぼす影響：日本の製造企業に対する経験的研究」日本商業学会『流通研究』第11巻3号，pp.1-22。
崔容熏 [2009b]「マーケティング・チャネルにおける機会主義の発生メカニズム－取引特定的投資，依存度，機会主義の相互作用－」『同志社商学』第60巻5・6号，pp.255-273。
崔相鐵・石井淳蔵 [2009]「製販統合時代におけるチャネル研究の現状と課題」崔相鐵・石井

淳蔵編『シリーズ流通体系2:流通チャネルの再編』中央経済社,第11章所収。
陶山計介・高橋秀雄編 [1990]『マーケティング・チャネル-管理と成果-』中央経済社。
高嶋克義 [1994]『マーケティング・チャネル組織論』千倉書房。
風呂勉 [1968]『マーケティング・チャネル行動論』千倉書房。
渡辺達朗 [1997]『流通チャネル関係の動態分析』千倉書房。
Achrol, R., T. Reve and L. W. Stern [1983] "The Environment of Marketing Channel Dyads: A Framework for Comparative Analysis," *Journal of Marketing*, Vol.47 (Fall), pp.55-67.
Alderson, W. [1957] *Marketing Behavior and Executive Action*, Richard D. Irwin.(石原武政・風呂勉・光澤滋朗・田村正紀訳 [1984]『マーケティング行動と経営者行為』千倉書房。)
Anderson, E. [1985] "The Salesperson as Outside Agent or Employee: A Transaction Cost Analysis," *Marketing Science*, 4 (Sum), pp.234-254.
Anderson, E. and D. S. Anderson, E. Schmittlein. [1984] "Integration of the Salesforce: An Empirical Examination," *Rand Journal of Economics*, 15 (Aut), pp.385-395.
Anderson, E. and A. T. Coughlan [2002] "Channel Management: Structure, Governance, and Relationship Management," in Weitz, B. and R. Wensley (ed), *Handbook of Marketing*, SAGE, pp.223-247.
Anderson, J. C., and J. A. Narus [1990] "A Model of Distributor Firm and Manufacturer Firm Working Partnerships," *Journal of Marketing*, Vol.54 (January), pp.42-58.
Anderson, E. and B. Weitz [1989] "Determinants of Continuity in Conventional Industrial Channel Dyads," *Marketing Science*, Vol.8 No.4 Fall, 310-324.
Anderson, J. C. and Weitz, B. [1992] "The Use of Pledges to Build and Sustain Commitment in Distribution Channels," *Journal of Marketing Research*, Vol.24, pp.85-97.
Arndt, J. [1979] "Toward a Concept of Domesticated Markets," *Journal of Marketing*, Vol.43 (Fall), pp.44-55.
Berg, T. L. [1962] "Designing the Distribution System," in W. D. Stevens ed., *The Social Responsibilities of Marketing*, AMA, pp.481-490.
Blau, P. M. [1964] *Exchange and Power in Social Life*, New York: Wiley.
Boyle, B. A. and F. R. Dwyer [1995] "Power, Bureaucracy, Influence and Performance: Their Relationships in Industrial Distribution Channels," *Journal of Business Research*, Vol.32, pp.189-200.
Bucklin, L. P. [1965] "Postponement, Speculation and the Structure of Distribution Channels," *Journal of Marketing Research*, Vol.2, No.1 (February)
Butler, R. S. [1917] *Marketing Methods*, Alexander Hamilton Institute.
Converse, P. D. [1921] *Marketing Methods and Policies*, Prentice-Hall.
Copeland, M. T. [1923] "Relation of Consumer's Buying Habits to Marketing Methods," *Harvard Business Review*, Vol.1 (3), pp.282-289.
Copeland, M. T. [1924] *Principles for Merchandising*, A. W. Shaw Co.
Copeland, M. T. [1928] "The Present Status of Wholesale Trade," *Harvard Business Review*, Vol.6 (3), pp.257-263.
Coughlan, A. T., E. Anderson, L. W. Stern and A. I. El-Ansary [2007] *Marketing Channels*, 7th ed., Prentice Hall International Series in Marketing.
Duncan, C. S. [1920] *Marketing: Its Problems and Methods*, D. Appleton & Co.
Duncan, C. S. [1954] "Selecting a Channel of Distribution," in R. M. Clewett, ed., *Marketing Channel for Manufactured Products*, Richard D. Irwin, pp.467-403.
Dwyer, F. R., P. H. Schurr and S. Oh [1987] "Developing Buyer-Seller Relationships,"

Journal of Marketing, Vol.51 (April), pp.11-27.
El-Ansary, A. I. [1975] "Determinants of Power Dependence in the Distribution Channel," *Journal of Retailing*, Vol.51 (Sum), pp.59-74, p.94.
El-Ansary, A. I. and L. W. Stern [1972] "Power Measurement in the Distribution Channel," *Journal of Marketing Research*, Vol.9 (Feb), pp.47-52.
Etgar, M. [1976] "Channel Domination and Countervailing Power in Distributive Channels," *Journal of Marketing Research*, Vol.13 (Aug), pp.254-262.
Fein, A. and E. Anderson [1997] "Patterns of Credible Commitments: Territory and Brand Selectivity in Industrial Distribution Channels," *Journal of Marketing*, Vol.61 (Apr.), pp.19-34.
Frazier, G. L. [1999] "Organizing and Managing Channels of Distribution," *Journal of the Academy of Marketing Science*. 27 (Spr), pp.226-240.
Frazier, G. L. and W. Lassar [1996] "Determinants of Distribution Intensity," *Journal of Marketing*, Vol.60 (October), pp.39-51.
Frazier, G. L. and J. Summers [1984] "Interfirm Influence Strategies and their Application Within Distribution Channels," *Journal of Marketing*, Vol.48 (Summer), pp.43-55.
Ganesan, S. [1994] "Determinants of Long-Term Orientation in Buyer-Seller Relationships," *Journal of Marketing*, Vol.58 (April), pp.1-19.
Gaski, J. F. [1984] "The Theory of Power and Conflict in Channels of Distribution," *Journal of Marketing*, Vol.48 (Summer), pp.9-29.
Gundlach, G. T., R. Achrol and J. Mentzer [1995] "The Structure of Commitment in Exchange," *Journal of Marketing*, Vol.59 (January), pp.78-92.
Hallen, L., J. Johansonand and N. Seyed-Mohamed [1991] "Interfirm Adaptatation in Business Relationships," *Journal of Marketing*, Vol.55 (April), pp.39-57.
Haugland, Sven A. and Torger Reve [1993] "Relational Contracting and Distribution Channel Cohesion," *Journal of Marketing Channels*, Vol.2 (3), pp.27-60.
Heide, J. B. [1994] "Interorganizational Governance in Marketing Channels," *Journal of Marketing*, Vol.58 (Jan), pp.71-85.
Heide, J. B and G. John [1988] "The Role of Dependence Balancing in Safeguarding Transaction-Specific Assets in Conventional Channels," *Journal of Marketing*, Vol.48 (January), pp.20-35.
Heide, J. B and G. John [1990] "Alliances in Industrial Purchasing; The Determinants of Joint Action in Buyer-Supplier Relations," *Journal of Marketing Research*, Vol.27. pp.24-36.
Heide, J. B and G. John [1992] "Do Norms Matter in Marketing Relationships?," *Journal of Marketing*, Vol.56 (April), pp.32-44.
Heide, J. B and A. S. Miner [1992] "The Shadow of the Future: Effects of Anticipated Interaction and Frequency of Contact on Buyer-Seller Cooperation," *Academy of Management Journal*, Vol.35. No.2, pp.265-291.
Hunt, S. D. and Nevin, J. R. [1974] "Power in a Channel of Distribution: Sources and Consequences," *Journal of Marketing Research*, 11 (May), pp.186-193.
Hunt, S. D., N. M. Ray and V. R. Wood [1985] "Behavioral Dimensions of Channel of Distribution: Review and Synthesis," *Journal of the Academy of Marketing Science*, Vol.13 (3), pp.1-24.
Jap, Sandy D. [1999] "Pie Expansion Efforts: Collaboration Processes in Buyer-Seller Relationships," *Journal of Marketing Research*, Vol.36 November, pp.461-475.

Kumar, N., L. K. Scheer and J. E. M. Steenkamp [1995] "The Effects of Supplier Fairness on Vulnerable Resellers", *Journal of Marketing Research*, Vol.32 (Feb), pp.348-356.

Lusch, F. [1976] "Sources of Power: Their Impact on Intrachannel Conflict," *Journal of Marketing Research*, Vol.13 (Nov), pp.382-390.

Lusch, F. and R. Brown [1996] "Interdependency, Contracting, and Relational Behavior in Marketing Channels," *Journal of Marketing*, Vol.60 (Oct), pp.19-38.

Metcalf, L., E. Carl, R. Frear and R. Krishman [1990] "Buyer-Seller Relationships: An Application of the IMP Interaction Model," *European Journal of Marketing*, 26 (2).

Macneil, I. R. [1980] *The New Social Contract: An Inquiry into Modern Contractual Relations*, New Haven: Yale Univ. Press.

Mallen, B. E. [1963] "A Theory of Retailer Supplier Conflict, Control, and Cooperation," *Journal of Retailing*, Vol.39 (Sum), pp.24-32.

Mohr, J. and Spekman, R. [1994] "Characteristics of Partnership Success: Partnership Attributes, Communication Behavior, and Conflict Resolution Techniques," *Strategic Management Journal*, 15 (2), pp.135-152.

Morgan, R. M. and S. D. Hunt [1994] "The Commitment-Trust Theory of Relationship Marketing," *Journal of Marketing*, Vol.58 (July), pp.20-38.

Noordeweir, T. G., G. John and J. R. Nevin [1990] "Performance Outcomes of Purchasing Arrangements in Industrial Buyer Vendor Relationships," *Journal of Marketing*, Vol.54 (Oct), pp.80-93.

Reve, T. and L. Stern [1979] "Interorganizational Relations in Marketing Channels," *Academy of Management Review*, Vol.4 (July), pp.405-416.

Rindfleish A. and J. B, Heide [1997] "Transaction Cost Analysis: Past, Present and Future Applications," *Journal of Marketing*, Vol.61 (Oct), pp.30-54.

Ridgeway, V. F. [1957] "Administration of Manufacturer Dealer Systems," *Administrative Science Quarterly*, Vol.1 (Mar), pp.405-416.

Robicheaux, R. A. and J. E. Coleman [1994] "The Structure of Marketing Channel Relationships," *Journal of the Academy of Marketing Science*. Vol.22 (1), pp.38-51.

Rokkan, A. I., Jan B. Heide and Kenneth H. Wathne [2003] "Specific Investments in Marketing Relationships: Expropriation and Bonding Effects," *Journal of Marketing*, Vol.XL (May), pp.210-224.

Rosenberg, L. J. and L. W. Stern [1970] "Toward the Analysis of Conflict in Distribution Channels: A Descriptive Model," *Journal of Marketing*, Vol.34 (Oct), pp.40-46.

Selnes, Fred [1998] "Antecedents and Consequences of Trust and Satisfaction in Buyer-Seller Relationships," *European Journal of Marketing*, Vol.32, No.3/4.

Shamdasani, N. and N. Sheth [1995] "An Experimental Approach to Investigating Satisfaction and Continuity in Marketing Alliances," *European Journal of Marketing*, Vol.29, No.4.

Shaw, A. W. [1915] *Some Problems in Market Distribution*, Harvard Business Press. (伊藤康雄・水野裕正訳 [1975]『市場配給の若干の問題点』文眞堂。)

Simpson. J. T. and C. Paul [1994] "The Combined Effects of Dependence and Relationalism of the Use of Influence in Marketing Distribution Channels," *Marketing Letters* 5:2, 153-163.

Skinner, S. J., J. B. Gassenheimer and S. W. Kelly [1992] "Cooperation in Supplier-Dealer Relations," *Journal of Retailing*, Vol.68, No.2 (Sum), pp.174-193.

Stern, L. W. [1969] *Distribution Channels: Behavioral Dimensions*, Houghton Mifflin Co.

Stern, L. W. and Reve, T. [1980] Distribution Channel as a Political Economies: A Framework for Comparative Analysis, *Journal of Marketing*, Vol.44 (Sum), pp.52-64.
Stump, R. L. and Jan B. Heide [1996] "Controlling Supplier Opportunism in Industrial Relationships," *Journal of Marketing Research*, Vol.33, Nov., pp.431-441.
Wathne, K. H. and J. B. Heide [2000] "Opportunism in Interfirm Relationships: Forms, Outcomes, and Solutions," *Journal of Marketing*, Vol.64 (Oct).
Weiss, A. M. and E. Anderson [1992] "Converting from Independent to Employee Salesforces: The Role of Perceived Switching Costs," *Journal of Marketing Research*, Vol.29 (Feb), pp.101-115.
Weitz. B. and S. Jap [1995] "Relationship Marketing and Distribution Channels," *Journal of the Academy of Marketing Science*, 23 (Fall), Special Issue on Relationship Marketing, pp.305-320.
Williamson, O. E. [1975] *Market and Hierarchies*, Free Press. New York. (浅沼萬里・岩崎晃訳 [1980]『市場と企業組織』日本評論社。)
Williamson, O. E. [1985] *The Economic Institutions of Capitalism*, Free Press, New York.
Young, L. C. and I. F. Wilkinson [1995] "The Role of Trust and Cooperation in Marketing Channels; A Preliminary Study," *European Journal of Marketing*, 23, 2.

(崔　容熏)

第6章

マーチャンダイジング論の登場と製品計画論への系譜

1. はじめに

　本章は，1920〜30年代のマーチャンダイジング論を跡づけ，それがアメリカのマーケティング管理論史にいかなる意義をもっていたのかを明らかにする。

　販売員活動の管理やその採用方法，教育訓練，報酬制度，報告制度などを論じる教義の販売管理（sales management）ないし販売員管理（sales force management）の領域を越え，マーケティング調査を基礎に，一般に4P（4Ps）と称される領域を統一的に管理しようとするマーケティング管理（marketing management）は，第2次大戦以後のアメリカにおいて成立したとする見解が内外で広く支持されてきた。だが，4Pにせよマーケティング管理にせよ，こうした考え方が一夜にして形成されるということはありえない。薄井［1998］［1999a］およびUsui［2008］［2011］は，1910年代以来の販売管理論などの展開において，後に4Pと定式化されるようになる種々の先駆的議論が行なわれていたことを跡づけている。本章は4Pにおける製品の領域に対象を限定し，「マーチャンダイジング（merchandising）」という概念が，製品計画をマーケティング管理の射程に包摂するうえで重要な歴史的役割を果たしたことを示す。

　マーケティングの主体となる製造企業は，当然のことながら，製品や新製品に関わる意志決定や諸活動を常に行なってきた。だが，このような実践が行なわれたことと，製品計画がマーケティング管理に不可欠の要素として認識されるようになることとは同じではない。製品・新製品に関わる決定や活動は，当初は企業家や内部管理者たちの革新的企業者行動（entrepreneurship）によって担われ，こうした経験が他者に教授可能な知識として整序されるようになるまでには時間がかかった。ナレッジ・マネジメントないし知識経営学の概念（e.g. 野中［1990］；Nonaka［1994］；Hislop［2009］）を用いれば，革新的企業者たちが体現していた暗

黙知（tacit knowledge）[1)]をマーケティング管理の形式知（explicit knowledge）へと転換するには，さまざまな知的営為が必要であった。特に，製品・新製品の決定は，元来，生産過程・生産技術の内的展開からも導かれうるものであり，これを流通過程と一体のものとして分節化することは必ずしも容易ではなかった。こうした認識は，近代的製造企業の大量生産過程を，流通過程およびその先に存在する最終消費過程と整合させる必要があるという認識の進展をともないつつ，次第にはっきりとした形をとるようになる。両大戦間期のマーチャンダイジング論はこのようなプロセスを体現していた。

もとより，マーケティング計画が「製品の研究」を必要とするという認識自体は，すでに1910年代のButler［1914］［1917］によって示されていたが（薄井［1999a］；Usui［2008］），両大戦間期には，こうした系譜とは独立に，マーチャンダイジングが製造企業における製品計画の重要性を示す新たな概念として登場した。本章はマーチャンダイジング論の生成・成熟・消滅のプロセスを鳥瞰し，その歴史的意義を確定することを課題としている。

2. 歴史的概念としてのマーチャンダイジング

(1) わが国研究者の貢献

アメリカのマーケティング論において，マーチャンダイジングという概念が重要な役割を果たしてきたという史実の発掘は，戦後早い段階でのわが国の研究者たちの貢献に属している。徳永［1957］は，元来，小売業者によって遂行されていた「消費者の欲求に商品の品質を調整する課業」であったマーチャンダイジングが，第1次大戦の戦後恐慌以降「製造業者の領域へと移向」する傾向が生じ，特に1929年の大恐慌を契機に「生産過剰と需要の調整の問題」および「消費者重視の傾向」としてその「重要性が意識化され，その研究が促進されるようになった」と指摘した。一方，三浦［1958］は，大恐慌下において「商品を消費需要に適合させる」活動であるマーチャンダイジングが登場したことで，「マーケティングが企業の全生産計画の態様を支配する」ものへと「飛躍的な発展」を遂げたと論じ，森下［1958］は，この三浦の指摘を受けて，ブランド付与やパッケー

ジ化など「いわば本来的な生産過程の外部で行なわれていた」製品に関するそれまでの活動が，1930年代のマーチャンダイジング概念の登場によって「いまや生産過程にまで侵入してきた」とした。この三浦＝森下の指摘は，荒川［1960］，風呂［1962］，光澤［1966］，田村［1971］，山本［1977］，米谷［1978］など多くの研究者に受け入れられ，マーチャンダイジングが1930年代アメリカのマーケティングを特徴づける概念であったことは，わが国での通説として定着した。

　わが国の初期の研究者たちは，1956年に日本生産性本部が派遣したマーケティング視察団の報告以降，一躍脚光を浴びるようになったアメリカ・マーケティングの歴史的経緯をひも解くべく戦前の諸文献を検討し，マーチャンダイジング概念の歴史的性格に注目したのであった。この点では，アメリカ・マーケティングの突然のブーム的状況が，かえってわが国の研究者たちにアメリカにおける歴史的経緯の包括的分析へと向かわせたといえる。一方，当のアメリカにおいては，比較的近い自分たちの過去を歴史的に分析しようとする視点は乏しく，マーチャンダイジングの歴史的性格が明らかにされることはついになかった。マーチャンダイジングは，アメリカの研究者にとってはマーケティング管理論史の「失われた環」であり続けたのである。

(2) 歴史的概念としての特徴

　わが国の研究たちが1930年代の代表的なマーチャンダイジングの概念として参照してきたのは，Copelandらの次の定義である。

　　マーチャンダイジングとは製品計画のことである。マーチャンダイジングの職務は，有利な潜在的需要の存在する商品の特徴を確認し，需要が存在する商品を生産できるように製造工場への指示を準備し，販売促進計画の発展を援助し，これらの諸活動に関係するさまざまな日常的業務を監督することである。それは，何を，どれだけ，いつ，いかなる価格で製造すべきかの決定を伴う（Copeland and Learned［1933］n. page）。

　同時期，全国マーケティング・広告教職者協会（アメリカ・マーケティング協会の前身の1つ）の定義委員会も，マーチャンダイジングについて次の定義を下していた。

生産される商品または販売に供される商品を顧客の需要に対して調整すること。それは、販売と生産、または販売と再販売購入との調整を伴う（NAMT [1935] p.211）。

後者は、商業の活動をも含めている点で、もっぱら製造企業を対象としているCopelandらの定義とはややニュアンスを異にしているが、双方とも、元来は商人の仕入れ・品揃え活動を意味する用語として用いられてきたマーチャンダイジングを、製造企業の製品計画を含む意味で用いている点では共通していた。

だが、このような定義が1930年代に下されたという事実は、マーチャンダイジングの概念がもっぱら30年代に生み出されたということを意味しない。すでに徳永［1957］も言及していたように、製造業者によるマーチャンダイジングの議論は第1次大戦後には存在していたのである。

3. 1920年代におけるマーチャンダイジング論の生成

（1）テイラー協会販売管理者会議と販売エンジニアリング論

第1次大戦後の議論の出発点は、1920年にテイラー協会が開催した「販売管理者会議」であった[2]。テイラー協会は、科学的管理法の提唱によってアメリカ経営学の形成を促した人物であるF. W. Taylorの影響下にあった人たちが設立した管理科学促進協会が、Taylor没後に名称を変更したものである。この会議の後、テイラー協会内には「販売管理者部門」が設置され、この会議の決議に基づいて任命された3つの委員会の「予備報告書」が同年の年次大会に提出された（Taylor Society [1920] a-c）。爾来、同協会会報にはマーケティングに関わる論稿がたびたび掲載されるようになる。

会議へ提出された主要な議論は、販売エンジニアリング論とマーチャンダイジング論であったが、当初テイラー協会の議論をリードしたのは前者であった。この議論は、ウィンチェスター銃器会社で「販売エンジニア」として活動していたFreelandによるものである。

今日，生産におけるエンジニアリング機能は広く知られている。われわれ，あるいはわれわれの大部分は，計画 —すなわちエンジニアリング—と工場における生産的諸要素との根本的な違いを知っている。……だが，販売においても明確なエンジニアリング機能が存在するということは，これまでよく知られてこなかった。私がここで述べておきたいのは，われわれの工場では「販売エンジニア」という用語を採用しているが，それは，技術的な論稿で頻繁に用いられている工業製品ないし機械設置のための技術計画を担うセールスマンのことではないということである。われわれは，この用語を生産のエンジニアリング機能からの類推として用いている（Freeland [1920] pp.202-203）。

Freeland の提起を受けた予備報告書（Taylor Society [1920b]）は，販売員管理や広告・運輸・保管などの「販売業務」と「販売エンジニアリング」とを区別し，後者は，
（a）製品に関するフィールド調査，取引チャネルに関するマーケティング政策と方法，全般的な調査
（b）全経営組織に対するテクニカルな援助
（c）基本計画および基本日程計画策定

に携わるものであるとした。報告書によれば，「経営全体の調整機能」である販売エンジニアリングは，調達・財務・人事・生産・販売など各業務部門に先行して計画を立て，各部門はこれに基づいて計画を立てる必要があるとされた。

このような議論は，Freeland が実際に関与していたウィンチェスター銃器会社の直接の経験（see Williamson [1952]）に基づいていた。すなわち，第1次大戦中に急速に生産規模を拡大した同社は，大戦の終結によって軍需工場を平時向けに編成替えする必要性に迫られ，ポケットナイフなどの刃物類，ドライバー，ハンマーなどの道具類，バッテリー，懐中電灯，釣り道具，スケートなど，約750品目に及ぶ製品多角化を急速に断行したのであるが，この意志決定を実際に担ったのが販売エンジニアリングとよばれる部門であった。この部門は，新製品ラインの調査・分析と適否の判定，生産量や販売価格の提案を行ない，製造エンジニアリングが原価と製造方法を見積って，これらが販売価格に照らして許容範囲内であれば採用が決定されたという。また，そればかりでなく，同社は，こうした新製品ラインを扱う専属小売店「ウィンチェスター・ストア」を1921年ま

でに約 4,000 店組織し，卸売商を経ずに，直接，小売店へと供給を行ない始めた。これら専属小売店は地域組織「ウィンチェスター・クラブ」に所属し，月刊会報の発行，広告による援助，店舗レイアウトやディスプレイの指導，会計処理の指導などの援助を受けた。販売エンジニアリング部は，こうした新チャネルの構築と運営にも関与していたのであった。

このように販売エンジニアリング論は，第 1 次大戦後の切迫した事情から生み出された議論であった。それは，流通過程を主体とする全社的な計画を販売エンジニアリングとして分節化したという意味で，マーケティング管理の定式化へ向けた知的営為の 1 つであった。だが，製品計画論という視点からすれば，ここで設定された領域は，チャネル形成をも含む広範過ぎるものであった。さらに，計画機能を「エンジニアリング」と表現するメタファーは，機械技師が管理問題の中核を担っていたテイラー・システム直系の人たちにはなじみ深いものであったが，一般には不自然さをぬぐいきれず，この形式知がマーケティング管理の定式化を進める他の形式知へ影響を及ぼす機会はほとんどなかった。

(2) H. S. Dennison のマーチャンダイジング論

一方，これとは別に，1920 年の販売管理社会議ではマーチャンダイジング論も提起されており，その後の議論の展開からすると，むしろこちらが製品計画論の主流を形成していくことになる。この議論は，当時テイラー協会の会長を務め，デニソン製造会社の社長であった Dennison によってもたらされた。会議のキーノート・スピーチにおいて，Dennison［1920］は，「われわれは生産の能率を発展させ，生産過程のより科学的な管理への途を進んでいるが，非科学的な販売がもたらす困難，あるいは販売と製造との調整の欠如がもたらす困難に直面し始めている」ことに注意を喚起した。

Dennison 自身は，このキーノート・スピーチのなかで，すでに，製造部門・販売部門と対等な第 3 の部門としてマーチャンダイジング部門をもつという彼の主張の骨格を示していたが，20 年代中葉には，マーチャンダイジングを「商品を販売するという職務と，販売されるべき商品を生産するという職務との調整要素」であると規定し，次の副次機能をもつものとして定式化した。

1．以下の点にかかわる商品研究

a．新商品の創造
　　b．標準的な商品のための新用途の発見
　　c．特に陳腐化の兆候を示し始めた品目の保持を避けるための市場動向の監視
　2．異なった季節や期間における市場の要求に適合するために，必要生産量を見積もることにかかわる商品研究
　3．専門的商品の予定価格を策定し，在庫品のリスト価格を変更することにかかわる商品研究
　4．各製品ラインについて，販売組織が持続的な関心をもつようにすること
（Dennison［1927a］p.526 ; see Dennison［1927b］p.109）。

　この定式化は，販売エンジニアリングと比較すると，製品計画の分野をより純粋に抽出していたと評価できる。
　だが，Dennison のこうした議論は，やはり自らの企業での経験の直接的な蒸留であった。Dennison が社長を務めていたデニソン製造企業（see Hayes and Heath［1929］）は，1844 年に宝石箱製造会社として設立された中規模企業であったが，同社の成長の鍵は製品多角化にあった。同社は，1906 年から，タグ，クレープ紙，宝石関連製品，接着剤，クリスマス用品，小売商向けラベルという 6 大製品ラインそれぞれに「商品委員会」を設置したが，こうした委員会は，当初は年に一度集まる程度のものであった。だが，Dennison が社長になった 1917 年以降，「マーチャンダイジング部門」と紹介された「総括商品委員会（general merchandise committee）」が常設され，新商品の創造，生産の日程計画，価格設定，市場動向の研究などを活発に行ない始めたのである。
　このように，Dennison の定式もまた，自らの成功体験の直接的な一般化であったが，Dennison の議論は，生産過程・流通過程を最終消費過程と整合させる必要性の認識を伴っていた。

　　マーチャンダイジングは，まさに触媒機関である。それは，たんに〔製造部門と販売部門との〕調整を可能にするというだけではなく，リーダシップと前進のための能動的要素である。それは，消費者の需要こそが経済発展の根源であり，ダイナミックで変化するものであると認識する。生産は，こうした需

要の変化を発見し,自らをそれに適合させるのでなければならない (Dennison [1927a] p.529)。

さらに,「マーチャンダイジング」というメタファーは,小売業の仕入れ・品揃えに匹敵する活動が製造業にも必要であることを示唆するもので,「販売エンジニアリング」よりも一般に受け入れやすいものであった。

だが,マーチャンダイジングが有力なメタファーとして受け入れられるようになったのは,古典的な『オンリー・イエスタディ』(Allen [1931] 訳書 [1993])が描いたような1920年代の消費生活とマーケティングの変化があったからである。特に,自動車の急速な普及と高速道路網の整備,ラジオの登場によるコミュニケーションの迅速化,カラー印刷広告の導入やスタイリング・カーなどに触発された流行の変化の早さ,割賦販売により商品を即座に手に入れて消費するという購買スタイルの普及などにより,「生活の速度が速まった」という感覚は同時代に共通の感覚となった (Updegraff [1929])[3]。また,マーケターの視点からは,自動車普及の立役者であったフォード「モデルT」が,毎年モデルを変更するGMのデザイン・カーに敗れ去ったという出来事 (e.g. see 薄井 [1999b])の衝撃は大きかった。こうした展開は,製造企業において製品に関わる諸問題をクローズアップさせやすい状況を作り出していたといえる。

Dennisonのマーチャンダイジング概念は,時代の変化に鋭敏な論者たちに影響をおよぼしたが,特に注目されるべきは,従来,1930年代にマーチャンダイジングの代表的な定義を下したとされてきたCopelandへの影響である。Copelandは,1924年に『マーチャンダイジングの諸原理』([1924][1978])という著作を著わし,そこでは「『マーチャンダイジング』を,マーケティングのほぼ全領域を幅広く網羅する用語として用いていた」(Copeland [1927] p.21)。だが,1927年には「今や,この語はマーケティングのなかの1つの活動群に対してのみ用いられるべきである」(*ibid.*, p.21)として自らの用語法を修正し,Dennisonのマーチャンダイジング概念を積極的に受け入れるようになった。1929年には,Copeland [1929] は上掲のDennisonのマーチャンダイジングの定式化をそのまま引用し,次のように強調した。

19世紀から20世紀初頭における多くのアメリカ産業の特質は,多かれ少な

かれ標準化された製品の大量生産であり，フォード工場においてその頂点に達した制度であった。……だが，1920年以来，需要の新たなるテンポ，スタイルの変化の急速さ，製品の新たな多様性と新たなタイプに対する消費者の感受性にみられるような，一連の異なった状況が現われてきた。……こうした状況は，製品計画における鋭敏な洞察を，すなわち，建設的なマーチャンダイジングを奨励することになった。……ほとんどの製造企業で，このマーチャンダイジング機能は，ごく最近にいたるまで，さまざまな管理者に割り当てられるか，製造組織と販売組織の多数のメンバーによって共同で分担されていた。だが，過去10年のうちに，いくつかの企業がこの機能の重要性を認識し，マーチャンダイジング機能の管理を集中化し，その適切な遂行を保障すべく，組織内にマーチャンダイジング管理者の事務所ないしそれに類するものを設置するようになってきた。これはおそらくこの間におけるマーケティングにおける最も注目すべき発展である（pp. 329-330. 傍点引用者）。

こうして，Dennisonのマーチャンダイジング概念は，1920年代のマーケティングと消費がもたらした社会経済的な変化のなかで，先進的な論者によって受け入れられるようになっていたのであった。

4. 1930年代におけるマーチャンダイジング論の成熟

1930年代には，多くの文献がマーチャンダイジングの語を用いて製品計画の重要性を強調するようになった。たとえば，アメリカ管理協会が発行した大部の『経営管理ハンドブック』（Donald [1931]）は，その第1セクションに「マーケティング」を掲げ，市場調査・分析，広告，マーチャンダイジング，価格設定・価格政策，マーケティング・チャネルの選択，販売割当，販売員，販売促進，マーケティング費の決定・統制，小売，輸出管理など4Pを実質的に網羅する諸章を準備したが，Richmond [1931] は「マーチャンダイジング—製品の市場への適応」という章を担当し，次のように指摘した。

小売マーチャンダイジングは，今日，一般に，消費者のニーズ，欲求，欲望

に合致する商品の選択と規定されている。

　製造業者は，小売の用語法と類似の用語としてマーチャンダイジングを考える機会がますます増えてきている。主な相違は，製造業者は「選択」を「創造」に置き換えなければならないという点である。製造業者にとって，マーチャンダイジングは，人々が買いたいと思うような商品を創造することである（p.69. 傍点は原文がイタリック）。

　また，Tosdal は，1920年代初めからハーヴァード・ビジネス・スクールの「販売管理」のケース・ブックを刊行し，その最初の版から「著者はこの分野の領域をよりはっきりと示す『マーケティング管理』という用語が好ましいと思うが，一般には販売管理の語が好まれている」（Tosdal［1921］p.xx）と述べ，販売や広告のみならず，製品，価格，チャネルなど4Pに匹敵する諸要素を含めていたが，当初「製品に関する政策」とよばれていた部分は，1931年の版以降「マーチャンダイジング政策」とよぶようになった。Tosdal によれば「本書で使用されるマーチャンダイジングは，品質と数量双方において，製品を市場の需要に適合させることにかかわる政策，方法，統制の諸問題を含んでいる」（Tosdal［1931］p. 8）。さらに「マーケティング管理」の語を書名に直接冠した2番目の著作—最初の著作 White［1927］は，独立の製品の章を含んでいない—と目される Pyle［1941］は，マーチャンダイジングをマーケティング政策の一要素として論じた一方，マーケティング論のテキストのなかで，Elder［1940］は，マーチャンダイジングが「主に製品を市場の需要に適合させるための製品の計画と統制に関する事柄であることは明らかである」とし，「近代的な環境の下では，マーケティング活動の成功は，消費者の欲望を把握する鋭敏さとそれを満たすスピードにきわめて大きく依存している」とした（p.115, p.118）。

　Elder［1940］は，また，マーチャンダイジングという用語自体を用いてはいない Nash の論稿「製品開発（Product Development）」を，当時のマーチャンダイジング論と同質の論稿であると指摘した（p.115, fn.1）。Nash は，この論稿で「製品開発は，発明家ないし生産者の製品を取り上げ，それを，現在の消費者の要求に照らしてより無駄がなく，より有用で，確実により魅力あるものに仕上げる」とし，①研究所における調査，②製品の調査，③工業デザイン（industrial styling），④調整計画を製品開発の基本的な機能に掲げ（Nash［1937］p.254），研究開発体制とマーケティングの製品開発体制を一体的に論じていただけでなく，

製品が競争上の優位性をもつことの重要性について注目すべき言及を行なった。

　製品を支える販売・広告プログラムは，消費者が競争相手の製品を購入することを防止することにしばしば失敗する。——それはなぜか。競争相手の製品がより魅力的な価値を持つからである。……あなたは，製品に正しい価格を付け，それを消費者にプリ・セリングし，販売する場所で魅力的に展示することができるかもしれない。だが，製品は「競争的に正しいもの（competitively right）」でなければならない。さもなければ，費用のかかる無駄な努力があるばかりである（Nash［1937］p.254）。

　われわれ全員にとって重要なことは，消費者が最終的な主人であること——そして，消費者は，より望ましくより適切な製品が提供されれば，古いものから新しいものへと即座に移ってしまうような，移り気な主人であることを想起することである（*ibid.*, p. 262）。

　研究開発とマーケティングとの関係に関する類似の発想は，前出のアメリカ経営学会の『経営管理ハンドブック』の論稿が，マーケティングと研究開発（industrial research）との関係について，「われわれが確信するところでは，前者が後者に優越する」（Caswell［1931］p. 589）と指摘している点にもみることができる。この論稿は，マーチャンダイジングの論稿ではなく，研究開発論の論稿であるが，このことは，当時の研究開発論においても消費者とマーケティングの重要性の認識が進んでいたことを示している。

　こうして，1930年代は，マーチャンダイジングの名の下に，製造企業の製品計画に関する議論がマーケティング論のなかで一般化しただけでなく，研究開発に対する製品開発（マーチャンダイジング）の優位，生産に対するマーケティングの優位という企業経営における「転倒した関係性」の認識が進んだ時期であった。

　このような認識の進展の背景には，1930年代が大恐慌下の時代であり，販売が困難を極めた時期であったという一般的な事情があったが，たんにそればかりではない。当時はインダストリアル・デザイナーが職業的に自立し，マーケターがこぞって彼らと契約を結び，既存製品のリデザイン（デザイン変更）を行ない，これによって恐慌下での販売の困難を克服しようとした時期でもあった。「恐慌の児」といわれるインダストリアル・デザインとマーチャンダイジング政策との邂逅は，マーケティングにおける製品計画論の内実を一歩進める役割を果たした

のであった (see 薄井 [1999] Chap 6 ; Usui [2008] Chap 5)。それゆえにこそ, マーチャンダイジング論の周縁部では,「フォードでさえ陳腐化の神の前にぬかずいた」(Frederick [1928] p.44),「商品を使い古すことが繁栄をもたらすのではなく, 商品を買うことが繁栄をもたらすのである」(Calkins [1931] [1976] p.7) などといったリデザインによる計画的陳腐化への手放しの礼賛と, それを「際限のない浪費への耽溺」(Cardinal [1928] p.89),「消費者が『欲する』事柄に干渉しようとする生産者の長期的で巧妙な手法」(Brainerd [1934] p.xi) などとする社会的批判とが展開され, また, デザインの工学的観点とスタイル的観点との関連および後者の優位性についての議論 (Brady [1931] ; Nystrom [1932] [1986] pp.52-53, Elder [1932]) も生成していたのである。

かくして, 1930年代のマーチャンダイジング論は, その周縁部分の議論とともに, 第2次大戦後におけるマーケティング管理の基本的発想—企業経営の他の機能に対する消費者とマーケティングの優位性の主張—と製品計画論の展開とを準備したのであった。

5. 戦後におけるマーチャンダイジング論の消滅

1948年, 1960年のアメリカ・マーケティング協会の用語集 (AMA [1948] [1960]) にみられるように, 戦前のマーチャンダイジングの概念は, 戦後においても一定期間残存した[4]。特に, 伝統的な機能的アプローチから4Pへのパラダイム・シフトとして Hunt and Goolsby [1988] に高く評価された McGarry [1950] は, 製品に関わる活動を「マーチャンダイジング」とよんでおり, 戦前の用語法をそのまま継承していた。戦後の4Pは, Hunt and Goolsby [1988] がいうように戦前の機能的アプローチからのパラダイム・シフトとして成立したのではなく, マーケティング管理機能論の延長的展開のうえに成立したのであるが (see Usui [2008] [2011]), McGarry 自身がマーチャンダイジングの概念を使用していたことは, この概念の歴史的役割を示すものとして示唆的であった。

だが, その後, Howard [1957] によるマーケティングの「統制可能要因」(製品, チャネル, 価格, プロモーション, 立地) の定式化や, McCarthy [1960] による「4P」(製品, 価格, 場所, プロモーション) の定式化の登場によって, マーチャンダイジング概念の歴史的役割は終わりを告げる。実際, アメリカ・マーケティング

協会の 1960 年の定義集は，マーチャンダイジングについて，「多くの製造業者はこの活動を製品計画ないし製品管理と呼んでいる」（AMA [1960] p.17）と注釈を付し，1988 年の定義集（Bennett [1988]）にいたると，製造企業の製品政策としての用語法は跡形もなく消滅していた。

　4P の定式化では，製造企業の製品・新製品に関わる決定・活動は，それ自体として，4P のなかの不動の要素として定立されるようになった。ここにいたって，マーチャンダイジングという小売業からのメタファーを使用しなければ，製造企業が製品の問題を，生産過程の問題としてではなく，マーケティングと最終消費過程の視点から考慮することの重要性が理解されにくいといった状況は解消されたということができる。製造企業が消費者を中心に製品計画を立てるということはマーケティングの常識となった。これとともに，製造企業の製品計画としてのマーチャンダイジング論はその歴史的使命を終えたのであった。

6. 本章から学ぶこと

　本章では，4P 概念のなかの重要な一要素である製品計画・製品政策論が，一夜にして突如現われたのではなく，戦前のマーチャンダイジング論を軸とするさまざまな知的営為の結果として成立したことを学んだ。

　製品・新製品に関する意志決定は，製造企業であれば常に誰かがこれを行なわなければならないが，それは，当初は，生産過程・生産技術展開の一部として決定されるか，消費者の嗜好に鋭敏であった革新的な企業家や内部管理者たちの創意工夫によって行なわれていた。製品・新製品に関する決定を，生産過程の一部としてではなく，流通過程＝マーケティングに不可欠の一部として分節化し（本来切れ目のない実体に認識的な切れ目を入れて，別々の要素として認識すること），革新的企業者行動に体現されていた暗黙知（言葉に表現されない知識）を，第三者に教授可能な形式知（言葉で表わされる知識）に転換するには時間がかかった。

　「マーチャンダイジング」という小売業の仕入れ・品揃え活動を示唆するメタファー（隠喩）は，製造企業にもこのような活動が必要であることを理解させうるものとして強力であった。その定式化は，当初，自らの経験の素朴な蒸留にすぎなかったが，消費と生活のスピードを速めていた 1920 年代のビジネス環

境・消費環境にフィットして少なからぬ共感者を生み，大恐慌による販売の困難と，インダストリアル・デザインを駆使するリデザイン（デザイン変更）によってその困難を克服する試みが一般化した1930年代的環境のなかで広範に普及した。それは同時に，「移り気な消費者」の獲得こそが企業経営成功の鍵であり，「競争的に正しい」製品を創出するために，生産や研究開発をふくむ経営の諸活動全般に対してマーケティングと消費者の優位性を主張するという，戦後マーケティング管理論を特徴づける「転倒した関係性」の認識（生産過程・生産技術の優位性こそがすべての基礎であるという伝統的な製造企業の観点から，消費者とマーケティングこそがすべてに優先するという認識への逆転）の進展を伴った。

戦後4P概念の確立によって，製造企業にとってマーチャンダイジングというメタファーが不要になったことは，製造企業が，製品・新製品の問題を，生産過程の問題としてではなく，マーケティング過程＝最終消費過程の視点から考慮することが一般化したことを意味し，歴史的なマーチャンダイジングの概念の役割が終焉したことを意味した。

以上が本章で学んだことの要約である。——だが，今日的な問題はここから始まる。暗黙知の形式知化は，一面では，個々に存在していたコンテクストを捨象して一般化することを意味している。このような性格をもつ形式知を多様なコンテクストの下で適用することは，常に成功を保証するというわけではない[5]。今日，さまざまな内容の質的研究が新たに提唱されているゆえんである。

【注】
1) 暗黙知は，「われわれは語りうる以上のことを知ることができる」というPolanyi（[1966][1983] p. 4. 訳書, p.15）の説明に基づく概念であるが，その理解の仕方は，「知識」を客観主義的に理解するか，実践論的に理解するかによって必ずしも同じではない。この点については，とりあえずHislop [2009, chapters 2-3] を参照されたい。
2) テイラー協会会報における販売管理関係の議論は，短い論稿ながら1910年代にも存在していた。この点については，薄井 [1999, pp. 62-66]; Usui [2008, pp. 35-37] を参照されたい。
3) わが国で消費や生活のスピードが問題となるのは，高度経済成長期以降のことであるとみられる。
4) 1948年，1960年のAMAの定義集におけるマーチャンダイジングの定義は，細かな表現を除けば戦前のものと同一の内容であるが，以下にみるように，その注釈には変化が見られる。
5) この問題は，Usui [2008] では明示的に論じられている。邦文献としては，とりあえず，薄井 [2009] を参照されたい。

第6章　マーチャンダイジング論の登場と製品計画論への系譜　117

【文献案内】
　マーチャンダイジングの歴史的な概念への着目は，徳永［1957］，三浦［1958］，森下［1958］といったわが国研究者の貢献であり，特に，森下［1958］は，わが国学会に強い影響を及ぼしてきた古典である。森下［1969］は1930年代マーチャンダイジングの実態を，それまでの製品差別化行動とは質的に次元を異にする製品多様化として捉えるべきであるとしたが，本章は，製品多様化は近代製造企業にとって基本的な活動の1つであるとみているため，こうした見解は採用していない。光澤［1966］は「新しい低級製品の追加」と「デザイン・スタイルの改良・変更」を1930年代マーチャンダイジングの実態として捉え，薄井［1999a］，Usui［2008］は光澤の後者の指摘を重視している。
　光澤［1980］［1987］は1920年のテイラー協会報告書を初めて検討し，またTosdal［1921］がマーケティング管理の「名付け親」であるとする指摘を行なった。ウィンチェスター銃器社のマーケティング，Dennisonのマーチャンダイジング概念とそのCopelandなどへの影響，1930年代のインダストリアル・デザインとマーチャンダイジングとの邂逅，30年代マーチャンダイジング論の周縁部の議論の検討は，薄井［1999a］，Usui［2008］が初出である。なお，4P概念の歴史的発展については，薄井［1998］，Usui［2008］［2011（Forthcoming）］をみられたい。

【参考文献】
荒川祐吉［1960］『現代配給理論』千倉書房。
薄井和夫［1998］「両大戦間期アメリカ・マーケティング論における伝統的アプローチと管理学派の展開」中央大学『商学論纂』第39巻第3・4号，3月，pp.67-90。
薄井和夫［1999a］『アメリカ・マーケティング史研究―マーケティング管理論の形成基盤―』大月書店。
薄井和夫［1999b］「アメリカ・マーケティングの生成と大量消費文化の形成」保田芳昭編『マーケティング論〔第2版〕』大月書店所収，pp.23-40。
薄井和夫［2009］「マーケティング現場における状況特異的知識―関連性理論および実践コミュニティ論の検討―」『同志社商学』第66巻第6号，3月，pp.98-114。
田村正紀［1971］『マーケティング行動体系論』千倉書房。
徳永豊［1957］「マーチャンダイジングの歴史的考察とその問題点」『明大商学論叢』第40巻第10号，8月，pp.89-104。
野中郁次郎［1990］『知識創造の経営―日本企業のエピステモロジー―』日本経済新聞社。
風呂勉［1962］「製品計画とマーケティング管理―Managerial Marketingの性格論議に寄せて―」神戸商大『商大論集』第51号，10月，pp.111-126。
三浦信［1958］「マーケティング論の成立と展開」関西学院大学『商学論集』第23号，pp.33-58。
光澤滋朗［1966］「1930年代マーチャンダイジングの性格」大阪市立大学『経営研究』第85号，9月，pp.81-95。
光澤滋朗［1980］『マーケティング管理の生成と発展』啓文社。
光澤滋朗［1987］『マーケティング管理発展史』同文舘出版。
森下二次也［1958］「Managerial Marketingの現代的性格について」大阪市立大学『経営研究』第40号，2月，pp.1-29（同『マーケティング論の体系と方法』千倉書房，1992年所収，

pp.39-65)。
森下二次也 [1969]「現代経済におけるマーケティングの位置」『経済評論』第 18 巻第 13 号，11 月，pp.119-129 (同『マーケティング論の体系と方法』千倉書房，1992 年所収，pp.157-170)。
山本朗 [1977]「製品計画論の成立と展開」大阪市大『経営研究』第 27 巻第 4・5・6 号，3 月，pp.51-64。
米谷雅之 [1978]「マーケティングと研究開発との関連」森俊治他編『研究開発の理論と体系』丸善所収，pp.114-127。
Allen, F. L. [1931] *Only Yesterday: An Informal History of the Nineteen-Twenties*, New York and London: Harper and Brothers Publishers. (藤久ミネ訳 [1993]『オンリー・イエスタデイ―1920 年代・アメリカ―』ちくま文庫。)
AMA [1948] "Report of the Definitions Committee," *The Journal of Marketing*, Vol. 8, No. 2, October, pp.202-217.
AMA, Committee on Definitions [1960] *Marketing Definitions: A Glossary of Marketing Terms*, Chicago: American Marketing Association.
Bennett, P. D. ed. [1988] *Dictionary of Marketing Terms*, Chicago: American Marketing Association.
Brady, G. S. [1931] "Product design for increased utility and improved marketability," *Mechanical Engineering*, Vol. 53, No. 9, September, pp.675-676.
Brainerd, J. [1934] "Introduction," *The Annals of the American Academy of Political and Social Science, Vol. 173, The Ultimate Consumer*, pp.ix-xiv.
Butler, R. S. [1914] "Part I : Marketing Methods," in Butler, R. S. et. al., *Marketing Methods and Salesmanship*, New York: Alexander Hamilton Institute, Modern Business, Vol. 3, 1914.
Butler, R. S. [1917] *Marketing Methods*, Modern Business, Vol. 5, New York: Alexander Hamilton Institute.
Calkins, E. E. [1932] ; [1976] "What consumer engineering really is," in Sheldon, R. and Arnest, E., *Consumer Engineering: A New Technique for Prosperity*, New York and London: Harper and Brothers Publishers, pp. 1-14. (Reprint, New York: Arno Press.)
Cardinal, P. J. [1928] "Progressive obsolescence is the path to industrial suicide!" *Advertising & Selling*, 3 October, pp.25 and 88-89.
Caswell, R. G. [1931] "Research, development and design," in Donald W. J. ed., *Handbook of Business Administration*, New York and London: McGraw-Hill Book Co., Inc., pp.589-603.
Copeland, M. P. [1924] ; [1978] *Principles of Merchandising*, Chicago and New York: A. W. Shaw Co. (Reprint of the 5th Printing 1927, New York: Arno Press.)
Copeland, M. P. [1927] "The merchandising function in industrial marketing," *Advertising and Selling*, November 16, p. 21, p.46, p.48, pp.50-53, p.54, p.56.
Copeland, M. P. [1929] ; [1966] "Marketing," in Hoover, Herbart (chairman), *Recent Economic Changes in the United States*, Vol. 1, New York: McGraw-Hill Book Co. Inc. (Reprint, New York: Johnson Reprint Corp.), pp.321-424.
Copeland, M. P. and Learned, Edmund P. [1933] *Merchandising of Cotton Textiles: Methods and Organization*, Cambridge, Mass: Graduate School of Business Administration, Harvard Business Review.
Dennison, H. S. [1920] "A statement of the problem," *Bulletin of the Taylor Society*, Vol. 5, No. 5 October, pp.200-202.

Dennison, H. S. [1926] "Balancing manufacturing and distribution: how merchandising manager coordinate factory and sales department," *Bulletin of the Taylor Society*, Vol. 11, No. 2, April, pp.81-82.

Dennison, H. S. [1927a]) "Scientific management in manufacturer's marketing: in which a sharp distinction is drawn between merchandising and selling," *Bulletin of the Taylor Society*, Vol. 12, No. 6, December, pp.526-535.

Dennison, H. S. [1927b]) "Merchandising – the coordinator of selling and production," *Printers' Ink*, 15 December, pp.109-110.

Elder, F. R. [1932] "Product design for the market," *Mechanical Engineering*, Vol. 54, No. 8, August, pp.543-46, p.565.

Elder, F. R. [1940] "Merchandising," in Alexander, R. S. et. al., *Marketing*, Boston: Ginn and Co., pp.115-132.

Frederick, J. G. [1928] "Is progressive obsolescence the path toward increased consumption?" *Advertising & Selling*, 5 September, pp.19-20, p.44, p.46.

Freeland, W. E. [1920] "Coordination of Sales with Scientific Management," *Bulletin of the Taylor Society*, Vol. 5, No. 5, October, pp.202-207.

Hayes, E. P. and Heath, C. [1929] *History of the Dennison Manufacturing Company*, Cambridge, Massachusetts: Harvard University Press.

Hislop, D. [2009] *Knowledge Management in Organizations: A Critical Introduction*, 2nd ed., Oxford and New York: Oxford University Press.

Howard, J. R. [1957] *Marketing Management: Analysis and Decision*, Homewood, IL: Richard D. Irwin.

Hunt, S. D. and Goolsby, J. [1988] "The rise and fall of the functional approach to marketing: a paradigm displacement perspective," in Nevett, T. and Fullerton, R. A. eds., *Historical Perspectives in Marketing: Essays in Honor of Stanley C. Hollander*, Lexington Book, Lexington, pp.35-51.

McCarthy, E. J. [1960] *Basic Marketing: A Managerial Approach*, Homewood IL: Richard D. Irwin.

McGarry, E. D. [1950] "Some functions of marketing revised," in Cox, Reavis and Alderson, Wroe (eds.), *Theory in Marketing: Selected Essays*, Homewood IL: Richard D. Irwin, pp.263-279.

NAMT, Committee of Definition [1935] "Definitions of Marketing Terms," *The National Marketing Review*, Vol. 1, No. 2, Fall, pp.148-166.

Nash, B. [1937] "Product development," *The Journal of Marketing*, Vol. 1, No. 3, (January), pp.254-262.

Nonaka, I. [1994] "A dynamic theory of organizational knowledge creation," *Organization Science*, Nol. 5, No. 1, February, pp.14-37.

Nystrom, P. H. [1932] ; [1986] *Fashion Merchandising*, New York: Ronald Press. (Reprint, Osaka: T. M. C. Press.)

Polanyi, Michael [1966] : [1983] *The Tacit Dimension*, Gloucester, Massachusetts: Peter Smith. (佐藤敬三訳『暗黙知の次元―言語から非言語へ―』紀伊國屋書店, 1980年。本稿の訳は邦訳版とは異なる部分がある。)

Pyle, J. F. [1942] *Marketing Management*, Ypsilanti, Michigan: University Lithoprinters.

Richmond, H. A. [1931] "Merchandising: adaptation of the product to the market," in Donald, W. J. ed., *Handbook of Business Administration*, New York and London: McGraw-Hill Book Co. Inc., pp.68-90.

Taylor Society [1920a] "Abstract of a Preliminary Report of the Committee on the Questionnaire, Presented at the Annual Meeting of the Taylor Society, New York, December 3," *Bulletin of the Taylor Society*, Vol. 5, No. 6, December, pp.231-234.

Taylor Society [1920b] "Abstract of a Preliminary Report of the Committee on the Organization and Functions of the Sales Engineering Department, Presented at the Annual Meeting of the Taylor Society, New York, December 3, 1920," *Bulletin of the Taylor Society*, Vol. 5, No. 6, December, pp.235-237.

Taylor Society [1920c] "Abstract of a Preliminary Report of the Committee on the Organization and Functions of the Sales Operating Department, Presented at the Annual Meeting of the Taylor Society, New York, December 3, 1920," *Bulletin of the Taylor Society*, Vol. 5, No. 6, December, pp.238-243.

Tosdal, H. R. [1921] *Problems in Sales Management*, Chicago : A. W. Shaw Co.

Tosdal, H. R. [1931] *Problems in Sales Management*, 3rd ed., New York: McGraw-Hill Book Co., Inc.

Usui, K. [2008] *The Development of Marketing Management: The Case of the USA c.1910-1940*, Aldershot, Hampshire UK: Ashgate Publishing.

Usui, K. [2011] "Precedents for the 4Ps Idea in the USA 1910s-1940s," *European Business Review*, Vol. 23, Issue 1. (Forthcoming. 査読済み。)

Updegraff, R. R. [1929] *The New American Tempo*, Chicago : A. W. Shaw Co.

White, P. [1927] *Scientific Marketing Management: Its Principles and Methods*, New York and London: Harper and Brothers Publisher.

Williamson, Harold F. [1952] *Winchester: The Gun that Won the West*, New York: A. S. Barnes and Co., Inc.

(薄井　和夫)

第7章

企業的マーケティング論の統合

1. はじめに

　マーケティング史家 Bartels［1988］は，第二次世界大戦以前にも企業のミクロ的視点に立った管理論的な主張をする論者が存在したことは認めているが，その本格的な発展は戦後になってからであると指摘している。一方で，橋本［1975］［1983］は，図表 7-1 でまとめられているように，戦前に発展してきた各論的研究が融合して戦後のマーケティング管理論の成立に至ったことを概念化した[1]。この研究は，販売管理論からマーケティング管理論への発展プロセスに1つの重要な視点を提供したが，その中で紹介された各論的な研究がどのような問題意識の下で統合的なマーケティング管理研究へと収斂・統合していったのか，必ずしも文献の内容に立ち入った分析がなされているわけではない。そこで本章では，主に 1910 年代から 1930 年に出版された販売管理論の文献を中心に，その周辺的な広告論や流通論，価格論，マーチャンダイジング論の諸研究も参照し，マーケティング管理論が形成された過程をより文献内在的に分析することを試みる。

　本研究が対象とするマーケティング管理論とは，マーケティング諸活動を遂行するために実行される諸手段，すなわち今日 4P として定式化されている製品（Product），価格（Price），販売促進（Promotion），流通チャネル（Place）を有機的に組み合わせて統合的に管理する活動を分析対象とする研究のことを指す。マーケティング管理論をして「マネジリアル・マーケティング論」を意味することがあるが，戦前のマーケティング管理論は部門管理のレベルで論じられていた 4P の統合的管理を旨とする一方，戦後のマネジリアル・マーケティング論はトップ・マネジメントの視点から全社的経営管理を論じ，マーケティング・マネジャーが企業活動の全領域にまで立ち入り，長期的なマーケティング戦略を遂行するものである。本研究では，前者の部門管理のレベルにおけるマーケティング諸手段

図表 7 － 1　企業的マーケティング論の問題領域の発展

発展段階	販売管理段階	マーケティング管理段階	マネジリアル・マーケティング段階
	労務管理中心 人的販売管理の成立	市場進出中心 機構的販売の成立	市場支配中心 全企業的販売の成立

- 機構的販売論（1880年代）
  - 広告論（1880年代）
  - 1920年代：チャネル論
  - 1920年代〜30年代：市場調査論
  - 広告論
- 人的販売論（1880年代）
  - 1920年代：販売管理論
  - セールスマンシップ論

マーケティング管理論：
- マーチャンダイジング論
- チャネル論
- マーケティング調査論
- 広告論

マネジリアル・マーケティング論：
- 製品計画論 → プロダクト・ミックス
- チャネル論 → ディストリビューション・ミックス
- 物的流通論
- コミュニケーション・ミックス
- プロモーション・ミックス

（出所）橋本［1983］p.63 より一部加筆し，筆者が作成。

の統合管理という点でマーケティング管理を定義し，後の4P論の先鞭をつけた戦前のマーケティング管理論の基盤を明らかにする。

2.　19世紀末から20世紀初頭のマーケティング各論の展開

南北戦争後，1870年代から20世紀に入るまでの30年間，経済変動がもたらす激烈な競争条件の下，企業家たちは全国市場の支配権をめぐって自らの立場を強化せねばならなかった[2]。農工業者ともに生産に携わるものたちは，商品流通や販売の方法において，生産に比べると著しい非効率が生じていると認識した。1900年代初頭になると，より効率的な流通活動のあり方を分析する研究者たちが出現し「マーケティング」という用語が，商品の物的流通活動を意味したり，または広告や人的販売活動を通じた消費者への需要創造活動を意味するなど多義性を有しながら浸透していった（Bartels［1988］訳書 p.6）。こうして多様な問

題関心を反映しながら，19世紀末から20世紀初頭の10年間にマーケティング前史というべき各論的な研究が出現した。

(1)「開差」問題としてのマーケティング問題と流通費用分析

その第一の研究群は，農産物流通をテーマとするものだった。1870年から1896年までの間，農産物価格は一貫して低下しつづけ，これに伴い実質所得が低落する中，農民は受取価格と最終消費者の支払価格との差，すなわち「開差」によって示される「流通費用」の効率化に関心を向けるようになった（佐々[1978] p.213 ; Coolsen[1960] p.28)[3]。

近隣の農村社会が抱える実践的問題の解決を研究の目的として設立された中西部の州立大学，特にウィスコンシン大学では農業団体や酪農業協会などの要請に研究の出発点を見出し，農産物の協同マーケティングや流通に関する講座が開講されるのに並行して，先駆的に農産物流通に関する研究が行なわれた（Jones and Monieson [1990]）。1913年から1917年の間，ウィスコンシン大学の農業経済学者たちは農産物の流通プロセスの実態調査を行ない，広範囲にわたる記述的統計や地図を用いてどこで農産物が生産され，消費されるかを詳細に提示した。特に鉄道業者や穀物倉庫業者など中間業者の商品取り扱い費用の問題に関わる物的流通活動を意味するものとしてマーケティングが論じられ，社会経済的な視点から流通の費用効率を主題とした[4]。

(2) 需要創造問題としてのマーケティング問題と広告研究

農産物流通のようなマクロ的なマーケティング研究に並行して，第二の研究群に，個別企業の関心に導かれたミクロ的な研究があった。その1つが消費者の需要を効果的に創造するための説得的な広告を主題としたものであった。1895年頃より以前には，広告の問題やその原理を真剣に取り上げた研究努力は殆どなされていなかったが（Coolsen[1947] p.80），広告研究の先駆けは一般的な実務者向けの商業雑誌の中に現れ，1888年創刊のプリンターズ・インク誌（Printers' Ink）は多くのビジネスマンの間で読まれ，経営やマーケティングに関する種々の議論がなされた。さらに1900年代に入ると，Scott[1903]のように心理学を応用して，消費者が広告を受容する心理的過程を理解しようとする研究が行なわ

れた（Bartels [1988] p.37, 訳書 p.55）。さらに，広告代理店業やコピーライターとして仕事をしていた実務家たちが自らの実践的な経験を記述し，効果的な広告活動のための技法を紹介していた。また経営学関連の講座を担当する教育経験者も，実務家の経験を素材として実用的な広告表現技法について詳細な説明を行なった（Bartels [1988] pp.37-38, 訳書 pp.56-58）。

一般的にいって，こうした初期の広告文献[5]は，広告の表現技法や，消費者の心理操作に関心を向けており，マーケティング手段としての販売促進（Promotion）に特化したものであった。これは物的流通活動としてマーケティングを捉える流通研究とは異なり，需要創造活動としてのマーケティング活動の側面を強調するものであったことが特徴的である。

(3) 販売問題としてのマーケティング問題とセールスマンシップ論

広告研究と類似したミクロ的視点でマーケティングを捉える研究がセールスマンシップ論であった。20世紀初頭には，市場の拡大と競争の激化に加え，新製品[6]の導入により，高度な知識の提供が必要になると，製造業者は独立系の商人でなく，自社のセールスマンを活用するようになった（橋本 [1983] p.78）。セールスマンと販売事業部にかかる費用は多くの製品について益々深刻な問題になっており，流通費用研究の場合と同じく販売活動においても，過剰な費用を削減するために，販売活動それ自体の効率化を求める議論が展開された（Hoyt [1913] p.4）。

Hoyt は独立系のセールスマンのことを「古い種類」と表現し，彼らは製造企業からの助言や命令を聞かず，自分の経験と勘に基づいて販売するとし，新製品の販売の場合には古いセールスマンを利用するということは非効率だと主張した。対照的に「新しいタイプのセールスマン」（*ibid,* p.4）は，話術や個性を前面に押し出して顧客を獲得するのではなく，製品そのものの魅力を基礎に販売活動を行なう製造業者専属の販売員である。こうした新たなタイプのセールスマンを活用することで販売費用を減少させることが可能になると議論し，『科学的販売管理』の中で，いかに合理的に販売員管理を行なうか論じた。

1920年以前のセールスマンシップ論は，William [1913] や Whitehead [1917] に代表されるように，一般的に販売活動を高度に主観的な能力や経験に基づくものとみなし，客観的な分析や科学的方法によってセールスマンを育成することに懐疑的であった。主観主義的なセールスマンシップ論が主流を占めていた中，

Hoyt は販売員と販売マネジャーの役割分担を明確に意識し，販売活動に標準化や合理化という考えを導入した。後に White［1927b］に，その立場が受け継がれるが，20 世紀初頭の一般的な傾向は，販売問題に触発されて展開されたセールスマンシップ論の支配的な議論が，個別の販売員の教育や管理を目的として限定的な視点から論じられたものであった。

以上のように，19 世紀末から 20 世紀初頭のマーケティング研究前史では，流通費用を論ずるマクロ的研究や，広告および人的販売管理に関わるミクロ的な研究が生み出されたが，1920 年代になると，各論的な広告論とセールスマンシップ論がグッドウィルという概念を中心に，問題領域を共有していながら近接して行なった。次節では，そのプロセスについて議論しよう。

3. 1920 年代におけるマーケティング思想の展開

(1) プロモーション・ミックス論の萌芽的展開

① ブランド商品の販売に伴う新たな管理問題

1910 年代になると医薬品，化粧品，加工品，自動車，電気製品など多様な商品分類においてナショナル・ブランドが一般的になった（中野［1975］p.21；Low and Fullerton［1994］pp.74-77）。ブランド商品は，競合製品に比べて有利な価格設定を可能とし，価格競争を回避する重要な手段となるが，1920 年代に急速な発展を遂げたチェーン・ストアのような大規模小売業者が出現すると，価格に対して逆の影響を及ぼした。商標は他社製品との差異を示すと同時に，商品が品質恒常の規格品であることを証明し，小売レベルでの価格競争に絶好の機会を提供した（中野［1975］p.23）。こうした事態を背景に再販売価格維持行為が実践されるようになったが，一部の製造業者においては再販売価格維持行為などの努力を行なわず小売価格の安定化に無関心たりえた企業もあった（Butler［1918］p.299）。それは大量の全国広告により確立された強力な消費者需要の結果，ブランド商品の指名買いが一般化した強いブランド力を確立した企業であり，価格競争に巻き込まれても，製造業者の負担ではなく卸・小売商の負担のもとに価格競争が展開

された（中野［1975］pp.30-31, p.45）。ブランド化された商品に対する消費者のより強固で永続的な顧客の愛顧，すなわちグッドウィルを獲得することが市場支配の決定的な要因として作用することが明らかになった。

1915年ころから20年代にかけて，特にブランド商品の広告をより訴求力のあるものにするため，消費者のグッドウィルを高めるという統一目標の下，販売マネジャーが広告マネジャーや外部の広告代理店と協働するという新たな動向が見られた（Low and Fullerton［1994］pp.174-178）。

② グッドウィル概念を中心としたプロモーション・ミックス論

こうした実践に触発されて，広告や販売管理の文献において，グッドウィル構築を巡る諸説が展開された。Cherington［1913］は，グッドウィルを「企業の経営能力，またはその経営力が影響をおよぼす当該製品に対する市場の態度，関心」（pp.442-443）と定義し，消費者とのコミュニケーション手段である広告がグッドウィルの増加をもたらす直接的な手段だと強調した。そして，Lyon［1926］は「販売員はサービス提供者，グッドウィル・ビルダー，または技術者として仕事をする人である」（p.14）と述べ，Tosdal［1925］も，グッドウィルの構築のために広告と人的販売活動が相互に補完しあうべきであると主張した（Tosdal［1925］Chapter IX）。

グッドウィルを形成するための一手段である広告は，購買前に消費者やディーラーに当該製品の詳細や使用法を知らせる機能を担い，販売員に要する費用を削減する効果がある。しかし，一方的に提供される広告の情報提供では，たとえば誇大広告や虚偽広告により，かえって逆に不満足を生み，イルウィル（ill-will）を形成してしまう（*ibid.*, pp.248-250）。こうした広告の欠点を補う販売方法が人的販売である。人的販売による双方的な情報提供やサポートは，広告の一方向性に伴う問題を克服することを可能にし，これが広告よりも直接的な顧客との関係構築を可能とし，グッドウィルを形成する重要な要素となる。したがって，グッドウィルを形成して，長期的に最小費用・最大販売の販売を実現するために，広告と人的販売活動が相互に補完しあうことが必要であるとTosdalは強調した（*ibid.*, p.252）。

また，Tosdalはグッドウィルを形成することによって，(1)（より低い費用で），グッドウィルが存在しなかったときよりも多くの販売量が実現され，(2)長期にわたる販売の安定性が実現されると述べた。すなわち超過収益力の源泉となるのが

グッドウィルなのである。また，グッドウィルは一度構築されたとしても不朽の資産ではなく，絶えず当該製品の販売に必要な広告，人的販売，サービスを行ないグッドウィルの維持に努めねばならず，そのためには注意深く販売政策が計画されねばならないと提言している（*ibid.*, pp.252-254）。Tosdal は，グッドウィルを高めるために，販売政策において，販売部門と広告部門の協働の必要性を強調した。

③ グッドウィル概念と説得型消費者志向

上述のようなグッドウィルの議論は，企業からの新しい価値提案を通じ，消費者が進んで買いたいと思うような意思，すなわち今日でいうところのブランド・ロイヤルティを形成するための消費者に対する働きかけに関するものである[7]。既に1920年代に販売管理の研究者たちは，消費者の好ましい気持ちを高めることをマーケティング活動の中心に据えるべきだという，ある種の「消費者志向」を実現することの重要性を表明していたのである。消費者に対して当該商品へのロイヤルティを構築するために，広告のメッセージや販売員の販売努力を通じて消費者の需要に働きかけたり，消費者が満足の行く購買をしたと納得できるよう説得を試みる，いわば「説得型」の消費者志向とでも表現することのできる一種のマーケティング理念が，こうした思想のマーケティング活動の根幹を成していた。

従来，マーケティング史家の解釈では，1929年に大恐慌が起こる以前は，企業が消費者の利益を無視した高圧的マーケティングの時代と特徴付けられてきたが（光澤［1987］pp.82-86），本節で議論したように1920年代において既に消費者との長期的な関係作りのために消費者の満足に資するようなマーケティング活動の重要性が唱えられ，マーケティング活動の中心に消費者を据えようとする考え方が提示され，マーケティング思想の枢軸に据えられていたのである。この説得型の消費者志向という思想の下で，広告と人的販売のプロモーション・ミックスという一種の統合的な管理観が醸成され，これが後のマーケティング・ツールの統合的管理へ向かう思想的展開の第一歩となったと考えられる。

(2) プロモーションとチャネルの統合的管理思想の展開

① ナショナル・ブランドの全国市場化とチャネル問題

前節で議論した販売員管理や広告は，製造業者の企業内で管理できる問題であるが，チャネルの意思決定は外部の流通業者との取引に関するものであり，利害の対立や目的の不適合などから必ずしも協調の同意が保証されるわけではなく，1910年代から1920年代にかけて，チャネル・メンバーの協力を得るための方策をめぐる議論がなされるようになった。

1920年代に急成長したチェーン・ストアは，その店舗数においても売上高においても著しい成長をみせ，多様な分野にわたってチェーン方式が採用されるようになった（堀田 [1985] p.173）。チェーン・ストアは，徹底した合理化と商業サービスの廃止で低価格販売によって成長した新業態であり，それは当時の著しく非効率で商品の回転率も低い独立小売商にとっては真に脅威的な存在であった（Tedlow [1990] 訳書 pp.236-237）。チェーン・ストアの競争圧力を受けた中小小売商を中心にして1922年ごろから始まった反チェーン・ストア・プロパガンダは，1925年から反チェーン・ストア法の制定運動へと発展し，それがピークに達した1933年ころまで全国的に波及した（堀田 [1985] pp.177-182）。1920年代には，総じて反チェーン・ストア運動が展開されており，製造業者もプライス・カッターとしてのチェーン・ストアを歓迎していたわけではなかった。その意味で，製造業者にとって，数の上では多数を占めた中小小売業者は無視できる存在ではなく，むしろマーケティング活動の遂行において彼らが自らの政策に沿った形で協調的に行動してくれる可能性を模索することは合理的な選択であった。こうした事情から，小売業者のグッドウィルの構築というチャネルに関する問題が浮き彫りになった。

② チャネル・メンバーのグッドウィル形成をめぐる諸解釈

Frederick [1919] は，消費者が商品の品質やサービスに満足し，小売業者やジョバーの積極的な販売努力によって，継続的な注文が繰り返されることが製造業者にとって理想的な販売の仕組みであるとした（p.76）。しかし，小売業者は専売店でない限り他にも多くの製造業者の製品を取り扱うため，製造業者からの特別な働きかけがなければ，その商品を特別に推奨する動機はない。よって販売協力を

第7章　企業的マーケティング論の統合　　129

得るために，製造業者の販売マネジャーは，小売業者のグッドウィルを育む工夫をすることが重要だと主張した (*ibid.*, p.83, p.311)。

そのための具体的な手段として，1920年代の販売管理や広告の研究の中で議論されているのは，ディーラー・ヘルプであった。Converse[1927]は，ディーラー・ヘルプの目的が，「グッドウィルを獲得し，その結果，競争者の製品よりも自社製品を購入する」(p.451) ことにあるとし，製造業者と小売業者の共存共栄を実現し，長期的な顧客になることが重要であると述べている。多くの場合，ディーラー・ヘルプとして，製造業者の広告部の担当者が小売店のために広告コピーやチラシのイラストを提案したり，広告の印刷物を提供するという形でサポートすることが提案された (Hayward [1926]; Converse [1927] p.452, pp.458-459)。こうした広告によるディーラー・ヘルプという問題意識からチャネル間の関係について議論しているのが White [1927a] である。White は，具体的な広告政策のあり方が選択されるチャネルのタイプに依存しているとして (p.382)，広告でディーラー・ヘルプを行なう場合，広告部は販売部門と協働し，具体的な小売店の情報を得て，小売業者の必要とするものが何であるかを理解することが，有効な「ヘルプ」のために必要であると主張した (White [1927b] pp.237-240)。

White の主張に示されているように，流通チャネルの維持や管理において，ディーラー・ヘルプの方法をめぐり販売マネジャーは広告やその他の部門と協働することが重要だと認識されていた。こうして，チャネルに関する意思決定と，プロモーションに関する意思決定が有機的に結び付けられたのであった。

③　マーケティング管理における統合的思想の初期的展開

これまで議論してきたように，1920年代においては，販売マネジャーは，販売員の管理だけに専念している職長ではなく，販売促進の計画，遂行において，その指揮者としての役割を担い，広告やチャネル管理に関する意思決定にも重要な責任を有す立場にいた。こうした管理対象が拡大したことに伴い，販売管理よりも広義の活動を意味するものとして「マーケティング管理」(Tosdal[1921] p.XX) という用語が出現した。さらに既述のように，広告や販売促進との関連以上に，製品やサービスの流通に伴う全ての活動の機能を指揮する責任をもつ流通マネジャーとして活動するようになり，販売促進活動に加え，チャネル，価格，市場政策などの決定を含むものとなった。すなわち，こうした変化から窺えることは，早くも1920年代には，今日でいうところの4Pのうち，Promotion と Place の統

合的管理の考え方が萌芽的に示されていたという点である。しかしこの統合はマーケティング手段の中での限定的な統合であり，価格と製品に関する議論は十分に統合されていなかった。マーケティング管理の中に Price と Product の要素が入ってくるのは，1930年代にマーチャンダイジング研究が進展してからのことである。

4. 1930年代におけるマーケティング思想の新たな展開

(1) 消費者需要に基づく価格論の展開

1929年9月24日のニューヨーク・ウォール街の株式取引所における株価の大暴落に端を発した大恐慌は，とりわけ経営基盤の脆弱な中小企業に深刻な影響を与えた（光澤［1987］pp.107-109）。ルーズヴェルト大統領によりニューディール政策が採られ，全国産業復興法（National Industrial Recovery Act［1933］; NIRA）が制定されると，私企業の組織化を容認して価格を規制し，需給の調整を図ることが試みられた（高木［1957］pp.92-96）。大恐慌によって経営危機に陥った中小小売商の大多数は，寡占企業とディーラーに再販売価格維持を要求した。1910年代から本格化しながら制定に至らずにいた再販売価格維持法は，大恐慌を迎えて正当な根拠を得て，経営危機に陥った大多数の卸・小売商を救済し，不況を克服する有力な方策という大義をもってほぼ全面的に実現されるに至った（中野［1975］pp.153-154)[8]。

この時期，合理的な「価格付け Pricing」はいかなるものかを問う議論がされるようになった。小売経営に関する先駆的かつ代表的な研究の Nystrom［1922］では，「消費者」というタイトルの下，小売業において消費者の分析がいかに重要であるかが述べられている。「消費者の視点は基礎である。……事実小売業の成功は，人々が何を欲しがっているかを発見することと，消費者に出来る限り経済的にそれを提供することに依存している」（pp.30-31）。小売業の顧客は最終消費者であり，小売の現場では消費者の特性の分析が，小売店の成功の可否を左右するということが早くから認識されてきた。年齢，性別，慣習（社会的・個人的），職業，そしてどれだけの所得や財産を有しているかという事柄が消費者を分析す

るために必要だと認識され，そうした項目が詳述されていた（pp.31-48）。また，「消費者は小売市場の統治者である。消費者が実際または潜在的に欲しているものを提供せねばならない」（pp.49-50）とし，このような消費者を中心にした小売経営という考え方が前提となって，価格付けの議論において消費者の需要の側面が強調された。

　もう1つの研究潮流としては，小売経営論の流れを受け，1930年代になると，Lincoln のように，製造業者の販売管理に関する文献でも消費者の需要特性に着目して価格付けの議論をするようになった。Lincoln［1931］は，価格付けと価格政策に関する議論の中で，消費者の需要が非弾力的であるような製品の場合と，弾力的な製品の場合では価格付けの仕方が異なると述べ，需要が弾力的な場合には特に価格付けの問題が重要になることを指摘し（p.91），さらに，どのような階層の消費者にアピールするか，彼らを支配している心理とはどのようなものか，また生活水準はどの程度か，彼らの習慣や先入観はどのようなものか，国民的，宗教的，人種的，政治的信条など，消費者の特定の性質について分析することが強調されている（pp.92-93）。Lincoln の主張では，価格に関する意思決定において消費者の特性がもっとも重要視され，消費者の嗜好に適合した価格付けが必要であるという考えが示された。

　1930年代の価格に関する議論では，価格決定の主要因として消費者需要が取り上げられる傾向にあり，消費者の特性や趣向という点に着目して価格付けが議論された。狭隘化した市場を前にして製造業者の販売管理にとってより重要なことは，消費者が価格に対してどのような反応をするかを分析し，その反応をよび起こすためにいかなるマーケティング活動を行なうことが望ましいのか，こうした意思決定の出発点を消費者の需要特性に求める主張がなされた。

(2) 市場調査技法の発展

　1930年代には上述のように消費者の特性を分析することの重要性が指摘されるようになり，その実現を助けたのが市場調査技法の発展であった。調査機関の発生は独立の調査員の出現から始まり（Lockley［1950］p.735；Bartels［1988］p.87），1920年から30年の間には調査対象が多様化し，販売分析，広告調査，流通調査へと細分化され，とりわけ店舗の売上げの数量分析や販売分析が盛んになされ，小売店の経営に大いに役立てられた。こうした調査結果は，次第に販売計画や広

告計画,流通計画など,製造業者のマネジャーの意思決定の基礎に据えられ,徐々に現場の経験や勘に頼った計画活動から,客観的な情報に基づくものに変容させる効果を有した。

また Reilly [1929] や White [1931] のようにマーケティング調査を主題にする著書があらわれ,この研究領域の重要性が高まりを見せた。1930年代の市場調査研究の本格化を迎えて,客観的データに基づいた合理的な計画や統制が実現し,企業は種々の市場調査データを活用してマーケティングを実践するということが一般化した (Converse [1937])。

(3) マーチャンダイジングをめぐる議論と統合的マーケティング管理思想

こうした市場調査研究の展開に伴い,販売部や市場調査部で収集された消費者情報を製造部にフィードバックして生産活動の調整を行なうことが一部の企業で試みられた。しかし,この両部門の接近は簡単に実現するものではなかった。その困難は,目的の不一致による製造部門と販売部門の対立に起因した。

Frederick [1919] によれば,製造と販売がともに消費者のウォンツや需要を起点に活動しようとすれば,おのずと販売と工場の製造施設との調整が必要となる。販売マネジャーはより効率的な販売のために消費者特性を反映して製品に修正を加えたり生産計画の変更を求めるが,極めて変動的で不確定な消費者の嗜好

図表7-2 組織におけるマーチャンダイジング・マネジャーのポジション

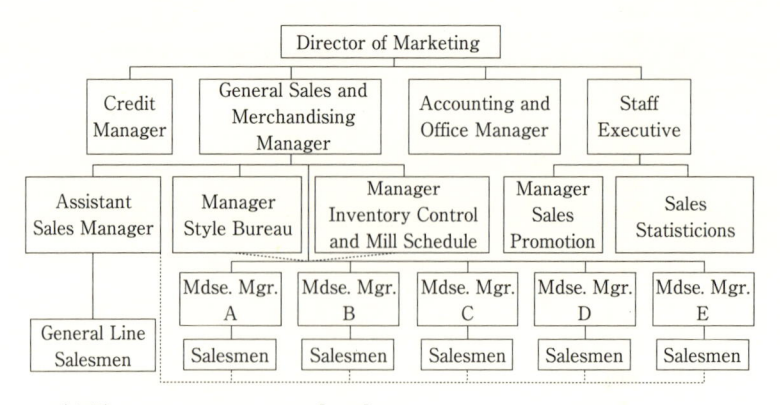

```
                        Director of Marketing
         ┌──────────┬─────────────┬────────────┬──────────┐
      Credit    General Sales and  Accounting and   Staff
     Manager      Merchandising    Office Manager  Executive
                    Manager
         │              │
    ┌────┴──┬───────┬───┴────────┬──────────┬──────────┐
  Assistant  Manager    Manager      Manager      Sales
  Sales     Style     Inventory Control  Sales     Statisticions
  Manager   Bureau   and Mill Schedule  Promotion
                ┌────────┬────────┬────────┬────────┐
             Mdse. Mgr. Mdse. Mgr. Mdse. Mgr. Mdse. Mgr. Mdse. Mgr.
                A         B         C         D         E
    General   Salesmen  Salesmen  Salesmen  Salesmen  Salesmen
    Line
    Salesmen
```

(出所) Copeland and Learned [1933] p.38.

に合わせて柔軟に生産活動を調整することは難しく，製造マネジャーは販売マネジャーから提供される情報に耳を傾けない傾向にあった。Frederick は，両者の関係をうまく調整するためにジェネラル・マネジャーが販売ならびに製造マネジャーの上位にあって，両者の現場の意見をうまく吸収して調整することの重要性を提唱した（pp.18-26）。

　そして，大恐慌とその後の長引く不況の中にあり，1930 年代に益々市場問題が深刻の度合いを増すようになってようやく，Frederick の提案したジェネラル・マネジャーという役割は，マーチャンダイジング・マネジャーという新たな名の管理職によって担われた。Copeland and Learned［1933］は，多数の綿織物企業の実践を分析し，マーチャンダイジング機能の下に，実際の企業活動において販売管理と生産部門が調整または統合されるようになったことを示した。Copeland はマーチャンダイジングの定義を，「マーチャンダイジングとは製品計画である」とし，「マーチャンダイジングの仕事は，潜在的に利益を生む需要が存在するような商品の特性を確定し，需要が存在するような商品を生産することができるように製造工場へ指示を与え，販売促進のための計画策定を支援し，そしてこうした諸活動との関連で種々のルーティン・オペレーションを監督することである。これは何を作るか，どれだけ作るか，いつ作るか，どの価格をつけるかといった事柄の意思決定を含む」(Copeland and Learned［1933］p.1) と定式化した。1930 年代には，Nash［1937］や Elder［1932］，Richmond［1931］のようなマーチャンダイジングを主題にした著書が輩出され，製造業者のマーチャンダイジング・マネジャーの責務は，消費者の需要の特性を起点として，消費者の欲する製品（Product）の生産計画をし，この製品のアイディアと一貫性を保った形で価格付け（Price），販売促進（Promotion），流通（Place）の意思決定を統合的に管理することであるという点が明らかにされた。

　こうして多くの論者によって明確に定式化されたマーチャンダイジング概念は，必然的に「いかに売るか」から「何を売るか」という発想の転換を伴い，販売管理活動に重大な変更を要求した。大恐慌を境にして，市場特性は売手市場から買手市場へ変容し，消費者のニーズを調査，分析し，それをマーケティングのみならず生産の起点にするべきだという新しいマーケティング思想が生み出された（Tosdal［1933］pp.157-158）。それ以前のように，製造した製品に単に商標や包装，ラベルを付与して差別化し，広告や販売促進活動によって消費者の需要に働きかける「プロダクト・アウト（product out）」の考え方とは異なり，消費者が

欲するもの，すなわち需要に適応する商品を生産段階にまで立ち返って計画する「マーケット・イン（market in）」の考え方への転換が起きたのであった（橋本［1983］pp. 140-141；光澤［1987］pp.110-111）。

1920年代に萌芽的に出現したPromotionとPlaceの統合管理という考え方は，既述のようなマーチャンダイジング論の醸成をみて，1930年代には，残る2つのマーケティング・ツールのProduct, Priceも管理対象に加え，現在でいうところの4Pの統合的な管理の思想が育まれたのであった。

（4）説得型消費者志向から適応型消費者志向への思想的転換

こうしたマーチャンダイジングに関する諸議論の中から見られる1つの傾向は，消費者のニーズに適合するように消費者と対峙し，消費者に適応しようと試みる「適応型消費者志向」という新たな思想が生み出されたことである[9]。

本章の議論を通じて明らかなことは，説得型消費者志向から適応型消費者志向への変転は，企業のマーケティング管理の考え方にも根本的な変革をもたらしたことである。説得型消費者志向は，製品の利点や新しい価値についてコミュニケー

図表7-3 企業的マーケティング管理論の生成プロセス

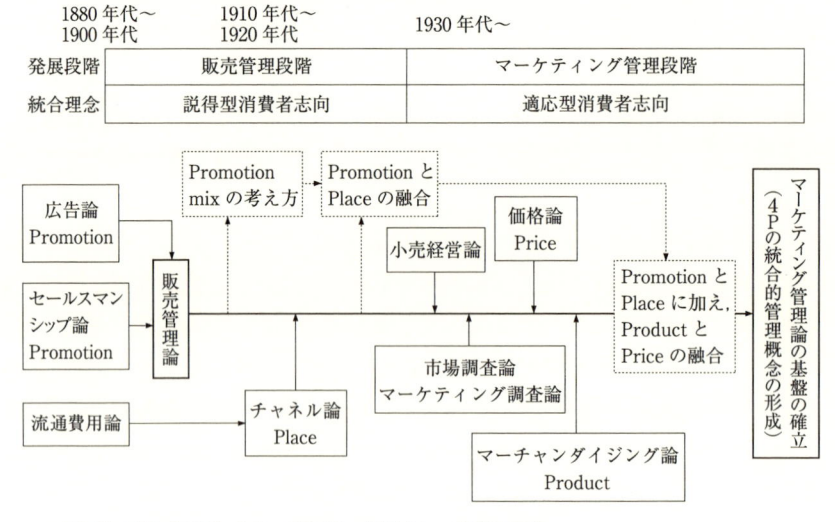

発展段階	1880年代〜1900年代	1910年代〜1920年代	1930年代〜
	販売管理段階		マーケティング管理段階
統合理念	説得型消費者志向		適応型消費者志向

（出所）戸田［2007］より一部加筆，修正をし，筆者が作成。

ション・ツールを駆使して消費者に説得的にアピールすることを旨としているわけであるから，それは 4P でいえば Promotion（販売促進）と Place（流通チャネル）を統合するだけでも実現できるものであるが，適応型消費者志向の考え方では，作られたものをアピールするのではなく，消費者の欲するものを作ろうというのであるから，自ずと製品それ自体の生産の段階に立ち返って消費者のニーズに適合的であるようなマーケティング管理が必要になる。そこで 1920 年代に萌芽的に出現していた Promotion と Place という 2 つのマーケティング・ツールの統合に留まらず，1930 年代には，Product やそれに付随して Price にまでマーケティング管理の対象を拡大させる必要が出てきたと考えられる。図表 7-3 に示されているように，販売管理論を中心としながら，広告やチャネル，価格付けや製品計画といった諸領域と問題を近接させながら，1930 年代に今日でいう 4P ミックス論の原型が築かれたといえよう。

5. 本章から学ぶこと

　以上のように，1930 年代に新たな消費者志向の形態として適応型消費者志向というマーケティング理念が誕生したことにより，消費者の欲する製品作りの実現のための消費者を起点としたマーチャンダイジングの発展をもたらし，萌芽的な 4P の統合的管理というマーケティング管理論のハード・コアがこの時期に形成されたことを明らかにした。

　本稿の最後に，1920 年代の説得型消費者志向と 1930 年代の適応型消費者志向という 2 つの消費者志向観が，マーケティングの二面的性格に関する極めて現代的な問題に通じているということを指摘しよう。石井・石原［1996］によれば，企業のマーケティング活動は，消費者の選好を創造し操作し管理する活動として理解される「創造の論理」と，消費者のニーズに適応しようとする「適応の論理」という 2 つの相反する論理を持ち合わせている（p.iii）。マーケティングのテキストでは，消費者は「適応すべき対象」と記されており，我々は「消費者志向」とは「適応の論理」を意味するものと理解している。しかし企業は「適応の論理」を推し進めた結果，過度な多角化や製品ラインの拡張によるマーケティングの失敗を経験し，近年この「適応の論理」が見直され，「創造の論理」に力点がシフトしてきているように思われる。1990 年代からブランド・エクイティとい

う概念を中心としたブランド管理研究が隆盛していることはその証拠であり、強力なブランド力によって消費者をリードしようとする「創造の論理」を強調したマーケティング観に注目が集められている。そしてこの「創造の論理」は、本研究で議論したグッドウィルを形成するための「説得型消費者志向」のマーケティングの考え方と極めて類似する考え方である。本研究で明らかにされた20世紀初頭から1930年代に見られた2つの消費者に対する企業の向き合い方、すなわち「説得型消費者志向」と「適応型消費者志向」という2つの観点が、「創造の論理」と「適応の論理」のマーケティングの二面性という今日的問題に通じているのである。石井・石原［1996］でも指摘されているように、「適応」と「創造」のどちらの論理に絶対的な真があると断定するのは極めて難しく（p.iii）、マーケティングはこの両面の論理を持ったものと想定されなければならないのであろうが、昨今「創造の論理」が強調されていることに鑑みると、マーケティングの基本的な理念は「適応の論理」による適応型消費者志向に偏重して理解されるべきではなく、説得型消費者志向という発想も再認識・再評価される必要があるといえる。本研究で示した2つの消費者志向の考え方は、マーケティングの二面性の問題が20世紀初頭から今日まで続く普遍的なマーケティング思想の根本問題であることを示唆している。

【注】
1）光澤［1987］も参照されたい。
2）マーケティングの出現背景についてはFaulkner［1959］や堀田［2003］, Coolsen［1960］に詳しい。
3）農民問題に関してはFaulkner［1959］や高木［1955］に詳しい。マーケティング論との関係については佐々［1978］および光澤［1983］において詳細に議論されている。
4）ウィスコンシン大学における一連の研究成果の詳細は、Jones and Monieson［1990］を参照されたい。
5）19世紀末から1920年代までの広告研究の一覧は、戸田［2006］［2007］を参照されたい。
6）ナショナル・キャッシュ・レジスター社のキャッシュ・レジスターや、レミントンなどで代表されるタイプライター、マコーミックなどの農業用収穫機、シンガーのミシン、電気機械器具などがその一例である。
7）高いグッドウィルを構築することの必要性が唱えられていたのは、当時の虚偽広告をはじめとする欺瞞的な企業行為により信頼が失墜したことと無関係ではないだろう。虚偽広告と広告研究の関係性については、戸田［2006］を参照されたい。
8）全国小売薬局協会（National Association of Retail Druggists : NARD）はカリフォルニア州において、この制度の実施拡大運動を激化させ組織的強化を試みた（中野［1975］p.156）。NARDは全国の一般小売商の要求を集約し、広範な基盤に立った上で再販売価格維持政策の受容を着実に広めて行った。
9）こうした思想的転換をもたらした影響の重要な要素の1つに、1930年代における消費者

運動の展開が挙げられるが，本稿では紙幅の制約から言及できなかった。この点については，光澤［1987］や呉［1973］，戸田［2006］を参照されたい。

【文献案内】
　20世紀初頭からマーケティングの各論と総論がいかに発展してきたか理解する上で，Bartels［1988］は必読である。網羅的ではあるが，マーケティング研究の成立と発展を促した思想的状況を理解することができる。巻末に先駆的なマーケティング研究者との文通より抜粋された文書が寄せられており，資料の価値もある文献である。また橋本［1975］は，社会経済的マーケティング論と企業的マーケティング論という2つの研究群の発展について説明している。そして橋本［1983］や光澤［1987］は，企業論マーケティングが販売管理論からマーケティング管理論を経て，マネジリアル・マーケティング論へと発展した知的プロセスを明らかにした先駆的な研究である。さらに，マーケティング研究の企業のマーケティング実践がいかなる経済・社会的状況を背景にして出現したかを理解する上で重要な文献は堀田［2003］である。また，薄井［1999］は，緻密な歴史分析に基づき，特に両大戦間期のマーケティング管理論の理論と実践の両面における展開基盤を明らかにし，学説史と実態史を融合させた貴重な研究成果である。

【参考文献】
石井淳蔵・石原武政編著［1996］『マーケティング・ダイナミズム―生産と欲望の相克―』白桃書房。
薄井和夫［1999］『アメリカ・マーケティング史研究―マーケティング管理論の形成基盤』大月書店。
呉世煌［1973］『コンシューマリズムの理論』漢聲出版社。
佐々由宇［1978］「「配給費用問題」の起源―1870年代農産物の「配給費用問題」について」『現代流通論の論理と展開』有斐閣。
高木八尺［1957］『高木八尺著作集 第五巻 アメリカ史Ⅱ』東京大学出版会。
戸田裕美子［2006］「チェリントンの広告研究―その展開基盤と後の広告研究に対する貢献」『三田商学研究』第48巻，第6号［2月］，pp.89-115。
戸田裕美子［2007］「マーケティング管理論の生成と消費者志向―説得型消費者志向から適応型消費者志向への思想的転換―」博士学位論文［慶応義塾大学］。
中野安［1975］『価格政策と小売商業』ミネルヴァ書房。
橋本勲［1975］『マーケティング論の成立』ミネルヴァ書房。
橋本勲［1983］『販売管理論』同文舘出版。
堀田一善［1985］「米国チェーン・ストア組織の興隆と発展」『三田商学研究』第28巻，第5号［12月］，pp.163-182。
堀田一善［2003］『マーケティング思想史の中の広告研究』日本広告研究所。
光澤滋朗［1983］「マーケティング論の生成過程―農産物流通問題に関連して―」『同志社商学』第35巻第4号，pp.493-525。
光澤滋朗［1987］『マーケティング管理発展史―アメリカ事例の分析―』同文舘出版。
Alderson, Wroe［1936］"Product Differentiation and the Integrating Price," *The American Marketing Journal*, Vol.3, No.2, April, pp.118-126.

Bartels, Robert [1988] *The History of Marketing Thought*, 3rd Edition, Publishing Horizons, Inc., Columbus, Ohio [1st ed., in 1962. 2nd ed., in 1976]. (山中豊国訳 [1993]『マーケティング学説の発展』ミネルヴァ書房。)

Butler, R. S. [1918] *Marketing Methods*, Modern Business, Volume 5, Alexander Hamilton Institute, New York.

Cherington, P. T. [1913] *Advertising as a Business Force*, Doubleday, Page for Associated Advertising Clubs of America, Garden City, New York, Reprinted by Arno Press, New York, 1976.

Converse, P. D. [1927] *Selling Policies*, Prentice-Hall, Inc., New York.

Converse, P. D. [1937] *The Elements of Marketing*, Revised ed., Prentice-Hall, Inc., New York.

Coolsen, F. G. [1947] "Pioneers in the Development of Advertising," *Journal of Marketing*, Vol. 12, No. 1 (July) pp. 80-86.

Coolsen, F. G. [1960] *Marketing Thought in the United States in the Late Nineteenth Century*, The Texas Tech Press, Lubbock.

Copeland, Melvin [1927] *Principles of Merchandising*, A. W. Shaw Company, Chicago & New York, Reprinted by Arno Press Inc., A New York Times Company, New York, 1978.

Copeland, Melvin and E. P. Learned [1933] *Merchandising of Cotton Textiles*, Harvard University Graduate School of Business Administration, Bureau of Business Research Soldiers Field, Boston, Massachusetts.

Elder, F. R. [1932] "Product Design for the Market," *Mechanical Engineering*, Vol.54, No.8, August, pp.543-546, p.565.

Faulkner, H. C. [1959] *American Economic History*, 8th ed., Harper & Row Publishers Inc., New York. (小原敬士訳 [1969]『アメリカ経済史 (上) (下)』至誠堂。)

Frederick, J. G. [1919] *Modern Sales Management*, D. Appleton, New York, Reprinted by Arno Press, A New York Times Company, New York.

Hayward, W. S. [1926] *Sales Administration: A Study of the Manufacturer's Marketing Problems*, Harper & Brothers, New York & London.

Hoyt, C. W. [1913] *Scientific Sales Management*, G. D. Woolsen, New Haven.

Jones, D. G. B. and D. D. Monieson [1990] "Early Development of the Philosophy of Marketing Thought," *Journal of Marketing*, Vol.54, No.1 (January), pp.102-113.

Lincoln, E. E. [1931] "Price Making and Price Policy," *Handbook of Business Administration*, Donald, in W. J. and Leona Powell [eds.], McGraw-Hill Book Company, Inc., New York and London, pp.91-101.

Lockley, L. C. [1950] "Notes on the History of Marketing Research," *Journal of Marketing*, Vol.14 [5], pp.733-736.

Low, G. S. and R. A. Fullerton [1994] "Brands Brand Management, and the Brand Manager System: A Critical-Historical Evaluation," *Journal of Marketing Research*, Vol.XXXI [May], pp.173-190.

Lyon, L. S. [1926] *Salesmen in Marketing Strategy*, Mcmillan, New York, Reprinted by Arno Press Inc., New York, 1978.

McCarthy, E. J. [1960] *Basic Marketing : A Managerial Approach*, Howewood, Illinois.

Nash, Ben [1937] "Product Development," *The Journal of Marketing*, Vol.1, No.3 (January), pp.254-262.

Nystrom, P. H. [1922] *The Economics of Retailing*, The Ronald Press Company, New York.

Reilly, W. J. [1929] *Marketing Investigations*, Ronald Press, New York, Reprinted by Arno Times Company, New York, 1978.

Richmond, H. A. [1931] "Merchandising, Adapting the Product to the Market," *Handbook of Business Administration*, Donald, W. J. and Leona Powell [eds.], McGraw-Hill Book Company, Inc., New York and London, pp.68-90.

Scott, W. D. [1903] *The Theory of Advertising*, Amall, Maynard, Boston, Reprinted by Garland Publishing, Inc., New York & London, 1985.

Tedlow, R. S. [1990] *New and Improved, The Story of Mass Marketing In America*, Basic Books, Inc., New York.(近藤文男 他訳[1993]『マス・マーケティング史』ミネルヴァ書房。)

Tosdal, H. R. [1921] *Problems in Sales Management*, A. W. Shaw Company, New York.

Tosdal, H. R. [1925] *Principles of Personal Selling*, A. W. Shaw Company, New York, Reprinted by Arno Press, New York, 1978.

Tosdal, H. R. [1933] "Some Recent Changes in the Marketing of Consumer Goods," *Harvard Business Review*, Vol.11, Issue 2, Jan, pp.156-164.

White, Percival [1927a] *Advertising Research*, D. Appleton and Co. New York, Reprinted by Arno Press, A New York Times Company, New York, 1978.

White, Percival [1927b] *Scientific Marketing Management*, Harper, New York, Reprinted by Arno Press, A New York Times Company, New York, 1978.

White, Percival [1931] *Marketing Research Technique*, Harper & Brothers Publishers, New York & London.

Whitehead, Harold [1917] *Principles of Salesmanship*, Ronald Press, New York.

William, Maxwell [1913] *Salesmanship*, Houghton Mifflin Co., Boston.

(戸田裕美子)

第Ⅲ部 第2次世界大戦後の新たな研究領域の展開の歴史から学ぶ

【第Ⅲ部概説】

　第Ⅲ部では，第2次世界大戦後に生じたマーケティング行為における変化と，それに伴って生じた新たな研究領域の展開に焦点があてられる。

　アメリカにおいて第2次世界大戦終了後，多くの人が予想した戦後の動員解除による大量失業と恐慌は起きなかった。その後いくつかの景気後退期はあったが，連邦政府の経済への介入による連邦経費の増大と，東西冷戦構造を背景にした軍需の恒常化という2つの構造的特徴によってこれを乗り越えていく。こうした中で，50年代後半および60年代には大きな景気高揚期を迎え，新製品開発，コングロマリット的合併，そして多国籍企業化という企業行動が顕著となり，新製品開発競争を軸に企業の競争の次元はいよいよ複雑かつ激しいものとなっていく。それとともに，市場の確保こそが企業の至上命題となり，マーケティングにおける消費者志向の理念は企業全体の理念となり，ここにマネジリアル・マーケティングというより高度なマーケティング・マネジメントの形態が出現する。

　マーケティング研究においても，こうした動向を前にしてそれまでにはなかった新たな研究分野が登場してくる。まず，マネジリアル・マーケティングの登場とともに，企業全体に関する長期的マネジメントという新たな研究領域がマーケティング戦略論として出現するとともに，マーケティング視点からの製品計画論が本格的に進展していく。また，消費者志向の重視という傾向から，消費者行動に関する本格的研究も開始される。さらに，多国籍企業化の推進という動向から，国際マーケティング研究という分野が登場する。

　以上の新たな研究分野とともに，戦前からの伝統的研究分野の研究も継続し，ミクロ的マーケティング論としていよいよ統合されるとともに，戦前とは異なり，戦後のマーケティング研究の主流はミクロ的マーケティング論となっていく。そして，戦前の研究方法の反省に端を発したマーケティング・サイエンス論争の結果，マーケティング研究の科学化が目指され，行動科学的アプローチを主軸とした研究の数量化が進展していき，1960年代には実証主義がパラダイム化していく。

　さらに，1969年のKotler and Levyの論文に端を発して，1970年代前半にかけて，マーケティング概念拡張に関する論争が展開される。マーケティング概念

拡張とは，マーケティング行為の意味を市場取引を超えて交換一般に拡張すべきだという提案であり，それによってこれまで取り扱われてこなかった非営利公共機関の活動，そして募金活動のような社会運動行為もマーケティング研究の対象として取り上げるべきだという主張である。また同じ 1969 年に，Lazer は企業のマーケティングにおける社会的責任の問題を取り上げ，こうしたより広い視野に基づいたマーケティングを「ソーシャル・マーケティング」と呼んだ。これらの主張は結果として学界全体において受け入れられていき，1985 年のマーケティングの定義の変更に結びつくこととなる。こうして，非営利組織のマーケティング研究，社会的運動のマーケティング（Kotler の意味するソーシャル・マーケティング）研究，社会志向的マーケティング（Lazer の意味するソーシャル・マーケティング）研究の 3 分野が新たなマーケティング研究として定着していくこととなる。

　以上のような展開に関して，まず，第 8 章では，マーケティング戦略論の登場の模様が示される。そこでは，マーケティング実践におけるマネジリアル・マーケティングの登場の経緯と，その結果企業全体の長期的問題を取り扱う新たな研究領域が出現したことが描かれ，さらに経営戦略論の登場とその成果との相互作用によってマーケティング戦略論という新領域が形成されていったことが示される。

　第 9 章では，戦後のマーケティング研究において多大なエネルギーが注ぎ込まれていくことになる消費者行動研究の展開が 4 期に分けられて時系列的に描かれる。そこでは，50 年代の端緒的研究，60 年代の行動科学的アプローチによる研究スタイルの定着，70 年代における刺激―反応型のモデルから消費者情報処理的モデルへのパラダイム・シフト，80 年代における主流派の研究に対する反動としての解釈学的研究の登場と行動主義的なモデルへの再注目という，主要な変遷の骨格が端的に示された上で，最近の動向にも言及される。

　第 10 章では，国際マーケティング研究の登場とその展開の模様が描かれる。そこでは，国際マーケティング成立の背景が語られるとともに，国際マーケティング研究が，輸出マーケティング研究に始まり，多国籍マーケティング研究，グローバル・マーケティング研究へと発展していく過程が描かれる。

　第 11 章では，非営利組織のマーケティング研究の展開が描かれる。そこでは，Kotler のマーケティング概念拡張論，ソーシャル・マーケティング論，マーケティングの一般概念の提唱という主張内容が吟味されたのち，こうした一連のマーケティングの研究領域の拡張の結果として登場した非営利組織のマーケティング研究の展開とその行方が述べられる。

第8章

マーケティング研究と経営戦略論

1. はじめに

　軍事用語としての「戦略」という言葉が経営学で用いられるようになったのは後述のように第2次世界大戦後のことであり，その後経営戦略論という分野が形成されることになるのだが，マーケティング論の分野においては，早くも1926年にL. S. Lyonが著書の題名に「strategy」を使用している。Lyonによれば，「目的と手段の連結である計画が，それぞれのプログラムにおける戦略である」（Lyon[1926] p.3）とされ，戦略という用語によって目的—手段関係，そして計画と執行の分離による計画の重要性という管理論の原型が強調されているのである。この意味の戦略ならば，経営学やマーケティング論の生成の時から内容的には戦略論が存在していたことになる。

　しかし，第2次世界大戦後に展開された経営戦略論とマーケティング戦略論の双方においては，この管理論の原型としての戦略論以上の内容が含まれているといえる。すなわち，短期的な戦術とは区別された長期的かつ組織全体の問題としての戦略の側面である。

　本章では，こうした第2次世界大戦後に登場した新たな内容としての経営戦略論およびマーケティング戦略論の関係に焦点を当て，その展開の様子を整理することが試みられる。

2. マネジリアル・マーケティングの登場とマーケティング戦略論

(1) 技術革新競争とマーケティング

　戦後のアメリカ経済においては，市場問題を前にした企業間の技術革新競争が大々的に展開されたのであり，より具体的には，1955年から57年にかけての景気高揚期と，Kennedy政権以後の60年代の景気高揚期を通して，1.メカニカル・オートメーション化された設備への投資，2.新製品のための研究開発投資，3.新事業進出のための合併・買収への投資，という段階を経ながら，企業行動が活性化されたといえる。まさに企業は，新技術による生産体制の革新を前提に，他社の追随を許さない画期的新製品を開発して競争に打ち勝とうと奔走したのであり，その他社との差別化を追求する中で，競争は事業の多角化へと拡大していったのである。

　以上のような技術革新投資には，莫大な固定資本の投下を必要とする。しかし，この巨額の固定資本の投下は，その回収が長期にわたるという性質上，市場での長期間の売り上げが見込まれない限り実現されない。しかもこの間，巨大化したオートメーション設備を使っての小刻みな生産量の調節はまだ困難であったし，株主は長期の安定した配当金を要求するということから，その長期の市場での売り上げは，安定したものでなくてはならない（森下［1959］p.11）。こうして，技術革新投資には，それに見合う安定した市場の長期的見通しとその維持が大前提となってくる。

　しかし，この技術革新競争は，それが競争である以上，設備および製品の陳腐化を促進し，長期に安定したものとはなりにくい。「したがって，できるだけ短期間に大量を生産し，生産したものを売りつくすことによって，固定資本の回収をはやめることに努めなければならない」（森下［1959］p.12）のである。ここにいたって，これまでになされてきたマーケティング諸活動をより強力に実践する必要が出てきたのであり，マーケティング手段として製品の生産の決定までも包摂したうえで，マーケティング諸活動のより洗練された統合的管理が要請されたのである。そして，技術革新競争においては，固定資本の早めの回収といっても，その長期的性格が消え去るわけではなく，単なる統合的管理以上に，新たに製品

の市場投入後の長期的な調整管理としての戦略的管理が必要とされることになる。

さらに，技術革新競争は，「いかなる設備を持って何を生産するのかを決定する，いわば経営活動の始点」（森下［1959］p.19）に関わることであり，最高経営層の処理すべき問題である。そして，この問題の決定は，安定した市場の長期的見通しと維持が前提であるのだから，マーケティング部長は，当然のごとく最高経営層に食い込むことになる。そこでは，マーケティング部長が，それまでの生産部長に代わって，企業の全活動を市場に向けて統合するという役目を担うものと期待された。そしてその際の統合的理念として，消費者あるいは顧客志向は，マーケティング部門の哲学にとどまらず，企業全体の哲学とみなされるようになる。こうしたマーケティング・マネジメントは，マネジリアル・マーケティングとよばれ，マーケティング・マネジメントの最も成熟した段階として企業実践の最重要課題として注目されるようになる。

（2）新たな研究領域の出現とマーケティング戦略論

さて，以上のようなマネジリアル・マーケティングの特徴から，そこにおける新たな問題状況とそれに伴うマーケティング論における新たな研究領域の出現が生じた。それを，ここでまとめておこう。

① 技術革新競争は，固定資本の早期回収に向かって進むため，マーケティング自体の強化を促し，その強化は，まず第1に，マーケティング手段としての製品に関わる職能が決定的に拡大される方向で推進した。それは，1930年代のマーチャンダイジングという，形やスタイルの変更という微調整にとどまらず，消費者ニーズにマッチした製品の開発という段階までも包摂することになる。マーケティング諸手段の統合ということ自体は戦後の新しい特徴とはいえないが，その結合される諸手段あるいは諸活動の範囲は生産過程に決定的に食い込み，より統合力の強いマーケティングが目指されたのである。そして，こうした問題に対応するがごとく，より長期的な視点に基づいた市場志向の新製品開発研究がマーケティング論の領域で本格的に推進されていくこととなる。

② マーケティング自体の強化は，第2に，マーケティング諸手段のより強力な統合だけでなく，その長期的な調整という戦略的な管理を加える方向で展開した。すなわち，新製品が市場に出された後の市場における育成と維持の

問題が重要視され，製品が市場に出た後も一生にわたる長期的・継続的なマーケティング的調整の問題が浮上し，「製品ライフサイクル（以下 PLC）」という概念を中心に研究が展開された。また，本格的な研究の展開は1980年代以降となるが，長期的な顧客の愛顧を獲得するためのブランド育成の問題が，Gardner and Levy [1955] などによって取り上げられるようになる。

③　技術革新競争は，企業全体の方向性を決める最高経営層の意思決定であり，そこに関わるマネジリアル・マーケティングは，企業のあらゆる活動を統合するという役目を担うこととなり，企業あるいは事業レベルの全職能にわたる管理が新たに加わった。このさまざまな職能の内的統合という企業あるいは事業レベルの問題は，本来経営学において探求されてきた問題であり，マーケティングの経営学領域への拡張といえる。しかし，環境への適応という考えが重要視されるにつれて，経営学もマーケティング化してくるのであり，この両者の接近は，戦後の企業研究の1つの特徴といえるだろう。こうした動向に影響を受けて，Abell and Hammond [1979]，Grant and King [1982]，そして Day [1984] による，戦略市場計画という全社的マーケティングの構図が経営戦略論に対して提示されるとともに，マーケティング論への経営戦略論の成果の導入が盛んになされるようになるのである。

④　この過程で，マーケティング部門で育まれてきた消費者志向あるいは顧客志向は，組織全体の理念となり，すべての企業活動共通の目標とみなされるべきだと考えられるようになった。そして，こうした消費者志向あるいは顧客志向がマーケティング・コンセプトとよばれ理念的研究が推進されるとともに，消費者行動研究がマーケティング研究の重要な分野として確立されていくこととなる。この動向の中で戦略論においては，細分化—ターゲット設定—ポジショニングというコンセプトを中核に据えた，STP パラダイムが確立されていくこととなり，マーケティング戦略論は，ますます消費者の操作よりも消費者のニーズの理解とそれへの適応という側面を強くしていくのである。

以上の4つの新たな領域のうち，①と②は長期的問題という点で，また③と④は組織全体の問題という点で，その後の新たな領域としてのマーケティング戦略論の内容を形成していくことになる。

3. 経営戦略論の登場と企業戦略論の確立

(1) 経営戦略論の登場

　現在では経営学の中心的研究分野となっている経営戦略論の登場は比較的新しく，1960年代以降に確立されていった分野である。
　前述のように，戦後のアメリカにおいては技術革新競争が進展し，新たな事業分野の探索と多角化が企業経営における重要な課題となった。このような状況を前にして，企業の関心はそれまでの内部統合から外部適応へと移動し，かつ短期的な日々の業務以上に長期的展望の重要性が認識されるようになる。こうした時期に，もともと軍事用語としての「戦略（strategy）」という用語を経営学に最初に導入し，これらの問題に明確に焦点を当て，経営戦略論の道を切り開いたのがChandler［1962］であった。
　Chandler［1962］は戦略を「一企業体の基本的な長期目的を決定し，これらの諸目的を遂行するために必要な行動様式を採択し，諸資源を割り当てること」（邦訳，p.17）と定義した上で，当時進展していたアメリカ企業の多角化戦略と事業部制組織導入の因果関係を考察し，「組織は戦略に従う」という有名な命題を導き出した。
　Chandlerは，中央集権的な職能別組織から分権的な事業部制組織への転換を他社に先駆けて遂行しその後のアメリカ企業のモデルとなった企業として，デュポン，ゼネラル・モータース，スタンダード石油，そしてシアーズ・ローバックという4社を取り上げ，詳細な歴史的分析を行なった。デュポンとゼネラル・モータースは製品別事業部制，スタンダード石油とシアーズ・ローバックは地域別事業部制という組織変革を完成させたのであり，環境変化に伴った事業の拡大によってそれまでの職能別組織によっては効率的に運営できなくなり，事業部制組織への変更を余儀なくされた次第が示され，戦略に組織構造が従ったことが強調されている。
　以上のように，企業の全社的かつ長期的な意思決定を経営戦略と名づけて研究の焦点に置いたChandlerであったが，彼の関心は多角化を前提としてそれが事業部制をどのように導いたのかという歴史的経緯の研究にあり，いかにして多角

化を行なうのかという戦略自体のより実践的な内容に関しては手薄であったといわざるを得なかった。この点を補うべくより計画策定的側面を前面に出して戦略論を体系化したのが Ansoff [1965] である。

Ansoff [1965] では，トップによる全社的かつ長期的な意思決定を戦略的意思決定とよび，その4つの構成要素として，①製品―市場分野，②成長ベクトル，③競争上の利点（優位），④シナジーを挙げている。特に，③の成長ベクトルは，彼の戦略論の核心的部分として有名であり，製品と市場それぞれの既存および新規という組み合わせから，市場浸透戦略，市場開拓戦略，製品開発戦略，多角化戦略の4つをパターン化した（Ansoff [1965] 訳書, pp.136-137）。このように決定された戦略は，その下位の管理的意思決定および業務的意思決定を通して実行に移されるのであり，Ansoff [1979] では，この点が更に詳細に展開された。

Ansoff の最初の著書が出版された同年の1965年に，経営戦略論という分野を定着させるのに大きな貢献をした著書が出版される。ハーバード・ビジネス・スクールのスタッフによって書かれた『ビジネス・ポリシー：テキストとケース』（Learned, et al. [1965]）という教科書であり，この著者の1人である K. R. Andrews は，この本の内容から経営戦略論の基本的構造を示した SWOT 分析の先駆者とされている[1]。すなわち，SWOT 分析とは，企業の内部における強み（Strengths）と弱み（Weaknesses）の分析と，外部における機会（Opportunities）と脅威（Threats）の分析を行ない，内部と外部の関係において戦略を決定するという枠組みである。この本は，若干の執筆者の顔ぶれの変更を伴いつつも，Andrews によって版を重ねていき，明快に経営戦略論の構造を示しているということから，多かれ少なかれあらゆる戦略論の基礎的枠組みを提供することとなる。

(2) 1970年代の経営戦略論

1970年代になると，アメリカにおいてビジネススクールの設立件数が急増し，多くの MBA が輩出された（寺本・岩崎 [2004] p.24）。また，1960年代中ごろから始まり70年代に入ると「戦略ブティック」が急増し（Mintzberg, et al. [1998] 訳書, p.94），コンサルタント業務が高度な専門職として確立されていく。そして，70年代は企業の多角化が一層進展し，多角化を含む企業の成長の方向をいかに決定するのかという問題から，多角化した複数の事業活動をいかに管理するのか

という問題に戦略論の焦点が移動していく。

このような状況において，コンサルタントにとって簡便で明快な資源配分の指針を導くテクニックを示したのが，B. D. Henderson 率いるボストン・コンサルティング・グループ（以下 BCG）であった。BCG が開発したテクニックとは，プロダクト・ポートフォリオ・マネジメント（以下，PPM）とよばれるもので，高成長・低シェアの問題児（Question Marks），高成長・高シェアの花形（Stars），低成長・高シェアの金のなる木（Cash Cows），そして低成長・低シェアの負け犬（dogs）の 4 つのマトリックス上に現在保持されている複数の事業をマッピングした上で，それぞれの主たる基本戦略として，育成，保持，収穫，撤退が決定されるのである（Henderson [1979]；アベグレン・BCG [1977]）[2]。この考え方の根底には，PLC，そして累積生産量の増加とともに平均生産費用が逓減するという経験則を示した経験曲線の考え方があり，前者からは事業の衰退に対するリスク分散のために複数の事業を営むべきで高成長市場への参入を心がけよという帰結，後者からは市場シェアを早期に獲得してコスト削減効果による競争優位を確立せよという帰結，が示唆されている。特に競争戦略上のシェア至上主義は，70 年代にストラテジック・プランニング・インスティチュートによって推し進められた大規模な実証研究である PIMS（Profit Impact of Market Strategy）が，利益に最も影響を与える要因として市場シェアを強調したことによって加速的に浸透していった[3]。

以上のように，1970 年代までの間に経営戦略論においては，企業の成長の方向性と複数事業間における資源配分の問題に関する全社的意思決定の問題，すなわち企業戦略論が形成されていったといえる。

4. 事業戦略論へのシフトと競争優位論の展開

(1) BCG の PPM に対する批判と競争戦略論の登場

BCG の PPM は，その単純明快さから企業の経営実践に役立てられた。しかし，次第にその単純さから生じる問題点も明らかになっていった。すなわち，PLC 的基本前提に関しては，①ある事業が成熟しやがて衰退するという想定は単純す

ぎて，衰退状況からの復活といったライフ・サイクルの多様性を無視しており，②また各段階は固定的な持続期間をもつわけではないので，現在どの段階にあるのかの判定は難しく，③その事業を育てるといった長期的観点よりも短期的状況によって意思決定がなされやすい，といった批判，またもう1つの経験曲線的基本前提からは，競争力の決め手はシェア，すなわち規模の経済に基づくコストのみではない，といった批判が当然のごとく生じることとなる。

このBCGのPPMの過度の単純さを補うものとして，ゼネラル・エレクトリック（GE）社とコンサルティング会社のマッキンゼー社が協力して開発したのが，GEビジネス・スクリーン・マトリックスである[4]。このポートフォリオ手法は，「業界の魅力度」と「事業の強さ」というBCGのPPMと同様の2次元平面を，それぞれ高中低，強中弱の3段階に分類して9つのマトリックス上に自社の複数の事業をプロットし，それぞれの事業に関しての方針を決定するものであるが，BCGとの違いは，「業界の魅力度」と「事業の強さ」が多数の変数の合成測度になっているという点である。GEビジネス・スクリーン・マトリックスの登場によって，過度の単純さを逃れ，より精緻な資源配分戦略が可能となったが，それ以上に後者の「事業の強さ」に対するより強い関心を生み出すこととなった（今野［2006］p.30)。この問題に関する研究は競争戦略論とよばれ，1980年代以降に競争優位の確立方法に関してさまざまな研究が展開されていくこととなる。

(2) Porterによる競争戦略論の確立

Porterの登場した1980年代は，アメリカにおいて双子の赤字が進行する中で国内企業の競争力が低下するとともに，日本企業がそれまでのアメリカの基幹産業であった自動車や鉄鋼，さらに新産業であるハイテク産業においても激しく進出してアメリカ企業を追い立て，「ジャパン・アズ・ナンバーワン」（Vogel［1979］）と称賛された時代であった。

こうした時代背景のもとにアメリカ企業の救世主として登場し，瞬く間にベスト・セラーとなったのがPorter［1980］であった。大著であるが，その基本的構造は比較的単純であり，競争分析における5つの競争要因と3つの基本戦略という基本的対応，そして戦略グループと移動障壁という概念による分析レベルの階層性がその理論の基本的構造である。

まず，5つの競争要因とは競争の強さを決める要因であり，新規参入者の脅威，

代替製品の脅威，買い手の交渉力，売り手の交渉力，競争業者間の敵対関係からなり，目の前の競争業者以外の「広義の敵対関係」(Porter [1980] 訳書, p.20) が想定されており，その基礎は産業組織論にある。しかし，産業組織論においては公共政策の見地から競争を推進し競争を阻害する市場の不完全性は解消すべきものと捉えるのに対し，Porter は逆に市場の不完全性こそが企業にとっての収益の源泉になると主張することによって，産業組織論を経営戦略論に連結することを試みたといえる。そして，この5つの競争要因の強さの程度によってさまざまな業界の構造が出現するのであり，「ある企業の競争戦略の目標は，業界の競争要因からうまく身を守り，自社に有利なようにその要因を働かせる位置を業界内に見つけることにある」(同訳, p.18) としたうえで，その競争優位を実現する基本的な3つの戦略タイプを定式化した。それは，差別化と低コストという2つの競争優位のタイプと戦略ターゲットの幅の広狭をかけあわせて，4つのタイプが導出されるが，狭いターゲットを扱う2つのタイプの戦略は集中として1つにまとめられ，広いターゲットを扱う場合の差別化とコスト・リーダーシップそして集中という3つの基本戦略が定式化される。そして，この3つの基本戦略のうちからどれか1つを選択することが重要であり，それらの両立を否定している。

　さて，この Porter の業界構造分析は，その分析単位を業界に置いていることから，業界間の競争構造の違いを分析し，魅力的な業界を選択することが想定されている[5]。しかし，このことは，「暗黙のうちに，ある業界内で各企業が直面する脅威や機会は個々の企業にとって全く同じである，と前提を置いていることになる」(Barney [2002] 訳書, 上巻, p.215) が，多くの場合，同一業界内における企業間格差は存在している。この点に関する答えとして，Porter は異なる「戦略グループ」の存在という形でこれを認識し，業界全体のレベルにおける参入障壁に対応する概念として「移動障壁」という概念によりこれを説明する。さらに，同一戦略グループ内における企業間格差は，さらに戦略グループ内の企業の地位というレベルでの分析で明らかにされる (Porter [1980] 訳書, p.199)。要するに，業界全体における構造的特性と戦略グループにおける構造的特性を確認した上で，さらに企業独自のポジションを生み出す戦略を3つのパターンの中から選ぶという手順になっているのであり，決して業界全体のレベルで分析を中断しているのではなく，より具体的なレベルでの競争優位のデザインが施行されている。それでも，Porter [1980] では，3つの基本戦略をどのように実行するのかという点では詳細に欠けていた。この点を補うために書かれたのが Porter [1985] であ

り，そこにおける中心的概念が「価値連鎖（value chain）」である。価値連鎖は，競争優位の源泉を分析するために会社が行なうすべての活動とその相互関係を体系的に分析する方法である。この分析によって，業界構造という外部における脅威と機会の分析から内部の強みと弱みの分析に重点がシフトしたのであり，戦略の焦点は，目指す戦略的ポジションを得るために，どのように活動を選択し組み合わせるかという点になる。

　しかし，戦略策定の関心が企業内部にシフトしたといっても，Porterの関心のスタートは企業の外部環境であり，外部環境の現状を分析し，そこにおける価格あるいは非価格的な差別化が可能なポジションを選び，それを目指して企業活動を適応させるという，外から内へという方向性は変わっていない。そして，業界内の収益を得られるポジションをみつけ，より収益の高いポジションを目指して自社の諸活動を調整していき，そのポジションの収益性が低下してきたら，新たな収益性の高い業界を目指して諸活動の選択を行なうというプロセスにおいては，諸活動を選択し実行する際の経営資源の同質性と，取引を通じての移動可能性が想定されているといえる（Barney［1991］p.100）。こうした状況での競争優位は，キャッチアップする企業の数が増えてくるとともに収益性は減り，持続的なものではありえない。しかし，現実には，そんなに簡単にキャッチアップがされずに競争優位を保っている企業はたくさんあるのであり，そうした持続的競争優位こそが本来の追求すべき問題であり，その問題を考えるにあたって，Porterの戦略論では企業間における経営資源の異質性を軽視しすぎているという批判が生じることとなる[6]。また，前述のように，日本企業の躍進に悩むアメリカの経営者の救世主として登場したPorterであったが，彼の戦略論の実践にも関わらず，日本企業の進出は一向に変わらなかったのであり，そこから，Porterの戦略論のその他の問題点も指摘されるようになった（林・關・坂本［2006］pp.7-14）。まず第1に，日本企業はPorterの否定したトレードオフであるはずの差別化とコスト・リーダーシップという2つの戦略を同時に実現したのであり，Porterの基本戦略の考えに疑問が生じた[7]。第2に，Porterの競争戦略の作成においては，その役割をトップの分析者が一手に握っており，そこから実行者との乖離が生じやすく（Mintzberg, et al.［1998］訳書，p.120），適応すべき環境の変化に鈍感になり，分析が終わったときには状況が変わっていたことになりかねないという指摘である。以上のようなPorter批判とともに，競争戦略論は，新たな展開を迎えることとなる。

(3) 競争戦略論の新たな展開

　1980年代の半ば以降，特に1990年代の競争戦略論は，単なる競争優位ではなく，持続的競争優位という問題の追及が焦点となり，企業内部の経営資源の異質性に注目することによって，Porterとは逆に内から外へという方向性へと研究の動向が変化した。こうした研究動向の中で登場したのが，資源ベース論と能力ベース論である。

　通常の経済学者とは違って，この経営資源の異質性という点に早くから注目していたのが，Penrose [1959]であった。そこでは，企業は生産資源の束と考えられ，しかもその経営資源の束は個々の企業によって異なっており独自性をもつとされていた。このPenroseの見解を競争戦略の観点から展開し，自らの立場を資源ベース的視点（resource-based view）と名付けたのがWernerfelt [1984]である。Wernerfeltは製品の裏側にある経営資源に注目し，あるものが経営資源を保有することによりできる障壁を「資源ポジション障壁」と名付け，その市場の不完全性から企業が超過利潤を得られると考え，競争優位の源泉を企業内部の経営資源に求めた。その後，Rumelt [1987]，Dierickx and Cool [1989]そしてBarney [1991]とBarney [2002]といった一連の研究によって持続的競争優位の源泉となる資源の特徴に関する研究が進展していく。中でも，Barney [1991]は，価値（value），希少性（rare），完全には模倣困難（imperfect imitate），代替不可能（non substitutability）の4つからなるVRINモデルを提唱し，その後Barney [2002]では，完全には模倣困難と代替不可能をまとめて模倣困難性（inimitability）とし，そこに新たに組織（organization）を加え，VRIOモデルを提示したことで有名である。

　しかし，資源ベース論においては，以上のように明らかにされた特徴をもつ経営資源を保有することは強調されるが，それをいかに蓄積し活用するのか，さらにそれを変化に対応していかに修正するのかというプロセスに関する考察がなされていなかった。この点が明らかにならなければ環境の変化に対応した持続的競争優位は築けない。こうした問題を克服すべく登場するのが能力ベース論であり，その主たる関心は経営資源の保有の問題から経営資源を効果的に活用する組織能力の問題へと移行することとなる。しかし，この能力ベース論の展開において，その組織能力は，ケイパビリティ（capability）あるいはコア・ケイパビリティ（core capability），コンピタンス（competence）あるいはコア・コンピタンス（core competence）とさまざまによばれ，資源と能力の区別もされないまま，資源を能

力に置き換えて，資源ベース論と同じ静態的な特徴づけに終始する研究が出現し，資源ベース論との違いが明確でないものも多かった。そんな中で，資源と能力を明確に分け，その開発や修正といったプロセスの問題を取り扱ったものとして Prahalad and Hamel [1990], Hamel and Prahalad [1994], Nonaka and Takeuchi [1995], Teece, et al. [1997] などがある。特に Teece, et al. [1997] は，こうした動態的な問題を取り扱うために「ダイナミック・ケイパビリティ (dynamic capability)」という概念を明示し，能力ベース論の問題意識を明確にさせたのであり，現在この概念を中心に研究が展開している。

5. マーケティング戦略論と経営戦略論

(1) マーケティング戦略論の形成と経営戦略論の成果の導入

さて，マーケティング論がより長期的な管理および企業活動全体の統合という問題を取り扱うようになるとともに，マーケティング戦略論という新たな研究領域が登場し，マーケティング論はこれまで以上に経営学に接近した。また経営学においても，内部統合から外的適応へと関心が移行し，経営戦略論という新たな研究分野が生まれるとともに経営学はマーケティング論に接近していく。こうした状況で，両分野の成果の統合に貢献したのが P. Kotler であった。

Kotler は，マーケティングの教科書『マーケティング・マネジメント』の第1版を1967年に出版して以来改訂を繰り返し，2009年には第13版を出版し，マーケティングの教科書における不動の地位を築いた。そして，この改定の変遷において，長期的あるいは全社的という意味でのマーケティング戦略論を確定するとともに，経営戦略論の成果を導入しながらマーケティング戦略論との統合を試みた様子がうかがえる。

長期的意思決定に関わる部分として，まず新製品開発に関しては初版から一貫して章を設けて論述されている上にその内容に関してもさほどの変化はないが，その位置づけが変化している。すなわち，第2版までは製品政策としてひとまとめにされていたが，1976年の第3版からは，一連の戦術的製品政策とは区別されて長期的という意味での戦略的意思決定として位置づけられていく。同様の展

開が PLC においてもみられる。また，単なる商標政策としてではない，長期的な資産としてのブランド論への言及は2000年の第10版からであり，2006年の第12版からは，ブランド論の権威 K. L. Keller を共同執筆者に迎え，「強力なブランドの構築」という新たな部を設けそこに3章を割り当てている。おもしろいことに，PLC はこの中の1章「ブランド・ポジショニングの設定」の中で語られることになり，まさに PLC とブランド論は，長期的な戦略的管理において融合させられたのである。

　全社的意思決定に関わる部分で，そのプロセスが「戦略的マネジメント・プロセス」としてはっきりと分離され明示されたのが1980年の第4版である。そして，それまで製品政策の方向性やプロダクト・ミックスとの関連で採り上げられていた Ansoff の成長ベクトルと PPM が明確に企業戦略としてこのプロセスに位置づけられた[8]。Porter の成果に関しては，1984年の第5版以降に採り入れられており，資源ベース論と能力ベース論はその区別のないまま1994年の第8版から導入されている。これらに対し，理念としての消費者志向あるいは顧客志向は第1版から採り上げられているが，他部門との関連が問題とされるようになるのは第4版からであり，1994年の第8版以降は，「顧客満足」が前面に出され1章が割かれるようになった。

　こうした Kotler のマーケティング戦略論の形成においては，導入した概念の洗練化や新たな概念の導入も行なわれている。まず PLC に関しては，当初からライフ・サイクルの各段階におけるマーケティング戦略の詳細に関する成果がまとめ上げられており，Ansoff の成長ベクトルに関しては，第3版から成長戦略として3タイプ9種類の方向性としてまとめなおされている[9]。競争戦略に関しては，第5版における Porter の競争戦略の3類型の導入にさきがけて，第4版から Kotler オリジナルの，リーダー，チャレンジャー，フォロアー，ニッチャーという競争上の地位の区別を提示し，競争戦略の違いが論じられるようになる[10]。

　しかし，以上のような kotler による経営戦略論の成果の導入によるマーケティング戦略論の形成においては，企業，事業，製品という3つのレベルの区別と戦略との関係，競争戦略論の位置づけといった点に揺らぎがあり，ある意味版を重ね大部になるごとにその体系性が不明確になっていった感がある。第12版での大幅な構造修正によりやっとこれらの問題が軽減されたものの，マーケティング・マネジメント論におけるマーケティング戦略論の位置づけの問題は今後とも重要

な問題であり続けるだろう。

(2) 経営戦略論の問題状況とマーケティング戦略論の行方

さて，3節および4節で概観された経営戦略論の展開から2つの動向が確認できる。第1に，Porter 以後の経営戦略論の焦点が競争志向にシフトしたこと，第2に，Porter 批判から登場した資源ベース論以降は SWOT の SW に強調点が移り，Porter の外から内へという分析方向が内から外へという分析方向に変わったこと，である。この2つの動向をどのように考えるかということはマーケティング戦略論の行方に大いに関わってくると思われる。最後にこの点に関する考察をしておこう。

企業の外部にあって脅威と機会を決定する重要な要素は競合企業と消費者あるいは顧客である。それにも関わらず，Porter 以降は，Porter を批判した資源ベース論や能力ベース論においても，競合企業との差異が追求されている。Porter は次のように述べる。「マネージャーの多くは，戦略的ポジショニングをターゲットとしている顧客の観点から説明する。……しかし，戦略の本質は，活動そのものにある。同じ活動をライバルとは違うやり方で進めたり，競合他社とは違う活動に着手する，それが戦略である。さもなければ戦略といっても，単なるマーケティング上のスローガンでしかなく，とうてい競争の舞台で通用するものではない」(Porter [1998] 訳書 I 巻, pp.76-77)。しかし，業界において他企業との差を発見してそこに経営資源を集めるにしても，また自社の特異な経営資源を確認しそれが競合他社との違いになるような製品を作り上げたとしても，それが消費者に受け入れられなければ競争優位とはならない。消費者志向あるいは顧客志向は，競争志向の前に設定されねばならないのであり，さらに，スローガンだけで終わることのないように，企業全体にこの理念がしっかりと伝わらねばならない。「企業の経営諸機能のなかで，市場環境から機会や脅威を見極め，企業の方向づけに関係するのは，マーケティングのみである」(嶋口 [1984] p.16) から，経営戦略はまさにマネジリアル・マーケティングとして実施されねばならないのである。しかし，実際にはそれが実現され浸透したとはいえなかった。その理由は，実際の全社的方向性を決めるに際して各職能部門の目的が異なっており，戦略的方向の統一性がとれないためである。この点に関して Anderson[1982]は，マーケティング・コンセプト，そしてその中心にある顧客志向の理念的重要性と具体的な説

得方法に関する研究の重要性を強調している（p.23）。こうした研究方向は，Day [1984], Day, et al. [1990] といった戦略市場計画の一連の研究を中心に，わが国でも嶋口 [1984], 田村 [1989], 陶山 [1993], 上原 [1999] などによって推進されてきており，わが国のマーケティング戦略論研究の主流を形成し，マーケティング研究からのオリジナルな貢献をなしてきている。経営戦略論における競争志向への偏りを矯正して，マーケティング研究から生み出されたマーケティング・コンセプト，消費者あるいは顧客志向という理念上の研究成果をさらに具体的レベルにまで浸透させる研究の推進が今後とも望まれるといえる。

　さて次に，経営戦略論における内から外へという研究動向であるが，これはOTからSWへの関心のシフトという以上に，経営戦略の適応から創造への重点のシフトをそこに含んでいる。戦略における創造の側面の強調は，未来のための競争を強調するHamel and Prahalad [1994] において明らかであり，過去や現在の分析に頼って規範的に戦略を導き出そうとするPorterまでの規範学派とは違って，未来に向かっての事業を構築するという前提に立てば，過去や未来にとらわれないことになり，自らのコアとなる能力を注視する意義もここにあるといえる（林・關・坂本 [2006] p.18）。以上のような経営戦略論の動向を前にして，マーケティング戦略論は自らの展開を大いに反省し，STPパラダイムに基づいた適応への偏向から脱していく必要がある[11]。しかし，こうした経営戦略論の動向に耳を傾ける必要があるとはいえ，マーケティング戦略論における問題の重点は，経営戦略論のそれとは異なるといえる。すなわち，新しいものを創造したとしてもそれだけでは企業にとって意味がない。それに対する需要の創造こそが企業にとっての重大な問題なのであり，これこそがマーケティング戦略におけるより重要な問題であるといえる。もともと，「需要の創造」ということは，A. W. Shaw [1915] において明記されており，マーケティング研究の初期においては伝統的な問題であったはずである。Smith [1956] が早くも指摘していたように，マーケティング戦略における2つの代替案とは，需要曲線を供給側にシフトさせる製品差別化か，消費者側のさまざまな需要曲線に適応する市場細分化だったのであるにも関わらず（訳書 pp.192-193），STPパラダイムの確立とともに後者の適応が常軌化しすぎているといえる。新しいものは，市場も理解できない。新しいものを新しいと理解させるためには，説得と相互理解が不可欠である。マーケティング戦略論においては，単なる情報伝達を超えた説得に関わるマーケティングの役割が再認識される必要があるだろう。そして，説得という作業は，新しいも

を生み出した後でそれを理解させるという局面だけでなく，その後の顧客の維持という局面でも重要となってくる。それゆえこのことは，マーケティング戦略論が経営戦略論とは違って，関係性マーケティングやブランド戦略，そして経験価値マーケティングといった最近のトピックと結びついてマーケティング研究独自の成果を生み出す可能性を示唆している。

6. 本章から学ぶこと

以上から本章から学ぶべきことは，以下の4点である。
① マーケティング戦略論は，第2次世界大戦後のマネジリアル・マーケティングの登場とともに出現し，長期的あるいは全社的意思決定に関わる新たな領域として確立されていった。
② 同時期に経営戦略論も登場し，その成果がマーケティング戦略論の中に取り入れられていくとともに，両者の研究内容は急接近してきた。しかしながら，マーケティング戦略論をマーケティング・マネジメント論の中でどう位置づけるかという問題は残されたままである。
③ さらに，経営戦略論における，競争志向への偏向を正すべく，マーケティング研究から生み出されたマーケティングコンセプト，消費者あるいは顧客志向といった理念としての成果の重要性を強調したマーケティング戦略論オリジナルの成果のより詳細な探求が今後ともさらに進められる必要がある。
④ また経営戦略論におけるOTからSWへの重点のシフトは，適応から創造へのシフトという主張もそこに含んでいるのであり，STPパラダイムによる適応への偏向から脱するためにも，これらの成果には耳を傾けるべきであろう。しかし，マーケティング戦略論にとってのより重要な問題は，新しいものを創造するということよりも，それに対する需要を創造するという点にこそ存在する。需要の創造という問題は古くからあるマーケティング固有の問題なのであり，その問題における説得という側面の再検討がマーケティング戦略論におけるオリジナルの成果を生み出していくものと思われる。

ところで，インターネットが生活の基本になりつつある現在では，こうした動

向以上に，企業と顧客の間での共創というフラットなプロセスの探求に研究の焦点が移ってきており，その観点は組織内，そして本稿では扱えなかった組織間関係へと拡大している。そして実際，この重点のシフトは，資源ベース論から知識ベース論のシフトにおいても見いだせる。しかし，こういったフラットなプロセスにおいても，適応することに奔走しすぎて消費者に振り回され，成果の上がらないケースが多く指摘されてきており，効果的な相互関係を生み出す際の，企業側の提案能力やリーダーシップをどのように高めていくのかという問題が再び浮かび上がってくるのである。それゆえ，説得という企業のスタンスを再検討することの重要性は消えていないのであり，この方向こそが，マーケティング本来の問題を投影した戦略論の研究方向であると考える。

【注】
1) Selznick [1957] を SWOT 分析のルーツとする者もいる。
2) アベグレン・BCG [1977] は，Anderson [1979] より早く日本で出版されたわけで，本国アメリカに先駆けて PPM が紹介されたことになる。しかし，この概念が最初に使用されたのは，1969 年の Mead Corporation との間で交わされた顧客契約であったという (Fleisher and Bensoussan [2002] 訳書，p.32)。
3) しかし，PIMS プロジェクトの前身がスタートしたのは 1960 年の GE においてであった。
4) GE は当初 BCG の PPM を導入しようとしたが，その信頼性に疑問を感じ，マッキンゼー社に，より包括的なマトリックスの作成を依頼し，1971 年にマッキンゼー社のコンサルタント Mike Allen がビジネス・スクリーンを完成させた (Fleisher and Bensoussan [2002] 訳書，p.50)。
5) 「業界がそれほど重要か」と批判された Porter であったが，この業界の選択という点は，Porter においても企業レベルでの成長の方向性が論じられているわけで，前述の PPM の手順との対応が見いだせる。実際, Mintzberget, et al. [1998] においては，PPM はポジショニング・スクールの第 2 段階，Porter は第 3 段階として位置づけられている。
6) この点に関して，Porter はその企業の戦略の独自性と持続的競争優位を説明する概念として，「フィット (fit)」という概念を提示している (Porter [1998] 訳書 1 巻，pp.98-109)。
7) この点に関して Porter は，独自の活動の組み合わせである戦略と，活動の組み合わせは変えずにその効率を高めるオペレーション効率とは区別されるべきで，日本はオペレーション効率を上げただけで戦略は構築していないと反論した (Porter [1998] 訳書 1 巻，pp.67-98, p.122)。
8) 正確には，Ansoff の成長ベクトルは，第 3 版においてすでに企業の成長戦略として位置づけが修正されている。
9) すなわち，集中的成長における，市場浸透，市場開拓，製品開発，統合的成長における，後方統合，前方統合，水平統合，多角的成長における，同心円的多角化，水平的多角化，コングロマリット的多角化，である。
10) さらに，市場シェアによる規模によってのみ分類されていたこの 4 類型を，嶋口 [1986] は量的経営資源と質的経営資源それぞれの大小を組み合わせたマトリックスによって論理的に分類しなおしている。

11) しかし新しい提供物の創造のための方策が，現実のプロセスにおける偶然性を過度に重視して，「命がけの飛躍」という指摘だけならば，そこに研究の出る幕はなくなる。Mintzberg 等が推し進めようとする創発的プロセスの研究は可能なのか，発見の論理は存在するのかという懸念は残ったままである。それゆえ，規範学派による過去および現在の分析を捨てることなく，それを未来の事業としての誰も手をつけていない「ブルー・オーシャン」(Chan Kim [2005]) の発見のたたき台として用いることは可能であり，SW と OT の真の融合が探求されるべきであろう。

【文献案内】
マネジリアル・マーケティングの特徴に関しては，森下 [1959]，三浦 [1971] が必読である。経営戦略論の展開についての外観を得るには，林・關・坂本編著 [2006]，坪井・間嶋編著 [2008]，やや詳しい解説としては今野 [2006]，今野 [2007] がわかりやすい。経営戦略論の学説的検討のためには，Mintzberg, et al. [1998] は翻訳も読みやすく必読である。経営戦略論史を形作ってきた名著として，Penrose [1959]，Chandler [1962]，Ansoff [1965]，Henderson [1979]，Porter [1985]，Hamel and Prahalad [1994]，Barney [2002] は翻訳されているので，オリジナルへの挑戦を試みるべきである。マーケティング戦略論の外観をつかむには，陶山 [1995]，石井 [1984]，重要な必読文献としては，Smith [1956]，Anderson [1982]，Day [1984]，Day et al. [1990] がある。わが国におけるマーケティング戦略論の展開を吟味するには，石原 [1982]，嶋口 [1984]，田村 [1989]，陶山 [1993]，上原 [1999] が必読である。

【参考文献】
秋元英一 [1995]『アメリカ経済の歴史 1492-1993』東京大学出版会。
アベグレン, J.・BCG 編 [1977]『ポートフォリオ戦略』プレジデント社。
石井淳蔵 [1984]「マーケティング戦略論」田村正紀・石原武政編著『日本流通研究の展望』千倉書房。
石原武政 [1982]『マーケティング競争の構造』千倉書房。
上原征彦 [1999]『マーケティング戦略論』有斐閣。
折橋靖介 [1992]『経営戦略とマーケティング』白桃書房。
今野義文 [2006]「経営戦略論の発展と持続的競争優位」『北星論集』(北星学園大学) 第 46 巻第 1 号。
今野義文 [2007]「組織能力と持続的競争優位—組織能力論の現状と課題—」『北星論集』(北星大学) 第 46 巻第 2 号。
嶋口充輝 [1984]『戦略的マーケティングの論理』誠文堂新光社。
嶋口充輝 [1986]『統合マーケティング』日本経済新聞社。
陶山計介 [1993]『マーケティング戦略と需給斉合』中央経済社。
陶山計介 [1995]「マーケティング戦略論」阿部真也・但馬末雄・前田重朗・三国英美・片桐誠士編著『流通研究の現状と課題』ミネルヴァ書房。
田中康介 [2006]「経営戦略論再考—分析的アプローチから社会的アプローチまで—」『産能大学紀要』(産業能率大学)，第 26 巻 2 号。
田村正紀 [1989]『現代の市場戦略』日本経済新聞社。

坪井順一・間嶋崇編著［2008］『経営戦略理論史』学文社。
寺本義也・岩崎尚人編著［2004］『経営戦略論』学文社。
萩原伸次郎［1996］『アメリカ経済政策史―戦後ケインズ連合の興亡―』有斐閣。
林倬史・關智一・坂本義和編著［2006］『経営戦略と競争優位』税務経理協会。
堀越比呂志［2005］「戦後マーケティング研究の潮流と広告研究③」『日経広告研究所報』222号。
三浦信［1971］『マーケティングの構造』ミネルヴァ書房。
森下二次也［1959］「続 Manegirial Marketing の現代的性格について」大阪市立大学『経営研究』第41号，pp.1-28。
Abell, D. F. and J. S. Hammond［1979］*Strategic Market Planning*, Prentice Hall.
Anderson, P. F.［1982］"Marketing, Strategic Planning and the Theory of the Firm," *Journal of Marketing*, Vol.45（Spring）.
Ansoff, H. I.［1965］*Corporate Strategy*, McGraw-Hill.（広田寿亮訳［1969］『企業戦略論』産業能率短期大学出版部。）
Ansoff, H. I.［1979］*Strategic Management*, Wiley.（仲村元一監訳［2007］『戦略経営論〈新訳〉』中央経済社。）
Barney, B. J.［1986］"Strategic Facter Markets: Expectations, Luck, and Business Strategy," *Management Science*, Vol.32, No.10.
Barney, B. J.［1991］"Firm Resources and Sustained Competitive Advantage," *Journal of Management*, Vol.17, No.1.
Barney, B. J.［2002］*Gaining and Sustaining Competitive Advantage*, 2nd. ed.（岡田正大訳［2003］『企業戦略論：競争優位の構築と持続』東京：ダイヤモンド社。）
Borch, F. J.［1957］"The Marketing Philosophy As a Way of Business Life," *Marketing Series* No.99, AMA:NY.
Chandler, A. D., Jr.［1962］*Strategy And Structur*, MIT Press.（有賀裕子訳［2004］『組織は戦略に従う（上）・（中）・（下）』ダイヤモンド社。）
Chan Kim, W. and Mauborgn［2005］*Blue Ocean Strategy*, Harvard Business School Press.（有賀裕子訳［2005］『ブルー・オーシャン戦略』ランダムハウス講談社。）
Day, G. S.［1984］*Strategic Market Planning*, West Publishing Co.
Day, G. S., B. Weitz and R. Wensley (eds.)［1990］*The Interface of Marketing and Strategy*, JAI Press Inc.
Dean, J.［1950］"Pricing Policies for New Product," *Harverd Business Review*, 28（Nowvember）.
Dierickx, I. and K. Cool［1989］"Asset Stock Accumulation and Sustainability of Competitive Advantage," *Management Science*, Vol.35, No.12.
Fleisher, C. S and B. E. Bensoussan［2002］*Strategic and Competitive Analysis:Methods and Techniques for Analyzing Business Competition*, Pearson Education.（菅澤喜男監訳［2005］『戦略と競争分析―ビジネスの競争分析方法とテクニック―』コロナ社。）
Gardner, B. B. and S. J. Levy［1955］"The Product and the Brand," *Harvard Business Review*, Vol.33, No.2.
Grant, J. H. and W. R. King［1982］*The Logic of Strategic Planning*, Little, Brown and Company.
Hamel, G. and C. K. Prahalad［1994］*Competing for the Future*, Harvard Business School.（一條和生訳［1995］『コア・コンピタンス経営―未来への競争戦略―』日本経済新聞社。）
Henderson, B. D.［1979］*Henderson on Corporate Strategy*, Abt Books.（土岐坤訳［1981］『経営戦略の核心』ダイヤモンド社。）
Kotler, P.［1965］"Competitive Strategies for New Product Marketing over the Life-cycle,"

Management Science, Vol.12-4, pp.104-119.

Kotler, P [1967] [1972] [1976] [1980] [1984] [1988] [1991] [1994] [1997] [2000] [2003] [2006] [2009] *Marketing Management*, Prentice-Hall.Inc.

Leaned, E. P., C. R. Christensen, K. R. Andrews and W. D. Guth [1965] *Business Policy: Text and Cases*, Irwin.

Lyon, L. S. [1926] *Salesmen in Marketing Strategy*, Macmillan Co.:Reprint Edition, Arno Press, 1978.

Mintzberg, H., B. Ahlstrand and J. Lampel [1998] *Strategy Safari: A Guided Tour throught the Wilds of Strategic Management*, The Free Press.(齋藤嘉則監訳 [1999]『戦略サファリ―戦略マネジメント・ガイドブック―』東洋経済新報社。)

Nonaka, I. and Takeuchi, H. [1995] *The Knowledge-Creating Company: How Japanese Companies Create the Dynamic Innovation*, Oxford University Press.(梅本勝博訳 [1996]『知識創造企業』東洋経済新報社。)

Penrose, E. T. [1959] *The Theory of the Growth of the Firm*, Wiley.(末松玄六訳 [1980]『会社成長の理論』ダイヤモンド社。)

Porter, M. E. [1980] *Competitive Strategy*, The Free Press.(土岐坤・中辻萬治・小野寺武夫訳 [1982]『競争の戦略』ダイヤモンド社。)

Porter, M. E. [1985] *Comretitive Advantage:Creating and Sustaining Superior Performance*, The Free Press.(土岐坤・中辻萬治・小野寺武夫訳 [1985]『競争優位の戦略』ダイヤモンド社。)

Porter, M. E. [1998] *On Competition*, Harvard Business School Press.(竹内弘高訳 [1999]『競争戦略論Ⅰ・Ⅱ』ダイヤモンド社。)

Prahalad, C. K. and G. Hamel [1990] "The Core Competence of the Corporation," *Harvard Business Review*, May-June.(坂本義実訳 [1990]「コア競争力の発見と開発」『ダイヤモンド・ハーバード・ビジネス』8-9月号。)

Rumelt, R. P. [1987] *The Competitive Challenge*, Harper & Row.(石井淳蔵他訳 [1988]『競争への挑戦―革新と再生の戦略―』白桃書房。)

Selznick, P. [1957] *Leadership in Administration: A Sociological Interpretation*, Row, Peterson.(北野利信訳 [1957]『組織とリーダーシップ』ダイヤモンド社。)

Shaw. A. W. [1915] *Some Problems in Market Distribution*, Harvard Univ. Press.(伊藤康雄・水野裕正訳 [1988]『市場配給の理論』文眞堂。)

Smith, W. R. [1956] "Product Differenciation and Market Segmentation as Alternative Marketing Strategies," *Journal of Marketing*, Vol.21 (July).(片岡一郎・村田昭治・貝瀬勝共訳 [1969]『マネジリアル・マーケティング(上)』20章, 丸善。)

Teece, D. J., G. Pisano and A. Schuen [1997] "Dynamic Capabilities and Strategic Management," *Strategic Management Journal*, Vol.18, No.7.

Vogel, E. F. [1979] *Japan as No.1: Lessons for America*.(広中和歌子・木本彰子訳 [2004]『ジャパン・アズ・ナンバーワン〈新訳〉』阪急コミュニケーションズ。)

Wernerfelt, B. [1984] "A Resource-Based View of the Firm," *Strategic Management Journal*, Vol.5.

(堀越比呂志)

第9章 消費者行動研究の系譜

1. はじめに

　消費者行動に関する研究は，アメリカのマーケティング研究において古くから取り扱われており，20世紀初頭のGale [1900]，Scott [1903]，Hollingworth [1913] らの広告研究や，1920年代から30年代のCopeland [1924]，Nystrom [1929]，Maynard, et al. [1939] らによる購買動機研究にその萌芽を確認することができる。しかし，これらの初期的研究では，広告や製品との関わりのなかで消費者が付随的に取り扱われてきたにすぎず，消費者行動が独立した研究領域として組織的に研究されるようになるのは，主として第二次世界大戦後のことである（堀越 [2005-2007] 224号, p.40）。

　こうした戦後の消費者行動研究の高まりは，企業実践としてのマネジリアル・マーケティングの出現に対応するものであった。消費者志向が企業理念にまで昇華され，あらゆる企業活動の出発点として消費者行動を理解することが重要な実践的課題として認識されるとともに，他方で，そうした課題はマーケティング研究においてより一層無視できないテーマとしてクローズアップされるようになったのである。

　また，これまで消費者行動研究はさまざまな隣接諸科学の知的成果を援用し，それを発展させることで独自の変遷を遂げてきた。特に，戦後から積極的に導入されてきたのは心理学や社会学などの行動科学的な知見であり，Katonaの経済心理学，Lazarsfeldのパーソナル・インフルエンスの研究，Rogersのイノベーション普及理論，Festingerの認知的不協和の理論などは，この研究領域の成立に大きな影響を与えたといわれている（Sheth, et al. [1988] 訳書 pp.133-134）。

　本章では，マーケティング研究の下位領域としての消費者行動研究の展開を概観する。この研究領域が内容的におおよそ現在の輪郭を呈するようになるのは

1980年代であり，それまでを，第1期：戦後から1950年代，第2期：1960年代，第3期：1970年代，第4期：1980年代と4期に分けた上で，理論的展開を概観する。消費者行動研究はこれまで夥しい数の研究を輩出しており，年代を重ねていくとともに研究トピックの数も増加の一途を辿っている[1]。かなり裾野が広い研究領域であり，ここですべての研究を網羅することは不可能である。それゆえに，かなり要約的なレビューにならざるを得ない[2]。

2. 第1期：戦後から1950年代

1950年代において最も注目を集めた研究は，モチベーション・リサーチ（以下，MR）であった。Fruedの精神分析学に依拠し，深層面接や投影法を用いて消費者の深層的な動機（無意識）を探ろうとするもので，精神分析学者DichterやColor彩学研究者Cheskinによって開始されたと伝えられている（Packard［1957］訳書p.29）。MRは従来のデモグラフィックな市場調査法とは異なる，新たな調査技法として実務・アカデミックの両世界でかなり注目を浴びたが[3]，他方で，サンプル・サイズが小規模であることや，同一の被験者から異なる動機解釈が導出されるなど定性的研究に特有の問題も指摘された[4]。

また，この時期には，消費者に対する社会的な影響を考慮した研究も登場した。Katz and Lazarsfeld［1955］によるパーソナル・インフルエンスの研究は，冷暖房装置の所有に関する口コミの影響を調査したWhyte［1954］とともに，イノベーションや新製品の普及理論の先鞭をつけることになった。また，社会階層，準拠集団，家族，顕示的消費といった社会学的概念も消費者行動研究に導入された。（Warnerの指導のもとに行なわれた）Martineau［1958］による社会階層間の消費パターンに関する調査研究，準拠集団が消費者の製品・ブランドの購買意思決定に及ぼす影響に関してBourne［1957］が行なった実証的な研究，そして，購買決定に対する家族からの影響を考慮したWolgast［1958］の研究が登場した。

3. 第2期：1960年代

1960年代に入ると，消費者行動研究において心理学，社会学，数学のアイデ

アが一段と影響力をもち始めるようになった。1959年にフォード財団がビジネス・スクールに対して教育と研究の両面で行動科学と数理科学の導入を勧告する主旨の報告書を公表した後，多額の補助金を割り当てた。その結果，ビジネス・スクールが行動科学者を雇い入れ，マーケティングの領域に行動科学者が多数流入してきた[5]。彼らを介して消費者の分析に有用なアイデアがもたらされるとともに，1964年に行動科学的な研究を推奨する『ジャーナル・オブ・マーケティング・リサーチ（*Journal of Marketing Research*）』が創刊されると，行動科学的な知見に基づく消費者行動研究が多数輩出されるようになった。

こうした時代背景の中で，1960年代には，1950年代に提出された理論の実証研究や事実発見的な経験的研究が行なわれた。Engel［1965］やHolloway［1967］によってFestingerの認知的不協和の実験的研究が行なわれるとともに，広告実務家によって（瞳孔の拡大や皮膚電気圧といった）電子機器装置を用いて消費者の生理的反応を測定する実験室研究や，デュポン社による広告メディアへの接触効果に関するフィールド実験も行なわれた（Sheth, et al.［1998］訳書p.137）。

また，1950年代に着手されていたブランド・ロイヤルティの研究がこの時期の研究者たちの関心をひきつけ，ベルヌーイやマルコフなどの確率過程をベースにしたブランド・ロイヤルティ・モデルの開発につながった。そして，口コミ研究の流れからRogers［1962］の研究が登場し，Arndt［1967］やRobertson［1971］の製品普及理論に影響を与えた。さらに，「限定合理性」や「満足化」の原理に基づくSimonの意思決定理論に強く影響を受けたBauer［1960］が知覚リスクという新たな概念を提唱し，選択に際して，消費者は経済学者のいう効用最大化ではなく，リスクを最小化することを主張した。また，Robinson, et al.［1967］のように，限定合理性の下での組織の購買意思決定を記述する研究も新たに登場した。

以上のように，異なる学問的背景をもった研究者たちが消費者行動の研究に取り組んだことがこの時期の特徴であり，学際的研究の幕開けにふさわしく数多くの研究成果を輩出した。その一方で，提出された理論や概念は消費者行動に関する部分的な説明や記述にとどまっており，それらが1つの枠組みの下で相互に関連づけられることはなかった。こうして1960年代中頃から，研究者のエネルギーは従来の個別的・部分的研究を相互に関連づけ，体系化しようとする方向へと向かい，Andreasenモデル［1965］，Nicosiaモデル［1966］，Engel, Kollat and Blackwellモデル［1968］，Howard and Shethモデル［1969］といった統合モデ

ルとよばれるものが提出された。

　それらの中で最も学問的関心を集めたのが Howard and Sheth モデルであった。そこでは，従来の研究で取り扱われてきた社会学的概念（社会階層，準拠集団）や心理学的概念（動機，態度，意図など）が，インプットから媒介的反応を経てアウトプットに至る消費者のブランド選択プロセスの中に位置づけられている。「顕在的探索（overt search）」といった消費者の主体的な活動も組み込まれており認知心理学からの影響も窺えるが，基本的には，Hull の新行動主義的な心理学をベースにした S-O-R（刺激―生体―反応）型の意思決定モデルであった（斎藤［1982］p.140）。

　Howard and Sheth モデルを構成している数ある変数の中でも，中心的な役割が与えられているのが「態度」である。このモデルでは，消費者はブランドに対する全体的な評価としての態度を形成し，その態度によって選択行動が生じると考えられており，態度と選択が分かちがたく結びついているのである（Bettman ［1981］p.87）。そして，この選択行動を導く要因としての態度概念は多くの研究者の関心を集め，1970 年代に入ると「多属性態度モデル」の開発を刺激した。

4.　第 3 期：1970 年代

　1970 年代は，消費者行動研究を取り巻く学術制度が整備された時期であった。Engel らが中心となってアメリカ・マーケティング学会（AMA）に働きかけ，1969 年に消費者行動に関するワークショップ開催の公式認可を取り付けた。それがきっかけとなり，翌年 1970 年の消費者研究学会（Association for Consumer Research）の設立につながった（Bartels ［1988］訳書 pp.400-401）。また，1973 年には『ジャーナル・オブ・コンシューマー・リサーチ（*Journal of Consumer Research*）』が創刊されたこともあって，1970 年代には，消費者行動に関する論文の数はさらに増加していった（Hegelson et al. ［1984］pp.451-452）。これらの学術制度の充実によって，消費者行動研究は 1 つの独立した学問領域にまで高められることになったのである（Sheth, et al. ［1988］訳書，pp.139-140）。

　1970 年代初頭から多くの研究者の関心を集めたのは，消費者の態度形成・変容を説明する多属性態度モデルの開発であった。多属性態度モデルは，もともと社会心理学における「期待―価値モデル」に基礎を置くもので，「Bass モデル」

や「Fishbein モデル」が提出された。これらのモデルは妥当性をめぐって検証作業が重ねられ，Fishbein モデルの方が相対的に優れていることが判明したが，次第に，そのモデルが仮定する線形・代償型の構造自体に対して疑問が提起されるようになった。すなわち，消費者の選択行動は必ずしもブランドに対する態度の形成を前提とするわけではなく，（態度の形成を前提としない）選択ルールが存在することや，これらのルールの利用は有限な人間の情報処理能力に起因することが指摘されたのである（青木［1992］p.131）。

多属性態度モデルに対するアノマリーが蓄積されていくとともに，Howard and Sheth モデルが想定していた外部刺激に受動的に反応する消費者像が根本的に見直されるようになった。そして，それと入れ替わるように，有限な情報処理能力をもつ消費者が積極的に情報を探索し，一定のルールに基づいて集めた情報を統合し，選択を行なう消費者の能動的な情報処理プロセスに焦点を当てた分析視角が登場してくるのである（堀越［2006］p.239）。

こうして1970年代中頃から新たに注目されたのが消費者情報処理理論であった。この研究は，1950年代中頃から展開された Simon の記述的な意思決定理論と，その延長線上にあって1960年代初頭に登場した認知心理学から影響を受けている[6]。消費者行動研究においても1960年代末から Alexis, et al.［1968］，Haines ［1969］，Bettman［1970］によっていち早く導入されていたが，Bettman［1979］によって集大成的なモデルが提示されるに至って，消費者情報処理理論は当該研究領域の主要パラダイムを形成するようになった。

Bettman モデルは，情報処理の作業場としての短期記憶と情報の格納庫としての長期記憶を中核的な概念とし，問題認識，情報取得，情報統合という下位プロセスから構成されている。問題認識が行動を開始，駆動させる役割を果たし，その後の情報探索・情報統合プロセスを導く。情報探索プロセスでは，長期記憶内部の情報が引き出されるのが通常のケースで，記憶内の情報が十分でないと判断される場合には，外部環境から追加的な情報が取得される。

それに続く情報統合プロセスでは，ヒューリスティクスとよばれる選択ルールに基づいて取得した情報が統合的に処理され，ブランドの評価や選択が導かれる。ヒューリスティクスは，長期記憶内にレパートリーとして格納されているものを引き出して利用する場合と，選択の現場で構築される場合とがある（Bettman［1979］p.174）。

また，ヒューリスティクスの中には，多属性態度モデルで仮定されていた線

形・代償型ルール以外の選択ルール（例えば，連結型，分離型，辞書編纂型，EBA［Elimination by Aspects］など）も含まれており，状況に応じて消費者はこれらのルールを使い分けると考えられている。従来の統合モデルとは異なって，Bettmanモデルでは，ブランドの全体的評価と選択が独立していること，この点を踏まえた理論構築がなされている（Bettman［1981］p.87）。そのことはまた，Bettmanモデルが情報統合プロセスの特殊ケースとして多属性態度モデルを包摂しうる一般性を有した理論であることを物語っているのである（阿部［1984］p.132；青木［1992］pp.147-148）。

5. 第4期：1980年代

かの科学史家Kuhnがパラダイム転換後に通常科学が営まれると主張したように，1980年代は，消費者情報処理理論を精緻化しようとする試みがなされた時期であった。消費者の事前知識と（知覚，情報取得・探索，記憶，意思決定プロセス）情報処理の関係を明らかにしようとする研究や，知識を概念規定しようとする研究[7]が進められた（Bettman and Sujan［1987］）。

このように消費者情報処理理論の精緻化が進められる一方で，従来の多属性態度モデルや情報処理理論に対して批判的な研究も登場した。それは，主として2つの方向で現れた。(1)行動科学的研究の内部で衰退したかのように思われた行動主義的な学習理論に再び注目が集まったこと，そして，こうした流れとは別に，(2)解釈学，記号論，文化人類学などそれまであまり注目されてこなかった知見を取り入れた解釈学的な研究潮流が新たに登場したことである。

（1）行動主義的な学習理論への再注目

1980年代初頭、認知心理学の成果の本格的導入とともに衰退したかのように思われた行動主義的な学習理論に再び注目が集まった。

その発端となったのは，消費者研究学会の会長講演でのKassarjian［1978］の発言であった。情報処理理論において，消費者は，購買前に関連情報を収集し，統合する情報処理者とみなされている。ところが，日常的な購買を見渡せば，実際には，そうした高度な情報処理が行なわれていないケースが多数存在してい

る[8]。（Krugman［1965］が指摘したような）いわゆる，低関与状況下での購買がこれに該当する。この種の購買は，マーケティング刺激への反復的接触と強化を通じて導かれる反応であり，それゆえ，Skinner のオペラント条件付けによって分析されるべきだと Kassarjian は主張した。

　そして，Kassarjian の発言に触発されるように，Nord and Peter［1980］が行動修正視点（Behavioral Modification Perspective）を打ち出した。それは，消費者の内面（動機，態度など）を理解せずとも，外部の環境要因を知り，うまく操作すれば，購買行動を修正することができるという実用主義的なアプローチである。消費者の行動を修正する方法としては，古典的条件付け，オペラント条件付け，代理学習，生態学的デザイン（ecological design）の4つがあげられている。また，Rothschild and Gaidis［1981］は，クーポンや試供品の提供によって反復購買を強化する手法を提示し，セールス・プロモーション活動におけるオペラント条件付けの有効性を示した。

　さらに，この時期の広告コミュニケーション研究では，低関与下での広告の説得効果を説明するものとして古典的条件付けが関心を集めた。「Aad（広告への態度）」の研究の中で，Shimp［1981］や Mitchell and Olson［1981］は，ブランドに対する態度形成が「Aad」に媒介されるケースがあると指摘し，この「Aad」の媒介作用（または，「Aad」の転移）を古典的条件付けによるものと結論づけた。また，Gorn［1982］は，好ましい音楽と製品を対呈示する実験を行ない，条件付けによって，製品に対する消費者の選好を変容することができることを示した（Allen and Madden［1985］；Bierley, et al.［1985］も併せて参照のこと）。これらの研究によって，従来の Fishbein の多属性態度モデルで説明されるような，属性に関する信念の形成を前提とするブランドの態度形成以外に，独立した態度形成経路が存在することが次第に明らかになった。

　他方，情報処理理論の側でも，低関与下の広告の説得効果プロセスを取り扱いうる理論も提出された。代表的なものとしては，Petty and Cacioppo の精緻化見込みモデルがあげられる（Petty, Cacioppo and Schumann［1983］；Petty and Cacioppo［1986］）[9]。このモデルでは，広告の受け手が情報を精緻化する可能性の高さによって，態度変容の経路が「中心的ルート」と「周辺的ルート」という2つに分けられている。このうち，周辺的ルートが低関与下でのモデルに該当し，中心的ルートのように広告メッセージの内容を熟慮した上での態度変容ではなく，メッセージ内容と本質的に関係のない要因によって態度変容が生じると考えられ

ている（西原［1991］p.109）。そして，この周辺ルートにおける態度変容を説明する理論の1つに古典的条件付けが分類されており，その後，広告コミュニケーション研究において，精緻化見込みモデルをはじめとした「二重過程モデル」が広く受容されていく中で，古典的条件付けは低関与の説得効果を説明する有力な理論として定着するようになる。

このように1980年代には，低関与下での消費者行動を説明するものとして，行動主義的な学習理論が見直された。その結果，行動科学的研究内部において，情報処理理論と行動主義理論という異質な研究アプローチが対立し，併存する事態を招いた（Leong［1985］；Anderson［1986］）。現在でも，消費者行動の多くのテキストで行動主義的な学習理論に紙面が割かれているところを見ると，こうした研究アプローチの併存状況は続いているようである。

(2) 解釈学的研究潮流の台頭

また，この時期には，従来の行動科学的な研究枠組みではあまり注目されてこなかった解釈学，文化人類学，記号論などの知見を取り入れた解釈学的研究が新たに台頭してきた。

解釈学的研究はHolbrook and Hirschmanの消費経験論に端を発している（Holbrook and Hirschman［1982］；Hirschman and Holbrook［1982］）。消費経験とは製品・サービスの「使用経験」のことであり，従来の研究では製品・サービスの「選択行動」に焦点が当てられることが多く，Holbrookらは消費の使用側面を研究する必要性を主張した。

消費経験論は，（芸術鑑賞やスポーツ観戦など）無形財の使用によって喚起されるイメージ，感情，快楽（彼らが「Fantasy」，「Feeling」，「Fun」とよぶもの）を，さまざまなコンテクスト（文化や社会的規範，あるいは個人の幼少体験など）との関わり合いの中で分析することに主眼を置くものである（堀越［2005-2007］232号, p.51）。

また，その後，「使用行動」だけでなく，製品の「獲得行動」や「廃棄行動」まで研究対象に取り込んでいくなど新たな展開もみせた（Holbrook［1987］）。そうした中で，これら一連の消費現象とそれに伴う感情や意味を把握するために，従来の実証主義的な方法とは異なる研究方法が打ち出された。それが「理解」と

よばれる方法である[10]。

「理解」にはさまざまなバリエーションが存在する。Holbrook [1988] が依拠している Freud の精神分析学的な方法，Mick [1986] や Umiker-Sebeok [1987] の記号論 (semiotics) 的な方法，Hirschman [1986] による人文主義的な (humanistic) 方法，そして Belk, et al. [1988] のナチュラリスティック・インクワイヤリー (naturalistic inquiry) で採用されている方法がある[11]。

精神分析学的および記号論的方法では消費者の動機が（個人的・集合的）無意識に還元する形で把握され，人文主義的な方法およびナチュラリスティック・インクワイヤリーでは，ドイツの哲学者 Dilthey が提唱したような感情移入（追体験）によって消費者の感情をダイレクトに把握しようとすることが多い（堀越 [2005-2007] p.51）。このように消費経験の理解や消費現象の意味把握の仕方にはさまざまあるけれども，いずれにせよ，解釈を実践する研究者の「直観」や「感じ方」を重視するという点では共通点をもっている。

この新たな潮流としての解釈学的研究は，消費者行動研究領域の一角を占めるまでに成長し，現在でもその存在感を示している。解釈学的研究は，芸術鑑賞やガラクタの収集活動など，従来の研究では捉えられない現象を取り扱っているという点では魅力的な研究である。しかしながら，提出される解釈が主観的であるという問題や，解釈が妥当かどうかの判断が研究者の主観的判断に大幅に委ねられてしまうといった問題も抱えている。これらの点をどのように解決していくのか，解釈学的研究に残された課題は多い。

6. 本章から学ぶこと

これまで消費者行動研究の歴史的展開を概観してきたように，この研究領域は，1970 年代末に Bettman による情報処理型の統合モデルが提出されるまでは，おおむね既存理論の体系化しようとする方向へと向かっていたといえる。しかし，1980 年代に入るとともに，行動科学研究潮流において行動主義が劇的な形で復活を遂げ，また，新たに解釈学的研究潮流が登場するなど，異なる研究方法やアプローチが対立するようになった。

このように主流派に対する反動が目立った 1980 年代であったが，他方で，消費者情報処理研究においても新たな展開がなかったわけではない。Bettman と

共同研究者たちが中心となって，状況対応的な（contingency）意思決定の解明を押し進めていく中で，行動経済学の成果を導入する動きが出てきた（Bettman [1988] ; Bettman, et al. [1991]）。

行動経済学は，認知心理学者 Tversky, Kahneman, Slovic, 経済学者 Thaler らを中心に展開されている研究分野である。（期待効用理論で描かれているような）完全合理的な人間の意思決定とは異なり，むしろ，そこから実際の意思決定がズレる様子を描き出すことに主眼が置かれている。いわゆる，Simon 直系の記述的な意思決定理論である（Kahneman [2003] p.1449）。

行動経済学の初期においては，今しがた触れたように，標準経済学に対するアノマリーに着目し，実際の人間行動が「経済人」からいかに乖離しているかを実験的に明らかにしていく作業が多かったが，その後，不完全な人間の行動を体系的に説明する理論構築が行なわれるようになった（友野 [2006] pp.37-38）。その代表的なものが，Kahneman and Tversky [1979] のプロスペクト理論である。

客観的には同一の内容をもつ意思決定問題であっても，その記述のされ方の違いによって，選好が逆転したり，あるいは，意思決定結果に変化がもたらされる現象はフレーミング効果とよばれている。プロスペクト理論はこうした現象を「価値関数」と「参照点」によって分析することができるのである（詳しくは，竹村 [2009] を参照されたい）。また，このプロスペクト理論に対して，「課題」や「文脈」が消費者に及ぼす知覚的な作用を分析するための応用可能性を見出したのが，先に挙げた Bettman らだったのである。こうした行動経済学的知見を導入しようとする試みもまた，1980 年代の消費者行動研究において生じた新たな動向として指摘しておかねばなるまい。

【注】
1）1950 年から 1981 年まで 10 のマーケティング関連ジャーナルの中で掲載された消費者行動文献を調査した Hegelson, et al. [1988] によれば，消費者行動研究で取り扱われたトピックは 5 つほどしかなかったが，1981 までに合計 37 にまで達したという（p.451）。
2）消費者行動研究の歴史的展開が発生当初から鳥瞰できる文献として，堀越 [2005-2007]（特に 224 号，227 号，230 号，232 号，233 号，234 号），三浦 [1992]，清水 [1999]，井上 [2007]，Kassarjian [1982] [1984], Sheth, et al. [1988] を参考にされたい。
3）1950 年に『Journal of Marketing』（4 月号）がいち早く MR に関する 4 つの記事を掲載し，それに続いて『Printers Ink』をはじめ，ビジネス関連雑誌がこぞって MR 特集記事を掲載している。また，MR は広告会社を中心に実際の市場調査に頻繁に利用されたようである（Packard [1957] 訳書，3 章，4 章）。
4）Schiffman and Kanuk [1999] によれば，3 人のモチベーション・リサーチャーに与えられた同一のデータから 3 つの異なる解釈結果が生み出されたという（p.90）。また，

Nicosia［1966］によっても同様の指摘がなされている（訳書 pp.105-108）。
5) 1961年にカリフォルニア大学のマーケティング学部に職を得た心理学者 Kassarjian は，当時を振り返って次のように述べている。「私がマーケティング学部に加わったのは，ビジネス・スクールに批判的であったカーネギーとフォード財団の報告書の刊行後，まもなくであった。……報告書は，ビジネスへの投入のために，数学と社会科学から人を雇うことを勧めていた。……それらの報告書が，私の雇われた理由の 1 つではないかと想像した。同時にエンゲルのような人も，オハイオ州立大学に雇われていた。レヴィはノースウェスタン，ニューマンはスタンフォード，ウェルズはラトガース，グリーンはウォートン，キューンはカーネギー，そしてフランクとマッシーはペンシルバニア州立大学であった」（Bartels ［1988］訳書 p.396）。
6) Simon からの知的影響について，Bettman は，次のように述べている。「最初の幸運は大学生のときに Herbert Simon の研究に出会ったことである。もっとも影響を受けた論文は『A Behavioral Models of Rational Choice』（1955年）である。個人の能力は限られており，さらに現実世界に対処するために単純化を行なうという Simon の限定合理性に関する先駆的なアイデアは，消費者選択に関わる後の私の思考の至るところで重要な役割を果たすことになった」（Bettman［1993］p.7）。
7) 知識概念の研究に関する詳細なレビューとして，三浦［1992］を参照されたい。
8) 同様の議論として，Olshavsky and Granbois［1978］を参照されたい。
9) なお，精緻化見込みモデルと類似した理論構造をもつものとして，Chaiken らのヒューリスティクーシステマティック・モデルがある（Chaiken［1980］；Chaiken and Stongor ［1987］）。なお，これらのモデルの詳細については，藤原［1995］に詳しい。
10) 実証主義的な方法では，現象の一般化に目標を置き，「説明・予測・テスト」といった研究手順を踏むのに対して，解釈学的方法，すなわち「理解」の方法は，個性的な現象の把握を目指し，詳細な形で記述していく研究スタイルを採用する点が大きく異なる。
11) Holbrook が自身の芸術作品の収集行動を自己内省法（self-introspection）という手法を用いて分析する事例が，桑原［2006］によって紹介されている。また，Mick や Umiker-Sebeok らの記号論的方法，Hirschman の人文主義的方法，Belk, et al. のナチュラリスティック・インクワイヤリーについては，武井［1997］，松尾［2005］を参照されたい。

【文献案内】
　消費者行動の総論を取り扱ったものとしては，柏木［1985］，杉本編著［1997］，松江編著［2007］がわかりやすい。消費者行動研究の展開についての外観を得るには，堀越［2005-2007］が必読である。清水［1999］，三浦［1992］，井上［2007］もわかりやすい。消費者情報処理理論については，小島［1979］，中西編著［1984］，青木［1992］が必読である。Bettman［1979］は，オリジナルへの挑戦を試みるべきである。広告コミュニケーション研究については，小嶋編著［1993］，仁科監修［1991］が必読である。解釈学的研究については，石井・石原編著［1996］が必読である。武井［1997］，桑原［2006］も詳しい。経済学的研究については，池尾［1991］が必読である。行動経済学については，多田［2003］，友野［2006］がわかりやすい。また，消費者行動研究の近年の展開を知るためには，阿部［2001］が必読である。

【参考文献】

青木幸弘［1992］「消費者情報処理の理論」大澤豊編『マーケティングと消費者行動―マーケティング・サイエンスの新展開―』有斐閣，第6章所収。
石井淳蔵・石原武政編著［1996］『マーケティング・ダイナミズム―生産と欲望の相克―』白桃書房。
阿部周造［1984］「消費者情報処理理論」中西正雄編著『消費者行動分析のニュー・フロンティア』誠文堂新光社，第4章所収。
阿部周造［2001］『消費者行動のニュー・ディレクションズ』関西大学出版会。
池尾恭一［1991］『消費者行動とマーケティング戦略』千倉書房。
井上崇通［2007］「消費者行動研究の系譜」松江宏編著『現代消費者行動論』創成社，第2章所収。
柏木重秋［1985］『新版　消費者行動』白桃書房。
岸志津江［1993］「広告効果測定における心理学の応用―情報処理アプローチと感情研究の接点を中心として―」小嶋外弘ほか編著『広告の心理学』日経広告研究所，第12章所収。
桑原武夫［2006］「ポストモダン消費者研究」田中洋，清水聰編著『消費者コミュニケーション研究　現代のマーケティング戦略④』有斐閣，第8章所収。
小島健司［1979］「消費者情報処理モデル―消費者広告情報処理モデルを志向して―」（財）吉田秀雄記念事業財団研究助成論文（吉田秀雄記念事業財団広告図書館蔵）。
小島健司［1984］「多属性態度と行動意図モデル」中西正雄編著『消費者行動分析のニュー・フロンティア』誠文堂新光社，第2章所収。
小嶋外弘ほか編著［1993］『広告の心理学』日経広告研究所。
斉藤通貴［1982］「消費者行動研究への新視点」『三田商学研究』第25巻第2号，pp.138-148。
清水聰［1999］『新しい消費者行動』千倉書房。
杉本徹雄編著［1997］『消費者理解のための心理学』福村出版。
武井寿［1997］『解釈的マーケティング研究』白桃書房。
竹村和久［2009］『行動意思決定論―経済行動の心理学』日本評論社。
多田洋介［2003］『行動経済学入門』日本経済新聞社。
友野典男［2006］『行動経済学　経済は「感情」で動いている』光文社。
中西正雄編著［1984］『消費者行動分析のニュー・フロンティア』誠文堂新光社。
仁科貞文監修，田中洋・丸岡吉人［1991］『新広告心理』電通。
西原達也［1992］「広告管理と広告効果階層モデル(2)：モデルの類型化とアフェクト反応を取り入れたモデル」『神戸学院経済学論集』第24巻第1号，pp. 91-120。
藤原武弘［1995］『態度変容理論における精査可能性モデルの検証』北大路書房。
堀越比呂志［2005-2007］「戦後マーケティング研究の潮流と広告研究①～⑮」『日経広告研究所報』2005年220号から2007年234号まで15回連載。
堀越比呂志［2006］「消費者行動研究の展開と方法論的諸問題―行動科学的研究プログラムの帰結―」『三田商学研究』第49巻第4号，pp.231-248。
松江宏編著［2007］『現代消費者行動論』創成社。
松尾洋治［2005］「マーケティング研究における解釈的アプローチの方法的背景」『三田商学研究』第48巻第2号，pp.129-155。
松尾洋治［2008］「マーケティング研究における解釈的アプローチの方法的諸問題とその克服」『三田商学研究』第50巻第6号，pp.239-262。
三浦俊彦［1989］「「知識」概念による消費者情報処理研究の再構成」『商学論纂』第31巻第2号，pp.19-25。
三浦俊彦［1992］「消費者行動」及川良治編『マーケティング通論』中央大学出版部，第3章所収。
Alexis, M., G. H. Haines and L. Simon [1968] "Consumer Information Processing：the Case

of Woman's Clothing," AMA Educator Conference Proceeding, AMA, pp.197-205.
Allen, T. C. and T. J. Madden [1985] "A Closer Look at Classical Conditioning," *Journal of Consumer Research*, Vol.12 (December), pp.301-315.
Anderson, P. F. [1986] "On Method in Consumer Research : A Critical Relativest Perspective," *Journal of Consumer Research*, Vol.13 (September), pp.155-173.
Andreasen, A. R. [1965] "Attitude and Customer Behavior : A Decision Model," in H. H. Kassarjian and T. S. Robertson (eds.), *Perspectives in Consumer Behavior*, pp.498-510.
Arndt, J. [1967] *Word of Mouth Advertising : A Review of the Literature*, New York Advertising Research Foundation,Inc.
Bartels, R. [1988] *The History of Marketing Thought*, 3rd ed., Publishing Horizons,Inc. (山中豊国訳 [1993]『マーケティング学説の発展』ミネルヴァ書房。)
Bauer, R. A. [1960] "Consumer Behavior as Risk Taking," in R.S.Hancock (eds.), *Dynamic Marketing for a Changing World*, Proceedings of the 43rd Conference of the American Marketing Association, pp.389-398.
Belk, R. W. [2001] "Postmodern Marketing Research : Implications for Business." ([2001]『Diamond ハーバード・ビジネス・レビュー』pp.64-73 所収。)
Belk. R. D., J. F. Sherry and M. Wollendorf [1988] "A Naturalistic Inquirey into Buyer and Seller Behaviour at a Swap Meet," *Journal of Consumer Research*, Vol.14 (March), pp.449-470.
Bettman, J. R. [1970] "Information Processing Models of Consumer Behavior," *Journal of Consumer Research*, Vol.7, pp.370-376.
Bettman, J. R. [1979] *An Information Processing Theory of Consumer Choice*, Addison Wesley.
Bettman, J. R. [1981] "A Functional Analysis of the Role of Overall Evaluation of Alternatives in Choice Process," *Advances in Consumer Research*, Vol.9, pp.87-93.
Bettman, J. R. [1988] "Processes of Adaptivity in Decision making," *Advances in Consumer Research*, Vol.15,pp.1-4.
Bettman, J. R. [1993] "Fellow's Award Speech : The Decision Maker Who Came in from the Cold," *Advances in Consumer Research*, Vol.20, pp.7-11.
Bettman, J. R. and M. Sujan [1987] "Research in Consumer Information Processing," Working Paper No.163, Pennsylvania State University. (青木幸弘訳 [1988-1989]「消費者情報処理研究の新展開―1981～1985年の文献レビュー―」『流通情報』234号, 235号, 236号, 239号。)
Bettman, J. R., E. J. Johnson and J. W. Payne [1991] "Consumer Decision Making," in T. S.Robertson and H. H. Kassarjian, *Handbook of Consumer Behavior*, Chapter2, pp.50-84.
Bierley, C. F., F. K. McSweeney and R. Vannieuwkerk [1985] "Classical Conditioning of Preferences for SStimuli," *Journal of Consumer Research*, Vol.12 (December), pp.316-323.
Bourne, F. S.[1957] "Group Influence in Marketing and Public Relations," in R. Likert and S. P. Hayes,. jr (eds.), *Some Application of Behavioral Research* (Paris : UNESCO), Chap.6.
Chaiken, S. [1980] "Heuristic Versus Systematic Information Processing and the Use of Source Versus Message Cues in Persuasion," *Journal of Personality and Social Psychology*, Vol.39, pp.752-766.
Chaiken, S. and C. Stanger [1987] "Attitude and Attitude Change," *Annual Review of Psychology*, Vol. 38, pp.575-630.
Copeland, M. T. [1924] "Consumers' Buying Motives," *Harvard Business Review*, Vol.2,

No.2, pp.141-152.
Engel, J. F. [1963] "Are Automobile Purchasers Dissonant Consumer?," *Journal of Marketing*, Vol.27 (April), pp.55-58.
Engel, J. F., D. T. Kollat and R. D. Blackwell [1968] *Consumer Behavior*, Holt, Rinehart and Winston, Inc.
Festinger, L [1957] *A Theory of Cognitive Dissonance*, Row, Peterson. (末次俊朗監訳 [1965]『認知的不協和の理論』誠信書房。)
Gale, H. [1900] "On the Psychology in Marketing Research," *Harvard Business Review*, 25 (Summer), pp.432-443.
Gorn, G. J. [1982] "The Effects of Music in Advertising on Choice Behavior : A Classical Conditioning Approach," *Journal of Marketing*, Vol.46 (Winter), pp.96-101.
Haines, G. H. Jr. [1969] *Consumer Behavior : Learning Models of Purchasing*, New York : Free Press.
Hegelson, J. G., E. A. Kzluge and C. Taylor [1984] "Trends in Consumer Behavior Literature : A Content Analysis," *Journal of Consumer Research*, Vol.10 (March), pp.449-454.
Hirschman, E. C. [1986] "Humanistic Inquiry in Marketing Research : Philosophy, Method and Criteria," *Journal of Marketing Research*, Vol.23 (August) pp.237-249.
Hirschman, E. C. and M. B. Holbrook [1982] "Hedonic Consumption : Emerging Concepts, Methods and Propositions," *Journal of Marketing*, Vol.46 (Summer) pp.92-101.
Holbrook, M. B. [1987] "What Is Consumer Research?," *Journal of Consumer Research*, Vol.14 (June) pp.374-381.
Holbrook, M. B. and E. C. Hirschman, [1982] "The Experiential Aspects of Consumption : Consumer Fantasies, Feelings and Fun," *Journal of Consumer Research*, Vol.9 (September) pp.132-140.
Holbrook, M. B. and J. O'Shaughnessy, [1988] "On the Scientific of Consumer Research and the Need for and Interpretive Approach to Studying Consumption Behavior," *Journal of Consumer Research*, Vol.15 (December) pp.398-402.
Hollingworth, H. L. [1913] *Advertising and Selling*, D. Appleton-Contury and Co.
Holloway, R. J. [1967] "An Experiment on Consumer Dissonance," *Journal of Marketing*, Vol.31 (January), pp.39-43.
Howard, J. A. and J. N. Sheth[1968] "A Theory of Buyer Behavior," in H.H.Kassarjian and T. S. Robertson (ed.), *Perspectives in Consumer Behavior*, Scott, Foresman and Company, pp.467-487.
Howard, J. A. and J. N. Sheth [1969] *The Theory of Buyer Behavior*, John Wiley & Sons, New York.
Jacoby, J. [1976] "Consumer Psychology : An Octennium," *Annual Review of Psychology*, Vol.19, pp.437-466.
Kahneman, D. N. [2003] "Maps of Bounded Rationality : Psychology for Behavioral Economics," *The American Economic Review*, Vol.93, No.5, pp.1449-1479.
Kahneman, D. N. and A. Tversky [1979] "Prospect theory : An Analysis of Decision under Risk," *Econometrica*, Vol.39 (April), pp.341-350.
Kassarjian, H. H. [1978] "Presidential Address 1977 : Anthoropomorphism and Parsimony," *Advances in Consumer Research*, Vol.5, pp.13-14.
Kassarjian, H. H. [1982] "Consumer psychology," *Annual Review of Psychology*, Vol.33, pp.619-649.

Kassarjian, H. H. [1994] "Scholarly Traditions and European Roots of American Consumer Research," in G. Laurant, G. L.Lilien, C. Pras (eds.), *Research Traditions in Marketing*, Kluwer Academic Publications, Chap.8.

Katz, E. and P. E. Lazarsfeld [1955] *Parsonal Influence : The part played by people in the flow mass communications* ,The Free Press. (竹内郁朗訳 [1965]『パーソナル・インフルエンス―オピニオン・リーダーと人々の意思決定―』培風館。)

Krugman, H. E. [1965] "The impact of television advertising : Learning without involvement," *Public Opinion Quarterly*, 29 (Fall), pp.349-356.

Lawson, R. W. [1995] "Consumer Behaviour," in M. J. Baker (eds.), *Companion Encyclopedia of Marketing*, Routledge, London, pp.155-172.

Leong, S. M. [1985] "Metathoery and Metamethodology in Marketing : A Lakatosian Reconstruction," *Journal of Marketing*, Vol.49 (Fall), pp.23-40.

MacInnis, D. J. and B. J. Jaworski [1989] "information Processing from Advertisements : Toward an Integrative Framework," *Journal of Marketing*, Vol.53 (October), pp.1-23.

Martineau,P. [1958] "Social Class and Spending Behavior," *Journal of Marketing*, Vol.23 (October), pp.120-130.

Maynard, H. H., W. C. Weidler and T. N. Beckman [1939] *Principles of Marketing*, Chap.3.

Mick, D. G. [1986] "Consumer Research and Semiotics : Exploring and the Morphology of Signs, Symbols, and Significance," *Journal of Consumer Research*, Vol.13 (September), pp.196-213.

Mitchell, A. A. and J. C. Olson [1981] "Are Product Atribute Beliefs the Only Mediator of Advertising Effects on Brand Attitude?,"*Journal of Marketing Research*, Vol.23(August), pp.318-332.

Nicocia, F. M. [1966] *Consumer Decision Processes*, Prentice-Hall, Inc. (野中郁次郎・羽路駒次訳『消費者の意思決定過程』東洋経済新聞社。)

Nord, W. R. and J. P. Peter [1980] "A Behavior Modification Perspective on Marketing," *Journal of Marketing*, Vol.44 (Spring), pp.36-47.

Nystrom, P. H. [1929] *Economic Principles of Consumption*, New York, The Ronald Press Company.

Olshavsky, R. W. and D. H. Granbois [1979] "Consumer Decision Making ― Fact or Fiction?," *Journal of Consumer Research*, Vol.6 (September), pp.93-100.

Packard,V.[1957] *The Hidden Persuaders*, David McKay Co. Inc., viii+ 275.(林周二訳[1958]『隠れた説得者』ダイヤモンド社。)

Petty, R. E. and J. T. Cacioppo [1981] *Attitudes and Persuasion: Classic and Contemporary Approach*, Wm. C Brown Company.

Petty, R. E. and J. T. Cacioppo [1986] *Communication and Persuasion: Central and Peripheral Routes to Attitude Change*, New York: Springer-Verlag.

Peter, J. P. and W. R. Nord [1982] "A Clarification and Extension of Operant Conditioning Principles in Marketing," *Journal of Marketing*, Vol.46 (Summer), pp.102-107.

Petty, R. E., J. T. Cacioppo and D. Schumann [1983] "Central and Peripheral Routes to Advertising Effectiveness : The Moderating Role of Involvement," *Journal of Consumer Researrch*, Vol.10 (September), pp.135-146.

Robinson, P. J., C. W. Faris and Y. Wind [1967] *Industrial Buying and Creative Marketing*, Allyn and Bacon.

Rogers, E. M. [1962] *Communications of Innovations*, The Free Press. (藤竹暁訳 [1966]『技術革新の普及過程』培風館。)

Robertson, T. S. [1971] *Innovative Behavior and Communications*, Holt, Rinehart and Winston Inc. (加藤勇夫ほか [1975]『革新的消費者行動』白桃書房。)

Rothschild, M. L. and W. C. Gaidis [1981] "Behavioral Learning Theory : It's Relevance to Marketing and Promotions," *Journal of Marketing*, Vol.45 (spring), pp.70-78.

Schiffman, L. G. and L. L. Kanuk [1999] *Consumer Behavior* (7th ed), Prentice-Hall.

Scott, W. D. [1903] *The Theory of Advertising*, Small, Maynard & Co.

Sheth, J. N. [1967] "A Review of Buyer Behavior," *Management Science*, Vol.13 (August), pp.B718-B756.

Sheth, J. N., D. M. Gardner and D. E. Garrett [1988] *Marketing Theory : Evolution and Evaluation*, John Wily & Sons, Inc. (流通科学研究会訳 [1991]『マーケティング理論への挑戦』東洋経済新報社。)

Simon, H. A. [1955] "A Behavioral Models of Rational Choice," *Quarterly Journal of Economics*, Vol.69 (Feb), pp.99-118. (宮沢光一監訳 [1970]「合理性選択の行動モデル」『人間行動のモデル』第14章所収。)

Shimp, T. A. [1981] "Attitude Toward the Brand as a Mediator of Consumer Brand Chpice," *Journal of Advertising*, Vol.10 (2), pp.9-15.

Umiker-Sebeok, J. [1987] *Marketing and Semiotics*, Mouton de Gruyter.

Whyte, W. H., Jr. [1954] "The Web of Word of Mouth," *Fortune*, Vol.50 (November), pp.140-143.

Wholgast, E. H. [1958] "Do Household or Wives Make the Purchasing Decision?" *Journal of Marketing*, Vol.22 (October), pp.151-158.

（松尾　洋治）

第10章

国際マーケティング研究の系譜

1. はじめに

　本章の目的は，マーケティング研究における国際マーケティングの発生と発展の経過を時代区分に沿ってその特徴を明らかにすることである。かつてマーケティング研究の「継子」(step-child) とよばれた国際マーケティングの研究は，時代とともに大きく変化してきている (Bartels [1968])。

　国際マーケティングは国内マーケティングに対峙する概念で捉えられてきたが，1995年を境に国内マーケティングと国際マーケティングを包摂する「グローバル・マーケティング」が一般化されつつある。しかし，ここでは国際マーケティングを広義に用いることにする。国際マーケティングが注目されるのは第二次大戦後である。国際マーケティングは輸出マーケティングに始まる。輸出マーケティングは，国内市場の外延としての国外市場が制度的・経済的に国際市場として形成されることが前提となる。戦後のマーケティングの普及は，西欧，日本に始まり次第に拡大していった。その一方で輸出マーケティングが自由貿易体制の中で成長していった。自由貿易体制として1948年に発足したのが，GATT（関税・貿易一般協定）である。戦後の冷戦の中で，自由主義諸国は社会主義諸国に対抗して，関税の引き下げと自由・無差別・互恵をうたい文句にGATTを発足させ，貿易による経済成長を目指した。

　輸出マーケティングが比較的早い時期に導入されたのは，日本である。日本には1955年頃にマーケティングが導入されたといわれるが，ほぼ同じ時期に輸出マーケティングが始まった。輸出マーケティングは，直接投資により新たな展開をみせる。輸出マーケティングが国内生産を前提とする国内マーケティングの外延であるとすれば，直接投資は現地生産あるいは国外生産を行なうための投資であり，「商品移動から事業移動」へと大きな戦略転換を迎える。これが国際マー

ケティングである。国際マーケティングはマーケティング固有の問題でなく，国際ビジネスとも関わってくるようになる。

とくに，アメリカ企業が戦後のヨーロッパ復興のためのマーシャル・プランに対応して，積極的にヨーロッパに進出した1960年代から国際マーケティングが経営戦略に組み込まれるようになっていく。その後，国際企業が多国への進出を進める中で，多国籍企業が生まれマーケティングも多国籍マーケティングの時代を迎えた。

しかし，1990年代に入ると，「世界」を1つの市場と捉える「グローバル・マーケティング」の時代を迎える。国際マーケティングが，輸出マーケティングに始

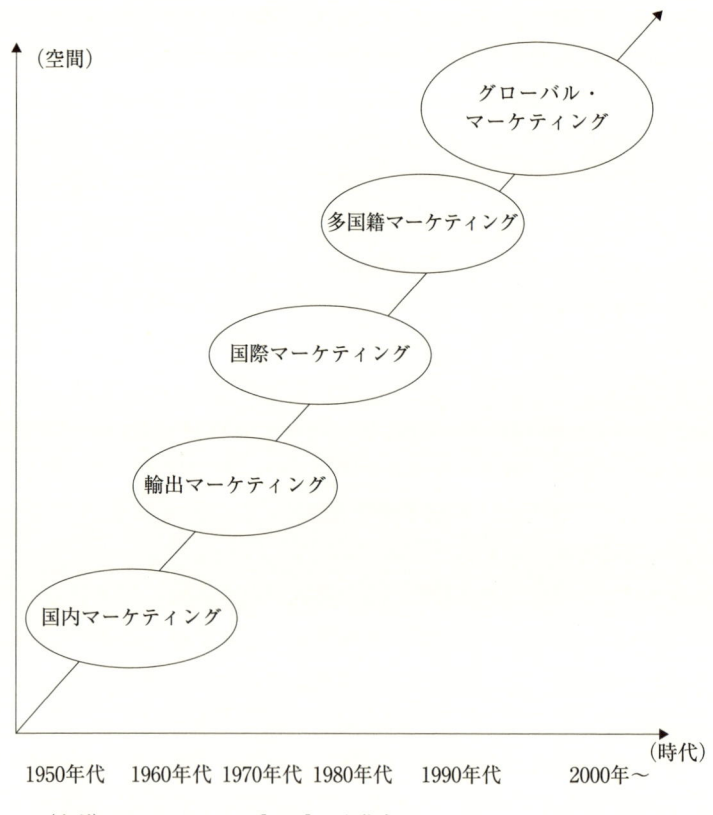

図表10－1　広義の国際マーケティングの発展

(空間)↑

グローバル・マーケティング

多国籍マーケティング

国際マーケティング

輸出マーケティング

国内マーケティング

1950年代　1960年代　1970年代　1980年代　1990年代　2000年～　(時代)

(出所) Douglas & Craig [1985] より作成。

まり，多国籍マーケティング，グローバル・マーケティングに発達していくプロセスを，以下でみていくことにする[1]。

2. 国内マーケティングと国際マーケティング

20世紀初頭にアメリカで生まれたマーケティングは，広大なアメリカの国内市場を前提として生まれた。つまりマーケティングは国内市場を，そして国外市場は貿易の問題と考えられていた。

Bartels［1968］は，マーケティングの国際化という大きな思考や実践の変化において，新しい考え方が受け入れられるためには3つの段階を踏まなければならないと主張する。まず第1に「識別」の段階であり，新しい着想が知覚され，その性格が認識されるためにコミュニケーションを容易にする名称を新たに作ることも必要である。第2に「概念化」の段階では，その着想の意味や定義が必要になる。第3に，確立した思考体系に「同化」と統合の段階がある。

国境を越えてマーケティング実践が拡張する中で,「比較」とか「国際」をマーケティングに当てはめてきたが，これまでは「貿易」とよばれてきたものを「国際マーケティング」とよぶようになってきた（Bartels［1968］）。

図表10－2　マーケティングの発展方向

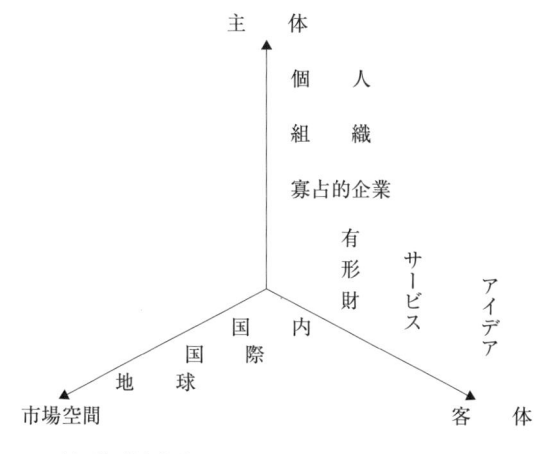

（出所）筆者作成。

(1) 環境主義

そこで，Bartels は，環境主義を用いて国内マーケティングと国際マーケティングは「環境」の違いであり，マーケティングはそもそも遂行される「環境」に規定されると主張し，これを「環境主義」と定義した。

確かに 1950 年代後半からのマーケティング・マネジメントは内部環境（統制可能）と外部環境（統制不可能）に分け説明し，とくに外部環境の違いが戦略を規定する要因だと考えていた。これも「環境主義」である。

Bartels もこの「環境主義」を国際市場に適用できると考えた。まず，自然的・経済的環境要因がビジネスの「技術的」側面のおもな規定要因になり，また文化的環境要因がビジネスの社会的側面のおもな規定要因になると考えられた。

自然的・経済的「国家環境」とは，国土の大きさ，人口，GNP（国内総生産），生活水準，交通システムなどであり，それに対して技術的「マーケティング要素」とは製品，価格，利潤，費用，ブランド，商品差異化，陳列，規模，チャネル，市場，制度，などをいう。

Bartels は「国家環境」の違いが国際マーケティングの概念化に有効であると考え，「同化」や統合化への可能性を示した。

(2) 水平貿易と独占的競争

Bartels の環境主義の考え方は，なぜマーケティング市場が国際化するのかを説明するのに役立つ。

つまり，類似した市場が存在すること，つまり国家環境が類似した国の間で市場が成立することが水平貿易ないし産業内貿易を生み出す。

従来は垂直貿易が主流であり，お互いの国が「特化」することで，不足するものを補完するのが貿易の利益と考えられてきた。

環境主義は，消費者の購買力や生活水準，生活様式などの類似性をみることで，同様の製品を購買したい消費者を国外に見出すことが可能になる。

たとえば，アメリカで開発された電気製品を西ヨーロッパに輸出することで，アメリカ市場と類似した市場を作り出すことができるし，ヨーロッパの乗用車をアメリカに輸出し，アメリカからも西ヨーロッパに乗用車を輸出する。

このように同一産業内での貿易が進むことによって，商品差異化が重要な意義

をもち，製品の品質・性能，ブランドなどの違いにより消費者の選好が多様化し，マーケティング要因が作用することになる。その顧客が「世界顧客」(world customer) となり新しい概念が生まれるのである (Dichter [1962])。

商品差異化によって所得水準の近いアメリカとカナダ，西ヨーロッパ間のマーケティングが盛んになり，これが国際マーケティングを生み出すきっかけになっていった。

世界大戦が列強による資源獲得によるものであったことの反省から，価格競争でない，秩序ある商品差異化による独占的競争を基本とする国際マーケティングは，従来の価格競争による破滅的競争を引き起こす垂直貿易に対して，結果的に世界平和を生み出すとの考え方も生まれてきた (Austin [1966])。

3. 1960年代国際マーケティング成立の背景

国際マーケティング成立の条件を商品差異化による独占的競争状態だとすれば，石炭・鉄鉱石・石油などの価格競争とは異なり，国際マーケティングは家電品や自動車などにみられる秩序ある優雅な競争であるマーケティングの外延とみることができる。

国際市場における独占的競争の成立要因は，先進諸国（OFCD加盟国）間の水平貿易と相互浸透直接投資による，消費構造や生活様式の類似化が重要である。以下で国際マーケティング成立を，市場要因，制度要因，技術要因の3つの環境要因でみることにする[2]。

(1) 市場要因

国・地域の所得水準，可処分所得，所得分配率などの購買力と並んで生活様式が顧客の購買決定に影響を与える。アメリカとカナダは経済的にも地理的にも近いし，言語や宗教の違いも比較的小さいことを考えれば，両国間で国境を越えたマーケティングは比較的容易である。

しかし，アメリカとメキシコでは地理的には隣接していても経済水準の格差が大きく，当時では国際マーケティングの対象としてメキシコはカナダほど魅力的ではなかった。

(2) 制度要因

アメリカはヨーロッパ復興のために莫大な財政支援を行ない，西ヨーロッパの需要を作り出していた。EECからECへ，そしてEUになったように，世界の地域主義が台頭する一方で，1948年に発足したGATTは，1995年にWTO（世界貿易機関）として国際機関となった。

このような制度的環境はアメリカ企業の対ヨーロッパ戦略に好都合であった。

(3) 技術要因

新製品開発や生産技術の移転を国際マーケティングにもち込んだのはVernon[1966]とWells, Jr.[1968]である。国際市場での新商品は先導国で開発・生産され，そのあとに先進国に輸出され，最終的に途上国で生産が行なわれ先導国は最終的に途上国からの輸入に依存するようになる。このパターンは国際製品ライフサイクル（International Product Life Cycle：IPLC）とよばれ，企業の国際化や多国籍化の有力モデルとして長い間利用されてきた。

しかし，ライフサイクルの短縮化によって，このモデルの有効性がなくなってきたとの指摘もみられるようになってきた（Giddy[1978]）。

ただ，ライフサイクルが消滅したわけではなく新たな枠組みが必要となった。そこでグローバル製品ライフ・サイクル（Global Product Life Cycle：GPLC）が示された。

国際マーケティングは1960年代にアメリカの多国籍企業の直接投資行動と密接につながっており，それが多国籍企業のマーケティングの展開につながるのである。

4. 多国籍企業とマーケティング

IPLCと直接投資・貿易のパターンをモデル化したのは前述したようにVernon[1966]とWells, Jr.[1968]である。彼らは戦後のアメリカ企業の海外進出を貿易と直接投資の連結と捉え，先導国であるアメリカ企業が開発した商品がまず最初にアメリカ国内で生産・消費され，その次に先進国へと消費・生産が移

行し，最終的には途上国での生産と消費に行きつくパターンを IPLC で説明した。従来の貿易と大きく異なるのは，生産主体である企業が商品の生産とともに移動し，企業内貿易を通した内部取引によって貿易の障壁を低減させることが可能になるのである。このモデルは 1980 年までの多国籍企業の展開を裏付けるモデルとして長い間支持されてきたが，1990 年代東西冷戦の終結，WTO や EU などによる貿易障壁の低減にともない，直接投資による企業内貿易から市場を通した貿易に再び流れが戻ることによって，多国籍企業の企業内貿易の優位性が相対的に薄れることになってきている。

(1) 多国籍企業の展開

Vernon が 1971 年に著した『多国籍企業の新展開』は，アメリカ多国籍企業の諸問題をまとめたものである（Vernon [1971]）。

この中で Vernon はアメリカ多国籍企業がいかにして多国籍化し，どのような分野に進出し，そして国家経済を越えたのか等，パワーの問題や将来の展望を示している。この著書をきっかけに日本でも多国籍企業の研究がさかんになり，1972 年 12 月に日本でも多国籍企業研究会が設立された。

そして 1977 年に萩野典宏が，日本ではじめて多国籍マーケティングの著書を著した（萩野 [1977]）。

多国籍の研究は，アメリカにおいてはハーバード学派，イギリスにおいてはレディング学派（Reading School），北欧においてはスウェーデンのウプサラ学派（Uppsala School）が知られている。Vernon や Wells, Jr. はハーバード学派に属し，日本の多国籍研究に大きな影響を与えてきた。

(2) 日本の多国籍企業の展開

日本では，多国籍企業研究会を中心に多国籍企業の研究が行なわれてきている。設立当時は入江猪太郎，山本登，山城章，板垣與一，小林規威らがメンバーの中心だったが，その次の世代の高井眞，角松正雄，竹田志郎，江夏健一，鈴木典比古，らが 80～90 年代にかけて中心的な役割を果たした。その後継者の中から国際マーケティングを志向する研究者も生まれてきた。諸上茂人，大石芳裕，藤沢武史，田端晶平などが挙げられる。

(3) 日本型多国籍企業としての総合商社研究

日本の総合商社は，製造業や金融業を中心とした欧米の多国籍企業とは異なることがしばしば指摘されている。それは日本の産業構造や企業規模との違いからみることができる。つまり，江戸時代の問屋制手工業に起源をもつ日本の流通機構は中小零細のメーカーと小売りを架橋する役割として問屋が商社となり，それが特に財閥の中心的役割を果たした商社を総合商社とよんできた。戦後の高度成長期には輸出を中心とする貿易を扱ったのが総合商社であり，総合商社は日本経済に大きな役割を果たしてきた。

しかし，1970年代に入ると総合商社への社会的批判とともに「商社不要論」が台頭し，それに代わってメーカーが自ら輸出マーケティングを行なうようになっていった。そのなかで商社の役割を扱う著作もあらわれた（商社機能研究会編［1981］）。

1960年代から70年代にかけ欧米のメーカーが積極的に多国籍化をはかる一方で，日本は総合商社の貿易機能による国内生産をベースとするメーカーの成長がみられた。それによって日本のメーカーの多国籍化が欧米に遅れたともいえるが，後述するように1980年代後半以降の日本のメーカーの急速なグローバル展開がみられる。それによって日本の商社の役割の低下を指摘する声があがり，再び「商社斜陽論」が叫ばれた時期もあったが，総合商社の役割やマーケティングを論じる文献も出てきた（山中［1989］；杉野［1990］）。

特に島田が扱った「商社商権論」や，曽我が論じた「総合商社とマーケティング」はユニークな研究である（島田［1990］；曽我［1992］）。

その後，財閥系ではないトヨタ自動車の子会社である豊田通商が総合商社になったことは極めて特殊な事例であり，多国籍商社の例と考えられる。

5. 日本の国際マーケティング研究

1950年代後半にマーケティングがアメリカから導入されるまで，日本における国際マーケティングは，輸出が主なテーマであった。

しかし，1980年代対米輸出貿易の大幅黒字に伴う日米貿易摩擦の激化に伴い，自動車企業をはじめとした電気・機械メーカーは積極的に北米市場の直接投資を

行なうことで現地生産を始めた。これをきっかけとして，日本企業は国際化から多国籍化そして1990年代後半以降急速にグローバル化を進めることで欧米と同様に国際マーケティングの新しい展開がみられるようになっていく。

(1) 輸出マーケティング

戦前戦後と通して，日本の経済に多大な影響をもたらしたのは，戦前の財閥の中心であった総合商社である。貿易立国のために乏しい国内資源を補うために海外から資源を輸入し，国内で加工した製品を海外の市場に輸出する役割を担ってきたのが総合商社である。戦後の日本において貿易経営の立場から輸出を考えたのは上坂と浜谷であった。浜谷［1956］は総合商社丸紅の経験を踏まえて貿易経営論を著し，菱沼［1957］は輸出マーケティングをはじめて論じた。本格的にマーケティングが商業学会で取り上げられたのは1963年のことであり，日本商業学会［1963］が海外販売とマーケティングについてまとめている。これらをきっかけに海外市場を意識した輸出マーケティングに関する研究が著され，高井［1968b］，生島［1964］，津田［1968］などにより日本のメーカーを中心とした日本のマーケティング志向が定着するのである。

また貿易商務論の石田［1974］は，輸出マーケティングとは異なる『貿易マーケティング』を著した。

(2) 国際マーケティング

欧米で国際マーケティング研究が1950年代後半から60年代にかけて盛んになり，Kramer［1959］，Stanley［1963］，Fayerweather［1965］，Hess and Cateora［1966］，Leighton［1966］などの著作が出版されるのに伴って，日本でも国際マーケティング研究が盛んになっていった。

日本における国際マーケティング研究は，生島［1966］の『国際マーケティング政策』を端緒とするが，マーケティング研究者である深見［1967］や森下［1967］が国際マーケティングやワールド・マーケティングを論じている。

また，高井眞は1960年代の輸出マーケティングから一貫して国際マーケティングに取り組んできている（高井［1963］［1968a］［1973］）。

特に1970年代に入ると竹田［1970］，萩野［1970］などの著作が出ている。

(3) 多国籍マーケティング

1970年代は国際マーケティングから多国籍マーケティングへの移行時期であった。特に高井［1973］,萩野［1977］,角松［1983］,竹田［1985］,堀出［1985］などは,直接投資による企業の多国籍化をマーケティングのテーマに取り上げ,積極的に多国籍マーケティングを論じている[3]。

多国籍マーケティングは日本に限らず欧米でも積極的に議論され,特に代表的な著作であるKeegan［1974］の初版が出版され,1989年の第4版（Keegan［1989］）から『グローバル・マーケティング・マネジメント』に改称されている。

(4) グローバル・マーケティング

1980年代に入ると多国籍化に代わってLevitt［1983］やOhmae［1985］によって,市場のグローバル化が論じられた。この中でLevittは世界市場の同質化を,Ohmaeは先進国のトライアド市場をグローバル市場と考えていた。しかし,21世紀に入りBricksをはじめとする新興国市場の急速な成長や先進諸国の景気低迷によって,グローバル市場の捉え方も変わってきている。

Porter［1986］は産業をグローバル産業とマルチ・ドメスティック（マルドメ）産業に区分し,国内にとどまるマルドメ産業の限界を予測したが,実際は1990年代後半以降のボーダーレス化によってマルドメ産業である流通・小売やサービス産業のグローバル化が急速に進んでいる。

Douglas and Craig［1985］は,グローバル・マーケティング戦略の進化モデルをアメリカの企業発展をベースに示したが,このモデルはアメリカの巨大な国内市場をベースにしたモデルであり,普遍的なモデルとはなり得ず,特に1990年代から出てくるボーン・グローバル企業モデルの批判対象となった（Knight and Cavusgil［1996］）。

その後1990年代後半となると本格的にグローバル・マーケティングの著作があらわれ（Johansson［1997］,Kotabe and Helsen［1998］）,また大学における講座や教授の肩書にもグローバル・マーケティングの名称が使われ始めた。

日本でも角松・大石［1996］や諸上・藤沢［1997］,高井［2000］などを中心に,グローバル・マーケティングの研究がさかんになり始めた[4]。

また,諸上［1995］は国際市場細分化という新しいテーマでグローバル・マー

ケティングを考察し，林 [1999] はマーケティング技術の国際移転を論じている．

6. Kotler を通した国際マーケティング研究の展開

世界的に知られる Kotler は代表的著書である *Marketing Management* を 1967 年に出版し (Kotler [1967])，版を重ねて現在に至っている．

あまり知られていないが，*Marketing Management* の構成・内容の変化と対応して，Kotler は研究・教育の関心も大きく変化した．Kotler は 1980 年代までアメリカのノースウェスタン大学ケロッグ経営大学院のハロルド・マーティン・マーケティング教授 (the Harold T. Martin Professor of Marketing at the Kellog Graduate School of Management, Northwestern University) であったが (Kotler [1988])，90 年代からジョンソン国際マーケティング教授 (the S. C. Johnson Professor of International Marketing) になり (Kotler [1991])，現在はその名誉教授である．つまり 6 版 (Kotler [1988]) と 7 版 (Kotler [1991]) の間で社会・経済的要請が大きく変化することが推定される．

ここでは，Kotler の *Marketing Management* を通してマーケティングにおける国際マーケティング研究の位置づけを考えてみたい．

1967 年の初版では国際マーケティングへの言及はみられないが，第 2 版の第 5 部 第 23 章で国際マーケティングが初めて取り上げられている (Kotler [1972])．第 3 版では第 21 章に国際マーケティングが位置づけられており (Kotler [1976])，第 4 版 (Kotler [1980]) は第 6 部で特殊マーケティングの一分野として非営利組織マーケティングとともに扱われているのに過ぎないが，第 5 版 (Kotler [1984]) では第 14 章に「グローバル市場におけるマーケティング戦略」を扱い，従来とは大きく違ってグローバル・マーケティングが比較的重要な位置を占め始めている．

そしてそのころから国際マーケティングへの社会・経済的要請と，当時 Reagan 大統領のもとで「強いアメリカ」を標榜し，「双子の赤字」つまり財政赤字と貿易赤字の解消が，アメリカの最大の関心事であった．

特に対日貿易赤字が大きく，日本との競争がアメリカのビジネスだけではなく政治的な問題となっていた．そこで Kotler は 1985 年から 1986 年にかけて次々と著作を発表したのである (Jatusripitak, et al. [1985], Kotler, et al. [1985], Kotler

[1986])。

1985年以降, Kotler が積極的にグローバル・マーケティングに言及してきたのは，アメリカのマーケティングが従来の枠組みから大きくグローバル・マーケティングへと転換をみせる1つの契機とみてとれる。そして，20世紀末に国際競争力を意識してまとめたマーケティングの著書が発表された (Kotler, et al. [1997])。

Marketing Management を中心に Kotler の時代・社会文脈への関心と問題解決をみていく中で, Kotler がしだいにアメリカの国際競争力の低下をマーケティング問題として捉えてきたことがわかる。

Kotler の関心はマーケティングをグローバルな視点から捉えることであり，決して従来のマーケティングの枠組みの中に留まっていないことがわかる。

7. 国際マーケティング研究の新領域

Bartels や Kotler からもわかることであるが，マーケティングはアメリカ国内の経済社会文脈と関わって生成発展してきた。

しかし，戦後の世界経済社会の発展や変化にともなって，マーケティングはとりわけ国際マーケティングにおいても新しい領域が要請されてきている。たとえば経済発展，流通・サービスの国際化，ボーン・グローバル企業などである。

(1) 経済発展とマーケティングの研究

国際マーケティングの立場から経済発展を論じたのは，日本では高井 [1977] である。またアメリカの Bertels [1984] も，世界的な開発問題を取り上げている。市場経済が普及した今日ではマーケティングの役割はますます大きくなっているが，この問題を国際マーケティングのなかで議論することは比較的珍しいことであった。しかし，マーケティングが顧客を求めてグローバル市場に関与することは，結果的に世界の経済水準を引き上げることにもなる。その意味で国際マーケティングの新領域として，ますます重要になっていくと思われる。

(2) 小売企業の国際化研究

かつて Porter［1986］がマルドメ産業とよんだ小売産業についてそれ以前にすでにミシガン州立大学の Hollander［1970］が多国籍小売企業を取り上げ，先進国をはじめとする小売企業の多国籍化を予測していた。

しかしその後のメーカーの多国籍企業を取り上げ，その後グローバル産業としての自動車，電気，機械産業のみがグローバル産業と主張していた。

しかし，冷戦終結後の1995年に WTO が設立されて以降，サービス貿易の目覚ましい発展はそれまでマルドメ産業とみられてきた小売やサービス産業が世界経済の成長部門としてグローバル化してきている。日本でも1990年代に小売の国際化を取り上げる著作も出てきた（向山［1996］，谷地［1999］，土居［1999］，黄燐［2003］）。

また，川端［2000］［2008］は，立地論の立場からアジア市場のコンテクスト（文脈）と小売業態の適合性（fit）を取り上げたユニークな研究をまとめている。とりわけ矢作［2007］は，フィールド調査と英米の小売理論に基づいた独自の小売国際化モデルを築きあげてきた。

アメリカでもミシガン州立大学の Hollander の後継者として Sternquist［2007］が最近の小売業の動向をまとめ，アメリカ型と日本型の違いをモデル化している。

このように従来あまり取り上げてこなかった小売業の国際化問題は国内市場の停滞が続く日本の状況を考えても，今後アジア市場やアジアを中心とする新興市場の参入や欧米を中心とする小売企業の日本参入を考える上でも，きわめて重要なテーマとなる。田村［2010］も世界小売企業の国際化要因を分析している。

(3) ボーン・グローバル・マーケティングの研究

Douglas and Craig［1985］が国際マーケティングの発展モデルを構築する中でモデルにしたアメリカの企業発展モデルが他の国や地域，とりわけ北欧や日本をはじめとする比較的小さな国内市場しかもっていない企業の国際マーケティングモデルを十分にあらわしていないことはかねてより指摘されていたが，1993年オーストラリア・メルボルンの McKinsey & Co.［1993］で示された新しいタイプの国際企業を「ボーン・グローバル企業」とよんだ。

その後ボーン・グローバル企業の研究は急速に進み，国際マーケティング研

究の1つの潮流になってきている（Rennie［1993］, Oviatt and McDougall［1994］, Knight and Cavusgil［1996］, Knight, et al.［2004］, Knight and Cavusgil［2005］）。

日本でも当時ミシガン州立大学で，CavusgilやKnightとともに研究した嶋［2009］の業績も発表されている。

8. 本章から学ぶこと

マーケティング，研究では，長い間等閑視されてきた国際マーケティングの研究は，マーケティングだけでなくむしろ貿易論や国際ビジネス論，多国籍企業論などの学際的な研究と関連している。

歴史的には，輸出をはじめとする貿易の研究から始まったと考えられる。20世紀初頭にすでに世界で最も大きな国内市場を有していたアメリカ国内市場への対応として，マーケティング技法が開発されたことは知られているが，輸出をはじめとする国際マーケティング研究は，むしろ日本やヨーロッパの方が進んでいたと考えられる。

その理由は，アメリカに比べて狭小な国内市場だけでは企業経営や経済発展が望めない国では，いかにして国外市場を開拓するかが，焦眉の課題であった。

日本でも明治から始まった富国強兵はまさに国家戦略の基本であったが，第二次世界大戦の敗戦後は，国内生産の「はけ口」として国外市場が重要になった。

特に，1950年代の特需景気から生産力の急拡大と生活水準の上昇によって日本にもマーケティングが導入された。

いわゆる「三種の神器」であるテレビ・洗濯機・冷蔵庫，その後の小型乗用車などの輸出が企業経営に重要な役割を果たしてきた。

メーカーの輸出マーケティングを補完したのが商社，とりわけ総合商社である。

総合商社は，世界に類をみない特殊な卸売企業であり，中小零細企業が多い日本の輸出・輸入を代理し，国際市場開拓の先鞭をつけてきたのである。

日本と欧米との国際マーケティングの大きな違いは，チャネルや取引における商社とメーカーの関与の仕方である。

アメリカをはじめとする国際マーケティング研究は，メーカーの国際展開を，直接投資や製品ライフサイクルから捉える研究が盛んに行なわれて，その結果，多国籍企業や国際経営研究に派生していった。したがって，国際マーケティング

も「マーケティングの視点」を欠いたものが1980年代まで多くみられた。

　しかし，1990年代になると「市場のグローバル化」が進み，従来の多国籍企業中心の国際マーケティングから「マーケティングの視点」へと，多様な研究領域が生まれてきている。1つ目はIT（情報・通信技術）の普及・発達によるネットワーク・ビジネスである。グローバルなネットワークにより国家や企業の枠を越えた取引が容易になり，多国籍企業の内部化の利益が低下してきている。2つ目は，先進国だけでなく新興市場の拡大である。BRICsやVISTAとよばれる成長市場は従来の国際マーケティングでは対象としてこなかったテーマであり，今後の企業成長にとって重要な市場である。3番目に，従来のマーケティングがメーカー中心であったが，サービス化によって，サービスや小売りを国際マーケティングのテーマとして扱うようになってきている。最後に，ボーン・グローバル・マーケティングが世界的に認められつつあることである。従来，巨大グローバル企業が中心であった国際マーケティング研究のテーマとして注目していきたい。

【注】
1）国際マーケティングを広く据えて，グローバル・マーケティングと同意に用いる場合もある。
2）最初に世界マーケティング（world marketing）を使用したのは，Collins［1935］であるが，内容は貿易商務論に近いものであった。
3）グローバル・マーケティングを戦略マーケティングの視点からとられることが，従来のマーケティングとの違いであることを強調したのは三浦［2000］である。
4）多国籍企業研究はマーケティングだけでなく，寡占的国際企業行動を扱うことが多く，必ずしも国際マーケティング研究を主対象にしているわけではない。

【文献案内】
　国際マーケティングと国内マーケティングの異同を知るためにはBartels［1968］が最も有効である。また，初期の国際マーケティングについてはTerpstra［1972］がまとまっている。多国籍マーケティング（Keegan［1974］）からグローバル・マーケティング（Keegan［1989］）への展開，そして最近のKotabe and Helsen［1998］は世界でもっとも読まれているグローバル・マーケティングの文献で日本語の翻訳書もある（Kotabe and Helsen［2001］）。
　市場のグローバル化として，Levitt［1983］，Ohmae［1985］，Porter［1986］，Friedman［2006］，経済発展とマーケティングについては，高井［1977］，Bartels［1984］などがある。
　日本では竹田［1985］や江夏編著［1988］などが日本の1980年代の内容をあらわしている。角松編著［1995］，高井編著［2000］，大石編［2009b］は日本におけるグロー

バル・マーケティングの内容がよくまとまっている。入門書ながら最近のテーマをよく扱っているものとして相原・嶋・三浦［2009］がある。

小売りの国際化としては，Hollander［1970］，Sternquist［2007］，日本では川端［2000］［2008］，向山［1996］，矢作［2007］などがある。

最近注目されているボーン・グローバル・マーケティングについては Mckinsey［1993］，Rennie［1993］，Knight and Cavusgil［2005］，日本では嶋［2009］などがある。

【参考文献】

相原修・嶋正・三浦俊彦［2009］『グローバル・マーケティング入門』日本経済新聞出版社。
生島広治郎編［1964］『輸出マーケティング戦略論』千倉書房。
生島広治郎編著［1966］『国際マーケティング政策』中央経済社。
石田貞夫［1974］『貿易マーケティング』白桃書房。
入江猪太郎［1978］『多国籍企業論』丸善。
岩谷昌樹・谷川達夫［2003］『総合商社－商社機能ライフサイクル』税務経理協会。
江夏健一編著［1988］『グローバル競争戦略』誠文堂新光社。
江夏健一・高井透・土井一生・菅原秀幸編［2008］『グローバル企業の市場創造』中央経済社。
黄　磷［2003］『新興市場戦略論』千倉書房。
大石芳裕編［2009a］『日本企業の国際化－グローバル・マーケティングへの道』文眞堂。
大石芳裕編［2009b］『日本企業のグローバル・マーケティング』白桃書房。
角松正雄［1968］「世界企業とマーケティング」『経済評論』（臨時増刊）日本評論社。
角松正雄［1983］『国際マーケティング論』有斐閣。
角松正雄［1994］「わが国における国際マーケティング研究の前進」『商学論集』熊本学園大学。
角松正雄編著［1995］『日本企業のマーケティング』大月書店。
角松正雄・大石芳裕編著［1996］『国際マーケティング体系』ミネルヴァ書房。
川端基夫［2000］『小売業の海外進出と戦略』新評論。
川端基夫［2008］『立地ウォーズ』新評論。
川端基夫［2010］『日本企業の国際フランチャイジング』新評論。
木綿良行［1974］「国際流通」久保村・荒川編『商業学』第7章，有斐閣。
嶋　正［1989a］「グローバル流通システム観の必要性と意義」『季刊マーケティングジャーナル』（第9巻第2号）日本マーケティング協会。
嶋　正［1989b］「グローバル・マーケティングと競争戦略」日本大学『商学集志』。
嶋　正［1990］「地球マーケティング研究の対象と動向」日本大学『商学集志』第59巻第4号。
嶋　正［2000］「グローバル・マーケティングの進化」高井眞編著『グローバル・マーケティングへの進化と課題』第1章，同文舘出版。
嶋　正［2003］「グローバル・マーケティングの実現と背景」『季刊マーケティング・ジャーナル』（第22巻第4号）日本マーケティング協会。
嶋　正［2009］「ボーン・グローバル・マーケティングの可能性」『季刊マーケティングジャーナル』第114号（第29巻第2号），日本マーケティング協会，pp.4-15。
島田克美［1990］『商社商権論』東洋経済新報社。
島田克美・田中彰・黄孝春［2003］『総合商社－商権の構造変化と21世紀戦略』ミネルヴァ書房。
商社機能研究会編［1981］『新・総合商社論』東洋経済新報社。
杉野幹夫［1990］『総合商社の市場支配』大月書店。
鈴木典比古［1989］『国際マーケティング』同文舘出版。

曽我信孝［1992］『総合商社とマーケティング』白桃書房。
高井眞［1963］「海外販売とマーケティング」日本商業学会編『海外マーケティング』千倉書房。
高井眞［1968a］「国際マーケティングにおける顧客の把握について」関西学院大学『商学論究』。
高井眞［1968b］『輸出マーケティング計画』法律文化社。
高井眞［1973］「多国籍マーケティングに関する一考察」関西学院大学『商学論究』。
高井眞［1977］「発展途上国の経済開発とマーケティング」『商学論究』関西学院大学。
高井眞編著［2000］『グローバル・マーケティングへの進化と課題』同文舘出版。
高宮晋［1972］『海外マーケティング』ダイヤモンド社。
竹田志郎［1970］『国際マーケティング』日本経済新聞社。
竹田志郎［1985］『日本企業の国際マーケティング』同文舘出版。
竹田志郎［1992］「国際マーケティングにおける販売経路構築の先行的役割に関する再論」横浜国立大学『横浜経営研究』。
田島義博・宮下正房編［1985］『流通の国際比較』有斐閣。
田端昌平［1988］「グローバル・マーケティング環境と市場機会分析」江夏健一編著［1988］『グローバル競争戦略』第3章，誠文堂新光社。
田村正紀［2010］「1990年代における世界小売企業の国際化推進力」『同志社商学』61巻6号, 3月。
津田昇［1968］『輸出マーケティング論』東洋経済新報社。
土井教之［2006］『現代の総合商社』晃洋書房。
土居康男［1999］『米国インダストリアル・マーケティング・チャネル』同文舘出版。
日本商業学会編［1963］『海外マーケティング』千倉書房。
萩野典宏［1970］「国際マーケティングの基礎概念（1）（2）」甲南大学『六甲台論集』。
萩野典宏［1977］『多国籍マーケティング』千倉書房。
浜谷源蔵［1956］『貿易経営論』同文舘出版。
浜谷源蔵［1962］「貿易要論」同文舘出版。
林廣茂［1999］『国境を越えるマーケティングの移転』同文舘出版。
菱沼勇［1957］『エキスポート・マーケティング』同文舘出版。
深見義一編［1967］『国際マーケティング』有斐閣。
藤沢武史［1984］「多国籍企業のマーケティング戦略とソーシング戦略の統合」『商学論究』関西学院大学。
堀出一郎［1985］『実践国際マーケティング論』日本経済新聞社。
堀出一郎・山田晃久編著［2003］『グローバルマーケティング戦略』中央経済社。
本田実［1960］『国際配給論』青林書院。
マーケティング史研究会編［2008］『ヨーロッパのトップ小売業』同文舘出版。
丸谷雄一郎［2006］『グローバル・マーケティング』創成社。
丸谷雄一郎・大澤武志［2008］『ウォルマートの新興市場参入戦略』芙蓉書房出版。
三浦俊彦［2000］「マーケティング・マネジメントの上位概念としてのグローバル・マーケティング」『中央大学企業研究年報』第21号。
三浦一［1991］「国際マーケティングについての若干の考察」日本大学『経済集志』。
向山雅夫［1996］『ピュア・グローバルへの着地』千倉書房。
村田昭治編［1969］『ワールド・マーケティング』日本生産性本部。
森下二次也［1967］「ワールド・マーケティングについて」大阪市立大学『経済学雑誌』第56巻4・5号。
諸上茂登［1993］『国際市場細分化の研究』同文舘出版。
諸上茂登・藤沢武史［1997］『グローバル・マーケティング』中央経済社。
諸上茂登・藤沢武史・嶋正［2003］『グローバル・ビジネス戦略の革新』。
矢作敏行［2007］『小売国際化プロセス』有斐閣。

谷地弘安［1999］『中国市場参入』千倉書房。
山中豊国［1989］『総合商社』文眞堂。
Austin, J. P. [1966] "World Marketing as a new Force for Peace," *Journal of Marketing*, Vol.30, No.1, pp.1-3.
Bartels, R. [1968] "Are Domestic and International Marketing Dissimilar?" *Journal of Marketing*, Vol.32, No.3, pp.56-61.
Bartels, R. [1984] *Global Development and Marketing*, John Wiley & Sons Inc. (角松正雄・山中豊国監訳［1985］『社会開発のマーケティング』文眞堂。)
Cateora, P. R. and J. M. Hess [1975] *International Marketing*, 3rd ed, McGraw Hill. (角松正雄監訳［1979］『国際マーケティング管理』ミネルヴァ書房。)
Cavusgil, S. T. [1992] *International Marketing : An Annotated Bibliography*, American Marketing Association.
Cavusgil. S. T. and John R. Nevin [1983] *International Marketing : An Annotated Bibliography*, American Marketing Association.
Collins, V. D. [1935] *World Marketing*, J. B. Lippincott, Co.
Dichter, E. [1962] "The World Customer," *Harvard Business Review*, July-Aug., pp.113-122.
Douglas S. P. and C. Samuel Craig [1985] "Evolution of Global Marketing Strategy : Scale, Scope and Synergy," *Columbia Journal of World Business*, Vol.24, Fall.
Fayerweather, J. [1965] *International Marketing*, Prentice-Hall, Inc.
Fayerweather. J [1970] *International Marketing*, 2nd Ed. (村田昭治・川嶋行彦訳［1977］『インターナショナル・マーケティング』ダイヤモンド社。)
Friedman, T. L.[2006] *The World is Flat, Updated and Expanded Edition*. Picador USA. (伏見威蕃訳［2006］『フラット化する世界（上）（下）』日本経済新聞社。)
Giddy I. H. [1978] "The Demise of the Product Cycle Model in International Business Theory," *Columbia journal of World Business*, Vol.18, No1 (spring).
Grub, P. D. and M. Kaskimes (eds.) [1971] *International Marketing in perspective*, Helsinki, Finland ; S. Kirja Cy.
Gututa, A. K. and D. E. Wetney [2003] *Smart Globalization*, John Wiley & Son, Inc. (諸上茂登監訳［2006］『スマート・グローバリゼーション』同文舘出版。)
Hess, J. M. and P. R. Cateora [1966] *International Marketing*, Richard D. Irwin, Inc.
Hollander, S. C. [1970] *Multinational Retailing*, Michigan State University.
Jatusripitak, S., L. Fahey and P. Kotler [1985] "Strategic Global Marketing：Lessons From Japanese," *Columbia Journal of World Business*, Spring, pp.47-53.
Johansson. K. J. [1997] *Global Marketing*, 1st ed., McGraw Hill.
Keegan, W. J. [1974] *Multinational Marketing Management*, 1st ed., Prentice-Hall, Inc.
Keegan, W. J. [1989] *Global Marketing Management*, 4th ed., Prentice-Hall.
Knight, G and S. T. Cavusgil [1996] "The born global firm; A challenge to traditional internationalization theory," in Cavusgil, S. & Madsen, T.(eds.), *Advances in International Marketing*, Vol.8. Greenwich, CT ; JAI Press.
Knight, G. and S. T. Cavusgil [2005] "A taxonomy of born global firms," *Management International Review*, 45 (3), pp.15-35.
Knight, G., T. Madsen, and P. Servais [2004] "An inquiry into European and American born global firms," *International Marketing Review*, 21 (6), pp.645-65.
Kotabe, M. and K. Helsen [1998] *Global Marketing Management*, 1st ed., John wiley & Sons, Inc.

Kotabe, M. and K. Helsen [2001] *Global Marketing Management*, 2nd ed., John wiley & Sons, Inc.（横井義則監訳 [2001]『グローバル・ビジネス戦略』同文舘出版。）
Kotler, P. [1967] *Marketing Management*, 1st ed., Prentice-Hall, Inc.
Kotler, P. [1972] *Marketing Management*, 2nd ed., Prentice-Hall, Inc.
Kotler, P. [1976] *Marketing Management*, 3rd ed., Prentice-Hall, Inc.
Kotler, P. [1980] *Marketing Management*, 4th ed., Prentice-Hall, Inc.
Kotler, P. [1984] *Marketing Management*, 5th ed., Prentice-Hall, Inc.
Kotler, P, [1986] "Megamarketing," *Harvard Business Review*, March-April, pp.117-124.
Kotler, P. [1988] *Marketing Management*, 6th ed., Prentice-Hall, Inc.
Kotler, P. [1991] *Marketing Management*, 7th ed., Prentice-Hall, Inc.
Kotler, P., S. Jatuspripitak. and S. Maesincee, [1997] *Marketing of Nations*, The Free Press.
Kotler, P., L. Fahey and S. Jatusripitak, [1985] *The New Competition*, Prince Hall, Inc.（増岡信男訳 [1986]『日米新競争の時代を読む』東急エージェンシー。）
Kramer, R. L. [1959] *International Marketing*, South-Western Publishing Co., Inc.
Leighton, D. S. R. [1966] *International Marketing*: Text and Cases, McGraw-Hill Book Co., Inc.
Levitt, T. [1983] "The Globalization of Markets," *Harvard Business Review*, May-June.
McDonald, M and S. T. Cavusgil, [1990] *The International Marketing Digest*, Heinemann Professional Publishing.
McKinsey & Co. [1993] *Emerging exporters ; Australia's high value-added manufacturing exporters*, Melbourne ; Australian Manufacturing Council.
Miracle, G. E. and G. S. Albaum [1970] *International Marketing Management*, Richard D. Irwin, Inc.
Moses, E. [2000] *The $100Billion Allowance*, John Wiley & Sons, Inc.（田中洋訳 [2002]『ティーンズ・マーケティング』ダイヤモンド社。）
Ohmae. K. [1985] *Triad Power : The Coming Shape of Global Competition*, New York, The Free Press.
Oviatt, B. and P. McDougall [1994] "Toward a theory of international new ventures," *Journal of International Business Studies*, 25 (1), pp.45-64.
Patty, C. R. and H. L. Vrendenburg [1969] *Readings in Global Marketing Management*, Appleton-Century-Crofit.
Porter, M. E. (ed.) [1986] *Competition in Global Industries*, Harvard Business School Press.
Rennie, M. [1993] "Born global," *McKinsey Quarterly*, (4), pp.45-52.
Ryans, J. K. and J. C. Baker (eds.) [1967] *World Marketing*, John Wiley and Sons, Inc.
Stanley, A. O. (ed.) [1963] *Handbook of International Marketing*, McGraw-Hill Book Co., Inc.
Sternquist, B. [2007] *International Retailing*, 2nd ed., Fairchild.（若林靖永・崔容熏 他訳 [2009]『変わる世界の小売業』新評論。）
Takeuchi, H. and M. E. Porter [1986] "Three Roles of International Marketing," in Porter, M. E. (ed.) [1986] *Competition in Global Industries*, Harvard Business School Press.
Terpstra, Vern [1972] *International Marketing*, Holt, Rinehart and Winston, Inc.
Thomas, M. J. [1969] *International Marketing Management*, Houghton Mifflin Co.
Thorelli, H. B. [1973] *International Marketing Strategy : Selected Readings*, Penguin Books.
Venon. R. [1971] *Sovereignty at Bay : The multinational Spread of U.S. Enterprise*.（霍見芳浩訳 [1973]『多国籍企業の新展開』ダイヤモンド社。）

Vernon, R. [1966] "International Investment and International Trade in the Product Cycle," *Quarterly Journal of Economics*, Vol.LXXX, May.
Wells, Jr., L. T. [1968] "A Product Life Cycle for International Trade?" *Journal of Marketing*, Vol.32（July）.

（嶋　　正）

第11章

非営利組織マーケティング論の視座と意義

1. はじめに

　マーケティング研究は，生産（または製造）された製品が生産者の下を離れて消費者の手に到達するまでの流通過程（活動）に関わる事柄を研究対象とするものとして，20世紀初頭に萌芽して以来，幾つかのアプローチを生み出してきた。古典的アプローチとマネジリアル（経営者主義的）アプローチである。前者の古典的アプローチは，いわば社会経済的接近法であり，商品（生産物，製品），制度（機関），機能のいずれに注目するかによって，商品別アプローチ，制度的アプローチ，そして機能的アプローチに分けられる。一方，後者のマネジリアル・アプローチは，いわば個別経済主体的接近法であり，企業経営者（マーケティング・マネジャー）の視点に立つものである。この両者は，流通を社会経済的プロセスと捉えるか個別主体的問題として捉えるかという点において性格を異にするが，いずれの場合も，そこに前提とされるマーケティング主体は営利企業と消費者であり，かつマーケティング客体が経済的財およびサービスである点において変わりない。そうして今日，それらのアプローチは流通論ならびに企業マーケティング論としてマーケティング研究の分野を二分しつつ発展して来ている。

　ところが，60年代末から70年代初頭にかけてマーケティング概念拡張論が提唱されるに及んで，上述したそれらとは全く異なる新たな分野が形成されることになる。研究対象の性格と範囲をビジネス領域から非営利分野にまで拡張することによって，すなわち企業マーケティング論の技法を非営利組織や社会的業務の運営実行に応用することによって生まれた第三の研究領域である。それが，この章で取り上げる非営利組織マーケティング論に象徴される研究動向であり，マーケティング研究史上の近年における最も大きな節目の1つとして位置づけられるものである。

本章の目的は，かかる非営利組織マーケティング論のマーケティング研究史上における視座と意義を確定することにある。まず，発端となった論文「概念拡張論」，続く「ソーシャル・マーケティング論」，そして「一般概念論」の概要を明らかにする。次いで，著書『非営利組織のマーケティング理論』の主要構成概念と理論枠組みを明らかにする。さらに，それら一連の"非営利組織マーケティング論"がどのような背景理由の下に形成されたのか，また「概念拡張論争」はどのような反響を呼び帰結していったのかについて振り返り，そして「非営利組織マーケティング論の行方」について分析する。「結び」（本章から学ぶこと）として，これまでの議論を整理づけつつ今後を展望する。

これらの非営利組織マーケティング論の研究動向は，もちろんマーケティング研究全体に関わるものとして措定されるが，実際にはPhilip Kotlerとその周辺を中心に形成され展開されて来た。この意味から，Kotler自身の研究動向を順追って辿ることが，この章のテーマに相当することになる。必然，ここでの展開もそうした経過を採用することにしよう。

2. マーケティング概念拡張論の提唱

(1) 概念拡張論の提唱

非営利組織マーケティング論は，KotlerとLevyによる共同論文「マーケティング概念の拡張」("Broadening the Concept of Marketing" 1969)に開始する。彼らは，その論文の中でマーケティング概念を拡張することによって，従来の企業マーケティング観に代わる全く新しいマーケティングの考え方を展開する。その概要は，以下のとおりである。

① マーケティングは，単に練歯磨きや石鹸や鉄鋼の販売といった事柄をはるかに超える広範な社会的活動である。政治選挙は候補者が，大学による学生募集は高等教育が，そして募金活動は主義主張が，石鹸と同様に市場で売買されることを想い起こさせる。

② ところが，これらのマーケティング領域は，これまでマーケティング研究者によって全く無視されてきた。あるいは，広報活動ないし公衆活動として

ぞんざいに扱われて来た。これらの現象を，マーケティング思想やマーケティング理論の固有の体系内に組み入れようとする何らの試みもなされて来ていない。
③　マーケティング人が，その考え方を拡張し，その技法を，増大する社会的活動の関連分野に適用する好機が到来している。その挑戦は，マーケティングが広範な社会的意味を引き受けるのか，それとも偏狭に定義づけられたビジネス活動にとどまるのかによって左右されよう。
④　米国における最も顕著な動向は，営利企業以外の組織によって遂行される社会的業務の量が増大しつつあることである。社会は，衣・食・住の欠乏状態を脱するにつれて，以前には脇に追いやられて来たその他の社会的ニーズを充足するべく組織化し始めるのである。
⑤　全米自動車労連，国防省，フォード財団，世界銀行，カトリック教会，そしてカリフォルニア大学を経営することは，プロクター＆ギャンブル社やゼネラルモーターズ社やゼネラルエレクトリック社を経営することと同様に，どの点からみても興味を掻き立てられるようになって来ている。
⑥　マーケティング機能に想いを馳せるとき，どの組織も，それに気づいていようがいまいが，マーケティングと同様の活動をしていることがわかるのである。

　これらに明らかなように，この論文の主張は，マーケティング概念を従来のビジネス企業（business firms）にのみ限定することなく，広く非ビジネス組織（non-business organizations）の経営や社会的業務（social activity）の遂行にもあてはまるものとして考えていこうとの基本的理解に立つ。それは，たとえば病院は患者に，大学は学生に，教会は信者に，そして労働組合は組合員にそれぞれ仕えるという具合に，いかなる組織も「消費者」（consumers）を有している，すなわちある特定の集団の利害に「仕える」（serve）ように構成されているからである。また，組織から集団へは「製品」（products）が，すなわち大学では「高等教育」が，宗教団体では「宗教サービス」が，労働組合では「相互扶助」が提供されるとみなすことができるからである。あるいはまた，それらの非ビジネス組織は，利用者の減少，コミュニケーション不足，イメージ悪化などといった「マーケティング問題」を抱えており，「マーケティング手法」（marketing tools）による解決が待たれているからである。かくしてここに，「いまや組織を経営する者が直面す

る選択は,マーケットするかしないではない。いかなる組織もマーケティングを避けて通ることができないからである。選択があるとすれば,それを上手にやるか下手にやるかである。」(p.15)との論理が導き出されるのである。

　換言するなら,人間社会に存在する組織をビジネス組織と非ビジネス組織に分けるとするなら,マーケティング概念はこれまでビジネス組織に固有の論理,すなわち企業のビジネス活動に関するものであったが,マーケティング概念を拡張することによって非ビジネス組織の活動にも応用可能な論理として措定できる。これは大変意義深いことである。そのように考えることができるとするなら,マーケティング概念は,社会のすべての組織に適用可能な論理となるからである。

　かくして,Kotlerは次の段階へとコマを進める。それが,ソーシャル・マーケティング概念であり,続くマーケティング一般概念の提示である[1]。

(2) ソーシャル・マーケティング論の展開

　Kotlerは,概念拡張論を提唱した後,続いてZaltmanと共同で論文「ソーシャル・マーケティング—計画された社会的変化へのアプローチ」("Social Marketing: An Approach to Planned Social Change" 1971)を著す。このソーシャル・マーケティング論は,前の論文「概念拡張論」の続編であり,概念拡張論において言い足りなかった事柄への論究として位置づけられる。そこでは「ソーシャル・マーケティング」という考え方が新たに提示され,マーケティングの諸概念や諸技法の社会的目的促進への応用可能性が説かれる。すなわち,そこにいう社会的目的(social objectives)とは,兄弟愛,安全運転,家族計画,禁煙,美化などといった社会的大義や主義主張(causes)を含むものである。かくして「ソーシャル・マーケティングとは,社会的考え方の快い受け入れに影響を及ぼすように計画されたプログラムを企画し,実行し,そして統制することであり,またそれは製品計画,価格設定,コミュニケーション,流通,そしてマーケティング調査等の考慮を伴うものである。」(p.5)

　もっとも,このソーシャル・マーケティングに通じる考え方は,すでに初期の社会学関連の文献にみられることから,Lazarsfeld and Merton [1949]の分析やWiebes [1951]の分析を考察し,それらからソーシャル・マーケティング実践の概念枠組みを考える際の手掛かりを得ている。すなわち,これまで社会キャンペーンの遂行者は,"広告(キャンペーン)"を第一義的に扱って来たが,そのこ

とが，ある場合には大成功するが他の場合には大失敗する原因となって来た。これに対しマーケティングは，製品計画，チャネル政策，価格設定，コミュニケーション，マーケティング調査……などマーケティング諸手段の統合的組合せを伴うものである。いま求められねばならないのは，かかる意味でのソーシャル・マーケティングであり，それは，社会広告や社会キャンペーンよりも広範な考え方である，とする。

そして，論文の後半部分ではMcCarthy [1968] によるマーケティング・ミックスの理論枠組み（4Ps）に準拠しつつソーシャル・マーケティング実践のための「ソーシャル・マーケティング計画システム」概念図を提示し，その実行可能性を説いている。

(3) マーケティング一般概念論

Kotlerは，続いて論文「マーケティングの一般概念」("A Generic Concept of Marketing," 1972）を著し，マーケティング一般概念論を展開する。Kotlerの概念拡張論の狙いはここにあったと思われる。すなわち，ジェネリック・マーケティング（generic marketing）なる新語を用いることによって，マーケティング一般概念の構想を意図する。論文の冒頭で次のとおりいう。「ある学問が健全である証拠は，環境の変化に合わせて，その焦点，技術，そして目的を再検討しようとする自主性にあるのであって，マーケティング学は，その焦点を商品へ，機関（制度）へ，機能へ，マネジメントへ，そして社会へという具合に変遷してきた。……いま社会は脱工業化社会へと移行しつつあり，マーケティングを伝統的なコンセプトに押し留めておくことは，この学問分野に課された役割を矮小化させることになろう。この意味から，マーケティング概念拡張論は行き過ぎではなく，まだ不十分である。」(p. 46)

こう述べて，Kotlerは，概念拡張論，続くソーシャル・マーケティング論において展開した主張と論理を整序しようとする。すなわち，マーケティング概念について次のような3段階の認識レベルを用意し，一般概念化を図るのである。

認識1は，マーケティングは本質的にビジネスに主題があるとの考え方に立つ。そして，マーケティングは売り手，買い手，そして経済的財やサービスに関わるものである，と主張する。売り手は財とサービスを提供し，買い手は購買力と資源を有しており，そしてその目的は，財と貨幣ないし他の資源との交換である。

マーケティング認識を規定する中心概念は「市場取引」(market transaction)である。

認識2は,「支払い」をマーケティング現象の範囲を規定する必要条件であるとは見做さない。支払いが必要とされようとなかろうと,マーケティング分析と計画化は,ある特定の集団に対して製品やサービスを提供する全ての組織に関連する。また,製品とは,その人にとって価値あるもの(values)である。その消費に対して負担がなされるかどうかは,価値を決定づける本質的特徴というよりは付随的特徴である。事実,これら社会的財のほとんどは通常の形態ではないが,しばしば「価格づけられている」。警察サービスは,税金によって支払われるし,宗教サービスは寄付金によって支払われる。このように,認識2は,認識1の市場取引という中心概念を「組織―顧客間取引」(organization - clients transaction)というより広い概念で代替させる。マーケティングは,広義に規定される組織,顧客集団,そして製品を識別することが出来るような,あらゆる状況に関わるものである。

認識3は,なぜマーケティング技法が組織とその顧客集団との取引にのみ限定されるべきなのかわからない,との認識に立つ。組織は,その顧客ばかりでなく,その環境に位置する他のあらゆる公衆(publics)とのマーケティング活動に従事する。その経営者層は,組織の後援者,供給者,従業員,政府,一般大衆,代理人,そしてその他の重要な公衆に対してマーケティングしなければならないと考える。マーケティングの中心概念は「取引」(transaction)である。取引とは,二当事者間における価値物(things-of-values)の交換である。それは,時間,エネルギー,そして感情といったその他の諸資源を含むのである。取引は,売り手と買い手,そして組織と顧客の間ばかりでなく,いかなる二当事者間にも生じるのである。マーケティングとは,取引がいかにして創出され,刺激され,そして価値づけられるかに関わるものである。これが「マーケティング一般概念」である。

そして,Kotler は,マーケティングについてのこの最も広い考え方としての認識3を特に「ジェネリック・マーケティング」として措定するわけである。すなわち,それはマーケティングについての構造的観点ではなく機能的観点からもたらされるものであり,次のような4つの公理によって定義づけられるという。

公理Ⅰ:マーケティングは2つまたはそれ以上の社会的単位を伴う。
公理Ⅱ:社会的単位のうち少なくとも1つは,何らかの社会的目的に関連して,1つまたはそれ以上の他の単位から,ある特定の反応を求めている。
公理Ⅲ:市場の反応は多分一様ではない。

公理Ⅳ：マーケティングとは，市場に対して価値物を創造し，そして提供することによって望ましい反応をもたらそうとする試みである。

マーケティング一般概念論はマーケティング主体と客体の性質と範囲について，さらに次のようにいう。

「マーケティング活動は，標的市場，製品，そしてマーケティング主体によって識別される。すなわち，ここにいう標的市場とは後援者，被雇用者，供給者，代理人，消費者，一般大衆，特定公衆，政府，競争者のことであり，製品とは財，サービス，組織，人員，場所，アイデアのことであり，そしてマーケティング主体とはビジネス，社会，宗教，文化，知識等に関する組織のことである。」(p.54)

要するに，マーケティング一般概念は，市場反応問題に直面するすべての組織に利用可能な論理なのである。かくして，マーケティング概念は，「そこに価値物の交換があるとみなされる任意の二当事者間」にまで拡張され，最高位段階にまで到達したことになる。

しかし，それら認識3については概念レベルの段階，すなわち考え方の提示で終わっており，ならばどのようにすればマーケティングが実行可能かについての具体的説明や論究はない。Kotlerは，マーケティング概念拡張論を提唱し，一般概念を提示するものの，実際には認識2の段階での理論化を目指す。換言するなら，任意の二当事者間における価値物の交換を想定するマーケティング一般理論は構想段階にとどめ，より実行可能な「組織―顧客間における非市場取引」として措定できる非営利組織のマーケティング理論を提示することになったと思われる。

3. 『非営利組織のマーケティング理論』

この章の中では，「非営利組織マーケティング論」と「非営利組織のマーケティング理論」とを区別して用いている。「・・論」というとき，それは非営利組織マーケティングについて「論じたもの」，「論じること」のすべてを指して言う。これに対し，「・・理論」というとき，それは特に「理論（枠組み）」または「その名の下に著された当該著書」を指して言う。もっとも，一般にはそれらを区別することなく「非営利組織マーケティング論」，そして場合によっては「・・論」を付けることなく単に「非営利組織マーケティング」として論じられることが多

い。ちなみに，英語では Marketing for Nonprofit Organizations の表記のみで，それらすべてがカバーされているようである。

(1) マーケティング・マネジメント理論の応用と主要構成概念

　Kotler は，1975 年に著書『非営利組織のマーケティング理論』(*Marketing for Nonprofit Organizations*) を著す。先に著した3編の論文「マーケティング概念の拡張」，続く「ソーシャル・マーケティング」，そして「マーケティングの一般概念」は，この著書を著すための序章であり準備段階であったとも言うことができる。すなわち，Kotler は，数ページの論文としてではなく，今度は相当量のボリュームを擁しかつ理論枠組みと内容を備える著書の形で概念拡張論の"果実"を世に問うた（公刊した）のである。概念拡張論の提唱から6年後である。

　こうして同書は，新たに書き下されたものであるけれども，全く無の状態から新理論として構築されたわけではない。マネジリアル研究の中で，Howard [1957]，McCarthy [1960]，そして Kotler 自身 Kotler [1967] 等によって形成・育成されて来た「マーケティング・マネジメント理論」(Marketing Management) の理論枠組みを非営利組織の場合に適用することによって出来上がったものである。その意味では，「非営利組織のマーケティング理論」は応用マーケティング論（Applied Marketing）であるということができる。すなわち，ここにいう応用とは，理論骨子はマーケティング・マネジメント理論そのままに，主要構成概念を非営利組織の場合に読み替えて適用することである。

　そこで，以下に非営利組織のマーケティング理論を構成する諸概念の中から，「組織」，「取引形態」，「公衆」，そして「マーケティング問題」など主要なものを取り上げ，説明することによって『非営利組織のマーケティング理論』の内容を理解することにしよう。

　まず，構成概念の第一はマーケティング主体1としての「組織」である。Kotler は，「組織一般」を営利（profit）と非営利（nonprofit），私的（private）と公共的（public）の二分法によって4つのセルに分ける。「セルⅠ」（営利＝私的）は第1セクターを構成し，株式会社，合資会社，個人商店などビジネス企業が含まれる。伝統的な営利企業マーケティング論はこの領域を対象にして来たという。「セルⅡ」（営利＝公共的）と「セルⅢ」（非営利＝公共的）は第2セクターを構成し，さらに4つのタイプの政府・公的機関に分けられるという。タイプ1はビ

ジネス型であり，郵便局，料金徴収道路公団，国有産業等が含まれる。その機能は販売のための製品・サービスを生産することである。タイプ2はサービス型であり，公立学校，公立図書館，警察署，消防署，公立病院等が含まれる。その機能は利用者に料金を直接課すことなくサービスを生産ないし普及することである。タイプ3は移転型であり，社会保障局，市および州福祉局，内国税収入局等が含まれる。その機能は金銭の片務的移転を遂行することである。タイプ4は調停型であり，刑務所，裁判所，公正取引委員会等が含まれる。その機能は公衆の利益を促進するために集団の自由を規制することである。「セルⅣ」(非営利＝私的)は第3セクターを構成し，それは8つの種類の組織から成るという。①宗教組織（協会，教会団体，伝道主義運動），②社交組織（サービス・クラブ，共済組合），③文化組織（美術館，交響楽団，オペラ会社，芸術連盟），④知識組織（私立小学校，私立大学，調査機関），⑤保護組織（同業組合，労働組合），⑥政治組織（政党，圧力団体），⑦慈善組織（民間福祉団体，民間基金，慈善病院，老人ホーム），そして⑧社会運動組織（平和団体，家族計画財団，環境団体，人権団体，消費者団体，女性権団体，反売春団体）である。

　図表11−1は組織を4つのタイプにまとめ上げたものである。すなわち，非営利組織マーケティングの領域とはセルⅡ，セルⅢ，セルⅣに関わるものであり，そしてセルⅠは伝統的企業マーケティングの領域を表す。

図表11−1　マーケティングの領域

	私　的	公共的
営利	Ⅰ　第1セクター	Ⅱ　第2セクター
非営利	Ⅳ　第3セクター	Ⅲ

□　伝統的企業マーケティングの領域
■　非営利組織マーケティングの領域

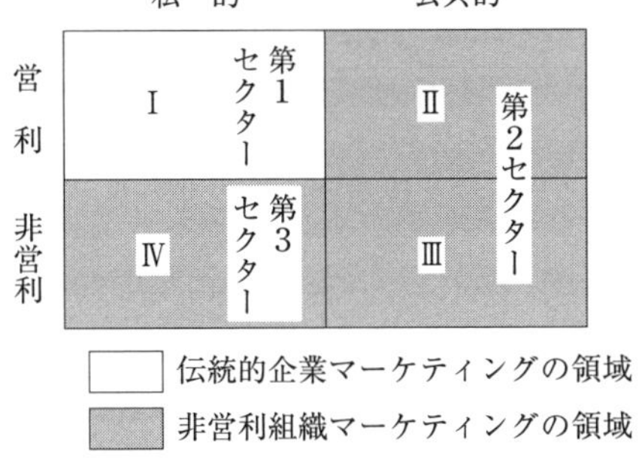

　構成概念の第二は「取引形態」である。これについては5つの類型例を用意する。類型Aは商業取引であり，売り手は財・サービスを貨幣と交換して買い手に提

供する。類型Bは雇用取引であり，雇用主は賃金および付加給付を生産的用益と交換して被雇用者に提供する。類型Cは市民取引であり，警察は防犯サービスを貢献および用益と交換して市民に提供する。類型Dは宗教取引であり，教会は宗教サービスを貢献・用益と交換に信者に提供する。類型Eは慈善取引であり，慈善団体は謝意を金銭および用益と交換して寄贈者に提供する。

構成概念の第三は，マーケティング主体2としての「公衆」である。公衆とはマーケティングする相手側のことである。たとえば，大学組織のマーケティングを想定した場合，次のような公衆が考えられる。見込み学生，在学生，高校生，学生の父母，管理部門とスタッフ，教授陣，理事会，競争者，供給業者，産業界，政府公的機関，財団，卒業生，現地社会，一般公衆，マス媒体等である。ところで，組織一般にとって「公衆」は次の4つに分類できる。①投入公衆（寄贈公衆，供給公衆，規制公衆など），②内部公衆（経営者，理事会，職員，奉仕者など），③媒介公衆（商業者，代理人，助成業者，マーケティング会社など），④消費公衆（顧客，現地公衆，活動家公衆，一般公衆，マスコミ公衆，競争公衆など）である。

構成概念の第四は「マーケティング問題」である。これについては，次のように考える。非営利組織は，その特質と使命さらには公衆関係に応じて，固有の，しかも複数のマーケティング問題に直面する。たとえば，提供サービスに対する需要状態または需要タイプは消極需要，無需要，潜在需要，不規則需要，完全需要，過剰需要，有害需要などに分けられる。「過剰需要」が，"マーケティング問題"であるとするなら，それは「組織が対処できる水準以上に過剰な需要に直面していること」を意味し，「需要を一時的または恒久的に減退させること」がマーケティング・タスクとなる（Kotler［2000］訳書［2001］p.8）。

図表11-2は，以上のKotlerの考え方を再構成し，「非営利組織マーケティングの類型別構成概念事例」として一覧図表にまとめたものである。これによって，非営利組織マーケティング論の全体像の理解に近づくことができよう[2]。

(2) 理論枠組みと章立て構成

先に，『非営利組織のマーケティング理論』はマーケティング・マネジメント理論の応用として形成されたと述べたが，一方でKotlerは，そこにいうマーケティング・マネジメント理論の代表的著作家でもあった。喩えるなら，Kotlerは長年にわたり自家で栽培・育成してきた作物を元に品種改良し新種の作物とし

図表11－2　非営利組織マーケティングの類型別構成概念事例

		組　織	製　品	公衆(顧客)	取引形態	マーケティング問題	マーケティング・タスク
企業マーケティング	0	営利企業	製品・サービス	消費者	代　金	売上高の減少	売上高の増大
非営利組織マーケティング	I	大　学 病　院 美術館 鉄　道	高等教育 医　療 サービス 美術鑑賞 輸　送	学　生 患　者 入場者 乗　客	料　金	利用者の減少	利用者の増大
	II	警　察 市役所 公立学校 軍　隊 政府与党	安　全 住　民 サービス 義務教育 防　衛 統　治	広範囲 一般公衆	税　金	イメージ悪化や誤解の発生	イメージの回復と誤解の除去
	III	労働組合 同業者組合 共済組合 政　党 クラブ 宗　派	共通の利害や主義主張および体験	構成員	会　費 (相互給付)と奉仕活動	相互給付精神や共有体験の希薄化	相互給付精神や共有体験の強化
(ソーシャル・マーケティング)	IV	交通安全協会 家族計画 財　団 慈善団体 自然環境保護団体	安全運転 産児制限 慈　善 環境保護	狭　義 一般公衆	贈　与 奉　仕	(社会的アイデアや主義主張への)無知,無関心,無理解	賛同,採用支援への態度変容

(出所) Kotlerの考え方を参考にして筆者が再構成した (Kotler [1975] pp.13-14)。

て売り出した，ということである。

　ここで，マーケティング・マネジメント理論を，「大規模製造企業による市場創造活動としてのマーケティング行動をマーケティング・マネジャーの意思決定プロセスの観点から規範的に説明づけた体系」と定義するなら，それは，Howardによって初めて体系化され，McCarthyによって一般化され，そしてKotler自身によって充実されてきた一連の理論枠組みであり，今日のマーケティング研究分野において"標準"とされるものである。Kotlerは，概念拡張論を思い立った時点において，かかる『マーケティング・マネジメント理論』の応用

のもとに『非営利組織のマーケティング理論』を著そうと着想していたと思われる。この意味から,両著書はいわば兄弟関係にあり,相互に影響しつつ成長して来たということができる。

ところで,Kotler による,かかる意味でのマーケティング・マネジメント理論の理論骨子とは,「マーケティング手段(製品,流通チャネル,プロモーション,価格)の最適組み合わせを意味するマーケティング・ミックス戦略を中核とし,分析,計画,実行,統制の手順で進行する意思決定プロセス」として描かれるものである。当然のこととして,その応用としての『非営利組織のマーケティング理論』も同様の形式を採用しており,その章立て構成からもうかがい知ることが出来る。

ところで,同書は第3版からは Andreasen との共著となり(Kotler and Andreasen [1987]),かつ題名を『非営利組織のマーケティング戦略』(*Strategic Marketing for Nonprofit Organizations*)へと変更し,今日に至っている。第2版までに比べ,共著になったこと,より戦略論的色彩が濃くなったこと,そしてこの間に各種非営利組織別の戦略論を一方で著したことにより相乗効果的に内容が豊富かつ精緻化されたことなどにおいて相違は認められるものの,理論骨子は依然として変わっていない。ちなみに,最新版[2008]の章立て構成は,第Ⅰ部「標的オーディエンス志向の開発」,第Ⅱ部「戦略的マーケティング計画と組織」,第Ⅲ部「マーケティング・ミックスの設計」,第Ⅳ部「資源の開発」,第Ⅴ部「組織化とマーケティング戦略管理」の5部構成19章から成る。

(3) 各種非営利組織別マーケティング戦略論の展開

ところで,Kotler は『非営利組織のマーケティング理論』を基著としつつ,一方で各種非営利組織別のマーケティング戦略論を展開し始める。というのは,それら非営利組織は非営利組織であるという点において共通項をもつにすぎず,実行可能な理論書として活用しようとすれば細部における相違点が見いだされ,結局のところ各種非営利組織別にマーケティング戦略論を展開しなければならなくなるからである。たとえば,大学と病院は同じく"非営利組織"として位置づけられるものの,その事業目的や行動規範は異なる。また,同じく"顧客"を有しているが,「学生」と「患者」とは当該組織を利用する動機も目的も異なる…等々といった具合である。

逆説的に考えてみれば，概念拡張論やソーシャル・マーケティング論が提唱された際，すでに各種非営利組織別マーケティングの必要性が説かれていたのであり，近い将来「各種非営利組織別のマーケティング戦略論」として展開されるのは，Kotler の文脈においては織り込み済みであったと思われる。かくして，『教育機関のマーケティング戦略』(Kotler and Karen [1985]),『医療組織のマーケティング』(Kotler and Clarke [1986]),『プロフェッショナル・サービスのマーケティング』(Kotler, Hayes and Bloom [2002]),『ホスピタリティーとツーリズムのマーケティング』(Kotler, Bowen and Makens [2003]) など，各種非営利組織別のマーケティング戦略論が次々と著されることになる。

4. 非営利組織マーケティング論の形成と意義

前節までにおいて，概念拡張論，ソーシャル・マーケティング論，マーケティング一般概念論，そして非営利組織のマーケティング理論と順を追って，その経緯と内容を辿りつつ説明してきた。この節では，それら一連の流れを"非営利組織マーケティング論"と総称して俎上に載せ，「形成理由と背景」，「概念拡張論争の反響と帰結」，そして「行方」について論じることによって，非営利組織マーケティング論を分析・評価することにしよう。

(1) 非営利組織マーケティング論の形成理由と背景

ところで,非営利組織マーケティング論は,すでに考察したとおり「マーケティング概念拡張論」に開始するが，なぜ 60 年代末から 70 年代初頭にかけての頃に提唱されたのだろうか。その形成理由と背景として次の諸点を挙げることができよう。

第一は，マーケティング研究における理論発展上の理由である。この時期は，マーケティング研究方法論争（科学論争）の「行き詰まり期」にあたり，Hunt [1976b]によって「科学哲学論争」が再開始される直前の頃である。すなわち,マーケティング研究は科学への志向を強めるなかで幾つかの論争段階を経るが，「科学であるための条件」の不備を指摘される。科学条件の不備とは，マーケティング研究には確固とした一般理論がないということである（上沼 [1987]）。かくして,

科学論争は行き詰まり，マーケティングの一般概念や一般理論が模索されることになる。それらに対する Kotler の回答こそ，概念拡張論に開始する一連の非営利組織マーケティング論の提示であったと思われる。もっとも，Kotler 自身は，Hunt のように科学論争や方法論争へ直接的には参画しなかったのであり，表層的な議論を嫌っていたと思われる。論争ではなくマーケティング概念拡張論の中身（内容）を自ら提示することを選んだと思われる。つまり，ここにいう，概念拡張論に開始する一連の非営利組織マーケティング論の提示がそれに当たると考えられるのである。

第二は，かかる研究への社会経済的要請である。60年代後半の米国社会は，経済のソフト化・サービス化が進行した時代であった。すなわち，人々の大多数が衣食住の欠乏状態を脱した成熟社会に到達しており，人々がより豊かな生活を求めようとするなら，病院，教会，学校，市役所，等によって遂行される社会的業務が適切に遂行される必要があった。かくして，それら非営利組織の経営に，顧客志向を理念とするマーケティング技法の適用が要請されるようになったと考えられる。一方，これらの非営利組織も，顧客（利用者）や公衆との間に様々な"問題"の発生を抱えるようになり，解決を迫られていた。したがって，マーケティング・マネジメント理論（技法）の非営利組織への適用は時間の問題であったと思われる。

第三は，マーケティング研究の在り方をめぐる事情である。マーケティング研究は，その形成以来，どちらかと言えばビジネス（営利企業）側の論理として，いつも社会の一部の勢力に加担する学問と考えられて来た。マーケティング研究者は，心のどこかで，社会全体に寄与できるマーケティング研究の姿を模索していたと思われる。この時期，すなわち60年代後半から70年代初頭にかけての米国では，局地戦争，都市犯罪，若者の精神障害，等々といった社会問題が深刻さを増していた（Dawson［1971］）。この意味から，広く社会問題の解決を目的とする非営利組織マーケティング論（ソーシャル・マーケティング論）の形成は歓迎するべき事態であった。

第四は，マーケティング研究者共同体の内部事情である。マーケティング研究者共同体は，企業マーケティング論の他に新たな研究領域としての"新市場"を求める必要に迫られていた。つまり，営利企業のマーケティング活動を対象とするマーケティング研究は成熟期に達し，新たな市場開拓を求められていたと思われる。そうした中にあって，非営利組織マーケティングの領域こそ新市場に他な

第11章　非営利組織マーケティング論の視座と意義　213

らなかったのである。この意味からも，概念拡張論に開始する非営利組織マーケティング論の形成は格好の材料であった。実際に，今日，マーケティング研究の分野は従来の営利企業から非営利組織の領域にまで，さらには社会的諸問題にまで拡張され，研究領域の裾野が拡大しつつある。

(2) 概念拡張論争の反響と帰結

　マーケティング概念拡張論は，ソーシャル・マーケティング論，そしてマーケティング一般概念論へとして展開し，提唱者 Kotler の文脈の中では「非営利組織のマーケティング理論」として結実していくが，当然のこととして，一方でマーケティング学会挙げて大論争を巻き起こすことになる。概念拡張論はマーケティング概念をめぐる境界設定の問題でもあることから，別に「境界設定論争」(田村［1977］pp. 99-104；荒川［1978］pp. 110-112) という場合もあるが，それは，とくに60年代末から70年代中頃にかけて顕著であり，この間に十数編の論文が著され，また1971年にはジャーナル・オブ・マーケティング誌が「マーケティングの変わりゆく社会的・環境的役割」(AMA［1971］) と題する特集を組んだほどである。

　たとえば，Luck［1969］［1974］は「マーケティング概念は拡張され過ぎである」と「ソーシャル・マーケティング―複合的混乱」の論文を著すなど，概念拡張論に対して二度にわたる激しい反対論を展開した。そうした中で，Bartels［1974］による見解が注目される。Bartels は，「マーケティング研究における自己喪失危機」を著し，マーケティング概念を拡張することによって得られる成果を認めつつも，次のとおり述べることによってマーケティング研究の在り方に対して警鐘を鳴らした。すなわち，「マーケティングの起源は経済的財及びサービスの流通を起源に開始された。従って，仮にマーケティングが経済的領域のみならず非経済的領域への応用を含むまでに拡張されるなら，もともと知覚されていたマーケティングは別の名の下に生まれ変わらなければならなくなる」と述べた。もっとも，Bartels は，後に「より高い生活水準の達成を可能にさせるマーケティングシステムへの期待が高まっている。……それらの諸要求に応えるためには，マーケティングの定義を絶えず吟味し，全世界に対するマーケティングの貢献の可能性を繰り返し再評価していくことである。……定義するということは，人がマーケティングとは何かを知的に考えていることである」(Bartels［1981］訳書 pp.14-

15）と述べ，方法論的唯名論の観点から概念拡張論に賛同する立場へと変わっている。

こうして論争は終結へと向かうが，マーケティング研究者全体としては，概念拡張論に賛同する者が多数派を占めることとなる。ちなみに，アメリカ・マーケティング協会は，概念拡張論争から約10年後の1985年に四半世紀ぶりにマーケティング定義を変更するが，それは概ねKotlerらの概念拡張論の方向に沿ったものとなっている。すなわち「マーケティングとは，個人及び組織の目的を達成する交換を創出するために，アイデア，財及びサービスの概念化，価格設定，プロモーション，そして流通を計画し，実施するプロセスである[3]」（AMA [1985]）。これらから，マーケティング主体が従来のビジネス企業から「個人及び組織」へ，またマーケティング客体も従来の財及びサービスから「アイデア」を含むまでに拡張されていることがわかる。

そうして，概念拡張論争は70年代前半までに概ね終息し，その後は2つの方向に衣替えし，発展していく。1つは，マーケティングの中心概念，あるいは科学論争や一般理論構築を探求していく方途であり，もう一方は概念拡張論の内容的探求であり非営利組織マーケティングの理論化・戦略論化への方途である。前者はHunt [1976b]を中心に，後者はKotlerを中心に推進されていくわけである。

(3) 非営利組織マーケティング論の行方

先に述べたように，概念拡張論に開始する非営利組織マーケティング論の目指すところは，当初においてはマーケティング一般理論構築への可能性を秘めていたように思われる。ところが，実際は時間の経過とともにマネジリアルな側面が顕在化し，各種非営利組織別のマーケティング戦略論へと細分化されていった。そうして，この分野の研究は，提唱者Kotlerを中心に形成・発展してきたが，いまや数多くの研究者を得て裾野が拡大しつつある。

たとえば，近年，非営利組織マーケティング論にまつわる論文集『非営利マーケティング論』（*Nonprofit Marketing*）3巻が編集出版された（Parsons [2008]）。そこでは，全体で約60名の著者によって著された64編の論文が掲載されている。第Ⅰ巻は『非営利組織マーケティング論の発展』，第Ⅱ巻は『非営利組織マーケティング論：分野別応用』，第Ⅲ巻は『非営利組織マーケティング論における主要論争と今日的諸問題』である。そして，たとえば第Ⅱ巻の『分野別応用』では「ソー

シャル・マーケティング」,「公共部門のマーケティング」,「芸術のマーケティング」,「政治のマーケティング」,「慈善事業のマーケティング」に分かれて関連論文が数編ずつ掲載されており,かかる個別分野が制度化されつつあることが覗える。

　これらによって明らかなことは,非営利組織マーケティング論はKotlerとその周辺を中心に形成されてきたが,今日では多数の若手研究者からの参画が増え,かつマーケティング研究全体をカバーする分野として成長して来ているということである。そして,第Ⅲ巻での論議「主要論争と今日的諸問題」に見られるように,伝統的企業マーケティング論の研究よりはむしろ非営利組織マーケティング研究の動向の中に,マーケティング研究の将来展望が凝縮されているように思われるのである。正にそれこそ,60年代末にKotlerらが発想したマーケティング概念拡張論が見据えていたとおりの帰結であろう。

　ところで,非営利組織マーケティング論の行方を展望するにあたり,ほぼ同時期または若干遅れて台頭して来たサービス・マーケティング論と関係性マーケティング論の動向を見定めておく必要がある。この場合,サービス・マーケティング論は非営利組織マーケティング論と裏腹の関係にあるが,関係性マーケティング論（Relationship Marketing）の台頭はとりわけ意義深い。

　関係性マーケティング論は,「Kotlerのマーケティング・マネジメント理論をマス・マーケティング論時代の残滓である」と批判的に位置づけ,代わって「個人回帰型マーケティング」,すなわち関係性マーケティング論への転換を提唱する（Rapp and Collins［1990］訳書「序章」他）。換言すれば,それはデータ蓄積に裏付けられた「データベース・マーケティング」ないし「ワン・ツー・ワン・マーケティング」を内容とするものであり,顧客との良好な関係の構築・維持・発展を目途にした,究極的顧客管理をマーケティング戦略の中心に据えるものである。一方,非営利組織マーケティング論は,各種組織別戦略論として細分化されていくにつけ,結局のところ当該公衆（顧客）との"良好な関係構築"を第一義的マーケティング・タスクないし基本条件とすることにならざるを得ない。かくして,非営利組織マーケティング論と関係性マーケティング論とは交差し,収斂方向を同じとすることになるであろう,からである。

5. 本章から学ぶこと

以下に，本章で論じてきた事柄を整理づけ，今後の展望をなすことにしよう。
1. 伝統的マーケティング研究は，20世紀の初頭に形成された。そしてそこでは，マーケティング主体が生産者であれ製造業者であれ，流通・販売される製品は物財としての農産品または工業製品であり，それらの市場での経済取引が前提とされていた。これに対し，概念拡張論に開始する非営利組織マーケティング論は，マーケティング主体と客体の性質と範囲を拡張する全く新しい考え方として形成された。すなわち，そこでは，非営利組織とその顧客との間におけるサービス財の非経済的取引が前提とされる。
2. かくして，マーケティング概念は顧客を有すると認められる組織一般に適応可能な論理として認められることとなった。一方，マーケティング概念拡張論はマーケティング研究者の間に大論争を巻き起こすが，時代状況は概念拡張論に賛同し，新マーケティング定義も拡張論の流れに沿うものとなった。
3. そうして，非営利組織マーケティング論はマーケティング研究において確固とした一分野を形成するまでに発展し，また実際世界においても非営利組織の経営にマーケティング技法の適用が欠かせないことが実証されるようになった。すなわち，教育機関，医療機関，あるいは専門職など各種非営利組織別のマーケティング戦略論が著されるなど，関連する著作や研究者の数も増大しつつある。
4. もっとも，概念拡張論，ソーシャル・マーケティング論，そして一般概念論と展開されて来たマーケティング一般概念確立のためのエネルギーは，Kotler自身の文脈においては『非営利組織のマーケティング理論』の下に収斂したが，マーケティング一般理論の構築といった意味での理論的"深化"にまでは至らなかった。
5. そうした経過の中にあって，注目されるのは関係性マーケティング論の動向であり，それは非営利組織マーケティング論と交差し，収斂していくように思われる。というのは，いずれも「組織と顧客間の良好な関係の構築・維持・発展」を第一命題とし，かつサービス財を交換取引客体としている点において共通項をもつものであるからである。そしてさらには，そこにマーケティングの一般概念及び一般理論構築に通ずるエッセンスが内包されている

ように期待されるからである。

［付記］本章は，新たに書き下されたものであるが，筆者による既出論文（著書）「非営利組織マーケティング論の再検討」『マーケティング学の生誕へ向けて』同文舘出版，2003 年の再構成が一部に含まれる。

【注】
1）ところで，Kotler はソーシャル・マーケティング概念を提唱する一方で，企業がこれまで以上に社会規範や社会的次元での考慮事項を取り入れて経営にあたることを「ソサエタルマーケティング・コンセプト」(the societal marketing concept) と名辞し，説明している。(Kotler [1991] pp.25-27.)
2）図表 11-2 において，ソーシャル・マーケティングを（ ）付にしているのは，非営利組織マーケティングの一部に含まれるとも解されるからである。すなわち，ソーシャル・マーケティングの活動主体も非営利組織であるからである。
3）AMA [1985] による新定義の英文は，以下のとおりである。
"Marketing is the process of planning and executing the conception, pricing, promotion, and distribution of ideas, goods, and services to create exchanges that satisfy individual and organizational objectives."
ちなみに，従前のマーケティング定義（1948 年・1960 年）は以下のとおりであった。「マーケティングとは生産者から消費者または使用者に製品やサービスの流れを方向づけるビジネス活動の遂行である。」

【文献案内】
非営利組織マーケティングについて理解を得たい場合は，本章を読んで全体像を把握した上で，以下の［文献］（訳書）を読むことを薦める。マーケティング・マネジメント理論についての理解には，Kotler [2000] [2008]（訳書 [2001] [2008]），次いで非営利組織マーケティング戦略については，Kotler and Andreasen [2003]（訳書 [2005]），そして各種非営利組織別マーケティング戦略論のうち，大学など教育機関については，Kotler and Fox [1985]（訳書 [1989]）．医療機関については，Kotler and Clarke [1986]，プロフェッショナル・サービスについては，Kotler, Hayes and Bloom [2002]（訳書 [2002]），ホスピタリティーとツーリズムについては，Kotler, Bowen and Makens [2003]（訳書 [2003]）を読まれたい。
関連して，ソーシャル・マーケティングについては，Kotler and Roberto [1989]（訳書 [1995]）を，そして関係性マーケティング（個人回帰のマーケティング）については，Rapp and Collins [1990]（訳書 [1992]）などを読まれたい。さらに，より専門的に深く学びたいものは，まだ翻訳されていないが，論文集Ⅲ巻，Parsons, et al. [2008] を薦める。

《参考文献》
荒川祐吉［1978］『マーケティング・サイエンスの系譜』千倉書房。
上沼克德［1987］「メタ・マーケティング科学論争―相対主義的科学観の台頭と問題情況―」『商経論叢』第22巻第2号，神奈川大学経済学会。
上沼克德［2003］「非営利組織マーケティング論の再検討」（第5章）『マーケティング学の生誕へ向けて』同文舘出版。
田村正紀［1977］「マーケティングの境界論争」『国民経済雑誌』第135巻第6号。
American Marketing Association [1960] Committee on Definitions, *Marketing Definitions: A Glossary of Marketing Terms*.
American Marketing Association [1971] *Journal of Marketing*, Vol. 35（July）.
American Marketing Association [1985] "AMA Board Approves New Marketing Definition," *Marketing News*, AMA , March 1.
Bagozzi, Richard P. [1975] Marketing as Exchange: A Theory of Transactions in the Marketplace ," *Journal of Marketing*, Vol.39（October）.
Bartels, Robert [1974] "The Identity Crisis in Marketing," *Journal of Marketing*, Vol. 38（October).
Bartels, Robert [1981] *Global Development and Marketing*, Grid.（角松・山中監訳［1985］『社会開発のマーケティング』文眞堂，1985年。）
Howard, John A. [1957] *Marketing Management : Analysis and Decision*, Irwin.（田島義博訳［1959］『経営者のためのマーケティング・マネジメント』建帛社。）
Hunt, Shelby D. [1976a] "The Nature and Scope of Marketing," *Journal of Marketing*, Vol. 40（July）.
Hunt, Shelby D. [1976b] *Marketing Theory : Conceptual Foundation of Research in Marketing*, Grid.（阿部周三訳［1976］，『マーケティング理論』千倉書房。）
Hunt, Shelby D. [1983] "General Theories and Fundamental Explananda of Marketing," *Journal of Marketing*, Vol. 47（Fall）.
Kotler, Philip [1967] [1991] [2000], *Marketing Management : Analysis, Planning, and Control.; Marketing Management: Analysis, Planning, Implementation and Control*, 10th ed., Prentice-Hall.（恩蔵直人監訳［2001］『コトラーのマーケティング・マネジメント』ミレニアム版，ピアソン・エデュケーション。）
Kotler, Philip and Sidney J. Levy [1969] "Broadening the Conept of Mareting," *Journal of Marketing*, Vol. 33（January）.
Kotler, Philip and Gerald Zaltman [1971] "Social Marketing : An Approach to Planned Social Change," *Journal of Marketing*, Vol. 35（July）.
Kotler, Philip [1972] "A Generic Concept of Marketing," *Journal of Marketing*, Vol. 36（April）.
Kotler, Philip [1975] *Marketing for Nonprofit Organizations*, 2nd. de., Prentice-Hall.
Kotler, Philip and Karen A. Fox [1985] *Strategic Marketing for Educational Institutions*, Prentice-Hall.（水口健次監訳［1989］『学校のマーケティング戦略』蒼林社。）
Kotler, Philip and Roberta N. Clarke [1986] *Marketing for Health Care Organizations*, Prentice-Hall.
Kotler, Philip and Alan R. Andreasen [1987] [2003] [2008] *Strategic Marketing for Nonprofit Organizations*, Pearson Prentice-Hall.（井関利明監訳［2005］『非営利組織のマーケティング戦略』第6版，第一法規。）
Kotler, Philip and Eduard Roberto [1989] *Social Marketing*, The Free Press.（井関利明監訳

[1995]『ソーシャル・マーケティング―行動改革のための戦略―』ダイヤモンド社。)
Kotler, Philip, Thomas Hayes and Paul N. Bloom [2002], *Marketing Professional Services*. (白井義男監訳 [2002]『コトラーのプロフェッショナル・サービス・マーケティング』ピアソン・エデュケーション。)
Kotler, Philip, John R. Bowen and James C. Makens [2003] *Marketing for Hospitality and Tourism*. (白井義男監訳 [2003]『コトラーのホスピタリティー & ツーリズム・マーケティング』ピアソン・エデュケーション。)
Kotler,Philip and Nancy R. Lee [2008] *Social Marketing; Influencing Behaviors for Good*, 3rd ed., SAGE Publications.
Lazarsfeld, Paul F. and Robert K. Merton [1949] "Mass Communication, Popular Taste, and Organized Social Action," in *Mass Communications*, William Schramm, ed., University of Illinois Press.
Lovelock, C. H. and C. B. Weinberg [1984] *Marketing for Public and Nonprofit Managers*, John Wiley & Sons. (渡辺好章・梅沢昌太郎共訳 [1991]『公共・非営利のマーケティング』白桃書房。)
Luck, David J. [1969] "Broadening the Concept of Marketing—Too Far ?" *Journal of Marketing*, Vol.33 (April).
Luck, David J. [1974] "Social Marketing : Confusion Compound," *Journal of Marketing*, Vol.38 (October).
McCarthy, E. Jerome [1960] [1968] [1987] *Basic Marketing: A Managerial Approach*, Irwin.
Parsons, Elizabeth [2008] Pauline Maclaran and Mark Tadajewski (editors.), *Nonprofit Marketing* Vol.1, Vol.2, Vol.3, SAGE Publications.
Rapp, Stan and Tom Collins [1990] *The Great Marketing Turnaround*, Prentice-Hall. (江口馨訳 [1992]『個人回帰のマーケティング―究極の「顧客満足」戦略―』ダイヤモンド社。)
Wiebes, G. D. [1951-52] "Merchandising Commodities and Citizenship on Television," *Public Opinion Quarterly*, Vol. 15 (Winter).

(上沼　克徳)

第Ⅳ部 マーケティング研究における
新たな動向の歴史から学ぶ

【第Ⅳ部概説】

　第Ⅳ部では，1980年以降に出現した，マーケティング研究の新動向に焦点があてられる。80年代以降のマーケティング研究では，戦後から70年代までの展開以上に，大きな変化が生み出されてきており，2000年以降現在までにいくつかの新潮流が継続してきている。

　まず第1に，これらの変化のスタートは，学科内から沸き起こった研究方法に関するメタ論争であった。すなわち，第Ⅱ部で指摘したマーケティング概念拡張論争の次に，80年代になってから90年代中頃まで展開された「マーケティング方法論論争」である。そこでは，70年代以降のポスト経験主義あるいは新科学哲学といわれる科学哲学の新たな潮流を基礎に，70年代までのマーケティング研究においてパラダイム化されてきた論理実証主義あるいは論理経験主義的方法への異議表明がなされ，主流派の方法とは異なった方法でのマーケティング研究の推進の重要性が叫ばれた。

　そして第2に，これを後押しするように，80年代は関連諸学科での新たな展開も進展し，その成果のマーケティング研究への流入が盛んに行われるようになった。新制度派を中心とする経済学の新たな潮流の導入，解釈学や記号論への注目，歴史研究の新たな高まり，経営戦略論や組織論との問題状況の共有，経済心理学あるいは行動心理学といった新たな成果への注目，といった研究の潮流が具体的に出現してきている。

　そして第3に，これら方法における変化とともに，マーケティング研究の研究対象における焦点の変化も生じた。すなわち，関係性（relationship）という新たな対象次元の出現である。80年代以降，特にインターネットの商業利用が開始された90年代以降は，折からの不況の影響もあって，ITC技術をベースとした既存顧客との長期的収益性を維持する関係性の構築，さらに，関係の経済性を追及した企業間関係の構築といった新たな企業実践が急激に展開され，むしろ，研究がこの企業の現状に追いつくべく，2004年には関係性の管理という目的を明示する方向で，AMAのマーケティングの定義が改訂されることとなった（ただし，その後2007年には関係性への偏向を取り除くべく，再度マーケティング

の定義が変更される)。

　以上のような，研究方法論的なバリエーションの出現と，研究対象上における関係性研究の出現という基本的動向を含み持ちながら，具体的には，リレーションシップ・マーケティング研究，ブランド研究，インターネット・マーケティング研究あるいはサイバー・マーケティング研究という新領域が出現し，マーケティング研究における重要な下位分野として展開してきている。

　以上の展開も含めて 1980 年代以降のマーケティング研究の動向の概略を示したのが図表 G-1 である。

　こうした展開の中で，第 12 章においては，2004 年のマーケティングの定義の変更にまで影響を与えた，リレーションシップ・マーケティング研究の出現が分析される。そこでは，サービス・マーケティング研究という特殊研究分野への関心の高まりからリレーションシップ・マーケティングという研究動向が出現する必然性が，オーストリア経済学における基本姿勢を参照しつつ，関係性をサービス行為の反復による常軌化としての構造形成と位置付けることにより，論理的に説明される。

　第 13 章においては，80 年代の研究動向の変化に大きな影響を与えた ITC 革命とそのマーケティング研究への影響が描かれる。そこでは，ITC の登場による売り手行動および消費者行動における変化に関する新たな研究トピック，日本独特のモバイル市場に関する研究の成果が指摘される。

　第 14 章においては，折からの不況を背景に 80 年代以降に急激に高まりを見せたブランド研究の展開が描かれる。そこでは，80 年代以前の前史，80 年代以降のブランド・エクイティ論とブランド・アイデンティティ論という研究の展開が示され，さらにそれらの研究が，長期的関係性の形成という問題と，主流派とは異なる記号論的分析という動向と結びついてきていることが指摘される。

　第 15 章では，マーケティング研究への経済学の影響が論じられる。そこでは，マーケティング黎明期からの経済学とマーケティング研究の関係が示されるとともに，1980 年代ごろから高まりを見せる新制度派経済学的アプローチの影響と，その方法論的特徴が指摘される。

図表G-1　1980年代以降のマーケティング研究の動向

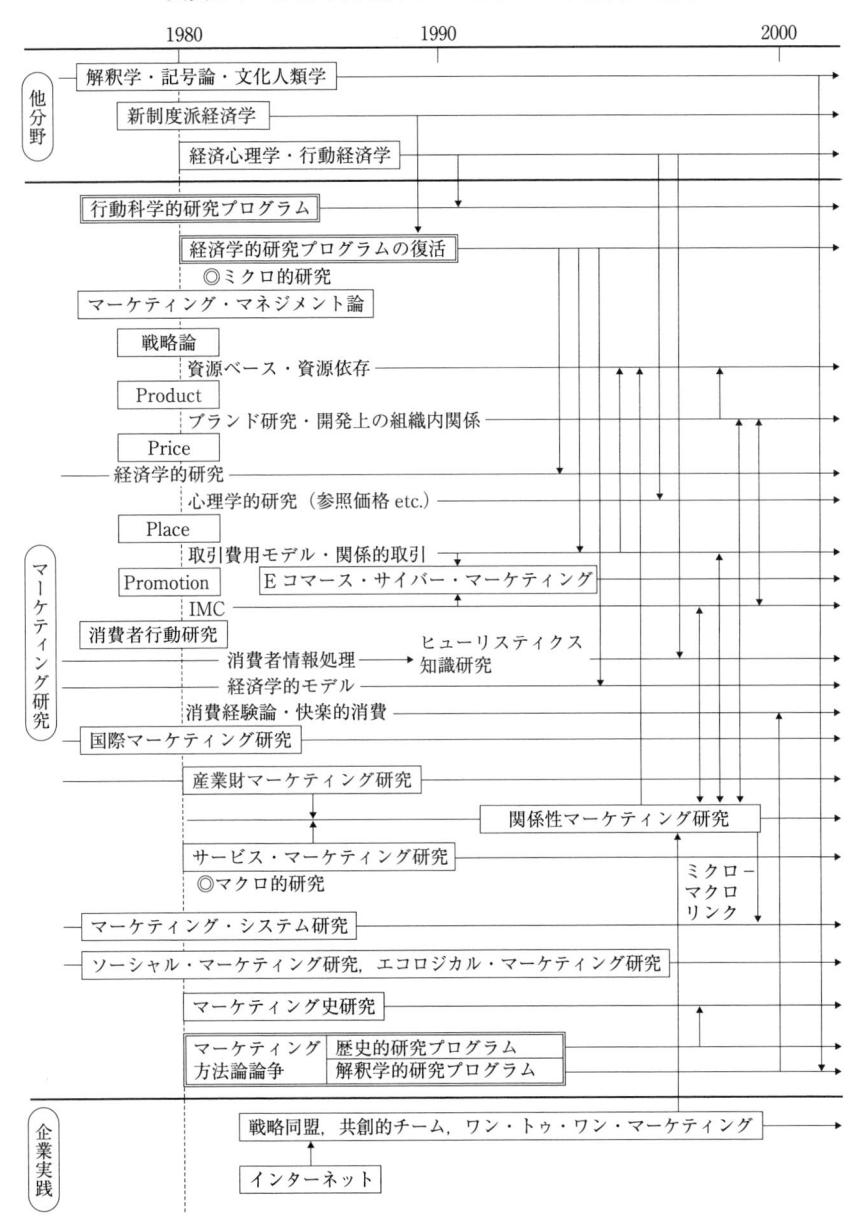

```
            1980              1990              2000
他分野
  ├─ 解釈学・記号論・文化人類学 ───────────────→
  ├─ 新制度派経済学 ─────────────────────→
  └─ 経済心理学・行動経済学 ──────────────→

マーケティング研究
  ├─ 行動科学的研究プログラム ──────────────→
  ├─ 経済学的研究プログラムの復活 ──────────→
  │    ◎ミクロ的研究
  ├─ マーケティング・マネジメント論
  │    ├─ 戦略論
  │    ├─ 資源ベース・資源依存 ────────────→
  │    ├─ Product
  │    │    └─ ブランド研究・開発上の組織内関係 ─→
  │    ├─ Price
  │    │    ├─ 経済学的研究
  │    │    └─ 心理学的研究（参照価格 etc.）────→
  │    ├─ Place
  │    │    └─ 取引費用モデル・関係的取引 ──────→
  │    ├─ Promotion
  │    │    └─ Eコマース・サイバー・マーケティング →
  │    └─ IMC ─────────────────────────→
  ├─ 消費者行動研究
  │    ├─ 消費者情報処理 ─ ヒューリスティクス
  │    │                    知識研究
  │    ├─ 経済学的モデル
  │    └─ 消費経験論・快楽的消費 ──────────→
  ├─ 国際マーケティング研究 ─────────────→
  ├─ 産業財マーケティング研究 ──────────→
  │                        関係性マーケティング研究
  ├─ サービス・マーケティング研究 ─────────→
  │    ◎マクロ的研究                      ミクロ－
  ├─ マーケティング・システム研究 ─────────→ マクロ
  ├─ ソーシャル・マーケティング研究，         リンク
  │    エコロジカル・マーケティング研究 ──→
  ├─ マーケティング史研究 ───────────→
  └─ マーケティング  歴史的研究プログラム
       方法論論争   解釈学的研究プログラム

企業実践
  ├─ 戦略同盟，共創的チーム，ワン・トゥ・ワン・マーケティング →
  └─ インターネット ─────────────────→
```

（出所）堀越比呂志「戦後マーケティング研究の潮流と広告研究―最終回―」『日経広告研究所報』234号，p.57をもとに若干の修正。なお，図中の縦の矢印の位置は年代とは無関係であり，単に分野間の影響関係を示しているにすぎない。

第12章

サービス・マーケティング研究と
リレーションシップ・マーケティング研究への系譜

1. はじめに

　本章の議論は，1990年代より喧伝されるようになってきた「リレーションシップ・マーケティング (Relationship Marketing)」の出現の根底には，有形財とサービス活動との間のインタラクション，特に，顧客の効用創造の側面におけるサービス活動への重視ないしウェートの高まりが，企業の顧客への対応の変更を余儀なくさせることになったのではないか，との疑問に端を発している。

　今日，顧客にとって商品として受け取られるものが，ただ有形な製品だけに限定されることなく，その有形製品の販売のために提供される活動たとえば店員の説明や行為，店舗の雰囲気，提供される情報，注文や配達の利便性などといった無形なサービス活動をも含めてトータルな形で商品として解釈されている。このように有形製品のみならず無形なサービス活動も，顧客にとっては効用を生み出す構成部分として総合的に価値づけられるようになると，そうしたサービスという無形な活動が，顧客の欲求を充足し効用創造に貢献する機会を拡大するにつれ，企業は無形な活動を取り込む形のマーケティング，つまり，「サービス・マーケティング (Service Marketing)」の展開を必須なものとして重要視することになる。

　一般に，サービスの特性として，（イ）目にみえない「無形性」，（ロ）生産と消費が同時に行なわれる「不可分性」，（ハ）人，時間，場所によって提供される品質が異なる「変動性」，（ニ）蓄えておけない「消滅性」，があるものとして性格づけられている (Kotler [2001] 訳書 pp.530-535；[2002] 訳書 pp.9-11，その他，ほとんどの研究者が同様な性格づけを行なっている)。

　このように特徴づけられるサービスは，顧客の欲求充足を果たし効用を生み出すという意味で，「財 (goods)」と性格づけられる一面をもつ。しかし，それは，無形な消滅してしまうその場限りの「活動」や「プロセス」から構成される性格

のものであるところに特徴がある。

　こうした性格のその場限りで消滅する無形のサービス活動を企業の組織的マーケティング活動として展開するためには，その場で消滅する活動の合理化が必要である。いい換えれば，消滅してしまう無形な活動を第三者も把握し，確認可能な客観的存在として判断できるようにする必要がある。第三者をも判断可能となるためには，その活動が共通意識を可能とするような何らかの知識の枠組みを通じれば，理解可能なものとなっていなければならない。そのためには，無形で消滅してしまう活動であっても安定的パタンを生じさせる「構造」をもつ必要がある。つまり，その活動をある状況において類似の活動が生じることを可能にするような何らかの「関係性」を維持する「構造」を持つものと捉え，その関係性のもとに反復を生じさせうる活動として「サービス活動を構造化する」ことが求められるのである。

　サービス・マーケティングの根底には，こうした反復による常規化（routinization）[1]をもって構造化しようとする基本構造があり，それ故に，企業活動として展開することを可能にし，その構造化の工夫がそれぞれの企業のサービス・マーケティング戦略を生み出しているということができる。

　このような考えに立脚し，反復による常規化をもって構造化するという基本構造が，また，サービス・マーケティングがリレーションシップ・マーケティングへと発展する契機をも作り上げているのではないかと問い，それを解き明かすことを提起するのが，本章の問題状況となっている。

　すなわち，今日の成熟市場における顧客欲求の多様化が，有形財とサービス活動のインタラクションを多様化させ，顧客にあって両者の境界をますます曖昧にし，流動的にさせることとなってきた結果，企業をして，顧客に向けて提供されるその市場提供物をますますサービス化することとなり，顧客との関係をサービス的関係として捉えることが必要視されるようになったと考えるのである。その顧客とのサービス関係を反復的な「常規的構造」へと発展させようとする形態，つまり，継続的，長期的取引関係が，マーケティングにおける「関係性」の重視となって「リレーションシップ・マーケティング」を生み出してきたとする仮説を提示し，それをオーストリア経済学の基本姿勢である「人間の欲求充足との関係」に還元して「関係概念」によって認識する方法の援用をもって論証しようとするのが，本章の目的としていることである[2]。

2. サービス概念の検討：有形財とサービスの関係

　本節においては，先ず，サービスの性格を概念的に明確にすることを通じて，サービスと有形財との関係を吟味し，有形財とサービスは顧客の効用創造にとって離れがたく結びついており，両者の関係は有形財がサービスの提供のための装置となり，その装置があるが故にサービスの提供が可能となるといった共存関係をもっていることを明らかにし，有形財とサービスとは顧客の欲求充足の観点からは厳密に分離することは不可能であることを提示したい。

　サービスの性格を先人達は，どのように性格づけているのだろうか。

　サービス概念の研究は，経済のサービス化の進行とともに1960年代ごろよりR. C. Judd［1964］などによって始まったといわれている（Lovelock［1983］pp.9-20）。しかし，サービスの性格づけの研究は古く，1776年のA. Smithの「国富論」にもあらわれており，1800年代には経済学にあって産出物ベース（out-put-based）での「財（goods）」の一側面として性格づけられ，そのような概念化はマーケティング研究にあっても受け入れられ，1980年代まで支配的であったとされている。だが，そのころより論じられるようになってきたサービス・マーケティングやリレーションシップ・マーケティングあるいは資源ベースに基づく交換論や競争論が活発に議論される中で，マーケティングにおけるサービス志向の強調が顕著な傾向となった。そして，2000年代になると，サービスを中心概念に位置づけて，価値創造プロセスにおけるインタラクションやネットワークが取り上げられるようになり，顧客との価値の共創（co-creation of value）をなすものとしてサービスを重視し，有形財の議論から切り離し，サービス優位の論理（service-dominant-logic）を打ち出す形で今日に至っている（Lusch and Vargo［2006］；［2008］pp.44-50）。

　諸国民の富を問題にしたA. Smithにあっては，労働は，生産的労働と非生産的労働とに区別されて性格づけられている。富を形成するのは，貯蔵が可能で，他のものと交換可能な生産物であり，それは，生産的労働によって生み出されるとし，非生産的労働が生み出すものは，生産と同時に消滅するもので，富とはならないとし，それを「サービス」と性格づけている。ここに示されるA. Smithのサービスの性格づけの特徴は，サービスを労働の「産出物」として捉えられており，その産出物が生産とともに消滅するものゆえに富とはなりえないとされて

いる点である。このことは，今日のサービスの性格づけで一般的な，サービスを，効用価値を生み出す「生産的なもの」として位置づけられているのと大きく異なっている。

　今日のサービス・マーケティング研究の第一人者とされ，サービス・マーケティングに関する著作を数多く世に出している C. Lovelock は，1999年の L. Wright との著作で，「サービスとは一方から他方へと提供される行為やパフォーマンスであり，特定の時，場所において価値を創造し顧客にベネフィットを与える経済活動である」とし，「売買の対象であるが，物理的実体はないもの」と性格づけている。そして，サービスのプロセスは物財の存在と結びついているが，パフォーマンスそのものは本質的に無形であるとし，所有権の移転は行なわれないとしている（訳書 p.4）。

　同じ Lovelock は，2007年の J. Wirtz との著作では「サービスとはある主体が他の主体に提供する経済活動である」とし，サービスは，市場での売り手と買い手の価値交換活動であり，それは顧客に所有権を伴わないベネフィットをもたらすもので，物の使用，労働力や知識の確保，施設やネットワークの利用の権利などを「レンタル」してベネフィットを得る形となっているとする[3]（訳書 pp.13-24）。

　これら Lovelock らによって性格づけられているサービスの特徴で明らかのように，今日のサービス概念は，ある主体の行為が他の主体に何らかの価値やベネフィットを生み出すという無形な形の生産「活動」に焦点が当てられ，その活動は A. Smith の性格づけのような「非生産的」なものとは捉えられておらず，価値の生産を果たすものとされている。

　この点について，日本の研究者である近藤隆雄はわかりやすい表現をもって説明している。

　近藤は，「サービスとは，人間や組織体に何らかの効用をもたらす活動で，そのものが市場で取引の対象となる活動である」と性格づけ，その価値生産活動そのものを顧客が購入する場合，それがサービスであるとする。他方，価値生産活動の結果，モノやシステム・情報が生産されそれらが購入される場合，このモノやシステム・情報は物財とよばれるとして，サービスの本質を市場取引される「価値生産活動そのもの」と捉えるのである。したがって，サービスは具体的「活動内容そのもの」が取引にとって重要とされる性格のものであるとしている（近藤［1999］pp.46-67；［2007］pp.24-37）。

その具体的活動内容が効用をもたらす価値あるものであるかどうかを定めるのは，その活動を購入する顧客側にあり，その活動それ自体が客観的，固定的にある一定の価値をもっているものとされるものではない。それゆえサービスはそれを受ける主体の違いにより価値を変動させ，顧客との共同価値生産つまり共創の性格をもつ。つまり，サービスは実体として捉られる性格のものではなく，特定の主体に対する「関係」として捉えられるものである。

このような「関係」と捉えられる効用の共創の論理は，有形財の生産の中にも見出すことができる。つまり，生産の過程に「サービス活動として性格づけられる生産労働」と「有形財としての生産物」の関係がインタラクションの関係としてあり，それによって生み出される有形財の価値づけは，顧客との共創の論理をもって成り立っているのである。このことを生産の最も原初的な形態を例にして説明するならば，生産活動は，本源的生産要素とされる「労働」と「土地（天然資源）」の結合による新たな生産物の創造である。そこにみられる「生産」とは「既存の生産要素の変形化」であり，その生産物は確かに有形財であるが，労働という無形な活動が土地（天然資源）に加えられた結果，それぞれが変形され新たな形態となったものである。その有形財を生み出した無形の労働活動は消滅して目にすることはできない。まさにサービス活動である。その労働が加えられる土地（天然資源）もまた，労働というサービス活動と一緒という関係において，土地（天然資源）の醸し出す経済的価値を生み出すことになる。勿論，その有形な形で創造された生産物も，生産物そのものだけではなんの財としての価値はない。顧客の欲求充足と結びつけられる形で，それに向けた交換行為や使用行為といった何らかの無形な労働活動が加えられ，顧客の欲求充足を果たす適性をもつものと性格づけられて，はじめて「財」としての価値を生み出すことになる。生産された有形財それ自身は労働という無形のサービス活動がなければ，何の価値も生み出さないのである。

ここに示されていることは，有形財は無形のサービス活動と一緒となって初めて財としての意味をもつということである。つまり，有形の財といってもそれは，無形のサービス活動と一緒ないし結合したものとして扱われる性質のものなのである。当然のこととしてその逆，つまり，無形のサービス活動は，有形な財と結びついて初めて経済的意味での活動の性格をもつことになる。このような状態が有形財とサービスの関係にあるならば，両者をそれぞれ自立的存在として捉えることはできない。

このように考えてくると，企業の市場提供物が，たとえ製品にサービスが伴わないものとされる「純粋な有形財」とされているものであっても，その製品それ自体に属性として客観的な財としての価値があるわけではなく，顧客の使用活動を通じて欲求充足を果たし，はじめてベネフィットをもたらすものとなり，効用を生む「財」となる。当然，顧客のところに至るためには，無数の無形な活動が関わり，それらの活動なしには財としての性格を成り立たせることはあり得ない。つまり，純粋な有形財もサービスを伴わざるを得ない存在である。他方，その対極に位置づけられるような，ベビーシッターや心理療法などといった製品を伴わない「純粋なサービス」とされるものであっても，そのサービス活動は，この例の場合であれば建物や設備や道具などといったその活動を行なうために欠かせない有形な製品の存在を条件として可能となるものである。そればかりか，それら建物や設備，道具の条件によってそこで行なわれるサービス活動の内容やそのサービスを受ける主体との関係も変わってくるのである。つまり，そのサービス活動は，活動として自立的にそれ自体の属性として特定の意味をもっていたり，価値をもつものではなく，活動が行なわれる場の物理的条件や利用者の欲求充足との関係において価値づけられるにすぎない。つまり，「純粋なサービス」というものも存在しないのである。
　純粋な有形財も純粋なサービスも存在せず，両者は何らかの形で結合しており，インタラクティブであることは，両者がそれぞれ補完的であったり，代替的であったりすることからも知ることができる。
　上の例のベビーシッターというサービス活動は，顧客自身が自分で子供の世話をする行為をアウトソーシングしたものを市場交換の提供物として提供（サービス活動）するものと解釈することができる。その価値づけは顧客の世話活動とサービス提供者の関係に依存する。また，近年普及しているレトルト食品やお惣菜などは，顧客の行なっていたお料理という生産労働（サービス活動）を企業が有形財化したものと捉える事ができ，お料理のどの範囲までを有形財化するかは顧客の求める欲求との関係に依存する。長期的使用を前提とする耐久消費財の有形財としての価値ないし生み出す効用は，使用する顧客の使用活動（サービス活動）に依存し，使用する度ごとに生み出される。これらの例に明らかなように，実体概念で有形財とサービスを区別することはできず，それらは置かれている状況の中で，ある物や人との関係において性格づけられるもので，「関係」としてしか捉えられないものということができる。

この意味で，企業の市場提供物は，すべて有形財とサービスの混合物であって，それらを切り離すことはできず，どちらにウェートを置いたものであるかといった，マーケティング・マネジメント論で一般に論じられている「サービスミックスカテゴリー」の議論は，むしろ，各企業の恣意的意思決定のもとで多様に性格づけられ，各自の戦略において選択されるものといえる。

A. Smith のように有形財とサービスを「産出物」として性格づけ，「産出物」としての両者の「違い」を論じることや有形財とサービスを区別してどちらがベネフィットを生み，効用価値を創造するかといった議論は，客観価値説や実体概念に立脚するそれであり，もはや成り立ちえない議論であることを指摘しておかねばならない。むしろ，有形，無形といった性質が重要なのではなく，効用を生み出す「関係」がどのようなものであり，「関係」の視点から，有形財とサービス活動とがどのような関係のもとに，欲求充足をもたらす効用性をもつことになるか，つまり，産出物とそれに関わるサービス活動のインタラクションの状態の解明，そして，その状態との関連で，顧客とどのような「関係」のもとに価値の共創がなされるのか，どのような関係が構造化されるのか，などの「関係概念」のもとでの因果関係こそが解明，説明される問題とされなければならないのである。

このような問題意識の延長線上に，2000年代以降，ノルディック学派[4] などによって展開されている今日のサービスについての考え方や議論とが重ね合わさり，関連づけられることになるように思われる。

しかしながら，このような視点や考え方は，現代にあってまったく新しく思考され打ち出されたものとするのは早計である。われわれの解釈によれば，1870年代の経済学における限界革命の議論の中で，その性格づけの萌芽をみることができる。それは限界革命を起こした3人の1人，オーストリア経済学の祖とされる C. Menger の「国民経済学原理［1871］初版」および遺稿の第二版「一般理論経済学［1923］」での議論の中に見出せる。そこで，次節においてそのことを取り上げ，サービスをめぐるわれわれの主張の，経済学の古典に基づく学問的裏づけを得ておきたいと思う。

3. Mengerの財をめぐる関係概念による性格づけとサービスの扱い

　古典派経済学の客観価値説を否定し，人間の欲求とその欲求充足のために支配可能な財との相対的稀少性関係が財の経済財価値を定めるとする主観価値説に立って，経済学を限界効用の側面から捉え直そうとしたのが1870年代の限界革命である。その革命を起こした1人であるC. Mengerは，数式による定式化を用いた他の2人，W. S. JevonsやL. Walrasと異なり，特に完全合理性を仮定するL. Walrasと異なり，不完全な人間からなる現実的な経済像を問題にした。その経済の本質を，「不確実性」と「時間とともに変化する」中での，人間の主観的欲求充足を求めて展開される不完全な「市場プロセス」に見出し，不完全な市場で自己の欲求充足を可能な限り合理的に実現しようとする人間の努力とその限界を原理的に解明しようとした。

　このMengerの議論の根底に，人間を離れて客観的に決定づけられるような固定的価値といったものは実体として存在せず，あらゆる事物は個々の人間との関係において「関係的に把握される」という「関係」として現象を認識する思考が流れており，これが，本章の議論と結びつく，注目される点である。

(1) 関係概念による認識

　まずMengerが，彼の著書「国民経済学原理」および「一般理論経済学」の骨格を形作っている鍵となる諸概念，「効用物」「財の性格」「経済財・非経済財」「財価値」「価格」そして「商品」といった諸概念の性格を論じるにあたり，それらを，すべて「関係概念」で捉えていることを彼の記述の引用をもって明らかにしておこう。

① 効用物の性格

　Mengerによれば，経済は，「人間の欲求を調和的に満足させるために，それを実現しうる手段を支配下に置こうと配慮する行為である」とされる。彼は，その欲求を満足させる適性をもつものを「効用物（Nützichkeiten）」と名づけ，効用物のうち支配可能なものを「財（Gut, Güter）」とする。この場合，彼は，欲求を満足させる適性について次のように指摘する。効用性の適性は，その物の性質

第12章 サービス・マーケティング研究とリレーションシップ・マーケティング研究への系譜　233

によるが，それは「何ら物の客観的な性質ではなく，事物の人間に対する関係にすぎない……事物の効用性は，それらの物の性質の変化のためばかりではなく，人間の欲求の発展による変化の結果としても，生じたり消失したりしうるのである。異なった個人にとっては，いや，同じ個人にとってすら異なった時点あるいは異なった使用方法を顧慮にいれるならば，同一の物も効用物として現れたり，あるいは効用物の性格を失ったりするのである」(Menger［1923］訳書 pp.39-40)として，物が人間の欲求を満足させるかどうかは，物の人間に対する「関係」に依存することを強調している。

② 財の性格および経済財・非経済財の性格

さらに，物とわれわれとの関係が「財」としての性格をもつことになることについても，「財としての性格もまた，物に付着しているものではない。それは物のある種の客観的な性質を前提としてはいるけれども，それ自体は性質ではなく，物とわれわれとの関係であり，それが消失すればこの物は財であることをやめるのである」(Menger［1923］訳書 pp.42-43)と指摘する。そして，その財を需求(Bedarf: 欲求を量的，質的に完全に満足させるのに必要な財の数量の全体)との関係で「相対的に不十分にしか支配し得ない経済財」と「過剰なほど支配し得る非経済財」と区別する際にも，彼は，「財の経済的ないし非経済的性格は，財に付随する性質，あるいは財自身の特性ではない。すべての財は（需求との関係で稀少な）（筆者挿入）数量関係になった場合には，経済的性格を得るし，この関係が反対になればその性格を失う……ある場所では経済的性格を示さない同種の財も，他の場所では経済財になること，さらに，同じ場所の同種の財でも，関係が変化すれば経済的性格を失うということである」(*ibid.*, p.113)とし，財の経済的性質や非経済的性質は，財それ自身の属性ではなく，稀少性「関係」により，経済財になったり非経済財となるものであるとしている。

③ 財価値の性格

この経済財か非経済財かはその財の「価値」の問題にも関係してくるが，財の価値も，それが価値をもつかどうかは，欲求との「関係」で成立するとして，同様な主張を展開する。すなわち，「財価値は，財のわれわれの欲求に対する関連に基づくのであって，財そのものにもとづくものではない。この関係が変化すれば，価値もまた発生したり消滅したりせざるを得ない……価値は財に付着したも

のでも，財の属性でもなければ，自立的な，それだけで存立している物でもない。価値とは，具体的財が経済活動を行う人々に対して持つ意義である」(Menger [1923] 訳書 p.163) として，価値を自立的な実在物として扱ったり，客体化するような言い方は正しくないとする。そして，「客観的に存在しているものはつねに財だけであって，その価値の方は，経済活動を行う諸個人が彼らの生命ないし福祉の維持にとってその財の支配がもつ意義について下す判断に他ならない」(*ibid.*, p.164) として，価値が各人の個性に依存する主観的契機をもち，特定主体にとってだけ価値となるという個々人との「関係」で成り立つ性質のものであるとしている。

④ 価格の性格

Menger は，「価格」を論じる際にも，財に客観的交換価値が存在することを強く否定し，経済活動を行なう主体の主観的関係によって定められるものであることを強調する。彼によれば，経済活動は，財の交換を通じて自分達の欲求満足の状況を可能な限り改善しようとする努力から行なわれるが，その交換において相互に提供される財の数量が価格であるという。

この価格を，古典派経済学は客観価値説に立って実体的に客観的価値あるものとして捉えたが，Menger は，価格を客観的価値の均等性とする立場は誤謬に基づくものであるとして，古典派経済学の誤りを指摘する。つまり，交換において出現する財数量間の均等性は，決して財に投下される労働量や生産費の客観的等価からくるものではなく，あくまで主観的意味で成立するにすぎないとし，「一財がある特定の主体にとって持つ価値の尺度＝度量がどれだけになるかは，財価値を求める諸契機の個々の経済ごとの特殊性に応じて決まるのであり，またこれらの諸契機の変化につれて変動せざるを得ない。固定的な価値とか固定的価値関係というものは一個別経済に関してすら，すでにありえない」(Menger [1923] 訳書 pp.306-307) と主張する。そして，交換者双方の交換する財に対する主観的価値関係が価格形成の範囲を定めるとして，交換行為をなす主体間の諸状況関係に差がない場合，価格が平均あたりの一点に定まりやすくなるにすぎず，価格の高さは交換にとって二次的なものにすぎないとする (*ibid.*, pp.312-313)。ここにおいても，交換を通じて欲求満足を改善しようとして経済活動をなす主体との関係が，価格形成に支配していることが強調されているのである。

⑤ 商品の性格

さらに，交換を目的として生産され，用意される財を「商品（Ware）」と定義し，その商品概念を論じる際にも，Menger は「商品としての性格が，何ら諸財に付着するもの，つまり性質ではなくて，たんにそれらの財とそれを支配する人々との特殊な関係，それが消失すればそれらの財の商品としての性格そのものもなくならざるをえないような関係にすぎない……財は，それを支配する主体がそれを売却しようという意図を放棄するか……交換せずに消費しようともくろむ人間の手に入るやいなや，商品であることを止めるのである……したがって，商品としての性格はたんに財の性質でないだけではなく，財と経済活動を行う主体との間の一時的な関係にすぎない」（Menger［1923］訳書 pp.355-356）として，ここでも「関係概念」による商品の性格づけが展開されている。

以上の引用で明らかのように，Menger は，経済活動を人間と物の関係において多様に変わりうる性格のものと捉え，その認識に必要とされるのは，諸現象を「関係」として捉えることであることを強調し，経済の諸概念を「関係概念」で性格づけている。なぜ関係概念なのか。

それは Menger の主張に示されている通り，経済行為は諸個人が自己の欲求充足に向けて，その置かれている状況においてより合理的に達成しようとして主観的価値づけをもって行なわれるものゆえに，諸個人を離れて客観的に決定づけられているものではないことに理由が存在する。そこに固定化された実体概念の性格づけは成り立たず，諸個人との「関係」においてしか認識できないことに起因している。そしてこのことは，本章が取り上げ，議論対象としているサービス・マーケティングおよびリレーションシップ・マーケティングで主張される「関係」の概念の基礎を Menger に求めることを妥当と考える理由となっている。サービス・マーケティングやリレーションシップ・マーケティングが対象とする諸現象が，まさに Menger の主張する「人間との関係」次第で性格づけられる現象そのものであり，人間の欲求充足との「関係に還元される性格」のものであるが故に，その認識方法もそのままあてはまるものと考えられるからである[5]。

(2) サービスについての取り扱い

Menger は，われわれの説明対象とするサービスについては，議論に多くを

費やしていない。1ページ程度で触れているだけである。彼は，1871年の初版にあっては，財の総体を構成する2つの範疇の1つとして，「物財（Sachgüter）」と区別して，労働用役を典型とする「有用な人間的行為（nützliche menschliche Handlungen）（または不行為）」（Menger［1871］訳書 p.8）について取り上げているが，これはわれわれのいうサービス行為として解釈することができるものである。1923年の第二版では，「有用な人間行為」という表現は用いていないが，「非物質的な無体（unkörperliche）な財」という形でより明確にその性格づけがなされている。そこで彼は，人間欲求を充足する財の性格をもつものとして，物質的な財だけが，財でありうると考えることは何の根拠もない（Menger［1923］訳書 p.49）とはっきりと指摘する。そして，非物質的な財も，財としての性質を基礎づける関係をもつものであり，むしろ，非物質的な財を無視したのでは経済現象の大部分を説明することができないし，完全な説明は不可能であると主張する。彼によれば，医師や弁護士の職務活動とか住宅の使用などは，人間の欲求を満足させる適性をもっており，それらは，物質的な財と同様財となる関係をもっていることには変わりはないとする。したがって，すべての経済活動を行なう主体は，これら労働給付や住宅使用といった非物質的事物を欲求充足のために支配しようとしており，物的な財同様，それらの非物質的財に対して需要を満たそうとしているのに，それらを排除することは，経済学の普遍的使命と矛盾するとして，物的財と同様に扱われるべきであると明確に断言するのである（*ibid.*, p.40）。

　Menger が非物質的財すなわちサービスについて簡単にしか扱っていないことについて，われわれは，むしろ彼が，サービスは物財と同じ議論を可能にするものであるために別途説明の必要はないと考えていたからではないかと解釈している。そして，Menger が客観的属性などを重視せず，あくまで人間の欲求充足との関係こそを経済活動にとって本質的なことと考えていることに，本章の主張する有形財とサービスの不可分性の議論の裏づけを見出せるのである。

　上に既述した Menger の財の性格づけや価値づけで明らかなように，その物が有形であろうと無形であろうとそれ自体が客観的に自立的に財となり，価値をもつわけではなく，それは欲求充足を求める人間との関係においてその性格が付与され，定められるものである。このことは，有形，無形に重要性があるのではなく，その有形な物や無形な活動が欲求充足を求める人間との関係においてどう位置づけられているかこそが，重視されなければならないことを意味している。ということは，マーケティングにあってサービスが重視されることの意義は，その

サービス活動が顧客の欲求充足にとって財としての性格をますます高め，価値を高めていることの表れであり，顧客との関係が経済的に意味あるものとして意義を深めていることに他ならない。そのように考えると，有形財とサービス活動が相互にインタラクションし，両者が不可分な関係にあるとすることは，その物理的実体の不可分性ということよりも，顧客の欲求充足との関係で不可分であると捉えることが必要である。この意味で，Mengerの議論から学びうることは，まさにサービス・マーケティングやリレーションシップ・マーケティングに通じるものであり，欲求充足の観点からは不可分な有形財とサービス活動とが，どう相互作用して欲求充足を果たすかこそが問われなければならないということである。

4. サービス・マーケティングからリレーションシップ・マーケティングへ

Mengerに裏づけの根拠を得て，マーケティング問題に対する「関係概念」の導入をもって，関係性の視点から，以下，サービス・マーケティングとリレーションシップ・マーケティングとの関連を問題にしたい。

(1) リレーションシップ・マーケティングの性格とその発生の背景

リレーションシップ・マーケティングは，成熟市場における顧客が個別的，多様な欲求を充たそうとする傾向を強める中，これまでマーケティングの手法として一般的であった顧客を同質なものとして捉え，マスの原理に基づくマーケティングをもって市場対応することの限界を克服すべく注目されるようになってきたものである。つまり，顧客の差異，市場の多様性に焦点を当て，市場をマスと捉える形ではなく，個別の多様な市場として捉え，その細分した個別の市場や顧客に，個別的，継続的に対応しようとするマーケティングを行おうとするところに起因している。それはマスマーケティングが市場を空間的広がりとして捉える傾向のものとすれば，むしろ，市場を時間軸で捉えることに重点が置かれているものといえる。市場を時間軸で捉えようとすると，企業はマスとしての市場ではなく，自己の標的とする市場を限定し，その限定された個別の市場や顧客との長期的関係を形成，維持することに目的を置くマーケティングが求められることになる。これが今日喧伝されているリレーションシップ・マーケティングである。

勿論，このような長期的視点に立ってマーケティングを展開することは，市場獲得・維持を目指す企業にとって，いつでもどこでも求められる基本的な活動であり，改めてリレーションシップ・マーケティングという名で強調するまでもないことといわれるかも知れない。しかしながら，今日の成熟市場における顧客の欲求の多様化が，ますます個別性を増し，加えて，その求める製品に対しても，ますます有形的側面よりも，自己との関係において無形的，サービス的側面を重視する傾向を強めている状況の中にあって，マーケティングもまたそれに対応した性格を求められることになる。それが「関係性」[6]という構造を基本とするマーケティングである。

「関係性」という構造は，あるものとあるものとの関わりであり，それ自体として実体はないものである。しかし，その関係性が持続，反復される状態の時，それは構造化され，同じ関わりの機構化された現象として顕在化されることになる。たとえば，流通過程における卸売制度や小売制度は，ある主体の活動とは独立に実体として存在しているわけではなく，ある主体とある者あるいはある物との関わり，つまり，何らかの「関係性」をもつ活動が，反復，構造化された活動として存在しているものにすぎない。企業内のマーケティング部門組織というものも，マーケティングにかかわる人と人あるいは物との「関係性」の持続が組織化されたものとして顕在化されているといって良い。

リレーションシップ・マーケティングにおける「関係性」も同様に性格づけることができる。

リレーションシップ・マーケティングに謳われる顧客個々人との継続的，長期的取引関係も目に見える形での実体はなく，標的とされる市場や顧客との継続的，長期的なマーケティングの営みの反復性が構造化されているものとみることができるのであり，企業はこうした顧客との持続的，反復的関係の構造化を求めて常規的「関係性」の構築を目指すマーケティングを展開しているのである。それがリレーションシップ・マーケティングである。

では，このリレーションシップ・マーケティングとサービスそしてサービス・マーケティングとはどう結びつくのであろうか。

(2) サービスとリレーションシップ・マーケティングとの関連

本章の第2節で論じたように，サービスは，その活動が行なわれる場にあって，

顧客がその提供される活動（生産過程）から欲求充足を果たす（消費過程）という，サービスの生産過程と顧客の消費過程が一体化されているところに特徴がある。このようなサービス提供と欲求充足とが同時的に展開される「プロセス」は，サービスを提供する企業にあって，顧客との直接的関わりおよび顧客とのインタラクションを前提とする枠組みをもって営まれるプロセスとなる。そのプロセスの継続性を進めることは，必然的に顧客との一定の関係性を構築し，その関係性を構造とするサービス行為の反復を生じさせることが必須なことがらとなる。

　C. Grönroos らノルディック学派は，サービス・マーケティングを研究する中で，リレーションシップ・マーケティングの考えを概念化することになったが，それは，サービスの消費が単にサービス活動の成果を消費しているのではなく，サービスが行なわれる「プロセス」全体を消費していることに気づき，発展して，顧客が消費しようとしているのは，財やサービスだけではなく，自分の欲求充足に関わる，たとえば，製品の情報や配送，設置，メンテナンス，修繕，問題解決といったすべてを含む全体としての提供物であり，それらが消費のプロセスを形成しており，それらがどう機能し欲求充足の問題解決をもたらすか，そのプロセスにおける「関係」こそが問われなければならないとするようになったからである。このような考えのもとで，彼らは，サービス・マーケティングを超えて，リレーションシップ・マーケティングを強調することになったのである（Grönroos [2000] pp.95-117；Grönroos and Gummesson [1985]）。

　このノルディック学派に主張されているように，リレーションシップ・マーケティングは，マーケティングプロセスにおけるさまざまな主体，人間，物，活動などの結びつくネットワークに機能する一連の「関係」に焦点を当てるものであるが，そのコアとなるものは顧客との「関係」の構築である。この顧客との関係を問題にすることは，顧客とのインタラクションが典型的に展開されるサービスの場に立ち返ることになる。上に論じてきたようにサービス・マーケティングとリレーションシップ・マーケティングはこのような関係としてあるのである。

(3) サービスにおける関係性の構築

　それでは，サービスの場における顧客との関係性の構築はどのようになされるのだろうか。

　「関係というものは，即時的に生み出されるものではなく，一定期間にわたる

繰り返される取引を通じて強められていくもの」(Egan and Harker [2005] p.xxiii) といわれるように,「関係」はその生成にあっても時間軸をもち,「関係」の強化にあっても時間軸をもつ。「関係」が継続的に維持されてこそ,「関係」をもとにしたリレーションシップ・マーケティングとなることができる。

そこで, 以下, 長期的視点で継続的関係を維持すべく, サービスにおける「関係の構造化」について, 常規化の視点から論じて行きたい。

W. Alderson は, マーケティング行為の合理化の方向を行為の反復による常規化に求めている。1回限りで絶えず新奇性をもつ非反復的な「完全交渉型」の状態であるものを反復的なものにし,「常規型」にすることによって交渉機会を少なくして交渉費用を削減できるばかりでなく, 反復による経験・学習効果を高め, 取引の継続, 安定化などを実現し, 能率を高め, マーケティングの経済性を達成することが可能となるとしている (Alderson [1957] p.295)。この Alderson の常規化方法を援用する形でサービスの合理化を行なうと, どうなるだろうか。

その場限りで消滅してしまう無形のサービス活動は, サービスの提供者とサービスの受け手である顧客の欲求充足との関係およびサービス活動と有形財との関係, といった関係性の中で, それらのインタラクションを通じて行なわれる性格をもつ。この状態はまさに Alderson のいう完全交渉型の性格をもつものといえるものである。この非反復的行為のなかに諸条件を整えさえすれば反復を可能とする部分がある場合, それらを常規化する機会が存在するといえる。そうであれば, 完全交渉的サービス行為を常規的サービス行為にすることは可能である。

サービス提供者と受け手のインタラクションを通じて, 同時性をもって営まれる生産と消費のサービスプロセスを常規化するということは, そのプロセスにて展開される提供者と受け手双方の行為が反復されることを意味している。つまり, 常規化による構造化は, 受け手である顧客が以前のプロセス状況と同じであると意識した場合, 同じ行為を繰り返すように条件づけることを意味することになる。このようなことが可能となるのは, そのようになる何らかの関係性を構築することによって可能となる。上に記したように, 関係の形成は, 一定期間の取引の繰り返しを必要とし, その取引の繰り返しが類似の行為の繰り返しを生み, こうして何らかの関係の維持が常規化の構造を作り上げることになるのである。取引関係の「標準化」による常規化などは, その典型例といえるものである。

このように考えてくると, 顧客の欲求充足をめぐる主観的な価値づけが多側面にわたり多様であればあるほど, それだけ多様な「関係」局面が存在することに

なる。したがって、その「関係」のセットのうち、常規化をどの関係面で行なうか、どの関係の範囲までにするか、などを定めて行かねばならない。そのためには、A. Parasuraman らが主張するように、「顧客のサービスに対する期待の性格は何か、期待のタイプの違い、期待形成に影響するものは何か、期待は安定しているか、どのくらいの期間で変化するか、期待はサービス状況や顧客状況でどの程度変化するか、企業は顧客のサービスに対する知覚を強化するために期待をどう管理できるか、顧客の期待を超えるために何が出来るか」(Parasuraman, et al.[1991][2005] p.336) などを考慮して、定めるべき「関係」を性格づけて行かねばならない。しかし、それはあくまで顧客にとって行為の反復を可能にする「関係」に限定されざるを得ない。その限定された「関係」はマス概念では捉えられるものではないために、セグメント化更には個別化され個々人へと向かい、常規化はカスタマイズの方向で展開されることになる。リレーションシップ・マーケティングの強調する、顧客との長期的関係が、個別的なカスタマイズに基づくものとなる理由はここにある。

　さらに、われわれが論じてきたように、顧客に基づくサービスの価値づけの観点からは、有形財もサービスも不可分なものと性格づけられるとすれば、サービス行為の本質的性格にとらわれる必要はない。このような考えに立てば、サービスの特徴とされる「無形性」、「不可分性」、「変動性」、「消滅性」の諸特性の各側面あるいはそれらの相互の結びつきの中で、常規による構造化の可能性をサービスという形態から離れ、有形財化やシンボル化、機械化、組織活動化などに変形する形での構造化もありうる。次のような例が考えられる。

「無形性」………無形であるものを常規にするためには、そのサービス行為を「シンボル」化し、みえる形にする構造化。たとえば、ブランド化によるそのブランドに対する類似した行為の再生。

「不可分性」……不可分なサービスを、サービス提供者とその受け手それぞれの行為に「アウトソーシング」や「スピンオフ」し、可分化して反復を可能にする形での構造化。たとえば、小売活動の店員と顧客とのインタラクティブな行為を、その商品選択や商品運搬については顧客にスピンオフし、「セルフサービス」にして顧客だけの反復行為にする。

「変動性」………サービスの提供者と受け手による変化をなくすために、サービス活動の「標準化」による固定的性格を形成し反復を可能

にして構造化。たとえば，サービス活動をメカニズム化し，自動販売機やATMなどに組み込む形で標準化された活動を再現する。

「消滅性」………消滅してしまう活動を何らかの別の有形な形態に変形して，類似の行為を再現できる形で，反復可能性を高め構造化。たとえば，コーラのビンづめ販売の歴史に好例をみるように，一回きりのスタンドでの飲食サービス行為をビンづめにして有形化し，保蔵性をもたせ，どこでもいつでも同じ行為を再現できるようにする。

　以上の説明で明らかなように，サービスの本質である一回性，個別性をサービスの恒常性へと発展させるサービスの常規化は，提供者と受け手の双方の結びつきの継続を前提としており，提供者と受け手の恒常的関係の形成が必須なものとなる。ここにマーケティングにおけるサービスの構造化は，長期的，継続的関係を旨とするリレーションシップ・マーケティングに向かわざるを得ない必然性が存在することになるのである。

5.　本章から学ぶこと

　本章は，サービス・マーケティングからリレーションシップ・マーケティングへの展開をサービス活動プロセスにみられる関係性の構造化によるものであることを論証することを目的とした。論証するにあたり，1870年代の限界革命の立役者Mengerの方法に裏づけを求め，その方法をもって議論の基礎とした。Mengerの関係概念による認識，および，欲求充足と結びつける形の価値づけの方法により，顧客欲求充足の観点からは，有形財とサービスは不可分な性質なものとして性格づけられること，および，顧客の欲求充足がサービス化を求める傾向の中で，サービスプロセスにおける顧客の能動的関わりに対応することが必要視され，顧客との関係性の重視となり，その関係性の構造化がリレーションシップ・マーケティングへと発展することになったことを明らかにした。

　本章から学びうることは，顧客を出発点とするマーケティングにあっては，顧客との価値の共創をなすべく，マーケティングの場を「サービスプロセス」と捉

え，そこにおける顧客とのインタラクティブな関係を常規化し，構造化していくという視点の導入が必要であるということである。

　本章の議論は，サービス・マーケティングおよびリレーションシップ・マーケティングの原理の方法的基礎づけにとどまるものであり，今後は，サービス・マーケティングおよびリレーションシップ・マーケティングが経済行為として展開されるものゆえに，企業行動あるいは顧客行動の経済的側面の具体的分析へと進められる必要がある。さらには，その原理の応用，つまり，実践への適用へと発展させなければならない。顧客を起点とする企業のマーケティング戦略の構築にとって，本章の議論で明らかにしたマーケティングの場そのものが顧客とのインタラクションによって形成されているが故に，顧客との関係性の形成，維持が戦略のコアとされてこなければならないと考えるからである。

　本章での議論の根底に Menger の主張がある。今日のサービス・マーケティングおよびリレーションシップ・マーケティングに性格づけられる内容が，約140年も前に Menger が論じた内容と結びつけられるからである。つまり，歴史から学ぶことが，本章の議論を成り立たせたといえる。その一方で本章は，Menger の学説へ現代のサービス論や関係論の観点から接近し，新たな現代的意味を付与したものともいえる。歴史的産物である Menger の学説それ自身は，Popper[1972]のいう「世界3」の存在物として位置づけられる客観的存在で，多様な解釈や意味づけを可能とするものである（p.153）。それを現代のわれわれの観点から新たな性格づけをなし，新たな意味づけを付与することは，「歴史に意味を与えるのはわれわれ」（Popper[1962] p.278）といわれる通り，われわれに依存することであるが，それはまた「歴史から学ぶ」ことでもあるということを，本章の議論は証しているように思われる。

【注】
1）反復による常規化をもって構造化する営みは，単にサービス・マーケティングの合理化においてだけ展開されているものではなく，人間の行為がまさに特定の時と場所におけるその場限りの現象からなるものゆえに，あらゆる社会的行為における合理化にみられるものといえる。社会行為が「制度」を形成する傾向をもつのは，行為の安定を求めて反復性を希求し，常規による構造化をもって合理化を実現しようとすることに依っていると解釈できる。特に，マーケティング領域の合理化は，Alderson[1957]の指摘を待つまでもなく，一回限りの戦略的行動から反復による常規的行動への転換が要請されているのである（p.295）。
2）本章での議論が批判に耐え得るものならば，サービス特性とリレーションシップ・マーケティングは大いなる接点をもち，むしろ，リレーションシップ・マーケティング

の性格を理解するためには，それをサービスの性質との関連において捉えなおしてみることの重要性が浮かび上がってくる。本章での試みは，今日，Berry [1983] [1995] や Gummesson [1987], Grönroos [1994a] [1994b] [2000] などノルディック学派（Nordic School：スカンジナビアとフィンランドでサービス・マーケティングおよびリレーションシップ・マーケティングを研究しているグループ）とよばれる諸研究者によって議論されている。サービス・マーケティングの延長線上にリレーションシップ・マーケティングを位置づける主張を，別の切り口による新たな観点からの論証をもって，裏づける意味をもつことにもなると思われる。
3）Lovelock と Wirtz は，同書において，サービスの特性として，①サービスには在庫がない，②無形要素がサービス価値を生み出す，③可視化が難しい，④顧客が共同生産者となる，⑤顧客がサービス経験を左右する，⑥インプットとアウトプットの変動が大きい，⑦時間が重要な要素である，⑧オンラインチャネルが存在する，といった点を挙げている。
4）（注2）の説明を参照されたい。
5）本章において，あえて Menger の引用を広範囲にわたって施した理由もここにある。つまり，サービスが経済的交換の対象物として人間の欲求を充足して効用物となる理由やサービスが財となる理由，サービスが価値を持ち，価格づけられ，そして，商品となる理由は，まさに，Menger が人と物との関係によって多様に変化する効用物，財の性格，財の価値，価格そして商品などの性格について語るその論理と完全に重なるものだからである。
6）リレーションシップ・マーケティングの根底に本質的に流れる性質は，「関係性」のもつ固有の性質，つまり，目に見えない「無形性」，ある主体間ないしある物とのインタラクションという「不可分性」，その主体間あるいは物との間の関わりに左右される「変動性」，そして，関わりとしてのみ存在する「消滅性」，を備えもつものと看做すことができる。

　これら「無形性」「不可分性」「変動性」「消滅性」は，すでに示した無形な財つまり「サービス」の特性とされているものと同じ性質をもつものである。このことは「サービス」と「関係性」を同一の論理をもって変換しうる可能性をもつものと捉える事ができる。たとえば，あるサービス活動の中に特定の関係性の具体的姿を見出したり，ある関係性をサービスの活動として具体的な活動に変換したりすることが可能であるということである。とするならば，顧客へのサービス活動を，顧客との「関係性」において反復的常規的行為をもって構造化し，機構化しようとする営みが可能であり，そこに顧客との継続的，長期的取引関係という構造を構築することを可能にする。このことをなそうとしているのがリレーションシップ・マーケティングであるということもできるのである。

【文献案内】
　サービスおよびサービス・マーケティングの特徴をつかむための文献として，浅井 [2000], 山本 [1999] は必読である。解りやすい解説書としては，近藤 [1999], 山本 [2007], Lovelock and Wright [1999]（小宮路監訳 [2002]），Lovelock and Wirtz [2008]（武田訳 [2008]），Kotler [2001]（月谷訳 [2001]）がある。サービスの性格を分類的に整理したものとして, Lovelock [1983] はすすめられる。サービス・マーケティングの管理及び戦略論としては，浅井 [1989], 近藤 [2007], 白井 [2003], 高橋 [2009] などがある。サービス・マーケティングの具体的実践例を学べるものとして，サービス産業を取り扱った浅井・清水編著 [1985], 南方・酒井 [2006], 住谷編 [2006], 田村編 [2002], Baron and Harris [1995]（澤内訳 [2002]），Heskett [1986]（山本訳 [1992]），Kotler, et. al. [2002]（平林訳 [2002]）などは参考になる。

第12章　サービス・マーケティング研究とリレーションシップ・マーケティング研究への系譜　245

> リレーションシップ・マーケティングでは，南［2005］，和田［1998］，余田［2000］は，必読である。専門研究向けとしては，リレーションシップ・マーケティング関係の膨大な諸論文を集大成したEgan and Harker［2005］，および，Sheth and Parvatiyar［2000］が役に立つ。
> 　今日，注目されている新しいリレーションシップ・マーケティング研究の学派であるノルディック学派のパースペクティブを知るには，Grönroos［2000］，Grönroos and Gummesson［1985］は必読である。さらにこの学派のリレーションシップ・マーケティング研究については，Berry［1983］［1995］，Grönroos［1994a］［1994b］，Gummesson［1987］，Lusch and Vargo［2006］，Parasuraman, et al.［1991］などが参考になる。

【参考文献】

浅井慶三郎［1989］『サービスのマーケティング管理』同文舘出版。
浅井慶三郎［2000］『サービスとマーケティング―パートナーシップマーケティングへの展望―』同文舘出版。
浅井慶三郎・清水滋編著［1985］『サービス業のマーケティング』同文舘出版。
浅井慶三郎先生還暦記念出版刊行会［1993］『サービス・マーケティングの新展開』同文舘出版。
近藤隆雄［1999］『サービス・マーケティング』生産性出版。
近藤隆雄［2007］『サービス・マーケティング入門』生産性出版。
白井義男［2003］『サービス・マーケティングとマネジメント』同友館。
住谷宏編［2006］『地域金融機関のサービス・マーケティング』近代セールス社。
高橋秀雄［2009］『サービス・マーケティング戦略』中央経済社。
田村正紀編［2002］『金融リテール革命―サービス・マーケティング・アプローチ―』千倉書房。
南知恵子［2005］『リレーションシップ・マーケティング』千倉書房。
南方建明・酒井理［2006］『サービス産業の構造とマーケティング』中央経済社。
山本昭二［1999］『サービス・クォリティ―サービス品質の評価過程―』千倉書房。
山本昭二［2007］『サービス・マーケティング入門』日本経済新聞出版社。
余田拓郎［2000］『カスタマー・リレーションの戦略論理』白桃書房。
和田充夫［1998］『関係性マーケティングの構図―マーケティング・アズ・コミュニケーション』有斐閣。
Alderson, W.［1957］*Marketing Behavior and Executive Action*, Irwin.
Baker, M. J. ed.［2001］*Marketing*, vol.I, II, III, IV, V, Routledge.
Baron, S. and K. Harris［1995］*Service Marketing*, Macmillan Press.（澤内隆志訳［2002］『サービス業のマーケティング－理論と事例』同友館。）
Berry, L. L.［1983］"Relationship Marketing,"（Reprint）in Egan, J. and M. J. Harker, eds.,［2005］*Relatioship Marketing*, vol.1, SAGA Publications.
Berry, L. L.［1995］"Relationship Marketing of Service-Growing Interest, Emerging Perspectives,"（Reprint）in Egan, J. and M. J. Harker, eds.,［2005］*Relatioship Marketing*, vol.2, SAGA Publications.
Egan, J. and M. J. Harker eds.［2005］*Relatioship Marketing*, vol.1, 2, 3, SAGA Publications.
Grönroos, C.［1994a］"QUO VADIS, MARKETING? Toward a relationship marketing paradigm,"（Reprint）in Baker, M. J. ed.［2001］*Marketing*, vol.I, Routledge.
Grönroos, C.［1994b］"From Marketing Mix to Relationship Marketing: Towards a

Paradigm shift in marketing," (Reprint) in Egan, J. and M. J. Harker, ed. [2005] *Relatioship Marketing*, vol.2, SAGA Publications.
Grönroos, C. [2000] "Relationship Marketing: The Nordic School Perspective," (Reprint) in Sheth, J. N. and A. Parvatiyar, eds. [2000] *Handbook of Relationship Marketing*, Sage Publications.
Grönroos, C. and E. Gummesson [1985] "The Nordic School of Service Marketing," (Reprint) in Grönroos, C. and E. Gummesson, eds. [1985] *Service Marketing – A Nordic School Perspectives*, Stockholm University.
Gummesson, E. [1987] "The New Marketing-Developing Long-term Interactive Relationships," (Reprint) in Egan, J. and M. J. Harker, eds. [2005] *Relatioship Marketing*, vol.1, SAGA Publications.
Heskett, J. L. [1986] *Managing in The Service Economy*, The President and Fellows Harvard College. (山本昭二 [1992]『サービス経済下のマネジメント』千倉書房。)
Judd, R. C. [1964] "The Case for Redefining Service," *Journal of Marketing*, vol.28, (January).
Kotler, P. [2001] *Marketing Management*, Millennium ed., Prentice-Hall. (恩蔵直人監訳, 月谷真紀訳 [2001]『コトラーのマーケティング・マネジメント』ピアソン・エデュケーション。)
Kotler, P., T. Hayes and P. N. Bloom [2002] *Marketing Professional Service*, 2nd ed., Learning Network Direct.(白井義男監修, 平林祥訳[2002]『コトラーのプロフェショナル・サービス・マーケティング』ピアソン・エデュケーション。)
Lovelock, C. [1983] "Classifying Services to Gain Strategic Marketing Insights," in Baker, M. J. ed. [2001] *Marketing*, vol.V, Routledge.
Lovelock, C. and L. Wright [1999] *Principles of Service Marketing and Management*, Prentice-Hall. (小宮路雅博監訳 [2002]『サービス・マーケティング原理』白桃書房。)
Lovelock, C., L. Wright and J. Wirtz [2008] *Service Marketing*, 6th ed., Prentice-Hall. (白井義男監修, 武田玲子訳 [2008]『ラブロック&ウィルツのサービス・マーケティング』ピアソン・エデュケーション。)
Lusch, R. F. and S. L. Vargo [2006] "Service-Dominant Logic: Reactions, Reflections and Refinements," (Reprint) in Maclatan, P. et al. eds., [2008] *Marketing Theory*, vol.Ⅱ, SAGA Publication.
Maclatan, P., et al. eds. [2008] *Marketing Theory*, vol.Ⅰ, Ⅱ, Ⅲ, SAGA Publications.
Menger, C. [1923] *Grundsätze der Vorkswirtschftslehre, Zweite Auf.*, Wien/Leipzig. (八木紀一郎他訳 [1982]『一般理論経済学：遺稿による「経済学原理」第2版 1, 2』みすず書房。)
Menger, C. [1871] *Grundsätze der Vorkswirtschftslehre, Erster, allgemeiner Theil*, Wien. (安井琢磨他訳 [1999]『国民経済学原理』日本経済評論社。)
Parasuraman, A., L. L. Berry and V. A. Zeithaml [1991] "Understanding Customer Expectations of Service," (Reprint) in Egan, J. and M. J. Harker, ed. [2005] *Relatioship Marketing*, vol.2, SAGA Publications.
Popper, K. [1972] *Objective Knowledge*, Oxford University Press.
Popper, K. [1962] *The Open Society and its Enemies*, vol.2, 4th ed., Routledge.
Sheth, J. N. and A. Parvatiyar, eds. [2000] *Handbook of Relationship Marketing*, Sage Publications.

(樫原　正勝)

第13章

ブランド研究の系譜

1. はじめに

　本章での目的は，マーケティングにおけるブランド概念に関する今までの研究を考察し，各時代で行なわれたブランド研究の特徴を明らかにすることである。

　ブランドの歴史は古く，古代ギリシャ・ローマ時代もしくはそれ以前から，絵やシンボルといった店のサインまたは店へのルートを石に刻むことから始まった。その後，語源 brandr から派生して家畜の焼印が「ブランド」とよばれるようになり，これが基となり「ブランド」という言葉が用いられるようになった。19世紀アメリカでは鉄道敷設や海上網といったインフラ整備により，遠隔地にまで安くそして効率的に商品を運ぶことができるようになった。これによりメーカーブランドが発達しただけでなく，消費者は地元および他地域で生産された商品も享受できるようになり，商品選択の幅が広がった。この状況に対して他の商品との識別を目的としてブランド・ネームがつけられるようになった。一方19世紀末，流通業では卸がアソートメントを決めて商店に商品を卸していたが，店が香辛料，紅茶やコーヒー等を袋で買って容器に詰め直して販売する際に独自のパッケージを用いた。この当時はブランドといっても店の名前を商品につける程度のことであったが，これを契機に流通ブランドまたはストアブランドが起こっていった。こうして，大量生産体制だけでなくさらに大量流通体制が整備されたことに起因して，ブランドが確立していったといえる。

　このような背景から20世紀に入ると，多くの著名な学者がブランドの重要性について説いている。これにも関わらず，ブランド論として研究が注目されるようになったのは，Aaker［1991］が出版されて以降のことである。20年程度という短い間でブランド概念は発展し続け，現在でもなおビジネスおよびアカデミック，両分野において研究が盛んに行なわれている。

ブランドは，戦略論，広告論，消費者行動論だけでなく，社会人類学や言語学といった分野においても，関心をもたれかつ研究が行なわれている。しかし，急激に発展したブランド論は多くの概念が登場しては消え，似たような概念が言葉や表現を変えて論じられたりと混乱そして雑多な感があることは確かである。

よって，本章ではこれまでのブランド研究の主な流れを整理し，今日の研究の現状・課題について触れていく。第2節ではブランド論が盛んになる1980年以前を前史として扱う。1980年以降盛んになったブランド論は，ブランド・エクイティ論の登場とブランド・アイデンティティ論の登場でスタートした。まず第3節では，ブランド・エクイティ論について扱うが，1980年以前の研究をAakerがまとめ，体系的なベースを作ったのがKellerである。Kellerから始まった知識研究は現在も引き続き研究されている。次に第4節で扱うブランド・アイデンティティ論は，企業のマーケティングの起点として競争論的視点が取り入れられた。第5節では，Kellerの知識研究から発展したブランドとの長期的関係性，そして，ブランド・アイデンティティから発展した経験価値や記号論を用いてのブランド構築等の最新問題を提示する。最後に第6節では，「本章から学ぶこと」として本章のまとめとする。

2. 前史 —— 1980年以前

過去の著名な研究者は20世紀初頭には，既にブランドの重要性について論じている。Shaw [1915] は，ブランドはトレード・マークやトレード・ネームを用いて他との差異性を示すだけでなく，価格競争を回避する重要な手段だと述べている (pp.57-63)。Butler [1919] は，ブランドや広告は製造業者が小売業者や消費者に直接伝える手段であるだけでなく，差別化によって価格競争を回避する手段であるとし，特に製品のネーミング，トレード・ネーム，トレード・マークそして包装の重要性を述べている (pp.205-218)。Copeland [1923] [1924] は，製造業者が消費者の中に生じさせるブランドへの反応には幅があるとし，それを購買時の態度によって，3つに分類している。それは，1つにブランド認識，2つにブランド選好，3つにブランド固執（ブランド・インシステンス，insistence，後にブランド・ロイヤリティの基礎とされる）に分類し，消費者の購買動機に注目している。よって，ブランドの品質を重視するだけでなく，広告とブランドは

両者を結合して戦略を考えるべきだと指摘している（[1923] pp.254-289）。また，トレード・マークはブランドの一種であり，登録による法的保護を受けるべきと提言している（[1924] pp.479-492）。Clark [1942] は，消費者の心に訴えかけるような個性化によって，製造業者が自社製品を他よりも良いと思わせるように需要を創造しようとする努力を「ブランド競争」だとする（pp.23-27）。また，ブランドを奢侈品から日常コモディティ品にまで拡大して考えており，価格競争から非価格競争へと移行する差別化手段としてブランドを捉えている（pp.587-592）。

その後ブランド論は広告研究に促されて徐々に研究されるようになり，1980年以前のブランドに関する議論では，主に大きく3つに大別することができる。1つにブランド・イメージ，2つにブランド・ロイヤルティ，3つにブランド態度・効果測定であり，これらの研究は広告および消費者行動研究に基づく単発的・手段的関心に基づいたものである。

(1) ブランド・イメージ

広告は記憶，ブランド認知，ブランド・イメージ，選好という点から評価されることが多い。そのため，広告論の視点からブランド・イメージ研究が多数行なわれている。ブランド・イメージに関する研究は主に，実験による実証研究が主流である。

Gardner and Levy [1955] は，ブランド・イメージは消費者がブランドまたはブランドに関する事物に対してもつ心的な像とし，初めてブランド・イメージの重要性について言及したとされる。彼ら以前はブランドの長所・短所を挙げるばかりで，消費者が合理的に判断して製品を使用する以上の意味，つまりブランドは価値をもたないことを前提としていた。しかし，彼らは消費者にとって製品の提供する技術や機能よりもブランドのもつ特徴やパーソナリティのほうが重要であることを説いた。その後 Herzog [1963] や Newman [1957] 等によって，ブランド・イメージは「消費者の記憶にあるブランド連想によって反映されるブランド知覚」と定義づけられた。このようなブランド・イメージの研究の流れは以下の5つに分類することができる。1つに，「一般的な特性，感情または表現」，2つに「製品知覚」，3つに「信念と態度」，4つに「ブランド・パーソナリティ」，5つに「特性と感情・情緒との結合」，である。

1つ目は当該製品の外見とそれに対する消費者の感情，2つ目は製品に対する

消費者の一般的なイメージ，3つ目は信念と態度を基礎とした個人的なイメージ，4つ目はブランドから連想される人間的特性の集合と製品帰属についての個人的な意味のつながり，5つ目は当該製品を思い出し，どのように感じるかという記憶，心そして連想ネットワークとの関係，に焦点を当てている。

5つの研究はブランドの外見に対する一般的および個人的なイメージ・感情の研究から，ブランドと個人がどのような繋がり方をし，そして，個人の心の中におけるブランドの情報処理プロセスについて研究されている。つまり，ブランド・イメージ研究は徐々にブランドと消費者の内面との関係解明へと深化していった。

(2) ブランド・ロイヤルティ

ブランド・ロイヤルティ（以下，BLとする）の中心議題は，第1にBL測定法の開発，第2にブランドロイヤル消費者の行動とノンロイヤル消費者の行動的区別であり，これにはブランド・スイッチングとBLの関係や反復購買が含まれている。第3に，広告論からはBLをいかに作るかという点が議論されている。つまり，BLの測定・行動的特徴・構築のための実践が焦点となっている。

1つ目の測定に関して，Cunningham［1956］の購買比率やSheth［1968］の購買頻度についての研究，2つ目の反復に関してはPessemier［1959］の価格スイッチ点やBrown［1953］の行動的特徴の解明，3つ目の実践に関してはMcGregor［1940］の広告によるロイヤル消費者のブランドスイッチについての研究がある。

また，BLでは確率モデルの開発が盛んに行なわれた。これは2つ目に関わるブランド選択行動に関するもので，数学を駆使した確率モデルである有限マルコフ連鎖が取り入れられた。これは過去の行動は現在とは無関係で，現在の変数だけで未来の推移を決定するというものである。このモデルに関してはLipstein［1959］が数式を用いずに，有限マルコフ連鎖で行なわれるような分析をし，価値ある情報によってマーケティング戦略や広告効果がいかに得られるかを示した。その後，Massy, et al.［1970］は，この有限マルコフ連鎖の数式を用いてBLを測定した。しかし，これらはBLの形成過程測定の解明を試みようとしたというよりも，この数学的モデルの適用自体に重きが置かれていたといえる。

(3) ブランド態度

ブランド態度の議論では主に消費者行動研究の影響を受けており，Howard=Sheth モデル[1]や Bettman［1979］の消費者における選択情報処理モデルを基にした研究が多い。前者において態度の機能は想起集合内でのブランドの選好を順序化することであり，ブランドに対する行動予測に関心が向けられる。後者ではさらに関与と態度形成の関係が考察されることになり，ブランド態度形成の異なる局面が区別されることとなる。

ブランド態度の議論に関しては主に2つのものがあり，1つは態度測定の一貫性やブランドの態度との行動の調和に関するテスト，2つはブランド間を識別する能力の点での比較（態度尺度の問題），である。

前者は購買意図とブランド態度の強い相関の有無や購買意図と購買可能性の高レベルでの一致の有無について主にテストされている。消費者行動研究の強い影響を受けた典型としては，Boyd, et al.［1972］が態度モデルから広告戦略を導いている。

後者は，頻繁に購買されるブランド間の識別に関する研究である。これには2つがあり，ペア比較と多ブランド間での選択，である。これらに関しては問題点が多く挙げられており，実験において被験者が実際に好まないものの中で好みを選択する場合があること，被験者の偏見・尺度においては数字尺度を用いる傾向にあるが言葉を用いた尺度のほうが心理的に主観に近い結果が出やすいこと，購買可能性を測定するほうが建設的なテストであること，とした結果が出ている。

3. ブランド・エクイティ論の登場

(1) ブランド・エクイティ論登場の背景

ブランドが注目されたのはアメリカで1980年代に入ってからのことである。1970年代から続く不況から，企業体力のなさ故に行なった既存ブランドによるブランド拡張，そして，M&Aの横行からブランド売買による資産価値の重視がその要因である。1つのブランドで市場に大きく展開できることやブランドをス

トックとして考えることで、企業はブランドの価値の重要性を改めて認識することとなった。

　ブランド拡張が広く行なわれる中で企業価値であるブランドの最大の問題は、ブランド展開による希薄化が焦点となっている。これは、親ブランドを中心としたブランド拡張をすることで、親ブランドと拡張との知覚フィット (fit, 類似性) をいかに保つかというものである。無理な拡張によって知覚フィットに傷がつけば、消費者は親ブランドとの類似性を見出せず、親ブランドにまでマイナスの影響が及ぶからである。つまり、M&Aにおいて希薄化を起こしたブランドは資産価値が低いものとなり、高値での売買ができなくなることを意味する。

(2) ブランド・エクイティ論

　ブランド・エクイティは 1988, 90 年に MSI (Marketing Science Institute) が 2 度にわたって研究コンファレンスを開催したことや Aaker [1991] の公刊によって一気に高まったといえる。ブランド・エクイティ (以下、BE とする) の研究は、1つに BE に関する概念、2つに BE の財務的評価・測定、3つに顧客ベースの BE、4つに企業の戦略視点からの BE、に大別できる。1つ目に関してはブランドの基礎がブランド・ネームと結びつく連想である点やこれに伴う管理問題、2つ目に関してはブランドを資産としてどのような理解・算出をすべきかという問題および算出法、3つ目に関してはブランドの連想ネットワークやブランド拡張の評価である。最後の4つ目に関しては、BE は企業の戦略的視点およびブランド管理といった問題だけでなく財務的問題も含まれるため、ブランド拡張との関係が強い。これは拡張が成功するか否かによって、ブランド価値だけでなく企業の市場価値にも関係してくるからである。

　まず、1つ目の BE の概念に関して、Aaker [1991] は BE を「ブランドの名前やシンボルと結びついたブランドの資産と負債の総体で、企業と企業の顧客に対して、ある製品やサービスが提供する価値を増大 (減少) させるもの」と定義している (p.15)。BE の次元には、BL、名前の認知、知覚品質、ブランド連想、他の所有権のあるブランド資産 (パテント、トレード・マーク、チャネル関係など) の5つがあり (*ibid.*, p.16)、これらが企業に経済的価値をもたらすとしている。この5つの次元は、1980 年以前に議論の中心であった BL、ブランド・イメージ、ブランド態度に付随する連想といったものがここで集約されることになる。

2つ目の財務的評価に関しては，企業価値という点から会計学の分野では，ブランドのような無形資産を「のれん」として扱っていた。しかし，1980年代後半になるとブランド会計が登場した。のれん会計（買入のれん）は買収無形資産の計上やその償却を対象とするのに対して，ブランド会計（自己創出のれん）は市場取り引きされない自社創出のブランドや組織といった無形資産の資産価値評価やその計上を対象とする点に違いがある。そして，後者のブランド会計は日本の法律上計上できない簿外の含み資産であり，これが算出できれば買収時の価格や株価に反映することができるため，現在ブランド会計算出法の研究が進められている。

　3つ目の顧客ベースのBEは，Aakerがブランドを資産としてみるという従来にない視点を取り入れた反面，企業や消費者の視点を曖昧にしたまま論を進めるといった乱雑さを残している。一方Kellerは顧客ベースのブランド・エクイティ（Customer-Based Brand Equity）として，前史から研究されてきたBL，ブランド・イメージ，ブランド態度といった消費者の心理的側面から測定されるBEに関して，詳細に研究し消費者のブランド価値について更に深化させている。KellerのBEは消費者が個々に有するブランド知識を基礎としており，消費者毎に異なるブランドへの反応の差異を優位性の源とする。そして，ブランドへの消費者反応はブランド知識に影響されており，ブランド認知とブランド・イメージの2つの構成次元によって連想的な記憶ネットワークモデルが概念化される。Keller[1993]はブランド拡張にはブランド・ネームやシンボル，ブランド連想，ブランド認知が重要であり，顧客ベースのBEは「市場での高コスト，競争激化，そして，需要量の伸び悩みによる市場生産性を改善するための戦略的基盤」だとしている（p.1）。

　4つ目のBEの戦略的視点および管理の点では，主にブランド拡張について述べられている。Aaker[2000]は，企業の戦略的なブランド管理に対して，ブランド拡張を大きく4つに分類している。主に，個別ブランド戦略（A House of Brands），マスター・ブランド戦略（A Branded House），保証付ブランド戦略（Endorsed Brands），サブブランド戦略（Subbrands）の4つである。

　個別ブランド戦略はP&G社のタイドやボールドのように，社名をブランドにつけず個々のブランド名で独立して市場に投入するものである。マスター・ブランドは親ブランドや傘ブランド等とよばれるもので，あるブランドに対する消費者のイメージや連想の根幹となり，影響を与えるものである。たとえば，ソニー

やトヨタ等のブランドのつけ方が挙げられる。保証付ブランド戦略は、ブランドとしては独立しているが、組織ブランドによって保証されているもので、例としてはネスレとキットカットが挙げられる。サブブランド戦略では、親ブランドに付随して作られることで、親ブランドの連想の手助けをし、親ブランドにとって意義ある新コンセプトに拡張することである。インテルとペンティアムの関係がこれにあたる（Aaker [2000] pp.104-120）。

4. ブランド・アイデンティティ

　ブランド・アイデンティティ（以下、BIとする）は、ブランド拡張とBE両者の関係からさらに発展し、ブランドを長期的に活用させる、つまり、企業が主体となっていかにブランドを末長く維持そして成長させるかを考え始めたものだといえる。
　Aaker [1996] は、BIとは「ブランド戦略策定者が創造または維持したいと願うブランド連想のユニークな集合である。この連想はブランドが何を表しているかを表し、そして、組織の構成員が顧客に与える約束を意味する」ものとしている (p.68)。BIは企業の戦略策定によって意図的に創られた連想ドライバーとして機能するものであり、4つの視点から構成された12の次元をもつ。製品としてのブランド（製品分野、製品属性、品質および価値、用途、ユーザー、原産国）、組織としてのブランド（組織属性、ローカルかグローバルか）、人としてのブランド（ブランド・パーソナリティ、ブランドと顧客との関係）、シンボルとしてのブランド（ビジュアル・イメージとメタファー、ブランドの伝統）から構成されている。そして、機能的便益、情緒的便益、自己表現的便益といった価値をもっており、強いブランドほど機能的便益と情緒的便益の両方の価値をもち、製品としての強さとブランドとしての強さの両方を兼ね備えているといえる。
　Aaker以前ではあるが、Kapferer [1992] とUpshaw [1995] の2人もBIについて述べている。
　Kapferer [1992] は、BIとブランド・イメージの関係、そして、消費者とのコミュニケーションも念頭に入れて考察している。まず、イメージは受け手のもので、受け手は情報を文化や生活環境といった公のフィルターを通して解釈する。つまり、消費者は製品・サービス・コミュニケーションを通してブランドが示す全て

の記号を自分の意思だけではなく公のフィルターによって解釈する。一方，アイデンティティは送り手のもので，ブランドの意味や意図を他と識別できるように情報を送り，そのアイデンティティ伝達の結果がイメージとなる。よって消費者の心の中で，この公のフィルターを通した勝手なイメージが作り上げられ定着する前に，送り手が正確にBIを作り上げなくてはならない。この考えを基にコミュニケーションにおけるBI創造モデルを打ち出した。これまでのブランド論はブランド体系化および企業と消費者を切り離して考えがちであった。しかし，ブランドを創る企業が消費者とのコミュニケーションも視野に入れて概念化すべきだとする点に，従来にない戦略的視点を取り入れている。

Upshaw［1995］は，BIは企業の創造物ではなく消費者が認識するものであり，個人の置かれた環境等によって消費者が自然とブランドのアイデンティティを形成する。よってBIの確立に重要なことは，1つに消費者視点のブランドポジショニング，2つにブランドの個性つまりBIが個性をもつことで消費者との関連性を維持し，情緒・感情面でのつながりによって強固な関係を形成することである。ここでは消費者に重点を置いた理論展開となっている。

BIでは，企業が創るBIを正確に消費者に伝達し，そのイメージを企業の意図通りに形成させようとする努力と，そのイメージの基となるブランドの個性を戦略的に活用しようとする意図の2つの側面がある。

5. ブランド研究の広がり

現在BEおよびBIの研究は，ブランドと消費者の長期的関係を基礎として3つの系統に引き継がれて議論されている。1つに関係性に関わる研究，2つに記号論的展開，3つにその他である。

まず1つ目は，Kellerの消費者ベースのBEから発展した消費者の知識研究が基礎となっている。この知識研究を基に，長期記憶，長期記憶の基礎となるセルフ・ナレッジ，つまりブランドとの長期的関係性が考えられ，関係性マーケティングやIMCといったIT等を用いて消費者との関係性を作ろうとする研究につながっていった。

関係性マーケティング[2]は，基本価値（品質・機能）・便宜価値（価格）だけでは顧客との信頼関係のみで終わりBEが危機にさらされるため，感覚価値（感

覚的魅力・効用)・観念価値(ストーリー・感動)を製品に付与してブランド価値を築き,企業と消費者の信頼・融合・対話によって関係性を構築すべきだとしている。

IMC理論(Integrated Marketing Communications, 統合型マーケティング・コミュニケーション)は,広告,PR,やブランド等といった企業のあらゆるマーケティング・コミュニケーションを戦略的に統合し,消費者の立場から再構築することでBLを強化し,ブランド価値を高めようとするものである。

両者ともに,消費者と企業もしくはブランドとの双方向の相互作用や対話型のコミュニケーションが重要だとし,その議論の根底には「ブランドとは一度企業に起きた革新を,顧客にとっての『価値』と『関係』の2つに転化することが重要なマーケティング管理上の課題となる」(田中［1997］p.124)という意識がある。

2つ目の記号論的展開は,ブランドとの長期的な関係性が求められる中で,BIおよびBIの構成要素がどのように消費者に理解されているかに焦点を置き,ブランドの文脈を重視した記号論からのアプローチが行われている。BI研究の流れはそのBIの理解や構成要素に対して記号論的アプローチが主となっており,操作性を訴えるモダン的な発生から現在ではポストモダンという反対の方向に進んでいる点は興味深いといえる。

主にBIの消費者理解に焦点を当て,より抽象的な経済価値の次元における差別化に焦点を当てたのがSchmitt［1999］の経験価値マーケティングである。経験価値マーケティングは「(購買前後のマーケティング努力によって提供される)刺激への反応で生じる個人的な出来事」(Schmitt［1999］p.66)と定義され,sense・feel・think・act・relateといった戦略的経験価値モジュール(SEM)を巧みに用いることで,企業が消費者に対して経験価値を戦略的に構築できるとしている。

次に,ブランド・ネームと象徴性に関する研究があり,これらは1980年以前から長く議論されている。

ブランド・ネームでは,AakerやKellerがブランド・ネームはブランドの核だと明言したことで,ブランド・ネームと結びつくブランド・イメージや連想等が,企業の参入障壁となると考えられている。これらに関連するマーケティング・ミックスや経験マーケティング等の問題について更に詳細にどのようなブランド・ネームが消費者の注意を引くのかという点まで考察されている。また,名前から派生したブランドの保有する意味について,BIと関連させた議論がみられる。

象徴性では，前史の時代では消費者がブランドを身につけることは，社会的に表現したい自分，特にプレステージ性を求め，当該ブランドのもつ社会・文化的な意味を媒介として，自身の社会的な位置を表わす手段だとされた。一方，1980年代以降では，象徴性とブランドのもつ製品機能の効用である機能性の関係から議論されている。また，ブランドの象徴とその連想をマス・メディアを効果的に用いることで，ブランドをグローバルに広めることができないか，つまりブランドを世界進出させる際に，ローカル文化に対してどのように象徴の意味移転を行なうと効果的であるかについて考察されている。

3つ目のその他では，広告態度である Aad，コーポレート・ブランド，ブランド・コミュニティといった主な議論がある。

まず，ブランド態度の研究の流れに汲みした広告研究の新たな展開として，説得的コミュニケーションにおける態度形成・変容，Ab（ブランドに対する態度，attitude toward the brand）と Aad（広告に対する態度，attitude toward the advertising）研究が挙げられる。これは広告を視聴して直接的にブランド態度が形成されることを Ab，当該広告への態度形成を Aad という。広告に対する肯定的または否定的な全体的評価である Aad がブランド態度にも移転するとされている。

次にコーポレート・ブランド（以下，CB）では，市場競争が激化する中で，従来のブランド論だけでは持続的競争優位を保つことが難しくなってきたことから，新たな要素として CB という概念が導入された。これは，顧客および見込顧客の判断基準として CB が重要だとする高まりに起因する。CB には2つの方向性があり，まず1つは組織文化と事業戦略を統合する全社的なブランド・マネジメントを行なうものである。もう1つは，企業文化，企業のコア・コンピタンス，組織文化といった従業員からなる企業そのものを CB と捉えるものである。

最後に，ブランド・コミュニティに関しては，Munitz and O'Guinn [2001] が「ブランドのファン同士で社会的関係に基づいた地域的に限定されない特殊なコミュニティ」と定義づけた。ハーレー・ダビッドソンの HOG のように消費者がブランドに対して高ロイヤルティであるだけでなく，集会等を行なう自発的な行動がなぜ起こるのかが焦点となっている。つまり，この現象を企業が意図的に作り出すことで自社ブランドに対して HOG のような高ロイヤルな人達を囲い込むことができるのではないかといった考えが根底にある。

6. 本章から学ぶこと

以上本章ではブランド研究の系譜をみてきたが，これらのことを青木［2001］がまとめている（図表13-1参照）。

前史のブランド研究は個々の研究が体系だっておらず断片的かつ単発的であり，そして，研究手段がどのような効果をもたらすのかに焦点が置かれていた。その後，AakerやKellerが登場し，前史で行なわれた研究を体系立てブランド論をマーケティングの一分野として確立させた。これにあたりAakerは，ブランドをマーケティングの結果である資源および資産的価値としてみることで，ブランド論の総括をした。

Aakerの功績は，今まで個別に議論されていたブランドに関する概念をBEの下に体系化し，そして，ブランドは企業にとって価値があるもので，BEには企業にとっての価値と消費者にとっての価値の2つがあることを示した。しかし，彼はこの2側面を分けて考えることはせず，両者を融合も明確な線引きもせずに論を進めている。これに対して同じBEでも，Kellerは消費者にとっての価値を中心に論を進めている。Kellerの功績はブランド戦略において企業がただブランドを創造するのではなく，消費者という要素も戦略策定に組み込むことの重要性を示し，かつ，戦略に組み込めるように消費者にとってのブランドを体系化させたことにある。現在でも多く研究されている消費者とブランドに関する研究はKellerのブランド知識が基礎となり，ブランドの内的構造を消費者行動論を基盤とした心理面だけでなく，戦略的に使用できるまでに高めようとする研究が継続されている。

次に，BIはマーケティングの起点として戦略的に活用することを提示してい

図表13-1　ブランド概念の変遷

時代区分	～1985年 （手段としてのブランド）	1985年～95年 （結果としてのブランド）	1996年～ （起点としてのブランド）
主たる ブランド	ブランド・ロイヤルティ ブランド・イメージ	ブランド・エクイティ	ブランド・アイデンティティ
ブランド 認識	断片的知識 マーケティングの手段	統合的認識 マーケティングの結果	統合的認識 マーケティングの起点

（出所）青木［2001］p.193。

る。BI では，BE のように生じた結果のみをみるのではなく，企業，消費者，そしてその生じる結果を予測して創り上げるといった視点が追加されている。つまり，戦略的要素が強くなったということができる。

現在にも引き継がれている BE や BI からのブランド研究の広がりは，消費者との関係と価値を心的にブランドと結びつけようとする方向に向いている。戦略的要素として耐えうるようにと研究が進んでいるものの，操作性を前提とした戦略的要素としての追求というよりは，コミュニケーションを重視したポストモダン的な研究が主流となっている。

ブランドは，BE ではマーケティングの成果であり，BI ではマーケティングの起点として捉えられている。BI に関する議論から約15年のうちに，消費者の関係と価値を求めた結果，現在ではブランドは企業と消費者のコミュニケーションそのものへと変化してきている。ブランド研究が本格化してからさまざまな分野を巻き込んで多くの議論が行なわれ，既存研究を精緻化する余裕もなくブランド論は展開し続けてきた。しかし最近では，やや閉塞感のあるブランド論研究において，今一度既存研究を改めて見直すことで従来の価値や関係，記号論以外の新たな軸や視点そしてその発見および創造が成され，ブランド論のさらなる展開を導くことができるといえよう。

【注】
1) ハワード＝シェスモデルとは，消費者行動研究における代表的なモデルである。消費者の購買行動を，刺激（インプット）→生活体（学習領域）→反応（購買）という消費者行動の基本的プロセスであるS—O—Rの代表的モデルである。また，消費者の意思決定を「情報のインプット」，「知覚（情報処理）」，「学習（意思決定）」，「反応（購買）」の4段階に分けてモデル化している。
2) McKenna [1990] の主唱するリレーションシップ・マーケティングは，企業経営の観点から消費者との関係や市場競争で得た情報から消費者志向の製品を市場に投入することで，顧客満足の獲得やロイヤルティの育成へとつなげていくことが重要だとしている。McKenna のリレーションシップ・マーケティングの中でも，特にブランドに焦点を当てたのが，和田 [1998] の関係性マーケティングである。

【文献案内】
Gardner and Levy [1955] は現在のマーケティング論の端緒だとする見解が多数見られる。Aaker and Keller [1990] は，これまでのブランド拡張論をまとめた上で，現在につながる拡張論の基礎を作ったといえる。ブランド・ロイヤルティ論については，和田 [1984] が研究の経緯だけでなく戦略的使用についても言及している。拡張論研究の経緯については，小林 [1997] が詳しい。1980年以降のブランド論の高ま

りに関して，ブランド・エクイティについては Aaker [1991] や Keller [1998]，ブランド・アイデンティティは Aaker [1996] の3冊ははずせない。最近のブランドと広告論の関係では，Rossiter and Percy [1997]（訳書 [2000]）が消費者行動論との関係も合わせて説明している。恩蔵・亀井編著 [2002] は，ブランドの各要素（ジングルやマントラ等）について戦略的に検討している。ブランド・コミュニティに関しては，Munitz and O'Guinn [2001]，McAlexander, et al. [2002]，久保田 [2003] が詳しい。

【参考文献】

青木幸弘・陶山計介・中田善啓 [1996]『戦略的ブランド管理の展開』中央経済社。
青木幸弘・小川孔輔・亀井昭宏・田中洋 [1997]『最新ブランド・マネジメント体系－理論から広告戦略まで－』日本経済新聞社。
青木幸弘 [2001]「第6章 ブランド研究の系譜：過去, 現在, 未来」阿部周造編著『消費者行動研究のニュー・ディレクションズ』関西学院大学出版会。
石井淳蔵 [1995]「ブランドだけがブランドの現実を説明できる」『マーケティングジャーナル』Vol.14, pp.4-15。
石井淳蔵 [1999]『ブランド─価値の創造─』岩波書店。
恩蔵直人・亀井昭宏 編著 [2002]『ブランド要素の戦略論理』早稲田大学出版部。
岸志津江・田中洋・水野由多加・丸岡吉人 [1999]「広告とブランドの超長期記憶－その構造, 機能, 動態に関する研究－」第32次吉田秀雄記念事業財団助成研究報告書。
久保田進彦 [2003]「ブランド・コミュニティの概念とマネジメント」流通経済研究所『流通情報』Vol.403, pp.16-34。
小林哲 [1997]「ブランド拡張のダイナミクス：ブランド拡張研究の新たな展開を求めて」大阪市立大学経営学会『経営研究』Vol.48, pp.63-80。
小林哲 [1998]「ブランドの意味構造分析─意味要素数と意味要素のタイプに焦点を当てて─」『マーケティングジャーナル』Vol.16, pp.15-26。
小林哲 [1999]「ブランド・ベース・マーケティング：隠れたマーケティング・システムの効果」大阪市立大学経営学会『経営研究』Vol.49, pp. 113-133。
岡田依里 [2002]『企業評価と知的資産』税務経理協会。
和田充夫 [1984]『ブランド・ロイヤルティ・マネジメント』同文館出版。
和田充夫 [1998]『関係性マーケティングの構図』有斐閣。
Aaker, D. A. and K. L. Keller [1990] "Consumer Evaluations of Brand Extensions," *Journal of Marketing*, Vol.54, No.1, pp.27-41.
Aaker, D. A. [1991] *Managing Brand Equity*, The Free Press.
Aaker, D. A. [1996] *Building Strong Brands*, The Free Press.
Aaker, D. A. [2000] *Brand Leadership*, The Free Press.
Ailawadi, K. L., D. R. Lehmann and S. A. Neslin [2003] "Revenue Premium as Outcome Measure of Brand Equity," *Journal of Marketing*, Vol.67, No.4, pp.1-17.
Anderson, E. and T. S. Robertson [1995] "Inducing Mulitiline Salespeople to Adopt House Brands," *Journal of Marketing*, Vol.59, No.2, pp.16-31.
Armstrong, G. and P. Kotler [1992] *Marketing: An Introduction* (6th edition), Prentice Hall Person Education International.
Bettman, J. R. [1979] *An Information Processing Theory of Consumer Choice*, Addison

Wesley.
Blackett, T. and B. Bond [1999] *Co-Branding: The Science of Aliance*, The Macmillan Press.
Boyd, H., M. Ray and E. Strong [1972] "An Attitudinal Framework for Advertising Strategy," *Journal of Marketing*, Vol.36, No.2, pp.27-33.
Brown, G. H. [1953] "Brand Loyalty - Fact or Fiction," *Trademark Report*, Vol.43, pp.251-258.
Butler, R. S. [1919] *Marketing and Merchandising*, A Hamilton Institute.
Chaudhuri, A. and M. B. Holbrook [2001] "The Chain of Effects from Brand Trust and Brand Affect to Brand Performance: The Role of Brand Loyalty," *Journal of Marketing*, Vol.65, No.2, pp.81-93.
Clark, F. E. and C. P. Clark [1942] *Pinciples of Marketing*, Macmillan Company, New York.
Copeland, M. T. [1923] *Problems in Marketing*, A. W. Shaw Company, London.
Copeland, M. T. [1924] *Pinciples of Merchandising*, McGraw-Hill Book Company, Inc., New York.
Cunningham, R. M. [1956] "Brand Loyalty-What, Where, How much?," *Harvard Business Review*, Vol.34, No.1, pp.116-128.
De Chernatony, L. and H. B. Macdonald [1992] *Creating Powerful Brands: The strategic route to success in consumer, industrial and service markets*, Butterworth- heinemann Ltd.
Day, G. S. [1970] *Buyer Attitudes and brand Choice Behavior*, Free Press.
Dik, W. T. [1967] "How Does Brand Awareness-Attitude Affect Marketing Strategy?," *Journal of Marketing*, Vol.31, (October), pp.64-66.
Fishburn, M. and I. Ajzen [1972] "Attitude and Opinions," *Annual Review of Psychology*, pp.487-544.
Frank, R. E. [1967] "Is Brand Loyalty a Useful Basis For Market Segmentation?," *Journal of Advertising Research*, Vol.7, No.26, pp.27-33.
Gardner, B. B. and S. J. Levy [1955] "The Product and the Brand," *Harvard Business Review*, Vol.33, No.2, pp.33-39.
Guest, L. [1956] "Brand Loyalty-Twelve Years Later," Applied Psychology, Vol.39, No. 6, pp. 405-408.
Gutman, J. [1982] "A Means-end Chain Model based on Consumer Categorization Processes," *Journal of Marketing*, Vol.46, No. 2 (Spring) pp.60-71.
Herzog, H. [1963] "Behavioral Science Concepts for Analyzing the Consumer," *Marketing and the Behavioral Science*, Peny Bliss, ed., Boston: Allyn & Bacon, pp.76-86.
Howard, J. A. and J. N. Sheth [1969] *The Theory of Buyer Behavior*, John Wiley & Sons.
Jacoby, J., C. O. Jerry and A. H. Rafael [1971] "Price, Brand Name, and Product Composition Characteristics As Determinants of Perceived Quality," *Journal of Applied Psychology*, Vol.55, No.6, pp.570-589.
Jacoby, J., J. S. George and B. Jacqueline [1977] "Information Acquisiton Behavior in Brand Choice Situations," *Journal of Consumer Research*, Vol.3, pp.209-216.
Jacoby, J. and R. W. Chestnut [1978] *Brand Loyalty Measurement and Management*, John Wiley & Sons.
Kapfere, J. N. [1992] *Strategic Brand Managemnet*, Kogan Page.
Keller, K. L. [1993] "Conceptualizing, Measuring, and Managing Customer-Based Equity," *Journal of Marketing*, Vol.57, No.1, pp.1-22.

Keller, K. L. [1998] *Strategic Brand Management*, Prentice-Hall, Inc.
Keller, K. L., S. E. Heckler and M. J. Houston [1998] "The Effects of Brand Name Suggestiveness on Adveertising Recall," *Journal of Marketing*, Vol.62, No.1, pp.48-57.
Keller, K. L. [2003] *Strategic Brand Management and Best Practice in Branding Cases*, Pearson Educatio, Inc.
Kirmani, A., S. Sood and S. Bridges [1999] "The Ownership Effect in Consumer Responss to Brand Line Streches," *Journal of Marketing*, Vol.63, No.1, pp.88-101.
Lipstein, B. [1959] "The Dynamics of Brand Loyalty and Brand Switching," Britt S. H. and H. W. Boyed (ed.), *Marketing Management and Administrative Action*, pp.276-289.
Loden, D. J. [1992] *Megabrands: How to build them, How to beat them*, Business One Irwin, Homewood, Illinois.
Loken, B. and J. D. Roedder [1993] "Diluting Brand Beliefs: When do Brand Extensions Have a Negative Impact?," *Journal of Marketing*, Vol.57, No.3,(July) pp.71-84.
Massy, W. F., D. B. Montgomery and D. G. Morrison [1970] *Stochastic Models of Buying Behavior*, MIT Press.
McAlexander, James H., J. W. Schouten and H. F. Koening [2002] "Building Brand Community," *Journal of Marketing*, Vol.66, No. 1, (January) pp.38-65.
Mckenna, R. [1990] *Relationship Marketing*, Addison-Wesley Publishing Company, Inc., Massachusetts.
McGregor, D. [1940] "Motives as a Tool of Market Research," *Harvard Business Review*, Vol.16, pp.42-51.
Morein, J. A. [1975] "Shift from Brand to Product Line Marketing," *Harvard Business Review*, September-October, pp.56-64.
Munitz A. M. and T. C. O'Guinn [2001] "Brand Community," *Journal of Consumer Research*, Vol.27, No. 4, pp.412-432.
Murphy, J. M. [1990] *Brand Strategy*, Director Books.
Newman, J. W. [1957] *Motivation Research and Marketing Management*, Harvard Business.
Paivia, T. and J. A. Costa [1993] "The Winning Number: Consumer Perceptions of Alpha-Numeric Brand Names," *Journal of Marketing*, Vol.57, No.3, (July) pp.85-98.
Park, C. W., M. Sandra and L. Robert [1991] "Evaluation of Brand Extensions: The Role of Product Feature Similary and Brand Concept Consistency," *Journal of Consumer Research*, Vol.18, pp.185-193.
Pessimier, E. A. [1959] "A New Way to Determine Buying Decisions," *Journal of Marketing*, Vol.24, No.2, pp.41-51.
Riezebos, R. [1996] *Brand Management: A theoretical and practical approach*, Pearson Educated Limited., Edinburgh Gate, Harlow, Essex.
Rossiter, J. R. and L. Percy [1997] *Advertising Communications & Promotion Management*, The McGraw-Hill Companies Inc. (青木幸弘・岸志津江・亀井昭宏 訳 [2000] 『ブランド・コミュニケーションの理論と実際』東急エージェンシー出版部。)
Russell, I. H. and B. C. Peter [1979] "Testing Thirteen Attitude Scales for Agreement and Brand Discrimination," *Journal of Marketing*, Vol. 4 (Fall) pp.20-32.
Schmitt, B. H. [1999] *Experiential marketing: how to get customers to sense, feel, think, act, and relate to your company and brands*, The Free Press, A Divisions of Simon & Schuster Inc.
Shaw, A. W. [1915] *Some Problems in Market Distribution*, Harvard University Press.
Sheth, J. N. [1968] "A Factor Analytical Model of Brand Loyalty," *Journal of Marketing*

Research, Vol.5, pp.395-404.
Simon, C. J. and W. S. Mary [1993] "The Measurement and Determinants of Brand Equity: A Financial Approach," *Marketing Science*, Vol.12, No.1, pp.28-52.
Tauber, E. M. [1971] "Brand Franchise Extension: New Product Benefits From Existing Brand Names," *Business Horisons*, Vol.24, No.2, pp.36-41.
Upshaw, L. B. [1995] *Building Brand Identity*, John Wiley.
Voickner, F. and H. Sattler [2006] "Drivers of Brand Extntion Success," *Journal of Marketing*, Vol.70, No.1, pp.50-64.

(越川　靖子)

第14章

ＩＣＴ革命とマーケティング研究

1. はじめに

　1946年に世界初の実用的な電子式コンピュータをペンシルベニア大学で誕生させた開発者たちは，大学を辞して起業し最初の商用目的の電子計算機を完成させる。1971年にインテル社が世界初のマイクロプロセッサを発売すると，コンピュータのダウンサイジングが加速する。さらに，メインフレーム市場において寡占体制を築いていたIBM社が玩具に近いものとみていたパソコン市場は同社の屋台骨であるメインフレーム市場をぐらつかせる勢いで急成長し，また一方ではメインメモリであるDRAM市場の形成とその進化が進む。(1970年に1キロビットだったものが85年には1メガビットに達する。)──以上が，商用インターネット大衆化前史の概要である。

　本章ではその後の，商用インターネットがコンピュータと無縁であった家庭にまでネットワークを広げた時代（一般にICT（Information and Communication Technology, 情報通信技術）革命の第3段階といわれる）におけるマーケティング研究を概説する。

　1995年から96年にかけてWWW（ワールド・ワイド・ウェブ）は一気に大衆化した。そしてソニーの出井伸之会長（当時）をして「巨大隕石に絶滅する恐竜」といわしめたインターネットとブロードバンド化（住谷・塚田・田中［2001］p.196）が，多くの諸国において社会のインフラとして定着しプロモーションのスタイルを根本から変えた。何より，インターネット広告は費用対効果がわかりやすい。いつ，どれほど閲覧者がいて，そのうち何割が広告をクリックしたかも，その中で実際にネット上で購入したのは何人かも，正確に把握できる。その結果『電通広告年鑑』の「媒体別広告費の推移」にはじめてインターネット広告が登場した1996年には総広告費5兆7,715億円のうちインターネット広告は16億円であったものが，

2008年には同6兆6,926億円のうちインターネット広告は6,983億円（製作費を含む。このうち媒体費は5,373億円，うちモバイル広告費913億円）に拡大している。

わが国でも2001年3月の大卒・就職希望者からは，ほぼ100％がリクルートNaviに登録していた。この当時われわれは『サイバーマーケティング』においてインターネット利用者の市場細分化基準を考察し，地理的に広範囲な場所からの情報をわずかなコストで検索・収集することが可能な時代の特徴と問題点（通信速度が遅い，データや情報のセキュリティ，プライバシー）に言及していた（住谷・塚田・田中［2001］pp.32-43）が，21世紀に入り，ブロードバンドの普及とともにICT革命の波はさらに広域化する。すなわち，インターネットは社会インフラとなり多様なアプリケーション・サービスの登場をみるのである。さらにマーケティングに限らず研究者の環境も，著作権を含めて，変化の波にさらされている。

インターネットの普及は，英語圏を中心に研究環境の変化も生み出したようである。実際，本章のタイトルの意味を突き詰めると，それ以前に比べて（英文の）マーケティング研究を大量に生み出したという現実が最も注目すべき事態であるかもしれない。慶應義塾大学では塾内PCから多くの雑誌を閲覧可能である。その一部を示せば以下のとおりであるが，これら電子ジャーナルでは特にICT関連の研究が多く提出されている。

Electronic Markets, e-Service Journal, International Journal of Advertising, International Journal of Electronic Commerce, Journal of Advertising Research, Journal of Research for Consumers, Journal of Service Marketing, Journal of Service Research, International Journal of Retailing and Distribution Management, Services Marketing Quarterly.

こうしたマーケティング関係の雑誌に世界中のマーケティング研究者が投稿する英語で書かれた研究業績は，まさしく膨大な量である。とりわけ *Journal of Macromarketing* の登場もあり，マクロマーケティング研究は特にネット上で大量に提出されている（最近の傾向についてはFýrat and Vicdan［2008］，Varadarajan, et al.［2008］に詳しい）。

次々に登場する，新しいテーマを標榜するマーケティング研究は，インターネット上の流行現象，いわゆるインターネット・ファッド[1]がマーケティング研究においても猛威をふるうとみることもできようが，いずれにせよ日本語で行なわれるマーケティング研究の存在意義が縮小しつつあることを認めざるを得な

いテーマであるように思える（日本の学生に最も多く引用されてきた*Journal of Marketing*のウェブ編集者は，現在 S. Balasubramanian である）。

こうした流れの初期の段階における研究成果からレビューする。

2. 商用インターネット大衆化直後のマーケティング研究

　メディアとしてのインターネットについてまとめた先駆的研究として最も多くの論文に引用されたのは，Hoffman and Novak［1996］であろう。彼らは「人的・非人的」「動的・静的」という2つの次元を用いて，対面，伝統的なマスコミ4媒体，ケーブル TV や衛星 TV など，ビデオ，電話，ファックス，電子メールそしてウェブ等々の新・旧メディアを類型化し，ウェブを「やや非人的でやや動的なメディア」と位置づけた（pp.55-57）。

　1996年には Hanson がスタンフォード大学でインターネット・マーケティングの授業を開講している。これは「世界でも最初に開講されたインターネット・マーケティングの講座の1つ」（Hanson［2000］訳書「監訳者のことば」p.i）であり，同講座からは多数のインターネット起業家が輩出されたという。Hoffman らの研究成果を発展させ新しいダイレクト・コミュニケーションについて鋭く分析したのが Peters［1998］，そしてインターネット・ユーザーの安全性という，法律上の根本問題を早い時期に総括的に提起したのが Lessig であった。

　マイクロソフト社の独占禁止法裁判において連邦裁判所がスペシャルマイスターに任命した Lessig［1999］は，「政治的」とは「はっきりと正当化されず，しかもいま対立するものがあるような判断をさす」とし，サイバー空間はこの政治的問題を「強力につきつけてくる」と述べていた。議会の決定が，部分的にせよ「サイバー空間がどうなるかを決定づけている」（訳書 pp.392-393）という彼の主張は，サイバー空間の統治の困難さがますます大きな社会的問題を示す現在，マクロマーケティングの重要なテーマとして注目すべきであろうと思う。

　ところで ICT 業界における製品開発にも変化が生じたわけであるが，Raymond［1998］は「バザール」と名づけたオープンソース・ソフトウェアのユーザー・コミュニティによる開発方式が，「伽藍」方式すなわち伝統的な企業内部におけるソフトウェア開発方式より優れていることを説いた。知的財産と一般に考えられるソースコードを公開し，だれもが自由に利用し改変して転売してよい

という理念は，ICT 専門家が用いる意味での「ハッカー」たち[2]の存在意義を再認識させるとともに，ICT を利用した商業的グローバリズムの問題点をあぶりだすという考えもある。ちなみに Lessig は，クローズドコードとオープンコードに関しては，どちらが最善かという問題を解決しなくても「透明性を増す方向にクローズドなコードを向けることはできる」にも拘わらず「既存の法律の惰性（ソフトウェア産業に無制限の保護を与える）は，この変化に逆らう」(Lessig [1999] 訳書 pp.411-412) と述べている。

　ここで Raymond の主張から重要な内容を整理しておこう。①オープンな開発方針は，伽藍建設の正反対のものである，②問題を理解してそれを直す人物は，普通は問題を最初に記述する人間ではない，③ユーザーが増えるとみつかるバグも増え，しかもこの効果はユーザーが共同開発者でもある場合に増幅される，④Linux は意識的かつ成功裏に全世界を才能プールとして使おうとした最初のプロジェクトであり，その形成期が WWW の誕生と同時期なのは偶然ではない（インターネット上で公開されている邦訳では，pp.9-11, p.23）。

　また初期には実務家による業績も大量に生み出された。代表的なものはハイテク企業のマーケティングに関するコンサルタント会社代表 Moore が刊行した『キャズム（Crossing the Chasm）』である。同書は 1991 年に初版が出てから 10 年間売れ続け，米国の多くの大学で教科書としても採用された（Moore [1999] 訳書 pp.345-346）。

　特に我が国のマーケティング研究者に多く引用された研究としてはこの他に Feick and Price [1987] が提起した「市場の達人（market maven）」（特別な専門知識はもたないが，市場全般のさまざまな情報を収集し発信し，周囲の人々の情報源として頼られる消費者像）という消費者グループへの注目がある。確かに，さまざまな種類の製品やショップの場所などについて情報をもっており，他の消費者にこうした情報を提供する達人たち（p.85）は，消費者の購買行動の大きな影響要因となっていると思われる。また Rogers の『イノベーションの普及（Diffusion of Innovation）』を長年斯学の研究者は引用してきたが，5 版で彼は，インターネットの登場とともに急増した critical mass について詳しく説明した。すなわち，企業など情報を消費者に発信する側からみた，物言う集団は「一層の普及がそれ以降に自己維持的になる」とされる。この概念は集団的行為の論理，共有地の悲劇，ネットワーク外部性といった理論と密接に関連することに加え「普及過程におけるクリティカルマスの概念は，新製品のマーケティングに重要な意

味をもっている」(Rogers [2003] 訳書 p.308, p.317)。多様なイノベーションの源泉を説明した von Hippel [1988] も同様に多くの日本人研究者に引用され，これらは学際的研究の多くが依拠する業績と言える。

こうした研究各々の高度化を目指す流れについては，別の機会に述べたい。次節で示されるのは，これらの後に続く研究テーマの「多様化」である。ICT とよばれる技術を基盤とする新しい出来事が次々に一般ユーザーの前に登場し普及する中で，編集者が存在しないインターネットの時代に沿う，マーケティング研究者による問題解決案の多様化についてまとめた。

3. 売り手の行動と消費者に関する研究の多様化

インターネットには，リアルな世界での知人および既知の企業やブランドなどとのコミュニケーションを支援する機能と，リアルな世界では未知の人々および企業やブランドなどとの新たな関係構築を容易にする機能があるが，20世紀においては主に後者，すなわち，リアルな世界とは比べようもない出会い（取引）の機会が強調されていた。しかし，いわゆる ICT バブルを経た後，上記2つの機能を併用するユーザーとの関係性構築に成功した企業の新たな成長をみる[3]。21世紀に入るとネット通販（いわゆる e コマース）の勝者の代表は，米国のアマゾン社となる。Amazon.com のサイトにリンクを張る企業や個人ユーザー向けのガイドラインやデータを公開し，ウェブサービスを拡大している同社は「e マーケットプレイスの本質を見抜いて，必要な施策を，斬新かつ網羅的に実現しており，成功すべくして成功したサイト」(末松 [2004] p.26) とされる。

ちなみに e コマースの店舗販売などと比較した相違点としては，①売り手と買い手が対面で契約をするのではない（取引の非対面性），②低コストでの参入，③インターネットを用いる消費者の情報収集・発信力の向上が初期の段階から特に大きな差異として挙げられたが，「当事者間の契約について多数当事者の関与がなされやすいこと」(丸山 [2007] p.16)（代金決済における銀行や信販会社，ネットショッピングモールなどの存在）は消費者保護の観点から今後も重要な研究テーマとなるであろう。

山﨑・玉田 [2000] は，一般に生産財市場は消費財市場よりもコンピュータ・ネットワークとの相性がいいとしてサプライ・チェーン効率化について説明して

いる（p.57, pp.122-131）。B to B と B to C の研究をつなぐ目的で，2002 ～ 2008 年に *Journal of Retailing* 誌に掲載された 673 本の論文を基に論証した Dant and Brown［2008］にも注目すべきであろう。

　次に価格設定についてであるが，日本マーケティング・サイエンス学会 1998 ～ 99 年の研究プロジェクト（佐々木・井上・新倉による）の発見事項の1つである「コンピュータ媒介環境下では，製品態度に及ぼす価格効果は高くなる」という主張（井上［2007］p.18）は，格安商品の氾濫にもいわゆる奢侈財における大衆のブランド志向にも影響を及ぼしているとみられる根本的な法則といってよいかもしれない。同じ製品・サービスでも，価格弾力性は，インターネットが普及する以前とは異なるということである。さらに Wertenbroch and Skiera［2002］や Pauwels and Weiss［2008］は，無料化から有料化へという対消費者向け ICT 関連サービス企業にとってはおそらく最も深刻な問題に挑戦した業績であり，特にネット・ベンチャーにとって実践的に有用な成果として注目したい。

　個別企業・業界についてまとめた，インターネット・ユーザーを対象とする商品別研究とよぶべき成果も大量に提出されている。1990，2000，2002 年のデータから車購入におけるインターネットの利用価値を検証した Ratchford, et al.［2007］，アパレル・ショッピングにおけるヴァーチャル・トライ・オンの有効性を説明した Vernette［2004］と Kim and Forsythe［2008］は業界独特の消費者行動に言及し，ICT 時代に特有の商品別研究の意義を感じさせる。また，デジタル商品全体を整理し IPS（インターネット・プレゼンス・サイト）におけるコミュニケーションの重要性をまとめた Ghose and Dou［1998］や Koukova, et al.［2008］，特にデジタル音楽における消費者のポジティブ／ネガティブな誘因に関する調査を整理した Sinha and Mandel［2008］や最近のデジタル音楽について整理した Bhatia, et al.［2003］，サーチエンジンに関する Telang, et al.［2004］，インターネットのオークション・サイトのビジネスモデル[4]について整理した Molesworth and Denegri-Knott［2008］なども ICT 時代のマーケティングのヒントとして参照する価値があろう。インターネット・オークションについては最新の業績として Li, et al.［2009］も挙げておきたい。

　ところで，メディアとしてのインターネットは，マーケティング実践者にネットワーク組織に組み込まれた経済主体の行動の理解を迫る。Achrol and Kotler［1999］は，ネットワーク組織を「階層的統制をもたぬまま操作する，密接な双方向的結合，相互性，そして互恵性により『メンバーシップ』の役割と責任

を定義する，共有されまた価値システムに組み込まれた特化された課題や技能をもつ経済主体の，相互に独立した連合」と定義した (p.148)。2008年発行の Advances in Strategic Management 誌（Vol.25）は『ネットワーク戦略』の特集号であり，特にeコマースにおける企業内ネットワークについてのさまざまな研究を網羅している。

ネットワークが高度化する中でマーケティング・リサーチについてもさまざまな提案がなされたが，古いものでは qualitative method（インターネット上の消費者行動を調査するための新しい方法）を提案した Kozinets [1998] やサイバースペースにおける影響の概念モデルを提出した Shih [1998]，新しいものではデータベース・マーケティングにおける接触の違いを強調した Rhee & McIntyre [2008]，インターネットでの調査と従来の調査手法に関する相違点を説明した Manfreda, et. al [2008] などは実務的に有用な知見に溢れていると思われる。Moe and Yang [2009] は，近年消費者に関する調査ではますますオンライン調査に注目が集まっている点について分析し (p.109)，また加藤・李 [2007] は，インターネット調査（電子メールやウェブブラウザを利用してアンケート調査を実施するもの）が短期間で発展した背景として①全国的なインターネット利用環境の整備，② Web 技術の進歩による表現力の向上，③従来手法と比較したスピードとコストの優位性を挙げ，掲示板やチャットの仕組みを利用したネットワーク上でのグループ・インタビューなどにも触れている (p.65)。

そして現在多くの企業の注目を集めるクチコミについては，インターネット上のクチコミ（WOM, Word of Mouth）がどのような影響を及ぼすかについて映画を具体例に調査した Duan, et al. [2008] や，ポジティブなクチコミ（PWOM）とネガティブなクチコミ（NWOM）の実証研究である East, et al. [2007] などは，ネット・ユーザーの行動についての実務的な意味で興味深い考察である。

関連して，今後注目したい ICT 時代の学際的研究として「アクティブ・コンシューマー」と名づけた，創造しコミュニケーションする消費者を研究対象とする濱岡 [2007] がある。インターネット・ユーザーには地理的，時間的な制約はなくなり，インタラクティブ・マーケティングや関係性マーケティングなどが注目されているわけであるが，それらは「企業と個別の消費者との関係」のみに注目したものであり，今後は「消費者間のつながりに注目したマーケティング」が重要となる（Rosen [2000]「訳者あとがき」p.334）という濱岡の主張は新しいサービスやeコマース手法（たとえば，2009年に我が国に普及した米国ツイッター

社のサービスや，後述する TV ドラマと e コマースの連携）が普及するにつれて，研究の広がりを予測させる。

ここで改めてバズ（buzz）に触れておく。

Rosen［2000］は，バズをそのブランドについてのクチコミのすべてであり「ある特定の製品・サービス・企業について，あらゆる時点で行われる人と人とのコミュニケーションをすべて集計したもの」（訳書 p.20）と定義した[5]。さらに彼は，伝統的な紙のクーポンのインターネット版（友達から情報を受け取った顧客は，それを即座にコピーして，数十，数百，数千人の人々に広げることができるシステム）を「バイラル・マーケティング」とよんでいた（訳書 p.232）。実務の世界でますます多くの注目を集めているスキルである。

Rosen が主張する，自分は商品を買わなくても，そのウワサだけは語る人々さえ大量に出現した時代を分析した宮田・池田ら［2008］は，インターネット利用者を対象としたスノーボール・サンプリング調査の結果から「スノーボール他者の知識量が低く，日常的に接触する消費関連の情報量が少ない人々に対してメディア接触の効果が特に大きい」（という，古典的なマスメディア効果の研究の知見とも整合的である結果）ことや「インターネットを利用した情報接触が高いが，マスメディア広告接触量は中程度，スノーボール他者の知識量は低いという情報環境にある消費者が，高い商品・サービスへの関与を背景にインターネット上の情報に接触し，得られた情報を，商品知識量の低い周囲の会話相手に自ら伝達していること」などを示し，さらに彼らはオンライン・コミュニティにおける「根拠のない多数派意見がますます増大する危険性」に言及した（pp.41-43, p.108）。

いずれにせよ，ヴァーチャル・コミュニティは，そこにおいて情報発信するメンバーと，その情報を収集しているだけのインターネット・ユーザー（lurker あるいは日本語の文献で ROM と記される例もある[6]）から成り，その両者ともに，今後も，恐らくは ICT 時代の学際的研究というくくりがふさわしい，重要な研究対象となるだろう。そしてこれは，基本的には，かつて『パーソナル・インフルエンス』において Katz and Lazarsfeld［1955］が「二段階流れ仮説」（互いに情報のキャッチボールをする人々のネットワークと，マス・コミュニケーションとの結びつきを強調する）として記述したと同じような役割を演じるプレーヤー区分とみなして研究を進化させることも可能であろう。

次節では，他の先進諸国と異なる日本のモバイル・ユーザーについて若干の考察を試みる。

4. 日本独特のモバイル市場に関する若干の考察

　Rosen らの研究が大いに注目を集める日本は，ブログ大国である。何しろ，総務省の2006年3月末の集計ではブログ登録者数は868万人とされ，また2007年4月の米国テクノラティ社の調査では，日本語によるブログ記事は世界のブログ全体の37%で，英語（36%）を上回り世界一なのである（総務省情報通信政策研究所［2009］p.1）。

　ところで『商業統計』（経済産業省）では「物品の受発注に係る業務について一部でもコンピュータを介したネットワーク上で行なっている」商取引を電子商取引としている。そして「ケータイの着メロ」やSNS，上記ブログの携帯電話での投稿・閲覧など，日本人はモバイルによる電子商取引（一般にモバイル・コマースとよばれる）に未成年のうちから参加する比率が高いという実態がある。

　実際，インターネット接続型携帯電話の急速な普及により，モバイル・コマースは日本発で発展したのである。インターネット大衆化直前の我が国では「パソコン通信」とよばれるテキストをベースとしたコミュニケーションが行なわれていたコミュニティで圧倒的なマーケット・シェアを保有していたニフティ社が文系の人間をICT化の波に飲み込む大きな要因であった（筆者も当時，現在のmixiヘビーユーザーのような立場で同社「フォーラム」に参加していた）。その後，ポケットベルの高校生への浸透はiモードの急速な普及という日本独特の市場を拓き（住谷・塚田・田中［2001］p.33），文系ユーザーも子供たちまでも，大量にサイバー空間に飲み込まれることになる。

　こうした，我が国独自の市場を調査対象とし，特にヘビーユーザー（「mixi依存症」と表現される）も登場したSNS・mixiを詳細に分析した根来［2006］は，無料モデルについて「市場差別化」（サイトの人気）と「収益性の確立」の原則的乖離を強調する（p.166）[7]。日本語圏ではまた，池尾［2003］の主張も的確だろうと思われる。すなわち，「購買関与度が高い製品」では，その製品の革新性が高いほど「相対的には評価情報の重要性が高まるため，高コミュニケーション濃度でオープンなコミュニティの相対的有効性が高まり，逆に革新性が低いほど，高コミュニケーション濃度でクローズなコミュニティの相対的有効性が大きく」なること，また他方，「購買関与度が低い製品」では「当該新製品の革新性が大

きいほど，評価情報の相対的重要性は高まって，高コミュニケーション濃度コミュニティの相対的重要性が高まる」(p.259) という指摘である。

現在，我が国最大手のネット商店街である楽天市場には約3万店舗が存在しグループ全体の流通総額は年間1兆円を超える。しかし同社がオープンしたのは1997年5月，13店でのスタートの最初の1ヵ月の流通額は32万円であったという。2000年9月に「ケータイ版楽天市場」のサービスが開始され，2003年3月には両システムが統合され（楽天市場に出店すると同時にケータイ版のページも自動生成される），2008年1月には海外販売も開始された。ちなみに，我が国では，アマゾンの日本法人，アマゾンジャパンが楽天に次ぐ通販サイトである。

ところで，経済産業省が発表した「2008年度我が国のIT利活用に関する調査研究」によると我が国の消費者向け電子商取引は6兆890億円（前年比13.9%増）であり，総合小売業ではEC化率が3.17%，衣料・アクセサリー小売業では0.58%である。それでも2009年には，関西テレビ放送のドラマ「リアル・クローズ」で登場人物が身に付けた洋服や小物類を，テレビと同時進行でショッピング・サイトにアップし購入できる試みが話題をよんだ。テレビ局側は在庫をもたず，受注した物をメーカーに発注しメーカーが視聴者に発送する仕組みがとられたようだが，初回放送終了後から翌朝までに販売されたのは350品目，第3回放送日時点で2,400品目が販売されたという（『繊研新聞（2010年1月1日）』）。

このように，EC化率が低い我が国のアパレル業界にも徐々にネット販売は広がっているが，ここでもモバイル利用者の存在が大きい。日本最大級のモバイルサイトgirlswalker.comを運営する株式会社ゼイヴェルでは，売上の98%以上が，モバイルを利用した衣料品やアクセサリーの物販である。

しかしモバイル・コマース利用者の40%近い女性は自宅にPCを所有していない（井上［2005］p.26）という。米国ではクリントン大統領が先住民30万世帯にデジタル格差対応をしたが，通勤・通学時間が長い国民の比率が高いわが国では，携帯電話の機能充実とサービス料金の引き下げが，ある意味でデジタル格差の穴埋めをしているのかもしれない。

なお，未成年者のモバイル・コマース利用は，我が国における法的問題の重要性と関わる。丸山がまとめたところによると，ネット通販が我が国の法学分野で議論の対象となるのは1990年代半ば以降であり，『ジュリスト』では1997年1117号が「コンピュータ・ネットワークと法」を，2000年1183号で「電子取引」を特集した（丸山［2007］p.41）が，事件の多発は無視できないものであろう。既

述のLessigのみならず，すでにマクロマーケティングのテーマとして英語の論文では1つのジャンルを構築し（Goldsmith and Wu [2006], Lwin, et al. [2008] を参照)，また2008年12月発行の *Journal of Consumer Policy* 誌（31巻4号）では『i Consumer』に関する法的問題を特集していることにも触れておく。

5. 本章から学ぶこと

　我々が『サイバーマーケティング』を出版した後に理論的な研究がどれほど進展したかについて本章では触れていない。膨大な量の英語の論文がネット上に溢れているという，まさにICT化の波をまともに受けているのがこのテーマであると思えるからである。濱岡に代表されるICT時代の学際的研究が，このテーマの膨大な業績を研究としてさらに進化させる上で有用であるのかもしれないとも思う。

　デジタル情報のグローバルな伝達の流れを変えることはできないであろう。ルイ・ヴィトン（パリ），グッチやプラダ（ミラノ），バーバリープローサム（ロンドン）など，2010年春のコレクションからライブ配信を実現したブランドが登場し，伝統のあるパリ・モードの3Dライブ開始も間近と言われる。しかしそうした進化を含めても，ICTの歴史の中で，商用インターネットを用いたビジネスは小さな位置づけに過ぎないことを我々は認識すべきである。Ceruzzi [2003] は，技術史，経営史，ソフトウェア史とコンピュータ・ユーザーの変遷，さらに情報化社会の歴史を総合的に提示している。コンピュータとは何かを序章で述べた上で，時代を次のように区切った。すなわち，商用コンピュータのあけぼの（1945～56年），コンピュータ時代の到来（1956～64年），ソフトウェアの黎明期（1952～1968年），メインフレームからミニコンピュータへ向かう時代（1959～69年），大型コンピュータ全盛期（1961～75年），PCの時代（1972～77年），知性が増大する時代(1975～85年)，ワークステーション・UNIXなどの時代(1981～95年)，インターネットの時代（1995～）である。本章では，この最後の区分を中心にレビューしたに過ぎない。各々の段階における個別企業のマーケティング実践史を整理する作業が有用であろうことを最後に明記しておきたい。

【注】

1) Nystrom［1928］は『流行の経済学』において，ファッド（fad）を「とりたてて重要でもない，あるいは末梢的なものの一時的流行」で，多かれ少なかれ広範囲に取り入れられ模倣されて，ファッドは始まると述べた（p.6）が，インターネット・ファッドではファッドの特徴である「奇妙さ，非実用性，急速な普及が，極限まで拡大」し，しかも必ずしも短命ではない（リニューアルあるいはパロディ化されて再生産され続ける）とされる（遠藤［2009］p.5）。
2) コンピュータを利用して不正や不法なことをするクラッカーに対して，ハッカーはコンピュータ技術を熟知しコンピュータ利用に熱中している人への褒め言葉である（住谷・塚田・田中［2001］p.102）。
3) この両者を整理した研究として Song and Zinkhan［2008］は，以下を代表的なものとして挙げている。すなわち双方向のコミュニケーション・チャネルについては Duncan and Moriarty［1998］，eコマースに関しては Wolfinbarger and Gilly［2003］，B to Bプラットフォームに関しては Varadarajan and Yadav［2002］そして顧客関係性マネジメントに関しては Payne and Frow［2005］である。その他の例としては，初期のヴァーチャル・ストアの実例を多数紹介した Burke［1996］，消費者と小売とメーカーにとってのeコマースについて検討した Alba, et al.［1997］，企業がクリック＆モルタルについてどのようなアプローチをとりうるのかロードマップを提示した Gulati and Garino［2000］がある。ブロードバンド普及の後については，ウェブベースの小売りの問題解決の1つとしてアバターの有用性を示唆した Holzawarth, et al.［2006］，中小企業におけるeコマースの現状を整理した Wilson, et al.［2008］を新しい潮流として挙げておきたい。
4) Rosen［2000］は，顧客間の相互作用を作る好例としてイーベイを挙げ，取引が成立するたびに，売り手は高い値で売れたことを，買い手は安い値で入手できたことをネット上で情報発信することによって，同社はバズを得ていると主張した（訳書 p.241）。
5) バズについてニューズウィーク誌は「感染型のおしゃべり。つまり，ホットな新しい人，場所，物事についての，街角レベルでの本物のエキサイト」と定義したが，これはバズの一部でしかないと Rosen［2000］は言う（訳書 p.322）。
6) コミュニティ・サイトにおけるメンバーの階層性として，積極的に発信するメンバー（<u>R</u>adical <u>A</u>ccess <u>M</u>ember）とみているだけのメンバー（<u>R</u>ead <u>O</u>nly <u>M</u>ember）を分ける考え方が紹介されている（石井・水越［2006］p.16 ｛傍線筆者｝）。
7) 無料モデルは「ネット第一世代」（ヤフーなど）でも「ネット第二世代」（mixi など）でも重要なビジネスモデルであるが，根来監修［2006］は①情報の複製費用がきわめて安いこと，②課金コストの高さ，③情報の所有権が曖昧であったことを無料モデル登場の背景とし，その収入源として想定されたものとして(1)利用者からの収入である「有料オプションの販売」と「物財の販売」，(2)クライアントからの収入である「広告スペースの販売」「アフィリエイトの手数料」「情報の分析と販売」，そして(3)シナジー効果をもつ別事業を収益源とする「システム販売」の6タイプを挙げた（p.108, p.115）。

【文献案内】

新・旧メディアを類型化しウェブを規定した先駆的研究としては Hoffman and Novak［1996］を挙げておく。ICT時代のマーケティングを総論的に学ぶには井上哲浩, 日本マーケティング・サイエンス学会編［2007］およびインターネット・マーケティングの嚆矢の1人 Hanson［2000］（上原監訳［2001］）も必読書であろう。

> ICT時代の消費者を学際的に研究してゆく上では，古典的なKatz and Lazarsfeld [1955]（竹内訳 [1965]）の「二段階流れ仮説」を再読する意義があろう。Rogers [2003]（三藤訳 [2007]）も再読する価値があろう。その上で，Feick and Price [1987]による「市場の達人（market maven）」概念の，さまざまな業界における意味づけをする意義がありそうである。Rosen [2000]（濱岡訳 [2002]）によるバズ・マーケティング，von Hippel [1988]（榊原訳 [1991]），濱岡 [2007] そして宮田・池田編著 [2008] も同様の意味で今後の研究の高度化のベースになり得る。B to Bに関しては山﨑・玉田 [2000] に詳しい。
>
> ICT時代のマーケターが留意すべき法律上の根本問題については，Lessig [1999]（山形・柏木訳 [2001]）および丸山 [2007] が必読書である。こうした背景知識をもって，インターネット・オークションに関する最新の市場分析（たとえばLi, et al. [2009]）のさらなる理論化をすることは有意義であろう。最後に実務家による業績としてMoore [1999]（川又訳 [2002]）も加えておきたい。

【参考文献】

池尾恭一編 [2003]『ネット・コミュニティのマーケティング戦略：デジタル消費社会への戦略対応』有斐閣。
石井淳蔵・水越康介編 [2006]『仮想経験のデザイン：インターネット・マーケティングの新地平』有斐閣。
井上哲浩，日本マーケティング・サイエンス学会編 [2007]『Webマーケティングの科学：リサーチとネットワーク』千倉書房。
井上英昭監修 [2005]『成功事例でみるモバイルコマース&プロモーション』宣伝会議。
遠藤薫 [2009]「インターネットと流行現象」『日本情報経営学会誌』Vol. 30（1）pp.3-12。
岡村哲弥 [2008]『情報化時代の流通機能論』晃洋書房。
加藤通朗・李相吉 [2007]「インターネット調査のマーケティング・リサーチへの適用」井上哲浩編『Webマーケティングの科学』pp.61-102。
情報ネットワーク法学会・社団法人テレコムサービス協会編 [2005]『インターネット上の誹謗中傷と責任』商事法務。
末松千尋 [2004]『オープンソースと次世代IT戦略』日本経済新聞社。
総務省情報通信政策研究所編 [2009]『ブログの実態に関する調査研究』総務省情報通信政策研究所。
総務省情報通信政策研究所編 [2009]『インターネット利用の決定要因と利用実態に関する調査研究』総務省情報通信政策研究所。
根来龍之監修 [2006]『mixiと第二世代ネット革命：無料モデルの新潮流』東洋経済新報社。
濱岡豊 [2007]「共進化マーケティング2.0：コミュニティ，社会ネットワークと創造性のダイナミックな分析に向けて」『三田商学研究』Vol.50（2），pp.67-90。
丸山正博 [2007]『インターネット通信販売と消費者政策：流通チャネル特性と企業活動』弘文堂。
宮田加久子・池田謙一編著 [2008]『ネットが変える消費者行動：クチコミの影響力の実証分析』NTT出版。
山﨑朗・玉田洋 [2000]『IT革命とモバイルの経済学』東洋経済新報社。
住谷宏・塚田朋子・田中正郎編著 [2001]『サイバーマーケティング』中央経済社。

Achrol, R. S. and P. Kotler [1999] "Marketing in the Network Economy," *Journal of Marketing*, Vol.63 (Special Issue), pp.146-163.

Alba, J., J. Lynch, B. Weitz, et al. [1997] "Interactive Home Shopping: Consumer, Retailer, and Manufacturer Incentives to Participate in Electronic Marketplaces," *Journal of Marketing*, Vol.61(3), pp.38-53.

Bradley, P. and K. A. Porter [2000] "Case Study: eBay Inc.," *Journal of Interactive Marketing*, Vol.14(4), pp.73-97.

Burke, R. R. [1996] "Virtual Shopping: Breakthrough in Marketing Research," *Harvard Business Review*, Vol.74 (March-April), pp.120-131.

Ceruzzi, P. E.[2003] *A History of Modern Computing*, Cambridge, Mass, MIT Press.(宇田理・高橋清美監訳 [2008]『モダン・コンピューティングの歴史』未來社。)

Dant, R. P. and J. R. Brown [2008] "Bridging the B2C and B2B Research Divide: The Domain of Retailing Literature," *Journal of Retailing*, Vol.84(4), pp.371-397.

Duan, W., B. Gu and A. B. Whinston [2008] "The Dynamics of Online Word-of-Mouth and Product Sales: An Empirical Investigation of the Movie Industry," *Journal of Retailing*, Vol.84(2), pp.233-242.

Duncan, T. and S. E. Moriarty [1998] "A Communication-Based Marketing Model for Managing Relationships," *Journal of Marketing*, Vol.62(April), pp.1-13.

East, R., K. Hammond and M. Wright [2007] "The Relative Incidence of Positive and Negative Word of Mouth: A Multi-Category Study," *International Journal of Research in Marketing*, Vol.24, pp.175-184.

Fang, E., R. W. Palmatier and K. R. Evans [2008] "Influence of Customer Participation on Creating and Sharing of New Product Value," *Journal of the Academy of Marketing Science*, Vol.36, pp.322-336.

Feick, L. F. and L. L. Price [1987] "The Market Maven: A Diffuser of Marketplace Information," *Journal of Marketing* Vol.51 (January), pp.83-97.

Fýrat, A. F. and H. Vicdan [2008] "A New World of Literacy, Information Technoloies, and the Incorporeal Selves," *Journal of Macromarketing*, Vol.28(4), pp.381-396.

Ghose, S. and W. Dou [1998] "Interactive Functions and Their Impacts on the Appeal of Internet Presence Site," *Journal of Advertising Research*, Vol.38(2), pp.29-43.

Goldsmith, J. and T. Wu [2006] *Who Controls the Internet?*, Oxford : Oxford University Press.

Gulati, R. and J. Garino [2000] "Get the Right Mix of Bricks and Clicks," *Harvard Business Review*, Vol.78(3), pp.107-114.

Hanson, W. [2000] *Principles of Internet Marketing*, South-Western College Publishing. (上原征彦監訳 [2001]『インターネット・マーケティングの原理と戦略』日本経済新聞社。)

Hoffman, D. L. and T. P. Novak [1996] "Marketing in Hypermedia Computer-Mediated Environments: Conceptual Foundations," *Journal of Marketing*, Vol.60(7), pp.50-68.

Holzwarth, M., C. Janiszewski and M. M. Neumann [2006] "The Influence of Avatars on Online Consumer Shopping Behavior," *Journal of Marketing*, Vol.70 (October), pp.19-36.

Katz, E. and P. F. Lazarsfeld [1955] *Personal Influence: The Part Played by People in the Flow of Mass Communications*. (竹内郁郎訳 [1965]『パーソナル・インフルエンス』培風館。)

Kim, J. and S. Forsythe [2008] "Adoption of Virtual Try-on Technology for Online Apparel Shopping," *Journal of Interactive Marketing*, Vol.22(2), pp.45-59.

Koukova, N. T., P. K. Kannan and B. T. Ratchford [2008] "Product Form Bundling: Implications for Marketing Digital Products," *Journal of Retailing*, Vol.84(2), pp.181-194.
Kozinets, R. V. [1998] "On Netnography: Initial Reflections on Consumer Research Investigations of Cyberculture," *Advances in Consumer Research*, Vol.25, pp.366-371.
Lessig, L. [1999] *Code and Other Laws of Cyberspace*, New York: Basic Books.（山形浩生・柏木亮二訳［2001］『CODE：インターネットの合法・違法・プライバシー』翔泳社。）
Li, S., K. Srinivasan and B. Sun [2009] "Internet Auction Features as Quality Signals," *Journal of Marketing*, Vol.73 (January), pp.75-92.
Lwin, M. O., A. J. S. Stanaland and A. D. Miyazaki [2008] "Protecting Children's Privacy Online: How Parental Mediation Strategies Affect Website Safeguard Effectiveness," *Journal of Retailing*, Vol.84(2), pp.205-217.
Moe, W. W. and S. Yang [2009] "Inertial Disruption: The Impact of a New Competitive Entrant on Online Consumer Search," *Journal of Marketing*, Vol.73 (January), pp.109-121.
Molesworth, M. and J. Denegri-Knott [2008] "The Playfulness of eBay and the Implications for Business as a Game-Maker," *Journal of Macromarketing*, Vol.28(4), pp.369-380.
Moore, G. A. [1999] *Crossing the Chasm: Revised*, NY: Harper Business.（川又政治訳［2002］『キャズム』翔泳社。）
Nystrom, P. H. [1928] *The Economica of fashion*, New York: The Ronald Press Company.
Pauwels, K. and A. Weiss [2008] "Moving from Free to Fee: How Online Firms Market to Change Their Business Model Successfully," *Journal of Marketing*, Vol.72(May), pp.14-31.
Payne, A. and P. Frow [2005] "A Strategic Framework for Customer Relationship Management," *Journal of Marketing*, Vol.69(October), pp.167-176.
Peters, L. [1998] "The New Interactive Media: One-to-One, but Who to Whom?," *Marketing Intelligence & Planning*, Vol.16(1) pp.22-30.
Ratchford, B. T., D. Talukdar and M. Lee [2007] "The Impact of the Internet on Consumers' Use of Information Sources for Automobiles: A Re-Inquiry," *Journal of Consumer Research*, Vol.34(June), pp.111-119.
Raymond, E. S. [1998] "The Cathedral and the Bazaar"《http://www.catb.org/~esr/writings/cathedral-bazaar/》
Rhee, S. and S. McIntyre [2008] "Including the Effects of Prior and Recent Contact Effort in a Customer Scoring Model for Database Marketing," *Journal of the Academy of Marketing Science*, Vol.36, pp.538-551.
Rogers, E. M. [2003] *Diffusion of Innovations* (5th ed), New York: Free Press.（三藤利雄訳［2007］『イノベーションの普及』翔泳社。）
Rosen, E. [2000] "The Anatomy of Buzz: How to Create Word-of-Mouth Marketing," Doubleday.（濱岡豊訳［2002］『クチコミはこうしてつくられる：おもしろさが伝染するバズ・マーケティング』日本経済新聞出版社。）
Sinha, R. K. and N. Mandel [2008] "Preventing Digital Music Piracy: The Carrot or the Stick?," *Journal of Marketing*, Vol.72(January), pp.1-15.
Song, J. H. and G. M. Zinkhan [2008] "Determinants of Perceived Web Site Interactivity," *Journal of Marketing*, Vol.72(March), pp.99-113.
Standifird, S. S., M. R. Roelofs, et al. [2004] "The Impact of eBay's Buy-It-Now Function

on Bidder Behavior," *International Journal of Electronic Commerce*, Vol.9(2), pp.167-176.
Telang, R., P. Boatwright and T. Mukhopadhyay [2004] "A Mixture Model for Internet Search-Engine Visits," *Journal of Marketing Research*, XLI (May), pp.206-214.
Varadarajan, R., M. S. Yadav and V. Shankar [2008] "First-Mover Advantage in an Internet-Enabled Market Environment: Conceptual Framework and Propositions," *Journal of the Academy of Marketing Science*, Vol.36, pp.293-308.
Varadarajan, R., M. S. Yadav, V. Shankar and M. Ydav [2002] "Marketing Strategy and the Internet : An Organizing Framework," *Journal of the Academy of Marketing Science*, Vol.30(4), pp.296-312.
Vernette, E. [2004] "Targeting Women's Clothing Fashion Opinion Leaders in Media Planning," *Journal of Advertising Research*, Vol.44, pp.90-107.
von Hippel, E.A. [1988] *The Sources of Innovation*, New York: Oxford University Press. (榊原清則訳 [1991] 『イノベーションの源泉』ダイヤモンド社。)
Wertenbroch, K. and B. Skiera [2002] "Measuring Consumers' Willingness to Pay at the Point of Purchase," *Journal of Marketing Research*, Vol.39(May), pp.228-41.
Wilson, H., E. Daniel and I. A. Davies [2008] "The Diffusion of e-Commerce in UK SMEs," *Journal of Marketing Management*, Vol.24(5-6), pp.489-516.
Wolfinbarger, M. and M. C. Gilly [2003] "eTailQ: Dimensionalizing, Measuring and Predicting eTail Quality," *Journal of Retailing*, Vol.79(3), pp.183-198.

（塚田　朋子）

第15章

マーケティング研究と経済学からの影響

1. はじめに

　マーケティングは，経済学，社会学，心理学などの多くの学問分野との接点をもっている。その中でも経済学はマーケティング理論の発展に最初から関わっていた学問分野である。というのも，マーケティングは経済学から分派した学問分野であったからである。

　多くの学際的な研究が展開され，現在でもなお，マーケティングは経済学から影響を受け続けている。確かに，マーケティング研究全般にわたってというわけではないが，以下で述べるように経済学から顕著な影響を受けているいくつかの領域がある。

　まず，初期のマーケティング研究のほとんどは経済学を基礎として展開されたものであった。マーケティング研究は生産者から消費者に至る財の移転に関する研究としてスタートするのであるが，初期の研究の中には，財の移転に必要な機能や活動に着目した研究，移転させる対象である商品に着目した研究，卸売・小売組織に着目した研究があった。それぞれ，機能的アプローチ (functional approach)，商品的アプローチ (commodity approach)，制度的アプローチ (institutional approach) とよばれ，それらはマーケティングの3つの伝統的アプローチとよばれている[1]。

　経済学の影響を受けたその後の研究としては，制度的アプローチの流れを継承し，制度派経済学 (Institutional Economics) の影響を受けたいくつかの研究がある。こうした研究を展開した研究者たちは，財の移転に関わる諸要素の関係やプロセスの把握に重点を置き，全体論・有機体論的な立場をとる制度派経済学の影響を受けていた。

　制度派経済学は，T. Veblen, J. R. Commons, W. C. Mitchell 等に代表され，

20世紀前半にアメリカの経済学界において大きな影響力をもっていた。しかし，20世紀後半，経済学が数理的な分析手法による市場メカニズムの解明に傾斜していく中で，制度派経済学はほとんど姿を消し，マーケティングにおいてもそのアプローチの影響力も消滅した。

制度派経済学の影響は消滅したが，その後，制度的研究の流れは流通チャネルの構造や組織間関係に関する研究に移り，そこにおいても経済理論が応用された。その中で，1970年代頃から台頭してきた新制度派経済学（New Institutional Economics），特に O. E. Williamson に代表される取引費用経済学の影響を受けた研究がマーケティングにおいて展開されるようになった。

マーケティング研究における経済学の影響を網羅することは紙幅の関係上不可能であるが，本章では，以上の経済学の影響を特に強く受けた諸研究について述べることにする。

2. マーケティングの黎明期と経済学

マーケティング研究の萌芽期は，20世紀初頭とされるが，もちろんそのときには既に，経済学は学問としての地位を確立していた。初期のマーケティング研究は経済理論を基礎として，それを拡張したものであった。したがって，マーケティングは経済学から分派した学問分野といってよい。Bartels［1988］は，当時の経済学者とマーケティング研究者との違いを次のように述べている。

「初期の経済学者は，多様な理論をもたらしたとはいえ理論経済学の地位に留まったが，彼らとは異なってマーケティング研究者は，性格，範囲，適応からして，マーケティング研究者を通常の経済学者から独立させる思想体系を発展させたのである。マーケティング研究者の研究は，理論的というよりもいっそう経験的であり，抽象的というよりもいっそう実際的であり，哲学的というよりもいっそう記述的であった。彼らはまた当時の社会的・経済的諸問題を取り扱ったが，しかし公共行政の見地からよりもいっそう企業的見地からであった」（訳書 pp.14-15）。

マーケティング研究が生まれる20世紀初頭，アメリカにおいては，市場の諸条件がすでに古典派の経済理論が想定するものとは大きく異なるものになっていた。大量生産体制の確立によって商品が大量に市場に出されたが，J. B. Say がいうように供給がそれに見合った需要を創り出すわけではなかった。企業家は市場

メカニズムによる需給調整に頼るのではなく，自らその調整を試みるようになった。また，彼らは広告などを通じて消費者の欲望の操作にも関心をもつようになっていた。

　大量生産された商品を流通させる仕組みも必要とされるようになった。19世紀の後半には，百貨店や通信販売の業者がアメリカにおいて登場するようになる。商品流通は単純な売り手と買い手との関係で捉えられないほど，複雑なものとなっていった。また，古典派の経済学の枠組みにおいては，中間業者（middleman）たちは，生産者に寄生し，単に余分の費用を発生させる者たちといった評価しかされず，蔑視されていた。

　以上のことから，当時の経済理論の枠組みでは，生産者から消費者への財の移転の仕組みを十分に理解することはできなかったのである。

　マーケティング研究は生産者から消費者に至る財の移転に関する研究としてスタートし，その財の移転を理解するために，いくつかのアプローチが展開された。マーケティングの3つの伝統的アプローチとして知られる機能的アプローチ，商品的アプローチ，制度的アプローチである。マーケティングは経済学から分派した学問分野であると述べたが，これらの古典的なマーケティング研究は，経済理論を基礎としつつ，それが扱えなかった領域を理解しようとして展開された。

　マーケティングの体系的研究の始まりは，1912年に *Quarterly Journal of Economics* に掲載された A. W. Shaw の著作「市場流通の若干の問題」（*Some Problems in Market Distribution*）とされている。マーケティング研究の展開はまず機能的研究を中心に行なわれた。この機能的研究は，何人かの研究者たちによって引き継がれ，F. E. Clark などにより大成された。

　商品的アプローチに関する大きな貢献は，C. Parlin の研究を継承した M. T. Copeland によってなされた。Copeland［1924］は，消費者の購買慣習による商品分類（最寄品・買回品・専門品の分類）への貢献でよく知られているが，彼は商品分類とチャネル選択の問題とを関連づけたという点でも大きな貢献を果たしているといえる。

　制度的アプローチは，商品流通に関わる中間業者のタイプを認識し，またそれに関連して彼らの遂行する機能や取り扱う商品なども記述しようとする。制度的アプローチに大きな貢献を果たした研究者の1人としては，L. D. H. Weld がいる。当時，中間業者は余分の費用を発生させる者としか考えられていなかったが，Weld［1916］［1917］は，この流通費用や中間業者の問題に取り組んだ。彼は中

間業者に関しても分業と専門化の論理が当てはまると考え，さまざまな中間業者が専門化することによって費用が削減されると考えた。

マーケティングは長らく応用経済学の一領域とみなされてきたのであり，初期のマーケティング研究者は，基本的に経済学者であるか，もしくはその当時の指導的な経済学者からの指導を受けた者たちであった（Bartels［1988］訳書 p.280）。もちろん，前述の何人かのマーケティング研究者たちもそうであった。

3. 制度派経済学の影響[2]

マーケティング研究は，1940年代までにいくつかの流れとなって展開されていくが，前述の伝統的アプローチの1つである制度的アプローチは，Breyer［1934］による流通機構のシステム的把握への志向，そして Duddy and Revzan［1947］によるマーケティング構造論という1つの流れを形成する（荒川［1978］p.218）。Sheth et al.［1988］はこの一連の研究の流れを「制度学派」とよび，経済学からの影響を受けた研究群と捉えている。その中でも，特に1930・40年代の研究を中心に，当時のアメリカの経済学界において一大勢力となっていた Veblen, Commons, Mitchell などに代表される制度派経済学とよばれるアプローチの影響を受けていた形跡がみられる。

20世紀初頭，アメリカにおいて，制度派経済学は徐々に発展してくる。その誕生の時期も場所に関しても，ほぼマーケティングと共通している。初期のマーケティング研究に制度派経済学がどれだけ影響を与えていたか定かではないが，制度派経済学同様に，Weldが全体論的なアプローチに立脚していたと考えることができる（堀田［1991］pp.28-29）。全体論に立脚する研究者は，「全体は部分の総和以上のもの」ということを強調するが，Weldの研究にそうした志向が見出せる。

やがて，1930・40年代になってくると，全体論的な立場を志向する研究がさらにみられるようになる。著名な研究の1つはBreyer［1934］である。Breyer［1934］の研究が制度派経済学の影響を受けていたと目されるのは，彼が全体論に立脚している点と社会改良主義に立脚している点である（光澤［1993］pp.162-163）。

Breyer［1934］の研究は，主として流通機構（Breyer［1934］においては「マーケティング制度」）に関する研究である。伝統的アプローチは，生産者から消費者

に移転される財，移転に必要な機能，その機能を遂行する組織に分けて研究していたが，彼はそれらの複雑な関係の全体を捉えようとしていたといえる。

複雑な現象をいくつかの要素に分解するのではなく，全体として捉えようとする研究としては，Duddy and Revzan［1947］がよく知られている。Duddy and Revzan［1947］は，その序文の中で，マーケティングを有機的全体として捉える必要性を述べている。また，彼らは，制度派経済学同様に，価格などによる調整メカニズムだけでなく，交換が行なわれる制度的組織や文化的環境の変動パターンにも関心を寄せていると主張する（Duddy and Revzan［1947］p.14）。

やはり，Revzan［1965］もまた，全体論的な立場を志向していた。Revzan［1965］は，一連の議論を通じて，8つの命題を導いているが，その中の「マーケティング組織は相互関連する構造もしくは有機体のシステムの作動として考えられる」や「マーケティング・システム全体の中で作用している各々の制度は，特定の社会・経済・文化的環境に関連した進化的パターンの観点から分析されるべきである」（p.132）といった主張は，彼が制度派経済学と同様に全体論・有機体論的な立場を志向していたことの証左である。

以上の研究の流れは，方法論的には制度派経済学に共通する全体論的な思考をもっていた。もちろん，制度派経済学が当時のマーケティング研究全般に大きな影響力をもっていたとは言えないが，当時のアメリカの経済学界において，制度派経済学は大きな勢力になっており，マーケティング研究に対して，上述の研究をはじめとして多かれ少なかれ影響力をもっていた。それでは，制度派経済学とはどのようなアプローチだったのであろうか。

制度派経済学の祖として位置づけられるのは，Veblen である。Veblen は古典派の経済理論を厳しく批判していたことでよく知られている。その矛先は，古典派・新古典派経済学における「経済人」(homo economicus) の人間モデルなどに向けられた。彼は，単に快楽と苦痛とを合理的に計算し，また外的な諸力によって受動的に行動する人間モデル，そして C. Menger などによる限界効用理論などに基づく経済理論の構築を批判した。

制度派経済学は，前から述べているように全体論的な立場をとるが，静学的というよりも動学的な研究を志向している。Veblen［1919］は，経済制度[3]として認識される生活の習慣や方法が人々の経済利害によってどのように形成され，どのように累積的に成長していくのかということに興味をもっていた（p.76）。経済行動は制度的環境によって規定されると同時に，どのような経済行動がとられた

かによって制度的環境も変化すると考えられるが，そうした考えの下，Veblenは制度的環境と経済行動との間にある相互作用を進化プロセスに喩えて，理論構築しようとしたのである（Gordon [1963] pp.124-125）。

制度派経済学の知的背景として，A. N. Whitehead の有機体論，やはり当時アメリカにおいて影響力をもっていたプラグマティズムがある。たとえば，Commons [1959] は明確に，Whitehead の有機体論から影響を受けていると述べている（p.96, p.619）。また，制度派経済学は C. S. Peirce, W. James, J. Dewey といったプラグマティズムの哲学者の影響を受けていたということが指摘される（Commons [1959] pp.150-156；Dorfman [1934] 訳書 p.60；Hodgson [1993b] 訳書 p.14, p.189）。

4. 新制度派経済学の影響

前節まで述べてきた制度的研究の流れは，Sheth et al. [1988] の分類に従えば，その後1970年代前半までの間に，流通チャネル構造や制度的フレームワークの設計などに関する研究として展開されることになる（p.91）。これらの研究はいずれも経済的効率性の観点から流通チャネル構造などについて論じている。それまでの制度派経済学からの影響を受けた研究との大きな違いは，全体論的な立場をとらず，方法論的個人主義に立脚していることである。

20世紀前半のアメリカの経済学界において大きな影響力をもっていた制度派経済学は，やがて物理学を模した数学的形式主義の興隆や新古典派総合の構築により，1960年代までには衰退してしまっていた（Hodgson [1993a] p.2；[1993b] pp.164-165）。マーケティングにおいても，全体論的な研究の影は薄くなっていった。

この頃の経済学の影響を受けた制度的研究は，商品流通の仕組み全体がどうあるかという把握よりも，特定のテーマ（垂直的統合などの現象など）に絞って，なぜそうあるのかということの説明に注力している。たとえば，直接流通にするか間接流通にするかという意思決定にどのような要因が影響しているのか，また流通機関がどのような機能を自ら行ないどのような機能を他者に委ねるのかという意思決定に対してどういった要因が影響するのかという問題に取り組んでいる。

流通チャネル構造に関する研究の1つとして，延期―投機の原理からユニークな流通チャネル構造論を展開した Bucklin [1965] の研究がある。彼は，流通チャ

ネル構造（直接流通か間接流通かの意思決定など）に関する経済分析を行なっている。

同様に，流通チャネル構造に関する研究として，Mallen [1973] がある。彼は，Stigler [1951] の研究を応用し，流通などにおける垂直的統合について分析している。Stigler [1951] は A. Smith の「分業の程度は市場の大きさによって制限される」という定理から，垂直的統合と産業の成長との関係に関する仮説を導き出した。それによると，垂直的統合が新しい産業において多くみられるが，産業の成長とともに費用逓減的な機能を一手に引き受ける専門業者が現れ，それらの機能が専門業者にスピン・オフされ，そのような機能に関しては非統合が進む。しかし，やがて衰退期になると，そのような専門業者は市場から退出し，再び垂直的統合が生じる。Mallen [1973] は，Stigler [1951] のこの研究に基づいて，マーケティング機能の中間業者への分離などに関するいくつかの仮説を導出している。

この垂直的統合に関する研究は，経済学において，1970年代頃から新制度派経済学とよばれる学派が台頭してきたことによって，さらに精緻化されていった。マーケティングの分野においては，特に1980年頃から，流通チャネル構造に関する研究が新制度派経済学（特にその中の取引費用経済学）の理論的成果を取り入れるようになった。Mallen [1973] の研究が流通機能遂行の費用に着目したものであったのに対して，垂直的統合に関する取引費用分析は取引費用に着目したのであった[4]。

取引費用経済学は，企業を垂直的統合に向かわせる要因として，資産特殊性や不確実性などを考えている。特に資産特殊性や取引特殊的投資という概念は，取引費用経済学において重要である。企業が他社と取引を行なう場合，何らかの投資（設備や教育などの投資）が必要になろう。そのような投資の中には，その取引相手との取引が停止した場合に，ほとんど価値のないものになってしまうものもある。そのような投資が取引特殊的投資であり，そうした投資によって形成される資産の特殊性を表した概念が資産特殊性である。取引費用経済学においては，この資産特殊性や不確実性などが高いほど，垂直的統合が生じると考える。

取引費用経済学の研究者たちは，主としてサプライヤーとメーカーとの関係などに焦点を当てるが，マーケティングの研究者たちは主として，生産ではなく流通における垂直的統合の問題を扱う傾向にある。また，マーケティングの分野においては，取引費用経済学における諸仮説を検証するために，多くの経験的研究が行なわれた。取引費用経済学においていわば演繹的に導出された諸仮説をマー

ケティング研究者たちは主として検証しようとした。

　初期の研究としては，Anderson and Schmittlein［1984］，Anderson［1985］，Anderson and Coughlan［1987］，John and Weitz［1988］などがある。これらの研究は，取引費用経済学の基本的な仮説である資産特殊性や不確実性などが垂直的統合に正の影響を与えることを検証している。また，取引費用経済学の概念を用いて企業間関係におけるコミットメントや依存性に関するユニークな研究も行なわれた。Heide and John［1988］は，取引特殊的投資を行なった販売店は，取引先のメーカーへの依存性を下げるために，顧客との密接な関係を築くための投資を積極的に行なうことを発見した。また，Anderson and Weitz［1992］は取引特殊的投資がメーカーと流通業者の当該取引関係へのコミットメントを高めることを発見している。

　以上の研究のほかにも取引費用経済学に関連して多くの研究がなされたのであったが，それらの研究は Rindfleisch and Heide［1997］においてまとめられて紹介されている。取引費用経済学における機会主義や資産特殊性などの概念はマーケティングのさまざまな研究において散見される。新制度派経済学はマーケティング研究に大きな影響力をもってきたことは確かである。

　さて，新制度派経済学と前述の制度派経済学との間にはどのような違いがあるのであろうか。まず，制度を重視すること，そして経済人の人間モデルを批判する立場は両者の共通点である。しかし，それ以外の点に関しては新制度派経済学が制度派経済学から受け継ぐものはなかった。ただし，取引を分析単位とするという点は，取引費用経済学が Commons から受け継いだものである。

　参考までに，新制度派経済学という名称は Williamson［1975］によって一般的なものとなったが，これはいくつかのアプローチの総称として使用されており，取引費用経済学，プロパティー・ライツ理論，エージェンシー理論などの諸アプローチがその中に含まれる。

　この新制度派経済学の方法論的特徴は，同じ制度主義を標榜していても，制度派経済学のものとはかなり異なっている。制度を重視し，制度の存在や生成を分析の対象とするという点では，新制度派経済学と制度派経済学も同じであるが，制度の決定要因を経済理論のツールによって分析可能であると考えるかどうかが両者に大きな差異をもたらしている（Matthews［1986］p.903; Williamson［1998］p.75）。

　基本的に，新制度派経済学は制度派経済学の研究に対して，「理論をもたない単なる事実の集積物」（Coase［1998］p.72）という否定的な評価を与えるが，一

方で新古典派経済学とも一定の距離を置いている。Langlois［1986］による次の主張は，新制度派経済学の立場を表している。「歴史学派や初期の制度主義者の多くにかかわる問題は，彼らが制度をもっているが理論をもたない経済学を望んだことであり，多くの新古典派経済学者の問題は，制度をもたない経済理論を望んだことである。我々が真に望むべきものは制度と理論の両方である」(p.5)。

新制度派経済学はいくつかの点で新古典派経済学の修正を図っている。たとえば，人間仮説として限定合理性を導入し，また経済現象を進化的で動態的なものとみなし，経済活動の調整が幅広く経済的・社会的な諸制度に支えられているとみなす態度は，新古典派経済学から新制度派経済学を引き離す特徴である（ibid., pp.5-6)。

基本的な方法論上の性質に関しては，新制度派経済学は制度派経済学とは異なり，方法論的個人主義と演繹的な仮説の導出の方法によって特徴づけられるのである。制度派経済学は新制度派経済学の論者から「データ収集者」と揶揄されることがあるが，新制度派経済学はしばしば制度派経済学の研究を帰納的方法として特徴づける。新制度派経済学を制度派経済学から分け隔てるための重要な特徴は，新制度派経済学が方法論的個人主義と演繹主義的な立場をとっていることである。

5. 本章から学ぶこと

本章では，マーケティング研究に経済学がどのように影響してきたかについて述べてきた。

マーケティング研究は，経済学を基礎として，20世紀のアメリカにおいて経済理論では説明できない諸現象を理解しようとして生まれてきた。初期の多くのマーケティング研究者は基本的に経済学者であるか経済学を専攻していた者たちであり，マーケティングはその萌芽期において応用経済学といった色彩が強かった（Bartels［1988］訳書 p.280)。

その後，1つの学問領域としてマーケティングが発展しても，マーケティングの中のいくつかの研究群に対して経済学は影響してきた。しかし，それは古典派・新古典派経済学といういわば正統派の経済学からの影響というよりも，正統派の経済学に批判的もしくは一定の距離を保っているアプローチである制度派経済

学と新制度派経済学の影響が強かったといえる。制度派経済学や新制度派経済学の影響を受けたのは，特にマーケティングにおける流通の仕組みや組織に関連した制度的研究の領域である。

本章では，制度的研究とよびうる研究群が依拠した制度派経済学と新制度派経済学の方法論的基礎についても述べた。制度派経済学は全体論・有機体論的な立場，非還元主義的な立場，プラグマティズムの影響といったものとして特徴づけられるのに対して，新制度派経済学は還元主義的な方法論的個人主義に立脚し，演繹的な方法をとっているという特徴がある。両アプローチは名称が似ているが，方法論的には全く異なるアプローチである。

マーケティング理論は，経済学以外にも，社会学，心理学など，多くの学問分野との接点をもっており，学際的な研究が多い。他の学問分野からの理論的な成果を借用することも多いが，安易な借用は危険でもある。そういった意味で，マーケティングに影響した経済学の諸アプローチを方法論的性質も含めて述べてきた。

【注】
1）この3つのアプローチは，1921年にC. S. Duncanによって初めて言及され，P. D. Converseがそれを明確な形で表現したとされる（荒川［1960］p.59）。
2）本節「3. 制度派経済学の影響」と次節「4. 新制度派経済学の影響」は，拙論「マーケティング研究における制度論的視角」（『明大商学論叢』第86巻第1号，2003年，pp.93-112）に依拠している。
3）ちなみに，Veblenは制度を「個人と社会の特定の関係なり，特定の機能に関する支配的な思考習慣（Veblen［1899］訳書pp.183-184）」または「人々の総体に共通なものとして定着した思考習慣（Veblen［1919］p.239）」と定義している。
4）誤解を避けるためにここで補足説明を加える必要があろう。実は，「新制度派経済学の影響」という節に入れてあるが，Mallen［1973］の研究も，その前に述べたBucklin［1965］の研究も新制度派経済学の影響を受けているわけではない。適切な表現としては，流通チャネル構造に関するミクロ経済学的分析ということになろう。方法論的性質上（方法論的個人主義と演繹主義的な立場をとっている点で），制度派経済学というよりも新制度派経済学に近いために，この節で紹介している。特に，Mallen［1973］の研究は取引費用経済学が問題にしている垂直的統合に関する分析であるので，この節で取り上げるのが適切であると考えた。

【文献案内】
マーケティング史研究会編［1993］は，マーケティングの誕生から第二次世界大戦までの間に活躍したアメリカの著名なマーケティング研究者を中心に，彼らの経歴や所説について紹介している。マーケティングの思想がどのように誕生したのか，またそのときに経済学がどのように影響していたかについて知りたければ，Bartels［1988］を読むとよい。

Veblen [1899] は，制度派経済学の祖とされている Veblen の有名な著作の1つである。Veblen の提示した「衒示的消費」（原著では conspicuous consumption であり，見せびらかしの消費，顕示的消費などとも訳される）という概念は今もなお消費者行動論やマーケティング論の文献に頻繁に登場する。また，制度派経済学の論者たちの思想に関する解説としては，Dorfman [1934] や Dorfman, et al. [1963] を参考にするとよい。

　取引費用経済学の発展に最も貢献した経済学者の1人である Williamson の代表的な著作の1つが，Williamson [1975] である。彼は2009年にノーベル経済学賞を受賞している。取引費用経済学の理論的成果をマーケティング研究に応用した日本人の研究としては，中田 [1986] がある。Anderson and Schmittlein [1984]，Anderson [1985]，Anderson and Coughlan [1987]，John and Weitz [1988] など，取引費用経済学の基本的な仮説の実証研究は，この分野を研究するなら必読である。Rindfleisch and Heide [1997] では，取引費用経済学を応用したマーケティング研究を網羅しているので，非常に参考になる。

【参考文献】

荒川祐吉 [1960]『現代配給理論』千倉書房。
荒川祐吉 [1978]『マーケティング・サイエンスの系譜』千倉書房。
中田善啓 [1986]『マーケティングと組織間関係』同文舘出版。
堀田一善 [1991]「初期マーケティング研究方法論争の性質」堀田一善編著『マーケティング研究の方法論』pp.1-70 所収，中央経済社。
マーケティング史研究会編 [1993]『マーケティング学説史—アメリカ編—』同文舘出版。
光澤滋朗 [1993]「R・F・ブレイヤー—制度主義的マーケティング論の開拓者—」マーケティング史研究会編『マーケティング学説史—アメリカ編—』pp.151-172 所収，同文舘出版。
Anderson, E. [1985] "The Salesperson as Outside Agent or Employee: A Transaction Cost Analysis," *Marketing Science*, 4（Summer），pp.234-254.
Anderson, E. and A. T. Coughlan [1987] "International Market Entry and Expansion via Independent or Integrated Channels of Distribution," *Journal of Marketing*, Vol.51（January），pp.71-82.
Anderson, E. and D. Schmittlein [1984] "Integration of the Sales Force: An Empirical Examination," *Rand Journal of Economics*, 15（Autumn），pp.385-395.
Anderson, E. and B. A. Weitz [1992] "The Use of Pledges to Build and Sustain Commitment in Distribution Channels," *Journal of Marketing Research*, 29（February），pp.18-34.
Bartels, R. [1988] *The History of Marketing Thought*, 3rd ed., Publishing Horizons, Inc.（山中豊国訳 [1993]『マーケティング学説の発展』ミネルヴァ書房。）
Breyer, R. F. [1934] *The Marketing Institution*, McGraw-Hill Book Company.（光澤滋朗訳 [1986]『マーケティング制度論』同文舘出版。）
Bucklin, L. P. [1965] "Postponement, Speculation and the Structure of Distribution Channels," *Journal of Marketing Research*, 2（February），pp.26-31.
Coase, R. H. [1937] "The Nature of the Firm," *Economica*, 11 reprinted in R. H. Coase [1988]

The Firm, the Market, and the Law, The University of Chicago Press.（宮沢健一他訳 [1992]『企業・市場・法』東洋経済新報社。)
Coase, R. H. [1998] "The Institutional Economics," *American Economic Review* (Papers and Proceedings), 88(2), pp.72-74.
Commons, J. R. [1959] *Institutional Economics: Its Place in Political Economy*, University of Wisconsin Press.
Copeland, M. T [1924] *Principles of merchandising*, New York: McGraw-Hill.
Dorfman, J. [1934] *Thorstein Veblen and His America*, Viking Penguin Inc.（八木甫訳 [1985]『ヴェブレン：その人と時代』ホルト・サンダース・ジャパン。)
Dorfman, J., C. E. Ayers, N. W. Chamberlain, S. Kuznets and R. A. Gordon [1963] *Institutional Economics: Veblen, Commons, and Mitchel Reconsidered*, University of California Press.
Duddy, E. A. and D. A. Revzan [1947] *Marketing: An Institutional Approach*, McGraw-Hill Book Company.
Gordon, R. A. [1963] "Institutional Elements in Contemporary Economics," in J. Dorfman, C. E. Ayers, N. W. Chamberlain, S. Kuznets and R. A. Gordon ed., *Institutional Economics: Veblen, Commons, and Mitchel Reconsidered*, University of California Press, pp.123-147.
Heide, J. B. and G. John [1988] "The Role of Dependence Balancing in Safeguarding Transaction-Specific Assets in Conventional Channels," *Journal of Marketing*, Vol.52 (January), pp.20-35.
Hodgson, G. M. [1988] *Economics and Institutions: A Manifesto for a Modern Institutional Economics*, Polity Press.（八木紀一郎他訳 [1997]『現代制度派経済学宣言』名古屋大学出版会。)
Hodgson, G. M. [1993a] "Institutional Economics: Surveying the 'Old' and the 'New'," *Metroeconomica*, 44(1), pp.1-28.
Hodgson, G. M. [1993b] *Economics and Evolution*, Blackwell Publishers.（西部忠監訳 [2003]『進化と経済学』東洋経済新報社。)
John, G. and B. A. Weitz [1988] "Forward Integration into Distribution: An Empirical Test of Transaction Cost Analysis," *Journal of Law, Econolllics and Organization*. 4(Fall), pp.121-139.
Langlois, R. N. [1986] "The New Institutional Economics: an introductory essay," in R. N. Langlois ed. [1986] *Economics as a Process: Essays in the New Institutional Economics*, Cambridge University Press, pp.1-25.
Mallen, B. E. [1973] "Functional Spin-Off: A Key to Anticipating Change in Distribution Structure," *Journal of Marketing*, Vol.37(July), pp.18-25.
Matthews, R. C. O. [1986] "The Economics of Institutions and the Sources of Growth," *The Economic Journal*, 96(December), pp.903-918.
Revzan, D. A. [1965] "The Holistic-Institutional Approach to Marketing," in Revzan, D. A. [1965] *Perspectives for Research in Marketing: Seven Essays*, Institute of Business and Economic Research, University of California, Berkeley, reprinted in J. B. Kernan and M. S. Sommers eds. [1968] *Perspectives in Marketing Theory*, Appleton-Century-Crofts, pp.97-136.
Rindfleisch and Heide [1997] "Transaction Cost Analysis: Past, Present, and Future Applications," *Journal of Marketing*, Vol.61(October), pp.30-54.
Sheth, J. N., D. M. Gardner and D. E. Garrett [1988] *Marketing Theory: Evolution and*

Evaluation, John Wiley & Sons.(流通科学研究会訳[1991]『マーケティング理論への挑戦』東洋経済新報社。)

Stigler, G. J. [1951] "The Division of Labor is Limited by the Extent of the Market," *Journal of Political Economy*, 59(June), pp.185-193.

Veblen, T. [1899] *The Theory of Leisure Class: An Economic Study in the Evolution of Institutions*, New York: Macmillan. (小原敬士訳[1961]『有閑階級の理論』岩波書店。)

Veblen, T. [1919] *The Place of Science in Modern Civilisation and Other Essays*, New York: Heubsch.

Weld, L. D. H. [1916] *The Marketing of Farm Products*, New York: Macmillan.

Weld, L. D. H. [1917] "Marketing Functions and Mercantile Organization," *American Economic Review*, 7(June), pp.306-318.

Williamson, O. E. [1975] *Markets and Hierarchies: Analysis and Antitrust Implications*, Free Press. (浅沼萬里・岩崎晃訳[1980]『市場と企業組織』日本評論社。)

Williamson, O. E. [1985] *The Economic Institutions of Capitalism: Firms, Markets, Relational Contracting*, New York, The Free Press.

Williamson, O. E. [1998] "The Institutions of Governance," *American Economic Review* (Papers and Proceedings), 88(2), pp.75-79.

(原　頼利)

事項索引

〔あ行〕

アイデア……………………………… 214
アクティブ・コンシューマー……………… 270
新しい価格政策………………………… 66
アプリケーション・サービス…………… 265
アマゾン………………………………… 273
アメリカ国民経済学派…………………… 63
アメリカ・マーケティング協会（AMA）
　……………………………… 43, 105, 114
暗示………………………………………… 64
暗黙知…………………………… 103, 115

意識的需要……………………………… 32
依存性…………………………………… 287
一層進歩的な実業家………………… 66, 75
一般管理費および販売費……………… 54
5つの競争要因………………………… 150
移動障壁………………………………… 151
イメージ効用…………………………… 52
イリノイ大学………………………… 11, 14
インターネット………………………… 158
──・オークション…………………… 269
──・ファンド………………………… 265
インダストリアル・デザイン………… 113
インテル………………………………… 264

ヴァーチャル・トライ・オン………… 269
ウィスコンシン大学……………… 14, 34, 123
ウインチェスター・クラブ…………… 108
ウインチェスター銃器会社……… 106, 107
ウインチェスター・ストア…………… 107
移り気な主人…………………………… 113
移り気な消費者の獲得………………… 116
ウプサラ学派…………………………… 185
売上高比例法…………………………… 77

影響力…………………………………… 89
営利と非営利…………………………… 206
エージェンシー理論…………………… 287
演繹……………………………………… 288
延期―投機……………………… 83, 285
エンジニアリング……………… 107, 108

オーストリア経済学…………… 226, 231
オープンソース・ソフトウェア……… 266
オハイオ州立大学……………………… 12, 14
オペラント条件付け…………………… 169
オペレーション効率…………………… 159
親ブランド……………………………… 252
オンライン調査………………………… 270
オンリー・イエスタディ……………… 110

〔か行〕

開差………………………… 46, 49, 53, 54, 123
解釈学的研究…………………………… 170
外部環境（統制不可能）……………… 182
価格競争………………………… 125, 183
価格付け………………………………… 130
科学的販売管理………………………… 124
科学哲学論争…………………………… 211
価格の性格……………………………… 234
確信効用………………………………… 52
革新的企業者行動……………………… 103
学説史研究の目的……………………… 77
過剰需要………………………………… 208
過剰生産恐慌………………………… 6, 7
価値……………………………………… 234
　──効用……………………………… 52
　──物………………………………… 204
　──連鎖……………………………… 152
伽藍方式………………………………… 266
環境主義………………………………… 182
関係……………………………… 239, 240
　──概念……………………… 231, 232, 235
　──的交換…………………………… 90
　──性………………………… 226, 238, 244
関係性マーケティング……………… 158, 255
　──論………………………………… 215
関税・貿易一般協定…………………… 179
間接流通………………………………… 285
完全交渉型……………………………… 240
観念連合………………………………… 64
管理と作業……………………………… 36

機械技師………………………………… 108
機会主義………………………………… 93, 287
機関別研究……………………………… 55

294　索引

企業戦略論･･････････････････････････149
企業的マーケティング････････････････9, 13
　　──論･･････････････････････････12
企業内貿易･･･････････････････････････185
記号論･･･････････････････････････････256
技術革新競争････････････････････････144
稀少性関係･･････････････････････232, 233
帰納･････････････････････････････････288
機能的アプローチ･･････････････････34, 280
機能的商人･･･････････････････････････32
機能的便益･･････････････････････････254
機能別研究･･････････････････････････55
機能別専門家････････････････････････47
希薄化･･････････････････････････････252
規模の経済･････････････････････････56
基本････････････････････････････････45
キャズム････････････････････････････267
客観価値説･････････････････････231, 232, 234
教育機関のマーケティング戦略･･････211
共創････････････････････････････････159
競争戦略論･････････････････････149, 150, 155
競争的に正しい製品･･････････････････116
競争的に正しいもの･･････････････････113
協調････････････････････････････････91

クチコミ･････････････････････････････270
グッドウィル･････････････････････････126
クリティカルマス････････････････････267
グローバル産業･････････････････････188
グローバル製品ライフ・サイクル･･･････184
グローバル・マーケティング･････････179
　　──・マネジメント･････････････188
　　ボーン・──･････････････････････193

経営学･････････････････････････････146, 154
経営者主義的アプローチ･･････････････199
経営戦略論･･･････････････････････････147
計画的陳腐化･･･････････････････････114
経験価値マーケティング････････････158, 256
経験曲線･･････････････････････････149, 150
経済学･･････････････････････････････9
経済財････････････････････････････233
経済のソフト化・サービス化･･････････212
形式知･･･････････････････････････104, 115
形態効用････････････････････････45, 52
ケイパビリティ････････････････････153
　　コア・──････････････････････153
　　ダイナミック・──･･････････････154
結合費用････････････････････････････70

結合費用曲線････････････････････････75
限界革命････････････････････････････232
限界効用理論････････････････････････284
研究開発投資･･･････････････････････144
研究開発論････････････････････････113
限定合理性････････････････････････288

コア・ケイパビリティ･･････････････153
コア・コンピタンス･･･････････････153
高圧的マーケティング･･････････････127
工学････････････････････････････････27
広告･･････････････････9, 12-14, 17, 68-71, 75, 126
　　──強度･･･････････････････････75
　　──研究･･････････････････････123
　　──心理学･････････････････････5
　　──弾力性･････････････････････77
　　──と競争促進･････････････････79
　　──と独占･････････････････････79
　　──の需要創造効果････････････71, 72
広告レヴェル選択別平均収入の軌跡･･･73
広告レヴェル選択別平均費用の軌跡････73
講座開設状況････････････････････････10
公衆････････････････････････････204, 208
構造････････････････････････････････226
行動科学････････････････････････････163
　　──的アプローチ･････････････････33
行動経済学････････････････････････171
行動主義･･････････････････････････168
効用････････････････････････････････45
　　──物････････････････････････232
小売経営･････････････････････････････130
合理性の原理････････････････････････77
コーポレート・ブランド････････････257
顧客との価値の共創････････227, 229, 242
顧客ベースのブランド・エクイティ･････253
顧客満足････････････････････････････155
国際製品ライフサイクル････････････184
国際ビジネス･････････････････････180, 192
国際マーケティング･･････････････179, 184
　　──政策････････････････････････187
　　──の研究･････････････････････179
国内マーケティング･････････････････179
個人回帰型マーケティング･･････････215
コスト・リーダーシップ･････････････151
古典的アプローチ･････････････････････199
古典的条件付け･････････････････････169
古典派経済学････････････････63, 232, 234
個別均衡････････････････････････68, 70, 75
コミットメント･･････････････････････90, 287

コンピタンス……………………………… 153
コンフリクト ………………………………88

〔さ 行〕

サービス…………… 225, 228, 235, 238, 244
　――概念 …………………………… 227
　――における関係性 ……………… 239
　――の常規化 ……………… 240, 242
　――の特性 ………………… 225, 244
サービス・マーケティング ……… 225, 226, 235
　――論 ……………………………… 215
サービスプロセス ………………… 239, 242
サービスミックスカテゴリー ……………… 231
サービス優位の論理 ……………………… 227
財 ………………………… 225, 229, 232, 233
財価財 ……………………………………… 233
最適広告費決定モデル ……………………75
再販売価格維持 ………………………… 125
　――法 …………………………… 130
錯覚 …………………………………………64
サプライ・チェーン ……………………… 268
差別化 …………………………………… 151
産業組織論 ……………………………… 151
産業内貿易 ……………………………… 182
3効用の同列的な取り扱い ………………56
三種の神器 ……………………………… 192

シアーズ・ローバック ………………… 147
ジェネラル・マネジャー ……………… 133
ジェネリック・マーケティング ………… 203
市価以下販売 ………………………………29
市価以上販売 ………………………………29
市価販売 ……………………………………29
時間効用 ……………………………… 44, 45
事業戦略論 ……………………………… 149
事業部制組織 …………………………… 147
資源ベース論 ……………………… 153, 155
自己表現的便益 ………………………… 254
資産特殊性（資産特定性） ………… 86, 286
市場：
　――の集約的な耕作 ………………66
　――の達人 ……………………… 267
市場価格以上での販売 ………… 66, 73, 75
市場細分化 …………………………… 9, 157
市場調査技法 …………………………… 131
市場提供物 ……………………… 226, 230, 231
市場取引 ………………………………… 203
市場標的 ……………………………………40
市場問題 ………………………………………6

持続的競争優位 ………………………… 152, 153
実体概念 …………………………… 231, 235
私的と公共的 …………………………… 206
品揃え物効用 ………………………………52
ジャーナル・オブ・コンシューマー・リサーチ
　…………………………………………… 166
ジャーナル・オブ・マーケティング誌 …… 213
ジャーナル・オブ・マーケティング・リサーチ
　…………………………………………… 165
社会・経済的要請 ……………………… 189
社会階層 ………………………………… 164
社会経済的マーケティング ………… 8, 12, 13
社会システム・アプローチ ………………88
社会的業務 ……………………………… 201
社会的大義 ……………………………… 202
社会的マーケティング・コスト ……………53
収穫逓減 ………………………… 69, 72, 75
収穫逓増 …………………………… 67, 69
集団均衡 ………………………… 71, 72, 75
集中 ……………………………………… 151
主観価値説 ……………………………… 232
主義主張 ………………………………… 202
需求 ……………………………… 233, 236
需給の接合 …………………………………55
受注効用 ……………………………………52
需要：
　――の価格弾力性 ……………… 76, 77
　――の広告弾力性 ………………………76
　――の弾力性 ……………………………6
需要創造活動 …………………… 27, 124
需要創造効果（需要の創造）… 67, 76, 157, 158
準拠集団 ………………………………… 164
常規化 …………………………… 226, 240
商業革命 ……………………………………7
商社斜陽論 ……………………………… 186
商社の商権論 …………………………… 186
商社不要論 ……………………………… 186
象徴性 …………………………………… 257
情緒的便益 ……………………………… 254
商人卸売商 …………………………………48
商人的生産者 …………………… 26, 66, 75
消費：
　――経験論 ……………………… 170
　――市場 ……………………………28
　――と需要の分析 …………………5
　――と生活のスピード ………… 115
消費者：
　――が最終的な主人 …………… 113
　――研究学会 …………………… 166

――志向………………………… 127, 155, 156
――需要……………………………………… 131
――情報処理理論………………………… 167
――のマーケティング・コスト………… 54
――保護…………………………………… 268
商品差異化……………………………… 182
商品的アプローチ………………… 63, 280
商品の性格……………………………… 235
商品別研究………………………… 55, 269
商品別専門家……………………………… 47
情報効用…………………………………… 52
消滅性……………………………… 241, 242
商用インターネット…………………… 274
所得階層別分析…………………………… 6
所有効用……………………………… 44, 46
進化論的学説史研究……………………… 62
新古典派経済学………………………… 288
心象………………………………………… 64
新制度派経済学………………………… 281
新製品開発……………………… 145, 154
人的販売………………………………… 126
信念と態度……………………………… 249
信頼……………………………………… 90

垂直的統合……………………………… 286
垂直的分化………………………………… 56
垂直的マーケティング・システム……… 87
垂直貿易………………………………… 182
水平的分化………………………………… 56
水平貿易………………………………… 182
スタンダード石油……………………… 147
ストアブランド………………………… 247
3Dライブ……………………………… 274
スノーボール・サンプリング調査…… 271

生活の速度……………………………… 110
生産……………………………………… 229
――関数…………………………………… 76
――としてのマーケティング…………… 44
生産者のマーケティング・コスト……… 56
生産費の形状……………………………… 76
生産物の「持ち手の交替」……………… 45
政治経済アプローチ……………………… 89
成熟市場…………………………… 226, 237
製造……………………………………… 44
精緻化見込みモデル…………………… 169
成長ベクトル……………………… 148, 155
制度……………………………… 243, 287
正統的な流通経路………………………… 30

制度学派………………………………… 283
制度的アプローチ………………… 63, 280
制度派経済学…………………………… 280
製品開発………………………………… 112
製品計画……………… 37, 103, 105, 111, 115
――論…………………………………… 113
製品差別化……………… 9, 29, 40, 66, 157
製品多角化………………………… 107, 109
製品知覚………………………………… 249
製品のアイディア………………………… 32
製品の質的分化…………………………… 71
製品普及理論…………………………… 165
製品ライフサイクル（PLC）………… 146
――グローバル………………………… 184
――国際………………………………… 184
セールスマンシップ…………… 9, 12, 13, 17
――論…………………………………… 124
世界小売企業…………………………… 191
世界顧客………………………………… 183
世界 3 …………………………………… 243
世界貿易機関…………………………… 184
説得……………………………… 157-159
説得型消費者志向……………………… 127
説明販売………………………………… 30
ゼネラル・エレクトリック社………… 150
ゼネラル・モータース………………… 147
セルフ・ナレッジ……………………… 255
1930年代のマーチャンダイジング概念 105, 111
先駆的文献………………………………… 3
全国的広告………………………………… 66
全国マーケティング・広告教職者協会… 105
潜在意識的なニーズ……………………… 29
潜在的需要………………………………… 32
全体論……………………………… 55, 56, 283
前方統合………………………………… 86
戦略グループ…………………………… 151
戦略市場計画……………………… 146, 157
戦略的管理………………………… 145, 155

想起集合………………………………… 251
総合商社…………………………… 186, 192
相互浸透直接投資……………………… 183
創造（の論理）…………………… 135, 157
ソーシャル・マーケティング概念…… 202
ソーシャル・マーケティング論……… 212
促進効用…………………………………… 52
組織―顧客間取引……………………… 204
組織化……………………………………… 28

〔た 行〕

大規模生産の原理 56
大恐慌 116
ダイナミック・ケイパビリティ 154
タイプとしての説明モデル 75
代理卸売商 48
大量生産体制 39
多角化 144, 147, 148
多国籍企業 180, 184, 186
　　──研究会 185
　　──論 192
多国籍小売企業 191
多国籍商社 186
多国籍マーケティング 180, 185, 188
多属性態度モデル 166
W-トゥイスト 78
段階分化 56

チェーンストア 38, 128
知覚 64
知覚ブランド 252
知覚リスク 165
チャネル・パワーの拮抗現象 90
チャネル拡張組織論 87
チャネル：
　　──の長さ 82
　　──の密度 82
　　長期協調的── 90
チャネル管理論 81
チャネル構造選択論 81
チャレンジャー 155
注意 64
中間業者 282
中間商業者の機能 65
中間商人：
　　──の過多 49
　　──の機能 49, 50
　　──のグロス・マージン 54
　　──排除傾向 30, 65
中小零細企業 193
忠誠度 75
長期志向性 91
長期的関係性 255
直接投資 179, 186
直接流通 285

ツイッター 270

ディーラー・ヘルプ 129
テイラー協会 106, 108
データベース・マーケティング 215, 270
適応 157
　　──型消費者志向 134
　　──の論理 135
デジタル格差 273
デニソン製造企業 109
デュポン 147
電子ジャーナル 265
転倒した関係性 113
　　──の認識 116
伝統的な3研究方法 55
伝統的マーケティング・システム 87

ドイツ後期歴史学派 63
統覚 64
統御メカニズム 90
統合的マーチャンダイジング 132
動作 26, 65
統制可能要因 114
独占的競争 183
　　──市場 68
トライアド市場 188
取引関係の標準化 240
取引形態 207
取引経路 38
取引コスト論 85
取引特殊的投資（取引特定的投資） 93, 286
取引費用 286
　　──経済学 281
トレードマーク 248

〔な 行〕

内部環境（統制可能） 182
内部取引 185
ナショナル・ブランド 125

20世紀財団 53
日米貿易摩擦 186
ニッチャー 155
二当事者間 204
ニフティ 272
日本マーケティング・サイエンス学会 269
ニューヨーク大学 15, 34
認識進歩 62, 78
認知心理学 167
認知的不協和 165

農業協同組合……………………………………23
農産物取引所……………………………………48
農産物流通………………………………………123
農民運動…………………………………18, 47, 48
能力ベース論………………………………153-155
ノースウェスタン大学…………………………14
ノルディック学派…………………231, 239, 244
のれん会計………………………………………253

〔は　行〕

パーソナル・インフルエンス………………164
ハーバード学派………………………………185
ハーバード大学…………………………11, 14
ハーバード・ビジネス・スクール……25, 148
配給人口の増大傾向……………………………8
配給費…………………………………………7, 8
バイラル・マーケティング…………………271
バザール………………………………………266
場所効用………………………………………44-46
バズ……………………………………………271
ハッカー………………………………………267
パラダイム・シフト…………………………114
パワー・コンフリクト論………………………88
パワー資源………………………………………89
反チェーン・ストア…………………………128
販売員管理……………………………………103
販売エンジニアリング………………………107
　──論…………………………………………106
販売管理………………………………………112
　──論…………………………………………121
　　科学的──…………………………………124
販売管理者会議…………………………106, 108
販売機関…………………………………………28
販売計画…………………………………………36
販売費……………………………………68-71, 75

非営利組織のマーケティング理論…………208
非価格競争………………………………………71
非経済財………………………………………233
非合理的なパラダイム・シフト………………78
非ビジネス組織………………………………201
非物質的財……………………………………236
ヒューリスティクス…………………………167
費用・収入の調整の観点………………………68
フィット………………………………………159
フォード「モデルT」…………………………110
フォロアー……………………………………155
付加価値…………………………………………54
不確実性………………………………………286

不可分性………………………………………241
双子の赤字……………………………………189
2つのマーケティング論………………………78
物質効用…………………………………………45
物的流通活動…………………………………124
プライス・カッター…………………………128
プラグマティズム………………………35, 285
ブランド……………………146, 155, 158, 247
　──・アイデンティティ…………………254
　──・イメージ……………………………249
　──・インシステンス……………………248
　──会計……………………………………253
　──拡張……………………………………251
　──固執……………………………………248
　──・コミュニティ………………………257
　──資産……………………………………252
　──・スウィッチ……………………75, 250
　──選好……………………………………248
　──選択度……………………………………85
　──知識……………………………………253
　──認知……………………………………249
　──・ネーム………………………………256
　──・パーソナリティ……………………249
　──・ロイヤルティ……………127, 165, 250
　知覚──……………………………………252
　ナショナル・──…………………………125
　流通──……………………………………247
ブランド・エクイティ……………………135, 251
　顧客ベースの──…………………………253
ブルー・オーシャン…………………………160
ブログ…………………………………………272
プロスペクト理論……………………………172
プロダクト・アウト…………………………133
プロダクト・ポートフォリオ・マネジメント
　（⇒PPM）…………………………149, 155
プロパティー・ライツ理論…………………287
プロフェッショナル・サービスのマーケティン
　グ……………………………………………211
プロモーション・ミックス…………………126
分業・専門家……………………………………53
分業または専門家の原理………………………47
分節化…………………………………………115

変動性…………………………………………241
編年史的研究……………………………………61

貿易……………………………………………192
　──マーケティング………………………187
防御メカニズム…………………………………93

方法論的個人主義……………………… 285, 288
ボーン・グローバル企業……………… 190, 191
ボーン・グローバル・マーケティング…… 193
ポジショニング・スクール…………… 159
ボストン・コンサルティング・グループ… 149
ホスピタリティーとツーリズムのマーケティング……………………………………… 211
本源的生産要素………………………… 229
本質主義的……………………………………61

〔ま 行〕

マーケット・イン……………………… 134
マーケティング………………………… 44, 122
　──の3効用……………………………46, 52
　──の視点……………………………… 193
　──の社会的価値…………………………56
　──の二面性性格……………………… 135
　──のミクロ的把握………………………24
　企業的── ……………………………… 9, 13
　グローバル・── ……………………… 179
　経験価値── ……………………… 157, 256
　高圧的── ……………………………… 127
　個人回帰型── ………………………… 215
　サービス・── ………………… 225, 226, 235
　社会経済的── …………………… 8, 12, 13
　ジェネリック・── …………………… 203
　生産者としての── ………………………44
　多国籍── ………………………… 180, 185, 188
　データベース・── …………………… 215, 270
　バイラル── ………………………………… 271
　プロフェッショナル・サービスの── 211
　貿易── ………………………………… 187
　ボン・グローバル── ………………… 193
　ホスピタリティとツーリズムの── … 211
　マネジリアル・── …………………… 144-146
　輸出── ………………………………… 179
　リレーションシップ・── ………… 225, 226,
　　　　　　　　　　　　　　　　235, 237, 244
　ワールド・── ………………………… 187
　ワン・ツー・ワン・── ……………… 215
マーケティング一般概念論…………… 203
マーケティング概念……………………………44
　──の拡張…………………………… 200
マーケティング管理…………… 103, 112, 129
　──論…………………………… 39, 121
マーケティング機能……………… 49-51, 65
マーケティング・キャンペーン…………38
マーケティング教師協会………………………55
マーケティング研究方法論争………… 211

マーケティング効用………………………………45
マーケティング・コスト…………………………49
　社会的── ………………………………53
　消費者の── ……………………………54
マーケティング・コミュニケーション…… 256
マーケティング・コンセプト………… 146
マーケティング史研究会…………………………53
マーケティング・システム……………… 43, 46
　垂直的── ………………………………87
　伝統的── ………………………………87
マーケティング手段…………………… 210
マーケティング諸手段の統合………… 145
マーケティング・マネジメント理論…… 206
マーケティング問題…………………… 208
マーチャンダイジング……… 103-105, 109-112,
　　　　　　　　　　　　114-116, 132, 145
　──政策…………………………… 112, 113
　──部門…………………………………… 109
　──・マネジャー……………………… 133
　──論…………………………………… 115
　統合的── ……………………………… 132
マクロ効用…………………………………52
マクロ（的）マーケティング（研究，論）
　……………………………… 18, 34, 43, 55
マクロ・マーケティング機能………… 51, 54
マスマーケティング…………………… 237
マッキンゼー社……………………………… 150
マネジリアル・アプローチ…………… 199
　・マーケティング………………… 144-146
　──論…………………………………… 121
マルチ・ドメスティック（マルドメ）産業
　……………………………………… 188, 191

ミクシィ………………………………… 272
ミクロ効用…………………………………52
ミクロ（的）マーケティング（研究，論）
　……………………………………… 18, 33, 43
ミクロ・マーケティング機能……………51
ミシガン（州立）大学…………… 11, 191, 192
3つの戦略タイプ……………………… 151

無形性…………………………………… 241
銘柄販売……………………………………30
メタファー…………………… 108, 110, 115

モチベーション・リサーチ…………… 164
モバイル・コマース…………………… 272
模倣困難性……………………………… 153
問題移動の歴史……………………………78

〔や 行〕

有機体論 …………………………… 285
有形財 ……………………………… 229
有限マルコフ連鎖 ………………… 250
融合 ………………………………… 64
輸出マーケティング ……………… 179

4P（ミックス論）………… 114-116, 121, 135

〔ら 行〕

ラーナーの独占度 ………………… 76
楽天市場 …………………………… 273
リアルな世界 ……………………… 268
リーダー …………………………… 155
理解 ………………………………… 170
利潤関数 …………………………… 76
リデザイン ………………… 113, 116
理念型 ……………………………… 77
流通活動の合理化 ………………… 32
流通過程の革新 …………………… 23
流通機構 ………………………… 43, 283
流通系列化 ………………………… 95
流通経路 …………………………… 43
　　正統的── ………………………… 30
流通・サービスの国際化 ………… 190
流通チャネル構造 ………………… 285
流通の実験的研究 ………………… 32
流通費用分析 ……………………… 123
流通ブランド ……………………… 247
リレーションシップ・マーケティング
　………………… 225, 226, 235, 237, 244
理論的に前進的な問題移動 …… 68, 79
歴史 ………………………………… 243
歴史相対的研究 …………………… 61
レディング学派 …………………… 185

連想ネットワーク ………………… 250

〔わ 行〕

ワールド・マーケティング ……… 187
ワン・ツー・ワン・マーケティング …… 215

〔欧文・略語〕

Aad ………………………………… 257
Ab ………………………………… 257
A.W. Shaw Co. …………………… 25
BRICS ……………………………… 193
e コマース ………………………… 268
EC 化率 …………………………… 273
EU ……………………………… 184, 185
GATT …………………………… 179, 184
GE ビジネス・スクリーン・マトリックス 150
GM のデザイン・カー …………… 110
GPLC ……………………………… 184
IBM ………………………………… 264
ICT ………………………………… 264
　──バブル ……………………… 268
IMC 理論 ………………………… 256
IPLC ……………………………… 184, 185
IPS ………………………………… 269
PIMS ……………………………… 149
PLC …………………………… 149, 155
Postum …………………………… 35
PPM（⇒プロダクト・ポートフォリオ・マネジメント）…………………… 149, 155
Procter & Gamble ……………… 34
STP パラダイム ………………… 146, 157
SWOT …………………………… 148, 156
US Rubber ……………………… 34
VISTA ……………………………… 193
VMS ………………………………… 87
VRIO モデル ……………………… 153
WTO …………………………… 184, 185, 191
WWW ……………………………… 264

人名索引

[A]

Aaker, D.A. ························· 247, 252
Abell, D.F. ······························· 146
Adams, H.F. ······························· 64
Agnew, H.E. ························· 15, 64
Albion, M.S. ······························ 79
Alderson, W. ············· 52, 53, 240, 243
Alexander, R.S. ··························· 15
Anderson, J.C. ··························· 86
Anderson, P.F. ·························· 156
Andrews, K.R. ·························· 148
Ansoff, H.I. ························ 148, 155
Assael, H. ································ 55
Atkinson, E. ······················ 4, 5, 7, 8
Austin, J.P. ······························ 183

[B]

Backman, J. ······························ 79
Bagotti, R.P. ····························· 55
Bain, J.S. ································ 79
Barney, B.J. ······················· 151-153
Bartels, R. ············ 13, 36, 55, 64, 121, 179,
                       181, 190, 213, 281,
Beckman, T.N. ······················ 15, 54
Bettman, J.R. ······················ 167, 251
Borden, N.H. ························ 14, 64
Borght, R. ································ 16
Brewster, A.J. ···························· 64
Breyer, R.F. ······················· 56, 282
Brisco, N.A. ······························ 15
Bubik, R. ································· 41
Buchanan, N.S. ······················ 72, 75
Bucklin, L.P. ······················· 83, 285
Butler, R.S. ········ 13, 14, 24, 34, 40, 63, 104, 248

[C]

Cacioppo, J.T. ··························· 169
Cateora, P.R. ··························· 187
Cavusgil, S.T. ·························· 192
Chamberlin, E.H. ··············· 70, 71, 75
Chandler, A.D.,Jr. ······················ 147
Cherington, P.T. ······ 11, 14, 16, 54, 56, 64, 126
崔容熏 ···································· 94

Clark, C.P. ······························· 56
Clark, F.E. ··············· 15, 55, 56, 249, 282
Clark, J.B. ························· 45, 54
Cohn, G. ································ 16
Comanor, W.S ···························· 79
Comish, N.H. ···························· 14
Commons, J.R. ····················· 14, 280
Converse, P.D. ········ 3, 9, 10, 14, 15, 55, 63, 129
Cool, K, ································ 153
Coolsen, F. ································ 3
Copeland, M.T. ······ 14, 105, 110, 133, 248, 282
Cox, R. ······························ 55, 56

[D]

Day, G.S. ··························· 146, 157
Dennison, H.S. ······················ 108-111
Dichter, E. ························· 164, 183
Dierickx, I. ······························· 153
土居康男 ······························· 191
Duddy, E.A. ························· 55, 283

[E]

Elder, F.R. ······························ 112
Ellis, D.S. ································ 52
Ely, R.T. ··························· 14, 63
Emery, H.C. ······························· 4
江夏健一 ······························· 185

[F]

Farquhar, A.B. ······················· 4, 6, 9
Farquhar, H. ························ 4, 6, 9
Farries, P. W ···························· 79
Fayerweather, J. ······················· 187
Feick, L.F. ································ 267
Ferguson, J.M. ··························· 79
Fisher, I. ································· 46
Fisk, G.M. ·························· 14-16, 55
Frazier, G.L. ······························ 96
Frederick, J.G. ·························· 128
Freeland, W.E. ····················· 106, 107
福田敬太郎 ·························· 24, 50
藤沢武史 ·························· 185, 188
深見義一 ································ 187
風呂勉 ··································· 53

〔G〕

Gale, H. 4, 9
Gardner, B.B. 146, 249
Gay, E.F. 14, 25
Goolsby, J. 114
Grant, J.H. 146
Grether, E.T. 55
Gronroos, C. 239
Grunzel, J. 16

〔H〕

Hagerty, J.E. 14-16, 63
萩野典宏 185, 188
Hall, S.R. 64
浜谷源蔵 187
Hamel, G. 154, 157
Hammond, M.B. 63, 146
橋本勲 51, 121
Heide, J.B. 93
Helsen, K. 188
Henderson, B.D. 149
Herrold, L.D. 64
Hess, H.W. 64
Hess, J.M. 187
Hibbard, B.H. 14
Hibbard, B.M. 63
Hirschman, E.C. 171
Hoffman, D.L. 266
Holbrook, M.B. 170
Hollander, S.C. 191
Hollingworth, H.L. 64
堀出一郎 188
Howard, J.R. 114, 206
Hunt, S.D. 43, 114, 211

〔I〕

生島広治郎 187
石田貞夫 187
石井淳蔵 84
板垣與一 185
入江猪太郎 185
Ivey, P.W. 15

〔J〕

Jakobs, L.W. 52
Jatusripitak, S. 189
Jevons, W.S. 232
Johansson, K.J. 188

Johnson, S.C. 189
Jones, E.D. 14, 16, 63
Judd, R.C. 227

〔K〕

角松正雄 185, 188
Kahneman, D.N. 172
Kapferer, J.N. 254
Kassarjian, H.H. 168
Katz, E. 271
川端基夫 191
Keegan, W.J. 188
Keller, K.L. 155, 253
Kennedy, J. F. 144
King, W. R. 146
Kinley, D. 63
桐田尚作 50
Kleppner, O. 64
Knight, G. 192
小林規威 185
小原博 55
近藤隆雄 228
Kotabe, M. 188
Kotler, P. 154, 155, 189, 200, 225
Kramer, R.L. 187

〔L〕

Lazarsfeld, P.F. 271
Leighton, D.S.R. 187
Lessig, L. 266
Levitt, T. 188
Levy, S.J. 146, 200, 249
Lincoln, E.E. 131
Lipstein, B. 250
Litman, S. 15
Lovelock, C. 228
Luck, D.J. 213
Lusch, R.F. 227
Lyon, L.S. 143

〔M〕

Macklin, T. 14, 63
Mallen, B.E. 286
Marshall, L.C. 6, 39
Martin, H.T. 189
Maynard, H.H. 14, 15, 55
McCarthy, E.J. 114, 206
McCormick, C. 4, 9
McGarry, E.D. 114

McNair, M.P. ······················14
Menger, C. ··············· 231, 232, 242, 284
Mintzberg, H. ··················· 152, 159
Mitchell, W.C. ······················ 280
光澤滋朗 ···························56
森下二次也 ·················· 31, 144, 145, 187
諸上茂登 ························ 185, 188
向山雅夫 ························· 191

〔N〕

Nash, B. ························ 112
Nonaka, I. ······················ 154
Novak, T.P. ····················· 266
Nystrom, P.H. ················ 14, 15, 63

〔O〕

Ohmae, K. ······················ 188
大石芳裕 ························ 185, 188
尾崎久仁博 ·························94
黄磷 ··························· 191

〔P〕

Palamountain, J.C.,Jr ················55
Parasuraman, A. ··················· 241
Patterson, J. ···················· 4, 9
Penrose, E.T. ···················· 153
Person, H.S. ······················16
Petty, R.E. ······················ 169
Popper, K. ······················ 243
Porter, M.E. ·················· 150–152, 156
Powell, F.W. ······················23
Prahalad, C.K. ··················· 154, 157
Presbery, F.S. ·····················64
Price, L.L. ····················· 267
Pyle, J.F. ······················ 112

〔R〕

Raymond, E.S. ···················· 266
Reagan, R.W. ···················· 189
Rennie, M. ····················· 192
Revzan, D.A. ·················· 55, 283
Richmond, H.A. ··················· 111
Rogers, E.M. ···················· 267
Rosen, E. ······················ 271
Rumelt, R.P. ···················· 153
Ryan, F.W. ·······················54

〔S〕

Schar, J.F. ···················· 31, 41

Schmitt, B.H. ···················· 256
Scott, W.A. ···················· 14, 17
Scott, W.D. ···················· 5, 64
Selznick, P. ····················· 159
Shaw, A.W. ················ 14, 24, 25, 40, 49,
                    65, 67, 75, 157, 248, 282
Shaw, E. ························52
Sheldon, G.H. ······················64
Sheth, J.N. ····················· 250
島田克美 ························· 186
嶋口充輝 ························· 157
嶋正 ··························· 192
Simon, J.L. ·······················79
Smith, A. ······················ 227
Smith, W.R. ····················· 157
杉野幹夫 ························· 186
陶山計介 ························· 157
鈴木典比古 ························ 185
Sparling, S. ······················63
Stanley, A.O. ···················· 187
Starch, D. ·······················64
Stern, L.W. ·······················88
Sternquist, B. ···················· 191
Stigler, G.J. ···················· 286

〔T〕

田端晶平 ························· 185
高井眞 ······················ 185, 187, 188
高嶋克義 ·························95
竹田志郎 ······················ 185, 188
Takeuchi, H. ···················· 154
谷口吉彦 ·························40
丹下博文 ·························41
田村正紀 ······················ 157, 191
Taussig, F.W. ·················· 14, 45, 56
Taylor, C. ·······················14
Taylor, F.W. ···················· 106
Taylor, H.C. ······················63
Teece, D.J. ····················· 154
Tosdal, H.R. ·················· 14, 112, 126
Tversky, A. ····················· 172

〔U〕

上原征彦 ························· 157
薄井和夫 ······················ 36, 41
Upshaw, L.B. ···················· 255

〔V〕

Vail, R.S. ·······················55

Vaile, R.S. ……………………………… 14, 64
Vanderblue, H.B. ……………………… 50, 65
Vargo, S.L. ……………………………… 227
Vaughan, F.L. ………………………… 14, 64
Veblen, T. ……………………………… 280
Vernon, R. …………………………… 184, 185

〔W〕

Walras, L. ……………………………… 232
Wanamaker, J. ………………………… 4, 9
渡辺達郎 ………………………………… 95
Weidler, W.C. ………………………… 14, 15
Weld, L.D.H. ………………… 15, 41, 43, 65, 282
Wells, Jr.L.T. ………………………… 4-8, 184
Wernerfelt, B. ………………………… 153

White, P. ……………………………… 129
Williamson, O.E. …………………… 93, 281
Wilson, T.A. …………………………… 79
Wingate, J.W. ………………………… 15

〔Y〕

矢作敏行 ………………………………… 191
谷地弘安 ………………………………… 191
山本登 …………………………………… 185
山中豊国 ………………………………… 186
山城章 …………………………………… 185

〔Z〕

Zaltman, G. …………………………… 202

執筆者紹介（章編成順：所属・肩書は執筆当時，◎第1巻編集責任者）

橋本　　勲(故)	京都大学名誉教授（第1章）
三浦　　信	京都産業大学名誉教授，鈴鹿国際大学名誉教授（第2章）
光澤　滋朗	同志社大学名誉教授（第3章）
堀田　一善	平成帝京大学現代ライフ学部教授，慶應義塾大学名誉教授（第4章）
崔　　容熏	同志社大学商学部教授（第5章）
薄井　和夫	埼玉大学経済学部教授，エディンバラ大学客員教授（第6章）
戸田裕美子	日本大学商学部専任講師（第7章）
◎堀越比呂志	慶應義塾大学商学部教授（第8章，第1章補筆，第Ⅰ～Ⅳ部概説）
松尾　洋治	名古屋商科大学商学部准教授（第9章）
嶋　　　正	日本大学商学部教授（第10章）
上沼　克徳	神奈川大学経済学部教授（第11章）
樫原　正勝	帝京大学経済学部教授，慶應義塾大学名誉教授（第12章）
越川　靖子	湘北短期大学専任講師（第13章）
塚田　朋子	東洋大学経営学部教授（第14章）
原　　頼利	明治大学商学部准教授（第15章）

平成22年8月5日　初版発行　　《検印省略》
令和2年6月5日　初版2刷発行　略称；歴史マーケ①

《シリーズ・歴史から学ぶマーケティング第1巻》
マーケティング研究の展開

編　者　Ⓒマーケティング史研究会

発行者　中　島　治　久

発行所　同文舘出版株式会社
東京都千代田区神田神保町1-41　〒101-0051
電話　営業（03）3294-1801　編集（03）3294-1803
振替　00100-8-42935　https://www.dobunkan.co.jp

Printed in Japan 2010　　　　印刷：萩原印刷
　　　　　　　　　　　　　　製本：萩原印刷

ISBN 978-4-495-64351-5

JCOPY　〈出版者著作権管理機構　委託出版物〉
本書の無断複製は著作権法上での例外を除き禁じられています。複製される場合は，そのつど事前に，出版者著作権管理機構（電話 03-5244-5088，FAX 03-5244-5089，e-mail: info@jcopy.or.jp）の許諾を得てください。